21世纪高等院校旅游管理类创新型应用人才培养规划教材

旅游学概论

朱 华 主编

李 婵　朱晓霞　王 砥　作者
杨 怡　赵吉明　李 晨

内 容 简 介

本书采用了雷柏尔建立的旅游系统模型作为编写框架结构,包括旅游系统中的三大要素:起始点"旅游客源地"(重点研究:旅游者、旅游需求、旅游消费者行为),旅游系统中的末端"旅游目的地"(重点研究:旅游吸引物、旅游产品、旅游影响),以及分布于旅游客源地、旅游通道和旅游目的地的产业活动——"移动性与旅游产业"(重点研究:移动性与旅游交通、旅游中介服务、旅游接待服务)。旅游系统有自身的运行规律,但也受到政府组织、市场营销以及旅游信息技术等外部因素的影响,为此专门分三章加以阐述。本书开篇有旅游研究"导论",尾篇有旅游发展趋势"新旅游",逻辑严密、结构完整,是我国旅游教育和科学研究阶段性的成果。

图书在版编目(CIP)数据

旅游学概论/朱华主编.—北京:北京大学出版社,2014.3
(21世纪高等院校旅游管理类创新型应用人才培养规划教材)
ISBN 978-7-301-23875-2

Ⅰ.①旅… Ⅱ.①朱… Ⅲ.①旅游学—高等学校—教材 Ⅳ.①F590

中国版本图书馆 CIP 数据核字(2014)第 020505 号

书　　　名:	旅游学概论
著作责任者:	朱　华 主编
策划编辑:	莫　愚
责任编辑:	莫　愚
标准书号:	ISBN 978-7-301-23875-2/C·0989
出版发行:	北京大学出版社
地　　　址:	北京市海淀区成府路 205 号　100871
网　　　址:	http://www.pup.cn　新浪官方微博:@北京大学出版社
电子信箱:	pup_6@163.com
电　　　话:	邮购部 010-62752015　发行部 010-62750672　编辑部 010-62750667
印　刷　者:	北京虎彩文化传播有限公司
经　销　者:	新华书店
	787 毫米×1092 毫米　16 开本　22 印张　530 千字
	2014 年 3 月第 1 版　2021 年 1 月第 8 次印刷
定　　　价:	48.00 元

未经许可,不得以任何方式复制或抄袭本书之部分或全部内容。
版权所有,侵权必究
举报电话:010-62752024　电子信箱:fd@pup.pku.edu.cn

前　言

本书借鉴了欧美旅游专业教学理念和教材编写方法，结合中国高等教育实际，设计了教材体例，每章设有导入案例、关键术语、知识链接、延伸阅读、即学即用、头脑风暴等板块，建立了教学资源库和网络课堂（网址：http://sicnu.edu.cn，或登陆国家精品课程资源网：《旅游学概论》（朱华）），为教师编写了电子教案、制作了课件。需要课件等教学资源包的任课教师可在北京大学出版社官方网站下载，或发送邮件至 ernestzhu@126.com 索取。

本书由教育部国家双语教学示范课程"旅游学概论"主持人朱华教授担纲编写，是我国旅游教育和科学研究阶段性成果，凝聚了中外旅游学者和教育工作者的心血，内容丰富，版式合理，呈现以下特点：

（1）结构严谨，以雷柏尔旅游系统模型为框架，将旅游活动置于旅游模型之下观察学习，建立起符合旅游管理专业学科体系的教材结构，避免了旅游学概论教材编写内容繁杂、结构散乱的通病。

（2）建立网络课堂，提供 4A 网络教学平台。师生可以使用丰富的网络教学资源，利用网络教学平台课内、课后互动，提升教学质量。

（3）提供 60 多个中外教学案例，既有导入案例，也有应用分析案例；既有国外旅游案例，也有国内旅游案例。案例类型丰富，富有启发性，有助于基础理论教学。

（4）图文并茂，包含 73 个图表。体例生动活泼、易于启发式教学，避免了一般基础理论书籍内容枯燥、教学困难的问题。

朱华教授设计本书的编写框架和写作体例，负责统稿、审稿并编写第 1 章～第 14 章。按章节顺序，李晨参加第 1 章的编写；杨怡参加第 2 章～第 4 章的编写；朱晓霞参加第 5 章～第 7 章的编写；李婵参加第 8 章～第 10 章；王砥参加第 11 章～第 13 章；赵吉明参加第 14 章的编写。

本书的编写参考了众多中外旅游专家的专著、论文，在此谨向他们表示衷心的感谢。由于内容多，涉及管理学、经济学、行为学、心理学、自然科学、人文历史等学科，加之旅游学是一门新学科，有些观点在学术界还存在争议，疏漏之处在所难免，敬请读者批评指正。

编　者

2014 年 2 月

教材使用指南

从系统理论角度来研究旅游是一种科学的研究方法。建立一种旅游学习的框架结构是非常重要的，这能帮助我们解决许多错综复杂的旅游问题。本书采用了雷柏尔建立的旅游系统模型作为教材编写的框架结构，包括旅游系统中的三大要素：起始点"旅游客源地"（重点研究旅游者、旅游需求、旅游消费者行为），旅游系统中的末端"旅游目的地"（重点研究旅游吸引物、旅游产品、旅游影响），以及分布于旅游客源地、旅游通道和旅游目的地的产业活动——"移动性与旅游产业"（重点研究：移动性与旅游交通、旅游中介服务、旅游接待服务）。旅游系统有自身的运行规律，但也受到政府组织、市场营销以及旅游信息技术等外部因素的影响，受到业界和学界的高度重视，因此我们分三章分别加以探讨和论述。教材开篇有旅游研究"导论"，尾篇有旅游发展趋势"新旅游"，逻辑严密，结构完整。

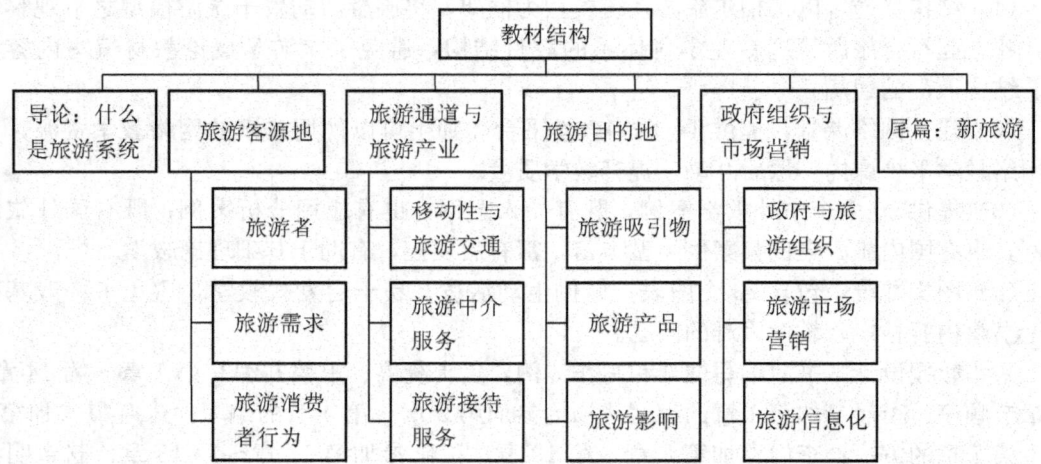

从教材编写思想和编写框架可以看出，雷柏尔旅游系统本教材的"纲"，各章节是"目"，因此首先应当理解教材编写的整体思路、熟悉教材的编写框架，以便在教学过程中将涉及不同学科的知识系统化。为了更好地使用本教材，建议如下：

（1）每章的教学内容应当置于雷柏尔旅游系统中进行分析讨论，在旅游系统中观察旅游者和旅游产业活动，系统化地学习"旅游学概论"这门课程。

（2）注意教材每一章"教学要点"之后列出的相关章节，教学时应注意前后相关知识的有机联系，做到教学内容前后呼应、研究成果相互印证。

（3）本课程已建立网络化教学平台，有"小知识""疑难解答""案例分析""网上测试"等15个栏目，请登录 http://sicnu.edu.cn/，或登陆国家精品课程资源网：《旅游学概论》（朱华）。

目　录

第1章　导论：什么是旅游 ………… 1
 1.1　旅游的本质 ………………………… 2
  1.1.1　旅游的本质特征 ……………… 2
  1.1.2　旅游的基本属性 ……………… 3
 1.2　旅游的特点 ………………………… 4
  1.2.1　异地性 ………………………… 5
  1.2.2　暂时性 ………………………… 5
  1.2.3　流动性 ………………………… 5
  1.2.4　目的性 ………………………… 5
  1.2.5　综合性 ………………………… 5
 1.3　旅游的定义 ………………………… 6
  1.3.1　交往定义 ……………………… 6
  1.3.2　目的定义 ……………………… 6
  1.3.3　流动定义 ……………………… 6
  1.3.4　时间定义 ……………………… 6
  1.3.5　关系定义 ……………………… 7
 1.4　旅游学研究的对象和内容 ………… 8
  1.4.1　旅游学研究的对象 …………… 8
  1.4.2　旅游学研究的内容 …………… 9
 1.5　旅游研究模型 ……………………… 10
  1.5.1　雷柏尔旅游系统模型 ………… 10
  1.5.2　旅游模型结构分析 …………… 12
 1.6　旅游研究方法 ……………………… 14
  1.6.1　定量研究方法 ………………… 15
  1.6.2　定性研究方法 ………………… 16
 本章小结 ………………………………… 16
 课后练习 ………………………………… 17

第2章　旅游者 ………………………… 20
 2.1　旅游者及其界定方法 ……………… 21
  2.1.1　国际旅游者的界定 …………… 22
  2.1.2　国内旅游者的界定 …………… 26
 2.2　旅游动机 …………………………… 27
  2.2.1　旅游动机的含义 ……………… 28
  2.2.2　旅游动机与需要 ……………… 28
  2.2.3　旅游动机的类型 ……………… 31

  2.2.4　影响旅游动机的因素 ………… 32
 2.3　旅游活动 …………………………… 34
  2.3.1　分类标准 ……………………… 34
  2.3.2　活动范围 ……………………… 35
 本章小结 ………………………………… 36
 课后练习 ………………………………… 37

第3章　旅游需求 ……………………… 41
 3.1　旅游需求概述 ……………………… 43
  3.1.1　旅游需求的定义 ……………… 43
  3.1.2　旅游需求的分类 ……………… 43
  3.1.3　旅游需求的特点 ……………… 43
 3.2　衡量旅游需求的指标 ……………… 45
  3.2.1　旅游者人数 …………………… 45
  3.2.2　旅游者停留时间 ……………… 46
  3.2.3　旅游花费 ……………………… 46
 3.3　影响旅游需求的因素 ……………… 47
  3.3.1　影响旅游需求的推动因素 …… 47
  3.3.2　影响旅游需求的拉动因素 …… 51
  3.3.3　影响旅游需求的其他因素 …… 51
 3.4　旅游需求预测 ……………………… 53
  3.4.1　时间序列模型 ………………… 54
  3.4.2　回归模型 ……………………… 54
  3.4.3　德尔菲法 ……………………… 54
  3.4.4　情景预测法 …………………… 55
 本章小结 ………………………………… 55
 课后练习 ………………………………… 56

第4章　旅游消费者行为 ……………… 59
 4.1　旅游消费者行为 …………………… 61
  4.1.1　莫提荷的消费者行为模型 …… 61
  4.1.2　斯莫尔旅游决策过程模型 …… 62
 4.2　影响旅游消费行为的因素 ………… 64
  4.2.1　个体因素 ……………………… 64
  4.2.2　环境因素 ……………………… 67
 4.3　旅游满意度 ………………………… 70

        4.3.1　旅游满意度的重要性 ……… 70
        4.3.2　旅游满意度的复杂性 ……… 72
        4.3.3　期望与满意度的关系 ……… 73
        4.3.4　旅游者满意度调查方法 …… 75
    本章小结 ……………………………………… 76
    课后练习 ……………………………………… 76

第5章　移动性与交通服务 …………… 81

    5.1　移动性与旅游交通 …………………… 82
        5.1.1　移动性 ……………………… 83
        5.1.2　旅游交通概述 ……………… 83
        5.1.3　旅游交通的特点 …………… 84
        5.1.4　影响移动性因素 …………… 85
    5.2　旅行方式与旅游交通 ………………… 88
        5.2.1　旅游交通系统 ……………… 88
        5.2.2　交通出行方式之间的竞合
              关系 …………………………… 90
        5.2.3　主要旅游交通工具 ………… 91
    5.3　旅游交通设施与服务 ………………… 94
        5.3.1　旅游交通设施与服务目标… 95
        5.3.2　集散站场 …………………… 96
        5.3.3　交通服务 …………………… 98
    本章小结 ……………………………………… 99
    课后练习 …………………………………… 100

第6章　旅游中介服务 ………………… 103

    6.1　旅游中介服务概述 ………………… 105
        6.1.1　旅游中介服务的产生 …… 105
        6.1.2　旅游中介服务的构成 …… 105
        6.1.3　旅游中介服务业的发展 … 106
    6.2　旅游经营商与旅游代理商 ………… 107
        6.2.1　旅游经营商的作用 ……… 107
        6.2.2　旅游经营商产品分销渠道… 108
        6.2.3　旅游代理商的作用 ……… 110
        6.2.4　电子旅游中间商 ………… 112
    6.3　旅行社 ………………………………… 113
        6.3.1　旅行社的定义 …………… 114
        6.3.2　旅行社的作用 …………… 114
        6.3.3　旅行社的产品 …………… 115
        6.3.4　旅行社的业务流程 ……… 117
    本章小结 …………………………………… 119
    课后练习 …………………………………… 120

第7章　旅游接待服务 ………………… 124

    7.1　住宿业 ………………………………… 125
        7.1.1　住宿业的沿革 …………… 125
        7.1.2　住宿业的基本特征 ……… 128
        7.1.3　住宿业的作用 …………… 130
    7.2　餐饮服务与美食旅游 ………………… 133
        7.2.1　美食旅游概述 …………… 133
        7.2.2　美食旅游的特点 ………… 135
        7.2.3　美食旅游的功能 ………… 136
    7.3　会展旅游与节事旅游 ………………… 138
        7.3.1　会展旅游的概念 ………… 138
        7.3.2　会展旅游的基本特征 …… 138
        7.3.3　节事旅游的概念与类型 … 140
        7.3.4　节事旅游的特征及作用 … 141
    7.4　旅游购物 ……………………………… 144
        7.4.1　旅游购物的概念 ………… 144
        7.4.2　旅游购物品的类型 ……… 145
        7.4.3　旅游购物的作用 ………… 145
        7.4.4　我国旅游购物发展现状 … 146
    本章小结 …………………………………… 147
    课后练习 …………………………………… 147

第8章　旅游吸引物 …………………… 151

    8.1　旅游吸引物概述 ……………………… 152
        8.1.1　旅游吸引物的概念 ……… 152
        8.1.2　旅游吸引物的内涵 ……… 153
        8.1.3　旅游吸引物的相关概念
              辨析 ………………………… 154
        8.1.4　旅游吸引物的吸引力 …… 155
    8.2　旅游资源 ……………………………… 157
        8.2.1　旅游资源的概念 ………… 157
        8.2.2　旅游资源的特点 ………… 158
        8.2.3　旅游资源的价值 ………… 159
        8.2.4　旅游资源的分类 ………… 160
        8.2.5　旅游资源的容量 ………… 162
    8.3　旅游信息和标识 ……………………… 163
        8.3.1　旅游信息和标识 ………… 163
        8.3.2　旅游信息传播的手段 …… 165
        8.3.3　旅游信息传播的原则 …… 165
    8.4　旅游目的地环境 ……………………… 166
        8.4.1　政治环境 ………………… 167

8.4.2　经济环境 …………… 167
　　8.4.3　文化环境 …………… 168
　　8.4.4　自然环境 …………… 168
本章小结 …………………………… 169
课后练习 …………………………… 170

第9章　旅游产品 ………………… 174
9.1　认识旅游产品 ………………… 175
　　9.1.1　旅游产品的概念 ……… 176
　　9.1.2　旅游产品的内涵 ……… 176
　　9.1.3　旅游产品的特点 ……… 178
9.2　旅游产品的设计与开发 ……… 182
　　9.2.1　旅游产品设计与开发的
　　　　　原则 ……………………… 182
　　9.2.2　旅游产品的组合 ……… 186
9.3　旅游消费与体验 ……………… 190
　　9.3.1　旅游消费 ……………… 190
　　9.3.2　旅游体验 ……………… 194
本章小结 …………………………… 197
课后练习 …………………………… 198

第10章　旅游影响 ………………… 202
10.1　旅游对经济的影响 …………… 203
　　10.1.1　旅游对经济的促进作用 … 204
　　10.1.2　旅游对经济的阻碍作用 … 210
　　10.1.3　旅游经济影响的测量 …… 213
10.2　旅游对环境的影响 …………… 217
　　10.2.1　旅游对环境的保护 …… 217
　　10.2.2　旅游对环境的破坏 …… 219
10.3　旅游对社会文化的影响 ……… 221
　　10.3.1　旅游对社会文化的积极
　　　　　　影响 …………………… 221
　　10.3.2　旅游对社会文化的消极
　　　　　　影响 …………………… 223
本章小结 …………………………… 225
课后练习 …………………………… 226

第11章　政府与旅游组织 ………… 230
11.1　政府管理与政策法规 ………… 231
　　11.1.1　政府管理 ……………… 232
　　11.1.2　旅游政策 ……………… 232
　　11.1.3　旅游法规 ……………… 233

　　11.1.4　旅游规划 ……………… 235
　　11.1.5　公共投资 ……………… 236
　　11.1.6　政府营销 ……………… 237
11.2　旅游组织 ……………………… 237
　　11.2.1　旅游公共组织 ………… 237
　　11.2.2　中国旅游组织 ………… 238
　　11.2.3　国际性旅游组织 ……… 242
11.3　旅游教育与职业培训 ………… 243
　　11.3.1　国外旅游教育 ………… 243
　　11.3.2　中国旅游教育 ………… 244
　　11.3.3　旅游职业教育模式 …… 245
　　11.3.4　旅游职业培训 ………… 246
本章小结 …………………………… 248
课后练习 …………………………… 248

第12章　旅游市场营销 …………… 252
12.1　服务营销 ……………………… 253
　　12.1.1　服务营销的定义 ……… 254
　　12.1.2　服务营销的特点 ……… 254
12.2　旅游分销渠道 ………………… 257
　　12.2.1　旅游分销渠道类型 …… 257
　　12.2.2　旅游分销渠道与互联网 … 260
12.3　旅游市场营销组合 …………… 261
　　12.3.1　4Ps与7Ps营销组合 …… 261
　　12.3.2　4Cs与4Rs营销组合 …… 265
12.4　旅游目的地营销 ……………… 268
　　12.4.1　旅游目的地形象 ……… 269
　　12.4.2　目的地营销主体 ……… 272
　　12.4.3　目的地营销理念 ……… 276
本章小结 …………………………… 279
课后练习 …………………………… 279

第13章　旅游信息化 ……………… 284
13.1　信息技术与旅游业 …………… 285
　　13.1.1　信息技术在航空公司的
　　　　　　运用 …………………… 286
　　13.1.2　信息技术在旅行社的
　　　　　　运用 …………………… 287
　　13.1.3　信息技术在饭店的运用 … 287
13.2　旅游电子商务 ………………… 289
　　13.2.1　旅游电子商务的功能 …… 290

13.2.2　旅游电子商务的类型 …… 291
13.3　旅游电子商务交易模式 ………… 293
　　13.3.1　B2B 交易模式 …… 294
　　13.3.2　B2E 交易模式 …… 294
　　13.3.3　B2C 交易模式 …… 295
　　13.3.4　C2B 交易模式 …… 295
13.4　旅游目的地管理系统 …………… 296
　　13.4.1　旅游目的地管理的优势和价值 …… 296
　　13.4.2　旅游目的地电子商务 …… 297
本章小结 …………………………… 298
课后练习 …………………………… 299

第 14 章　新旅游 …………… 303

14.1　新旅游概述 ……………………… 305
　　14.1.1　新旅游的产生 …… 305
　　14.1.2　新旅游的特点 …… 306
　　14.1.3　新旅游概念辨析及分类 … 307
14.2　小规模旅游 ……………………… 308
　　14.2.1　小规模旅游的产生 …… 309

14.2.2　小规模旅游的特点 …… 309
14.3　低碳旅游 ………………………… 311
　　14.3.1　低碳旅游的背景 …… 311
　　14.3.2　低碳旅游的特点 …… 312
14.4　公益旅游 ………………………… 313
　　14.4.1　公益旅游的由来 …… 314
　　14.4.2　公益旅游的特点 …… 315
14.5　自助旅游 ………………………… 317
　　14.5.1　自助旅游的背景 …… 317
　　14.5.2　自助旅游的特点 …… 318
14.6　旅游的可持续发展 ……………… 319
　　14.6.1　可持续发展理论 …… 319
　　14.6.2　旅游的可持续发展 …… 320
　　14.6.3　旅游可持续发展的意义 … 320
　　14.6.4　新旅游发展的前景和未来 …… 321
本章小结 …………………………… 321
课后练习 …………………………… 322

参考文献 …………………… 325

案例索引

第1章 导论：什么是旅游

导入案例　旅游重塑瑞士国家形象
案例故事　伊拉克战争对全球旅游业的影响
应用案例分析　什么是旅游

第2章 旅游者

导入案例　戴恩眼中的日本旅游者
应用案例分析　到巴黎去做乞丐，到巴西去做农民

第3章 旅游需求

导入案例　2012年南宁两节假日旅游市场需求旺盛
案例故事　华山游客滞留事件
案例故事　中菲经贸关系不断降温，菲香蕉出口和旅游业受冲击
应用案例分析　元旦、春节旅游需求的增长与变化

第4章 旅游消费者行为

导入案例　中国游客出境旅游消费
案例故事　不点菜坐一会可以吗
案例故事　一位中年老师的旅游决策过程
案例故事　中西方游客旅游习惯的不同
应用案例分析　云南省黑井镇短程文化旅游客源市场行为模式研究

第5章 移动性与交通服务

导入案例　去黄山怎样安排旅游交通
案例故事　在青藏铁路上的"慢行慢游"
案例故事　九寨沟的旅游交通
应用案例分析　交通网络对秦皇岛旅游业的影响

第6章 旅游中介服务

导入案例　奇妙之旅——中国香港、中国澳门5日游
案例故事　携程旅行网如何赚钱
应用案例分析　天津一旅行社买断黄山两景点经营权

第 7 章　旅游接待服务

导入案例　称心如意的接待服务
案例故事　瑞斯丽大酒店的管家服务
案例故事　科玛小镇——美食一条街
应用案例分析　成都的美食旅游节

第 8 章　旅游吸引物

导入案例　上海飞人追日来去兮
案例故事　游船公司虚假宣传，承诺不兑现，再游一遍
案例故事　去海南不如去东南亚
应用案例分析　中国香港和新加坡的旅游吸引物

第 9 章　旅游产品

导入案例　两日古迹寻踪——意大利罗马
案例故事　锦里的"核心与形式"
案例故事　敦煌旅游线路产品的不同广度
案例故事　琴台路为何这般冷清
案例故事　游客们眼中的九寨沟之旅
应用案例分析　大理白族歌谣文化旅游产品开发

第 10 章　旅游影响

导入案例　旅游对南澳海岛县居民的影响
案例故事　关注三亚高物价
案例故事　2012 年国庆黄金周遍布全国的旅游垃圾
案例故事　黄山的"人字瀑"在哪里
案例故事　旅游让巴厘岛传统文化更加璀璨
案例故事　"背井离乡"的鼓浪屿居民
应用案例分析　印度尼西亚巴厘岛的旅游

第 11 章　政府与旅游组织

导入案例　成都旅游"五朵金花"——谁是市场开发的主角
案例故事　旅行社部门承包带来的问题
应用案例分析　千岛湖的经营管理模式

第 12 章　旅游市场营销

导入案例　张家界版江南 style
案例故事　希尔顿酒店服务的补救措施

案例故事　互联网对黄山旅游分销渠道的影响
案例故事　麦当劳经营中的营销组合
案例故事　温哥华旅游目的地营销组织
案例故事　火车旅游——成功的绿色营销计划
案例故事　"好客山东"——山东省的旅游品牌战略
应用案例分析　严谨国度，激情整合——从世界杯看旅游目的地"事件营销"

第 13 章　旅游信息化

导入案例　没有信息技术的"盲游"
案例故事　IBM 语音电子商务平台
应用案例分析　大型旅行社开展旅游电子商务的成功案例分析

第 14 章　新旅游

导入案例　热血"穷游"，与 MONEY 无关
案例故事　不丹的小规模旅游市场
案例故事　欧洲的低碳旅游
案例故事　美国流行"雷锋"式度假
案例故事　伊恩和朱莉的旅游计划
应用案例分析　基于替代性旅游理念的卧龙大熊猫生态旅游区规划与设计

图表索引

第1章 导论：什么是旅游

图1.1　旅游的特点
图1.2　旅游定义三要素
图1.3　雷柏尔旅游系统模型
图1.4　旅游系统构成要素
图1.5　旅游研究方法
表1-1　定量研究与定性研究特征对比

第2章 旅游者

图2.1　马斯洛需要层次理论模型
表2-1　田中喜一旅游动机分类表
表2-2　麦金托什旅游动机分类表
图2.2　普洛格旅游者心理类型模型
图2.3　国际旅游者分类

第3章 旅游需求

图3.1　中国入境旅游和黄山旅游的季节性
表3-1　2011—2012年国内旅游人数基本情况
图3.2　旅游需求与闲暇时间
表3-2　欧洲部分国家的带薪假期和公共节假日
表3-3　传统家庭生命周期
图3.3　旅游需求与旅游产品价格之间的关系
表3-4　2012年"十一黄金周"中5A级景区"舆情热点事件"

第4章 旅游消费者行为

图4.1　斯莫尔旅游决策过程模型
图4.2　影响旅游消费者行为的主要因素
表4-1　新西兰家庭旅游参与花销（按家庭生命周期统计）
图4.3　顾客忠诚矩阵
图4.4　从需求角度看旅游消费者行为的复杂因素
表4-2　商品和服务产品消费者行为特点谱系对比
表4-3　旅游体验与旅游期望的关系

第 5 章　移动性与交通服务

图 5.1　旅游的空间移动
图 5.2　青藏铁路线路图
图 5.3　九寨沟环线交通图
图 5.4　成渝高铁线路图
图 5.5　旅客列车分类图
图 5.6　汽车出游方式
图 5.7　航空器分类

第 6 章　旅游中介服务

图 6.1　旅游经营商横向和纵向整合
图 6.2　旅游经营商业务流程图
图 6.3　旅游经营商产品分销渠道结构图
图 6.4　旅行社业务部门及操作管理流程图
表 6-1　旅行社国内接待业务流程

第 7 章　旅游接待服务

表 7-1　古代住宿与现代住宿业对比
图 7.1　武汉某一旅行团 3 日商务旅游时间构成
图 7.2　世界三大菜系
图 7.3　节事旅游的类型
表 7-2　我国部分地区旅游就业乘数（WTTC 口径）

第 8 章　旅游吸引物

图 8.1　旅游吸引物系统
图 8.2　旅游产品与旅游资源关系图
表 8-1　旅游产品对于旅游资源的依存度
表 8-2　旅游吸引物的吸引力

第 9 章　旅游产品

图 9.1　旅游利益构成模型
图 9.2　旅游产品的构成层次
图 9.3　旅游产品对目的地公共设施的依赖性
表 9-1　两类组合旅游产品的异同
表 9-2　世界旅游组织旅游活动基本空间标准
图 9.4　旅游消费的组成

第 10 章　旅游影响

图 10.1　普通商品出口的流动项目和流向
图 10.2　旅游产品的出口的流动项目和流向
图 10.3　酒店相关行业图
表 10-1　2010—2011 年全球十大国际旅游消费国排名
图 10.4　四川省 2007—2011 年月度入境旅游者人次数
表 10-2　旅游卫星账户表
图 10.5　旅游活动对科学文明的推拉作用

第 11 章　政府与旅游组织

图 11.1　"美丽中国之旅"形象标识

第 12 章　旅游市场营销

图 12.1　旅游产品分销渠道结构图
图 12.2　布姆斯与毕特那 7Ps 组合
表 12-1　旅游企业有形要素分类表
图 12.3　市场营销的 4Rs 模型
表 12-2　4Ps、4Cs、4Rs 组合营销对比
表 12-3　传播媒介对目的地形象形成过程的影响
图 12.4　旅游目的地形象形成阶段与宣传促销
表 12-4　国外绿色营销观点
图 12.5　"好客山东"标志

第 13 章　旅游信息化

图 13.1　全球在线旅游产业链

第 14 章　新旅游

图 14.1　新旅游与大众旅游
表 14-1　小规模旅游和大众旅游的区别

第 1 章　导论：什么是旅游

教学目标

本章要求学生了解旅游的本质，理解旅游的定义，知晓旅游学的研究对象和内容，掌握旅游学研究的总体框架，熟悉旅游学的学习和研究方法，并运用所学旅游理论解决中国旅游产业中的实际问题。教材以雷柏尔旅游系统模型为"纲"，各章节为"目"，将多学科的知识在旅游系统中系统化，以便纲举目张，在旅游系统指引下学习旅游基础知识。

教学要求

教学内容	重点☆、难点＊	教学提示
什么是旅游	(1) 旅游的本质 (2) 旅游的特点 (3) 旅游的定义☆	本章是导论，与第 2 章～第 14 章各章节相关联，教学时应前后对应，掌握各章节知识的关联性
旅游学研究的对象与内容	(1) 旅游学的研究对象 (2) 旅游学研究的主要内容☆	
旅游研究框架	(1) 雷柏尔旅游系统模型☆ (2) 旅游系统构成要素分析＊	
旅游学习与研究方法	(1) 定性研究方法 (2) 定量研究方法＊	

> 人之所以爱旅行，不是为了抵达目的地，而是为了享受旅途中的种种乐趣。
> ——歌德

基本概念

旅游的本质　旅游的定义　旅游学研究对象　旅游学研究任务　旅游学研究方法

**导入案例**

旅游重塑瑞士国家形象

瑞士是欧洲中西部的一个内陆多山国家,大约58%的面积属于阿尔卑斯山区。20世纪50年代前,瑞士仅是欧洲的一个农业小国,长期受困于山地,经济较为落后。现在,瑞士的人均收入列全球第二位,是欧洲最富有的国家。瑞士是如何实现"土鸡"变"凤凰"的呢?

瑞士的发展得益于20世纪60—70年代大力发展四大支柱产业:旅游业、零售业、金融业和工业,其中旅游和零售业等服务业首当其冲,占有相当地位。其中重头戏是牢牢抓住了欧洲经济发展所引发的井喷式的休闲旅游需求,大力发展休闲、度假旅游业,并促进了金融、保险、会展会议、精工制造、零售业等相关服务产业的快速发展。昔日默默无闻的山村小镇,今天成为国际知名的度假天堂:洛桑、蒙特勒、卢塞恩、达沃斯……每个小镇都可谓是"观光+休闲+体验"三位一体的度假胜地。

现在,瑞士荣获了"花园之国"的美誉,每年吸引的境外游客数量甚至超过了其总人口数,并带动了餐饮业、旅店业等相关行业的发展。由于休闲业、旅游业的带动,瑞士的服务行业成为国民经济中最具活力且发展前景最为广阔的一环,就业人数最多(占就业总人数的近70%),创造产值最高(占国内生产总值约67%)。

瑞士正是因为抓住了历史机遇,以休闲度假旅游业为"引擎",将瑞士打造成为世界休闲度假天堂、体验旅游胜地,并结合其固有的勤劳、诚信、中立的特色优势,对其经济结构进行了重新洗牌、几乎重造了瑞士,使一个贫穷的国家成为世界最为富裕的国家之一。

(资料来源:瑞士"土鸡变凤凰"案例——瑞士启示录[EB/OL]. http://wenku.baidu.com/view/8fcd64ccda38376baf1faeab.html.)

**点评:**

旅游业对一个国家的社会经济发展具有重大意义。从瑞士国家经济发展的经验来看,旅游业对瑞士国家发展有重大贡献:①打造了独特的旅游品牌,如观光旅游、休闲旅游、会议旅游等;②带动了相关产业(如金融、会展、商贸等产业)的发展;③成为世界休闲度假天堂、体验旅游胜地,世界重要的旅游目的地;④旅游改变瑞士经济结构,使瑞士从"土鸡"变成"凤凰",提升了瑞士的国家形象。

1.1 旅游的本质

旅游作为一种活动或现象,已经有数千年的历史。但在19世纪上半叶以前,旅游活动仅限于上层社会的享乐休闲活动,以及以经商贸易为主的旅行活动,并不是现代意义上的旅游。随着人们可自由支配收入的增多,休闲时间的增加,科技的进步,以及相对和平的社会环境,人类开始进入大众旅游的时代,旅游已经成为人们生活的一部分。但是对旅游的认识仍然存在较大差异,甚至出现外出旅游但不知何谓"旅游"的现象。

1.1.1 旅游的本质特征

旅游的本质是什么?如果你随机问一下周边的人,回答可能千差万别。有人说旅游就是"游玩",有人说旅游就是"享受",有人说旅游就是"美食"或"购物"。之所以有如此不同的回答,是因为多数人混淆了旅游的现象和本质。有的人甚至认为旅游就是旅游产业,将英语中的"tourism"直接译为"旅游业";还有不少人将旅游目的或旅游活动视为旅游本身,如有人认为到黄山是"游山玩水",到峨眉山是"烧香拜佛"。

那么,什么是旅游的本质?这就必须由表及里,通过旅游的现象探讨其内在的共性,反映出旅游的本质。王德刚教授认为,旅游的本质是以经济支付为手段,以审美和精神愉悦为目的的文化消费活动。王兴斌教授认为,旅游的本质是向游客提供一种离开惯常居住地的新鲜经历,是一种以一定的物质条件为依托的服务;旅游者得到的是游历过程中的印象、感受和体验。谢彦君教授认为,旅游的本质是审美和愉悦,是一种主要以获得心理快感为目的的审美过程。从以上观点可以归纳出旅游的本质。

1. 以高层次需求的消费活动

现代旅游的本质是一种高层次的消费活动,是一种以审美为突出特征的消费体验,是人们在物质需求之上的一种更高层次的社交需要、受尊重需要和自我实现的需要。

2. 以审美为特征的消闲活动

旅游的这种审美活动作为人们物质生活水平与文化生活追求提高的表现,是以闲暇时间为前提的。因此旅游是一种以审美为特征的消闲活动。

特别提示

虽然旅游的本质是审美愉悦,但并非与经济无关。旅游者去某处旅游,支付是手段,获得旅游体验或一种经历才是出行目的。因此,对旅游本质的研究,如果涉及经济或消费,可"从经济中进去","从文化上出来",由表及里,研究旅游的本质、核心问题。

头脑风暴

旅游活动是一种复杂的社会现象,旅游者有不同的旅游动机。如果旅游的本质主要是以审美休闲为特征,那么你如何理解商务旅游?请你谈一谈商务与旅游的关系。

1.1.2 旅游的基本属性

1. 社会属性

社会现象是指那些与人类集体的产生、存在和发展等密切联系的现象。旅游活动随着人类社会的进步,不断扩大规模与影响力,目前已经成为人类的一种基本需求。因此,可以认为旅游活动是与人类集体的产生、存在和发展等密切联系的现象,即旅游活动是一种社会现象。此外,旅游者在旅游活动中要同东道主社区的居民进行接触和交往。这些民间接触和交往也属于一种社会现象。

2. 消费属性

在旅游活动中,旅游者要实现各项旅游活动、享受服务,必须向旅游产品的供应商支付一定的货币,即旅游者与旅游企业之间是一种经济交换关系。站在市场的角度,可以说这是一种经济活动,而站在旅游者的角度,这就是一种消费活动。在现代旅游活动中,旅游者的食、住、行、游、购、娱都需要借助和使用各类有关旅游企业提供的产品和服务。旅游者同旅游企业之间的需求和供给关系是一种经济关系。加之旅游者在开展旅游活动过程中所发生的消费行为对东道主地区经济所产生的客观影响,从而也使旅游活动染上了经济活动的色彩。

3. 文化属性

旅游者外出旅游的重要目的之一便是要体验异乡风情、了解他国文化。无论出于何种动机而外出旅游,无论属于何种类型的旅游者,都不可避免地要接触东道主社会的文化。文化范畴是如此之广,以至于在旅游者所访问的环境中几乎无处不在,如东道主社会的民族历史、生活方式、风俗习惯、文学艺术、服装、饮食等。旅游者不自觉地都会耳闻目睹到这些方面的有关内容,同时也会以自己表现出来的本国、本民族或本地区的文化,影响东道主社会的居民。

4. 政治属性

旅游活动在国际间的开展不仅有助于改善和提高旅游接待国的对外形象,还可增进国际的相互了解,消除因缺乏了解而可能存在的偏见和误会,但也由于各国政治体制不同,旅游活动也会引发矛盾和冲突。由于国际旅游活动跨越国界,需要办理护照、签证等出入境手续,这些使旅游活动涉及政治方面的问题。因此,虽然愉悦性是旅游的重要属性,但在某种情况下,旅游活动也会带有政治色彩,而政治对旅游活动会产生重大影响。

 案例故事

伊拉克战争对全球旅游业的影响

2003年3月20日,伊拉克战火的迅速蔓延,被卷入战争的国家达到数十个之多,包括一些旅游业十分发达的国家,参战国的旅游经济总量在世界旅游业所占的比例超过35%。战争期间不确定的因素让人们不愿外出旅游。出于安全考虑,一些欧美游客近期已取消出国旅游计划,从而出现了欧美主要旅行社第二季度中远程出境旅游订单大幅下降,有的下降达3成以上。

世界旅游组织认为,继第一次海湾战争和"9·11"事件之后,伊拉克战争使旅游业遭受到近15年来第三次重大打击。一些重要国家(如美国、德国和日本)的游客数量正在下降。受战争影响,2003年3月到法国的外国游客人数可能会下降10%~15%。西班牙在复活节这一周的外国游客人数将比去年同期减少15%~20%。意大利10天之内有近40%的外国游客取消了旅馆的订房,7万名季节工的就业受到威胁,而美国本土的旅游业所受影响则更大。据牛津经济预测中心提供给世界旅游及旅行理事会(WTTC)的旅游卫星账户研究报告预测,美国将损失45万个就业机会,旅游业国内生产总值也将下滑3.7%。欧盟国家将流失26万个职位,旅游业国内生产总值也将滑落0.7%,约合2.7亿美元。

(资料来源:马勇,毕斗斗.旅游市场营销[M].汕头:汕头大学出版社,2003.)

1.2 旅游的特点

旅游作为人类社会生活的一项重要活动,尽管内容复杂,参与的主体很多,造成社会、经济、环境等方面的广泛影响，旅游研究学者对此有不同的看法，但对旅游的基本特点的看法是一致的，如图1.1所示。

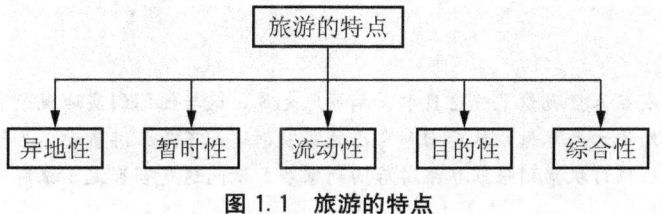

图 1.1 旅游的特点

1.2.1 异地性

旅游是人们离开自己的常住地去异国他乡的活动，旅游是在异地环境中实现的。一方面，人们出于求新、求异等心理动机，借助旅游开阔眼界，增长知识，这是旅游异地性产生的主观基础。另一方面，由于旅游资源具有地理上不可移动的特点，旅游者只有离开其居住地前往旅游目的地才能实现旅游活动，这是旅游异地性产生的客观前提。

1.2.2 暂时性

旅游在时间上的特点，就是人们前往旅游目的地，并在那里短期停留，而不是以移民或长期居留为目的。对于大多数旅游者而言，旅游是其利用社会工作之余的闲暇时间所从事的活动，不论出于何种动机的旅游都是一种短期的生活方式。这种生活方式表现出旅游者在目的地停留的暂时性。

1.2.3 流动性

旅游活动在时空上表现为暂时性和异地性，是旅游者离开常住地一段时间又返回常住地，这就是旅游活动的流动性。旅游者从客源地到旅游目的地的移动，或从一个旅游景区向另一个旅游景区移动是最常见的旅游者的行为特征。没有空间移动就没有旅游。旅游者的空间移动是依靠旅游交通完成的，这是旅游流动性的特点。

1.2.4 目的性

人们离开自己的经常居住地到异地旅游总会有自己的出游原因和目的，或是休闲度假，或是商务会议，或是文化体验，或是探亲访友。总之，愉悦是旅游者在旅游过程中的自我体验和追求的目的，也是界定旅游者的重要标志之一。如果是以工作或移民为目的的出行，其本质和内涵特征都不属于旅游活动。

1.2.5 综合性

对普通旅游者而言，食、住、行、游、购、娱等有自己的需求，离不开旅游企业的支持。旅游资源既有自然的，也有人文的，或二者兼而有之。旅游者的活动形式也多种多样，如观光、休闲、娱乐、探亲访友等。旅游活动与社会、经济、文化、自然等密切相关，涉及社会经济各个方面，多要素构成的旅游活动的复杂性，也反映了旅游活动具有综合性的特点。

头脑风暴

（1）小马邀请朋友在家里观看了呼伦贝尔大草原风光片，这与他们到实地观光有何不同？
（2）小马放牧到外蒙古大草原，然后回到自己的家乡，这是不是旅游活动，为什么？
（3）小马女友自己预订机票到张家界旅游后回到家乡，请问这是否否定了旅游有综合性的特点？

1.3 旅游的定义

什么是旅游？回答是多种多样的。这一问题貌似简单，但实际上要了解旅游的本质和内涵并不容易。有的人甚至将旅游"tourism"与旅行"travel"混为一谈。旅游学是一门新学科，学界对旅游学的概念还没有达成统一的认识，对于旅游的定义有所不同。

1.3.1 交往定义

1927 年，德国的蒙根·罗德（Morgan Lord）对旅游的定义：旅游从狭义理解是那些暂时离开自己的住地，为了满足生活和文化的需要，或各种各样的愿望，而作为经济和文化商品的消费者逗留在异地的人的交往。这个定义强调的是，旅游是一种社会交往活动。

1.3.2 目的定义

20 世纪 50 年代，奥地利维也纳经济大学旅游研究所对旅游的定义：旅游可以理解为是暂时在异地的人的空余时间的活动，主要是出于修养；其次是出于受教育、扩大知识和交际面的原因的旅行；再者是参加各种组织活动，以及改变有关的关系和作用。这个定义强调的是，旅游的基本目的是消遣和增长知识。

1.3.3 流动定义

1974 年，英国的伯卡特（Burkart）和梅特里克（Medlik）对旅游的定义：旅游发生于人们前往和逗留在各种旅游地的活动，是人们离开他平时居住和工作的地方，短期暂时前往一个旅游目的地运动和逗留在该地的各种活动。这个定义强调了旅游的本质特征——异地性和暂时性。

1.3.4 时间定义

1979 年，美国的马丁·普雷（Martin Prey）博士在中国讲学时，对旅游的定义：旅游是为了消遣而进行旅行，在某一个国家逗留的时间至少超过 24 小时。这个定义强调的是，各个国家在进行国际旅游者统计时的统计标准之一——逗留的时间。

1.3.5 关系定义

1980年，美国密执安大学的罗伯特·麦金托什(Robert Mackintosh)和夏西肯特·格波特对旅游的定义：旅游可以定义为在吸引和接待旅游及其访问者的过程中，由于游客、旅游企业、东道主政府及东道主地区的居民的相互作用而产生的一切现象和关系的总和。这个定义强调的是，旅游引发的各种现象和关系，即旅游的综合性。

上述定义从不同角度、不同层面阐述了旅游的内涵和本质，各有偏重，反映了旅游复杂的社会经济现象。[①] 作为一个关于旅游的完整的定义，至少应当包括3个要素，如图1.2所示。

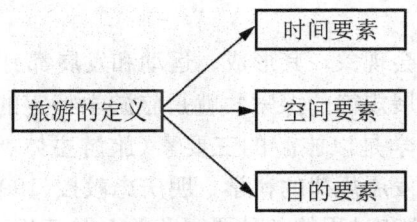

图1.2 旅游定义三要素

综上所述，本书所采用的定义是：旅游是指人们出于休闲、商务及其他目的到其通常环境之外的地区旅行或逗留不超过连续一年的活动，是旅游者、供应商、东道主政府、东道主社区、客源地政府在吸引、输送、接待和管理旅游者的过程中所产生的交互作用的现象和关系的总和。

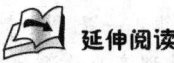

西方社会近代旅游的诞生

近代旅游诞生于19世纪初期，并随着西方工业革命的浪潮而得到了快速发展。这一时期，旅游的发展从早期的旅行活动过渡到现代意义上的旅游活动。事实上，旅游(tourism)一词也正是在这一阶段开始出现的，而1841年世界上第一家旅行社——托马斯·库克旅行社的成立则标志着近代旅游的正式诞生。

托马斯·库克最初的职业是印刷商和出版商，而开办旅行社的想法则源自他参与的一次宣传禁酒主义的"业余活动"。1841年7月5日，托马斯·库克利用包租火车的方式，组织了一次570人规模的团队活动，从英国中部的莱斯特前往洛赫伯勒去参加禁酒大会。为了做好这次活动的组织工作，托马斯·库克与英国铁路局取得联系，以每人1先令的低廉价格包租了一趟火车，全程往返24英里(1英里＝1 609.344米)，并且由托马斯·库克全程陪同。

虽然在此之前，团体形式的旅行活动已经有所记载，但之前的团体出行都是某个组织为了其内部成员出行而组织的旅行活动，缺乏广泛的公众性，而托马斯·库克组织的这次旅行活动，其参加的成员来自各个行业和社会阶层，他们只是为了这次活动而走到一起，一旦活动结束，便不再发生任何联系，这极其类似于现代旅行社组织的旅游团，具有广泛的公众性特点；同时，这次活动不但由托马斯·库克本

---

① 李肇荣，曹华盛. 旅游学概论[M]. 北京：清华大学出版社，2006.

人发起、筹备和组织,而且还全程陪同参与,这类似于现代旅游活动中的全程陪同服务。

除此以外,这次旅行活动的参与人数多达570人,其规模在当时是空前的,无疑是现代旅游活动中的组团规模化旅游的雏形。基于此,托马斯·库克的这次活动是近代旅游诞生的重要事件。托马斯·库克被史学界誉为近代旅游业的先驱者。①

(资料来源:李天元,王连义.旅游学概论[M].天津:南开大学出版社,1991.)

1.4 旅游学研究的对象和内容

1.4.1 旅游学研究的对象

旅游作为一种复杂的社会现象,其形成、运动和发展都有自身的矛盾和规律。对旅游活动所引起的基本矛盾及发展规律的探索,就是旅游学特定的研究对象和研究范畴。② 王德刚教授(1998)认为,旅游学是以旅游的三要素(旅游主体、旅游客体、旅游媒介)为核心,研究旅游活动和旅游业发展规律的科学;明庆忠教授(1997)认为,旅游学是以旅游现象和过程(包括构成旅游现象和过程的各种要素和关系及其相互作用的规律)为对象,研究旅游复合体产生、演化、运行规律,探讨旅游开发和旅游活动的合理运行规律的一门科学;谢彦君教授(2001)认为,旅游学是通过研究来认识旅游活动的内在矛盾的性质及其发生原因、形态结构、运动规律和它所产生的各种外部影响。

特别提示

上述旅游学者从不同角度、不同层面说明了旅游学研究的对象,综合起来有三大类:一是"要素论";二是"现象论";三是"矛盾论"。其中,关键词有"旅游活动",包括旅游者和旅游产业的活动、旅游活动产生的各种"现象"及旅游活动引发的"矛盾"。因此,旅游学就是要将旅游作为一种综合的社会现象,以其所涉及的各项要素为依托,以旅游者活动和旅游产业活动在旅游过程中的内在矛盾为核心对象,研究旅游的本质属性、运行关系、社会影响和发展规律。

1. 要素论

旅游学的研究对象是从旅游活动角度界定的六要素:食、住、行、游、购、娱;或者是从旅游综合体的角度界定的三要素:主体、客体、媒体。这两种说法可以统称为"要素论"。"要素论"的旅游学研究对象都以过程为主线,以外在的支撑体为着眼点。

2. 现象论

旅游学的研究对象是旅游活动及其引发的综合现象,可以构造成一个系统,包括旅游对接待地区和客源地等的经济、社会文化、环境等方面的积极和消极影响,同时还涉及为消除消极影响所提出的可持续发展战略等问题。

---

① 李天元,王连义.旅游学概论[M].天津:南开大学出版社,1991.
② [英]克里斯·库珀,等.旅游学[M].3版.张俐俐,等译.北京:高等教育出版社,2007.

3. 矛盾论

旅游学的研究对象是从旅游活动角度界定的宏观社会现象。这里所使用的"旅游活动"一词，既包括旅游者活动，也包括旅游产业活动，而这两种旅游活动恰好构成了旅游现象基本矛盾的两个方面，由此衍生出旅游期望与旅游感受、旅游动机与旅游体验、旅游需求与旅游供给、旅游流量与旅游容量等一系列的矛盾形式和矛盾运动。

1.4.2 旅游学研究的内容

一门学科的研究对象规定了该学科的研究内容。旅游是一种复杂的社会现象，涉及政治、经济、文化、技术、环境等各个方面，内容很多。旅游学的研究内容是从对旅游学研究对象的各个角度、各个层面的分析来展开的，主要有以下几个方面。

1. 旅游本质

对旅游本质与起源的研究是旅游学研究的首要任务，只有把握了旅游现象的来龙去脉并认清旅游活动的本质属性，才可以揭示旅游活动的产生、发展及其与社会经济发展的关系。龙江智从体验的视角来看，认为"旅游是个人以旅游场为剧场，旨在满足各种心理欲求所进行的短暂休闲体验活动"。[①] 谢彦君认为"旅游是人们利用余暇时间在异地获得的一次休闲体验"。[②] 因此，只有透过现象看本质，才能雾里看花，分析旅游现象之间各种复杂的关系，解决旅游发展中的各种矛盾。

2. 旅游活动

旅游活动主要是由旅游主体、旅游客体和旅游媒介三要素构成的。旅游主体即旅游者，社会人要具备一定的条件才能成为旅游者。人们具有了旅游的强烈愿望和需求，还要有让这些欲望得以实现的载体，即旅游客体或旅游对象。有了旅游主体和旅游客体，还必须有使两者能够接近和结合的条件、信息和移动手段，即旅游业。旅游业涉及的范围很广，正是它们的发展才使现代旅游呈现出国际性、大众性和普及性的特点。因此，对三要素及其相互间的关系进行研究是旅游学研究的重要内容。

3. 旅游影响

旅游活动是一种复杂的社会现象，对社会文化、经济和环境等产生着广泛的影响，我们可以称之为影响研究。旅游活动的文化属性、经济属性和政治属性不仅对目的地在经济、文化、环境等领域产生广泛深刻的影响，对客源地的社会、经济、文化等也会产生重大影响。旅游学要认识和研究旅游活动影响的表现形式及产生机制，研究控制旅游影响的措施，推动旅游业的可持续发展。

4. 旅游组织和旅游政策

旅游业的发展涉及政治、经济、文化的许多方面，必须作为一项系统工程加以规划和

[①] 龙江智．从体验视角看旅游的本质及旅游学科体系的构建[J]．旅游学刊，2005，(1)．
[②] 谢彦君．旅游的本质及其认识方法：从学科自觉的角度看[J]．旅游学刊，2010，(1)．

部署，政府主导、其他利益主体广泛参与已经成为许多国家的旅游发展模式，旅游政策对旅游业的发展往往起着决定性的作用。在市场经济中，旅游组织对旅游业的管理和协调的作用日益突出，特别是随着旅游活动的国际化趋势，政府和非政府组织在推动全球旅游业发展的过程中起到了举足轻重的作用。

5. 旅游发展趋势

随着旅游业的快速发展，出现了新的旅游业态、新的旅游形式，如生态旅游、自助旅游、小规模旅游等，旅游的可持续发展为政府和业界广泛关注。结合历年旅游人次、旅游收入等数据，建立时间序列模型，利用定性、定量的方法对旅游发展的历程和发展特征进行剖析，可以预测一定时期旅游目的地的发展趋势。从宏观层面来讲，根据国家宏观经济、政策导向、旅游业内外环境的变化，可以预测一个国家旅游发展的基本趋势。

1.5 旅游研究模型

现代科学哲学家尼格尔（Nagel）认为，"一旦出现解释必须系统化和由事实证据来支配，科学就产生了；在解释原理的基础上，对知识进行组织和分类正是各门科学的有区别的目标。"[1] 旅游活动的发生涉及客源地和目的地，并且各自具有自己的运行规律；从空间角度观察，我们不仅需要对两者分别进行分析，还需要对客源地和目的地之间的相互作用进行诠释，包括客流从客源地到目的地之间的移动，以及目的地对客源地的市场营销；从市场角度观察，旅游活动涉及旅游者对旅游产品的需求和开发商、政府管理部门面向市场的供给；从旅游活动的运行过程观察，除了客源地与目的地两者内部的过程及两者之间的相互作用外，还涉及一些支持系统的运行。

1.5.1 雷柏尔旅游系统模型

1. 系统空间结构

从系统理论角度来考虑旅游活动，旅游活动实际上是一个系统。旅游活动涉及地理空间的转移，旅游的全过程是从客源地出发，抵达目的地，再从目的地返回客源地，还要途经一些过境地，我们称之为旅游通道，这样就形成了旅游的地理空间系统。旅游活动的发生涉及客源地（O＝origin）和目的地（D＝destination）两类场所，这两类场所大多数情况下是不重叠的，而是相距一定的距离，并且各自具有自己的运行规律；从空间角度观察，我们不仅需要对两者分别进行分析，还需要对客源地和目的地之间的相互作用进行诠释，包括旅游者从 O 到 D 之间的移动，以及 D 对 O 的市场营销，地理学上称其为"O-D 对"（O-D pairs）的研究。[2]

---

[1] ［澳］盖尔·詹宁斯. 旅游研究方法[M]. 谢彦君，陈丽，译. 北京：旅游教育出版社，2007.
[2] 朱华. 旅游学概论（双语）[M]. 2版. 北京：北京大学出版社，2012.

第1章 导论：什么是旅游

特别提示

雷柏尔旅游系统模型（图1.3）突出了客源地、目的地和旅游通道三个空间要素，把旅游系统描述为旅游通道连接的客源地和目的地的组合。旅游通道将客源地和目的地两个区域连接起来，且不仅指那些能够帮助旅游者实现空间移动的物质载体，同时也应该是一条信息的通道；一方面是市场需求信息从客源地流向目的地，另一方面是具有促销功能的目的地信息从目的地流向客源地。旅游通道的特征和效率将影响和改变旅游流的规模和方向。

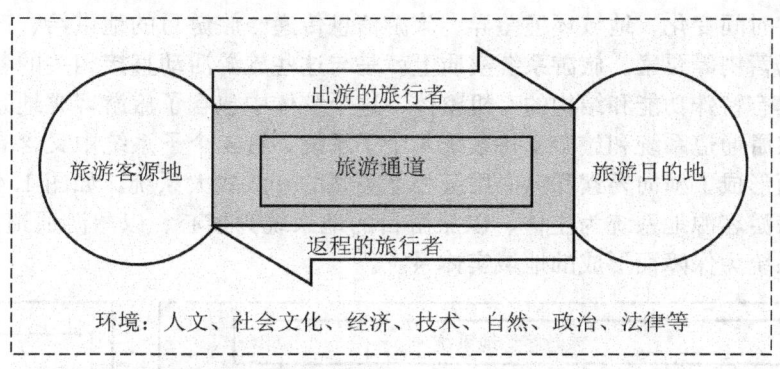

图1.3 雷柏尔旅游系统模型

（资料来源：朱华．旅游学概论（双语）[M]．2版．北京：北京大学出版社，2012．）

2. 系统功能结构

从市场角度观察，旅游活动涉及旅游者对旅游产品的需求（need）和旅游企业、政府部门对市场的供给（supply），经济学上称其为"N-S对"（N-S pairs）的研究。从旅游活动的运行过程观察，除了 O 与 D 两者内部的过程及两者之间的相互作用外，还涉及一些支持系统的运行。从雷柏尔旅游系统模型可以看到，旅游业中的不同部门分布于客源地、目的地或旅游通道等不同的空间为旅游者提供服务。虽然雷柏尔重视旅游者和旅游业的空间属性，但是雷柏尔同样也强调供给与需求间的关系。他认为客源地的需求具有不稳定性、季节性和非理性等特点，另外旅游目的地的供给又是割裂的、刚性的。因此，旅游业是一个在供求关系上充满矛盾的产业。

在雷柏尔旅游系统模型中，既可以看到旅游功能系统模型的影子，即供给与需求的相互关系（N-D对），又可以发现客源地和目的地的空间关系（O-D对）。因此，可以认为雷柏尔对旅游系统的分析是从两个层面着手的：一个是空间层面，在这个层面上，他强调客源地、目的地和旅游通道等空间要素的关系；另一个是结构功能层面，在这个层面上他强调供给与需求之间的关系。应该说这两个层面是有联系的，前者（旅游空间结构）正是后者（旅游供求关系）的空间表现形式。

雷柏尔的主要贡献是把旅游功能系统投射到了地理空间上，他的模型对旅游空间结构的研究具有重要意义。首先，该模型深刻地揭示了旅游空间结构的本质含义，为旅游空间结构研究指明了方向，即任何有关旅游空间结构的问题最终都应归结为对旅游系统的研究；同时，雷柏尔旅游系统模型也为旅游地理研究提供了一个基本的研究框架，如对旅游空间相互作用的研究就可以在这个高度抽象的框架下进行；此外，雷柏尔的分析也表明了，在旅游系统的研究中，空间距离的摩擦造成的旅行成本是必须考虑的因素。我们应当看到，雷柏尔旅游系统模型不仅对旅游空间结构的研究具有重要意义，同时为研究旅游市场、旅游产业、旅游经济、旅游影响，特别是为研究旅游供需关系提供了一个总体框架。①

1.5.2 旅游模型结构分析

雷柏尔旅游系统模型包括旅游客源地、旅游目的地、旅游通道三大部分，涉及地理空间转移、旅游时间变化、地域环境差异、旅游信息传递、旅游目的地供给、产业分布、旅游政策、市场营销等要素。旅游系统实质上就是与这些旅游活动直接相关的各要素相互作用所形成的具有特殊功能和结构的有机整体，这个整体中包含了旅游客源地系统、旅游目的地系统、旅游通道系统和旅游支持系统4个子系统。这4个子系统中又含有若干个次级小系统，从而形成了横向要素和纵向层级相互关联的开放式大系统，如图1.4所示。旅游系统就是以旅游客源地系统为主体、以旅游目的地系统为核心、以旅游通道系统为连接、以旅游支持系统为保障而形成的地域实体系统。②

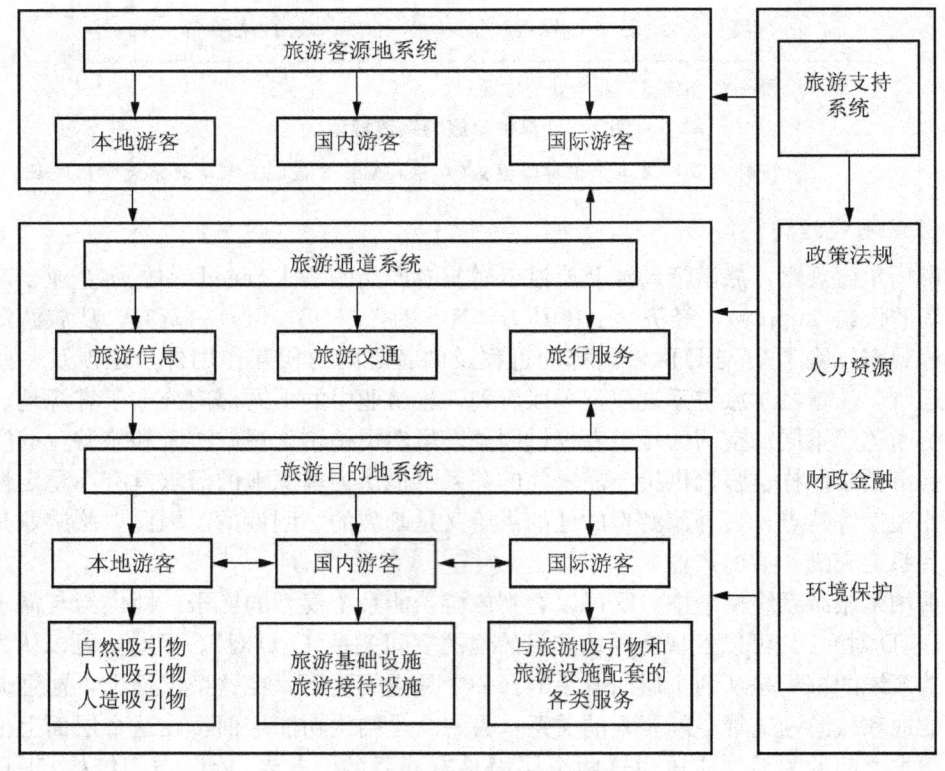

图 1.4 旅游系统构成要素

（资料来源：吴必虎．区域旅游规划原理[M]．北京：中国旅游出版社，2001．）

---

① 朱华．旅游学概论（双语）[M]．2版．北京：北京大学出版社，2012．
② [英]克里斯·库珀，等．旅游学[M]．3版．张俐俐，等译．北京：高等教育出版社，2006．

1. 旅游客源地系统

旅游客源地系统是雷柏尔旅游系统模型的运行起点。旅游客源地系统由具有旅游动机、可自由支配收入和闲暇时间的旅游者构成。旅游客源地系统可以划分为许多子系统：按地区可划分为国内客源市场、国际客源市场、当地居民客源市场；按旅游目的可划分为观光旅游市场、度假旅游市场、商务旅游市场等；按人口特点可分为青年人市场、老年人市场、成年人市场。

特别提示

旅游者选择什么样的旅游目的地取决于旅游者的年龄、性别、收入水平、受教育程度、兴趣偏好、家庭结构、消费行为等因素，这些因素也影响着客源地系统的运行状况。

2. 旅游目的地系统

旅游目的地系统是为到达目的地的旅游者提供游览、食宿、娱乐、购物、体验等服务的综合体，它是雷柏尔旅游系统模型的终点。旅游目的地系统通常由旅游吸引物、旅游设施和旅游服务三要素组成。旅游目的地市场需求的变化、目的地与外界环境的相互影响、旅游吸引物品位的高低、旅游服务质量的好坏、季节性的变化、旅游产品的生命周期、当地居民的好客程度都直接影响旅游客源地和旅游通道的输入。

头脑风暴

旅游系统中的旅游目的地能否转换成旅游通道或旅游客源地，为什么？

3. 旅游通道系统

旅游通道系统既包括有形的旅游交通通道，也包括旅游信息这样的无形通道。旅游交通的便捷程度和旅游信息的易获得程度推动旅游者在客源地和目的地双向流动。旅游通道系统的功能有两项：①完成旅游者空间移动，提供从客源地到目的地往返以及在目的地进行各种旅游活动的交通设施和服务，如公路、铁路、水路、空中航线和乘坐设施等；②完成客源地与目的地的信息交流功能，包括由旅行社、旅游经营商提供旅游咨询、旅游预订和旅行服务。

特别提示

客源地政府、旅游目的地政府为旅游者提供的信息服务、旅游宣传、产品营销等对旅游系统的旅游流会产生重要作用。

4. 旅游支持系统

旅游客源地系统、旅游通道系统和旅游目的地系统共同组成一个结构紧密的内部系统，在其外围还存在着一个由政治、法律、人文、科技、安全、自然环境等因素组成的支持系统。在这一子系统中，政府的作用特别重要。没有政治、法律、政策、人才、技术、社区支持的旅游系统，将会对旅游的流向和流量，以及旅游系统的功能产生影响。

头脑风暴

旅游支持系统会对旅游系统中的3个子系统产生促进作用还是限制作用？

1.6 旅游研究方法

旅游学具有跨学科(inter-discipline)和多学科(multi-discipline)的特点，涉及社会、经济、文化、技术、环境等许多领域。旅游研究的对象十分复杂，因此，旅游学应借鉴其他相关学科较为成熟的学习和研究方法，在吸取最新的科学技术成果来丰富和充实自己的基础上，形成自己独特的研究方法及方法体系。旅游研究方法和技术横跨了经济学(数量经济学法、统计学方法等)、管理学(系统分析法、案例分析法、试验研究法等)、地理学(野外考察、制图等)、人类学(跨文化比较法、田野调查法)、心理学(询问法、观察法等)、社会学(功能分析法、历史分析法、调查法、问卷法、文献法、量表法)、计算机科学、信息科学等众多学科。众多学科的研究方法和技术为旅游研究所利用，这是旅游研究方法的突出特点。具体来讲，旅游研究方法可分为定性研究方法和定量研究方法，如图1.5所示。

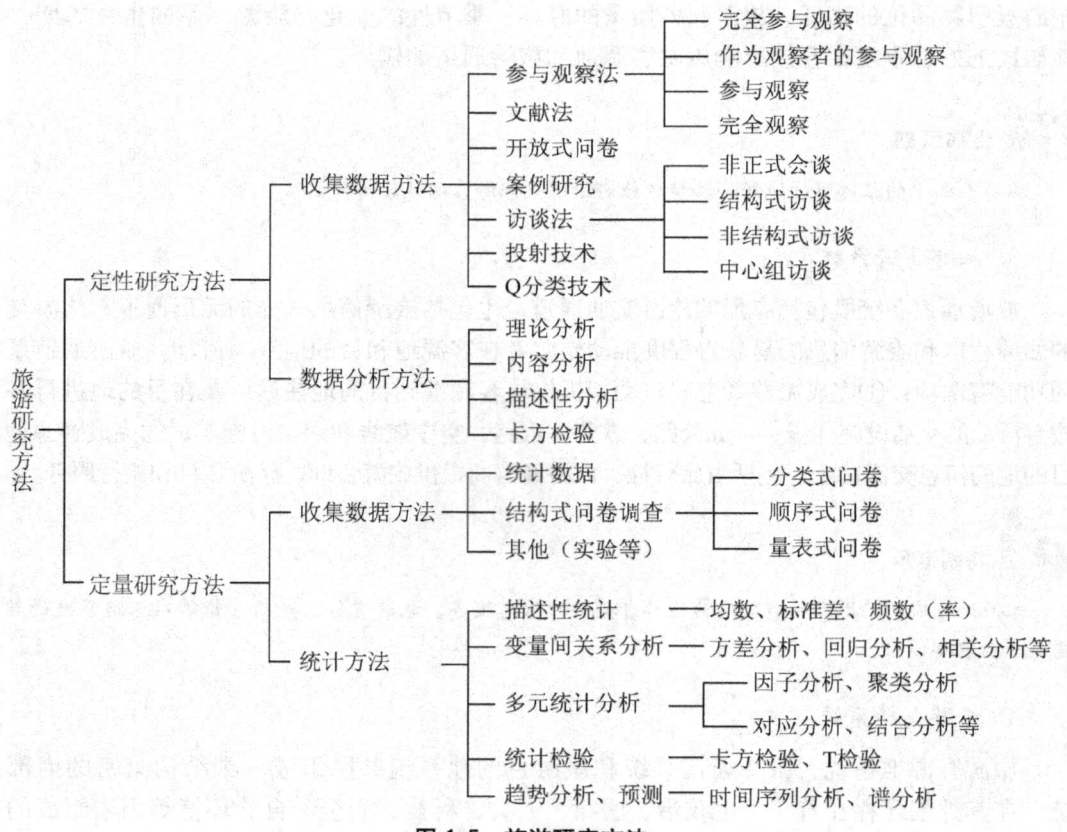

图1.5 旅游研究方法

(资料来源：[澳]盖尔·詹宁斯.旅游研究方法[M].谢彦君，陈丽译.北京：旅游教育出版社，2007.)

定量研究主要用观察、实验、调查、统计等方法研究教育现象,对研究的严密性、客观性、价值中立都提出了严格的要求,以求得到客观事实。定量研究通常采用数据的形式,对教育现象进行说明,通过演绎的方法来预见理论,然后通过收集资料和证据来评估或验证在研究之前预想的模型、假设或理论。定量研究是基于一种称为"先在理论"的基础研究,这种理论以研究者的先验想法为开端,这是一个自上而下的过程。

定性研究大多是采用参与观察和深度访谈而获得第一手资料,具体的方法主要有参与观察、访谈、文献研究等。其中,参与观察是定性研究中经常用到的一种方法。然后通过对观察和访谈法等所获得的资料,采用归纳法,使其逐步由具体向抽象转化,以至形成理论。与定量研究相反,定性研究是基于"有根据的理论"为基础的。这种方式形成的理论,是从收集到的许多不同的证据之间相互联系中产生的,这是一个自下而上的过程。[①]
定量研究与定性研究特征对比见表1-1。

表1-1 定量研究与定性研究特征对比

定量研究	定性研究
可提供事物发生的量变信息	可发现问题、解决问题,以及回答为什么会产生这些问题
只提供粗略的解释	对问题和现象提供较深入的解释
结果可推论到总体(随机抽样)	结果不能推论到总体
结论是演绎性的	结论是归纳性的
资料可做统计分析	资料不适合做统计分析
提供信息来验证假设	建立假设

1.6.1 定量研究方法

定量研究方法是依据统计数据,建立数学模型,并用数学模型计算出分析对象的各项指标及其数值的一种方法。定量即以数字化符号为基础进行测量。定量研究是通过搜集用数量表示的资料或信息,并对数据进行量化处理、检验和分析,从而获得有意义的结论。定量研究收集的资料是可测量的、可统计的,研究得出的结论是概括性的、普适性的、不受背景约束的。将定量分析方法运用于旅游研究中,有利于精确描述旅游现象,提高旅游调查研究水平,有助于有效实施旅游发展预测。

定量研究的方法有以下四种。

(1) 因子分析法。用少数几个因子去描述许多指标或因素之间的联系。运用这种研究技术,可以方便地找出影响旅游者购买、消费及满意度的主要因素是哪些,以及它们的影响力(权重)如何。

(2) 聚类分析法。也称群分析法、点群分析法,是研究分类的一种多元统计方法,主要有分层聚类法和迭代聚类法。

---

① 欧群慧. 走向多元的教育研究方法——定性研究与定量研究的比较[EB/OL]. 中国教育先锋网(2004-02-03) http://www.ep-china.net/content/academia/a/20040203140910_2.htm.

（3）判别分析法。又称分辨法，是在分类确定的条件下，根据某一研究对象的各种特征值判别其类型归属问题的一种多变量统计分析方法。

（4）回归分析法。是一种处理变量的相关关系的一种数理统计方法。虽然自变量和因变量之间没有严格的、确定性的函数关系，但可以设法找出最能代表它们之间关系的数学表达形式。

定性研究是定量研究的基础，为定量研究提供方向和假设，而定量研究的结果能验证定性研究的假设。在同一项研究中，可以同时采用定性与定量相结合的研究方法。根据研究目的和其他实际情况，可以酌情选择定性和定量研究方法中的一种或几种方法对研究对象进行研究。例如对旅游者行为特征的研究可采用定性研究中的问卷调查、访谈法、参与式观察等，定量研究中可采用 SPSS 软件进行数据统计和分析，定性和定量分析相结合。定性和定量研究方法相结合可弥补两类方法存在的缺陷，研究结果可信性较强，有较强的说服力。

1.6.2 定性研究方法

定性研究是根据社会现象或事物所具有的属性和在运动中的矛盾变化，从事物的内在规定性来研究事物的一种方法或角度。它以普遍承认的公理、演绎逻辑和历史事实为分析基础，从事物的矛盾性出发，描述、阐释所研究的事物。进行定性研究，要依据一定的理论与经验，直接抓住事物特征的主要方面，将同质性在数量上的差异暂时略去。

定性研究的方法有以下六种。

（1）深度访谈。通常受访对象数目相对较少；用话题列表指导访谈而不是使用正式的调查问卷；通常对访谈进行录音，并整理出完整的访谈记录文稿。

（2）群体访谈。与深度访谈相似，但访谈是对一群人进行；受访者之间、访谈者与受访者之间存在互动。

（3）参与式观察。研究者通过参与到研究对象之中成为一名真正的当事人的方式来收集信息；研究者的身份可能为研究对象所知，也可能是匿名的。

（4）文本分析。分析文本内容，包括文献资料、印刷品和视听媒体。

（5）案例研究。包括使用档案研究、问卷法或结构性访谈、观察法、实验法或准实验法。

（6）传记方法。关注个人的全部或部分人生经历；可能要用深度访谈但也可采用文献证据或受访者本人的文字描述。

本 章 小 结

对旅游学的定义、研究对象、研究内容和研究方法的了解是旅游学科学习、研究和应用的基础。本章简要说明了旅游学与其他学科的关系；对比分析了旅游的五种定义，揭示了旅游定义包含的三个要素；阐述了旅游学的本质、特点、研究对象、研究内容，以及旅游学研究运用的定性研究方法和定量研究方法；重点介绍了雷柏尔旅游系统模型，以及该系统对整体学习旅游知识的重要性，并运用该模型，通过组织结构图确定了本书的框架及各章节的基本关系。学习本章内容，对于掌握旅游学科的学习和研究方法、正确使用本书、提高学习效率具有纲举目张的指导性作用。

关键术语

旅游(tourism)：人们出于休闲、商务及其他目的到其通常环境之外的地区旅行或逗留不超过连续一年的活动，是旅游者、供应商、东道主政府、东道主社区、客源地政府在吸引、输送、接待和管理旅游者的过程中所产生的交互作用的现象和关系的总和。

旅游学(tourism science)：将旅游作为一种综合的社会现象，以其所涉及的各项要素的有机整体为依托，以旅游者活动和旅游产业活动在旅游运作过程中的内在矛盾为核心对象，全面研究旅游的本质属性、运行关系、内外条件、社会影响和发生发展规律的学科。

旅游业(tourism industry)：凭借旅游资源和设施，专门或者主要从事招徕、接待游客，为其提供交通、游览、住宿、餐饮、购物、文娱等环节的综合性行业。旅游业主要包括3个方面，一是旅游产业，即食、住、行、游、购、娱；二是旅游行业，即旅游所带动的一系列行业，如酒店、交通、餐饮、中介机构等；三是旅游资源，也就是旅游景区。

课后练习

一、选择题

1. 下列不属于旅游活动三要素的是（　　）。
   A. 旅游者　　　B. 旅游业　　　C. 旅游资源　　　D. 旅游宣传
2. 旅游活动涉及旅游者对旅游产品的需求和旅游企业、政府部门对市场的供给，经济学上称其为（　　）
   A. "O—D 对"　　B. "N—S 对"　　C. "O—N 对"　　D. "N—D 对"
3. 定量研究方法不包括（　　）
   A. 案例研究　　B. 卡方检验　　C. 量表式问卷　　D. 聚类分析
4. 下列活动中哪一项是旅游活动（　　）。
   A. 三峡大移民　　B. 回国定居　　C. 学生异地读书　　D. 参加商务会议
5. 现代旅游的本质是一种高层次的消费活动，是一种以（　　）为突出特征的消费体验。
   A. 审美　　　B. 购物　　　C. 美食　　　D. 休闲
6. 国际上普遍引用和广泛传播的旅游定义是（　　）。
   A. 世界旅游组织的定义　　　　B. 艾斯特定义
   C. 英国旅游局定义　　　　　　D. 中国旅游局定义
7. 旅游的特点有（　　）
   A. 异地性　　B. 暂时性　　C. 综合性　　D. 以上全部选项
8. 在旅游系统中，旅行社主要在（　　）开展经营活动。
   A. 客源地　　B. 旅游目的地　　C. 旅游通道　　D. 旅游城市
9. 定性研究以演绎逻辑和历史事实为分析基础，一般不会采用（　　）。
   A. 访谈法　　B. 文献法　　C. 方差分析　　D. 参与观察法
10. 下列选项中，不属于旅游三大支柱产业的是（　　）。
    A. 旅游景点　　B. 旅游饭店　　C. 旅游交通　　D. 旅行社

二、填空题

1. 旅游的完整定义应当包括时间要素、空间要素和_____。
2. 应当正确理解"旅游活动"的内涵。它既包括旅游者活动，也包括_____活动。
3. 旅游者只有离开其居住地前往旅游目的地才能旅游，说明旅游活动具有_____的特征。
4. 站在市场的角度，我们说旅游是一种_____活动，而站在旅游者的角度，旅游也是一种消费活动。
5. "旅游是为了消遣而进行旅行，在某一个国家逗留的时间至少超过24小时。"这是旅游的_____定义。
6. 雷柏尔的模型不仅对旅游空间结构的研究具有重要意义，同时为研究旅游_____关系提供了一个总体框架。
7. 有了旅游主体和旅游对象，还必须有使两者能够接近和结合的条件、信息和移动手段，指的就是_____。
8. 旅游目的地提供旅游吸引物、旅游设施和旅游服务，产生旅游的_____作用，吸引旅游者前来访问。
9. 对旅游本质的研究，如果涉及经济或消费，应当透过表象研究旅游的本质，可"从经济中进去"，_____。
10. 定性研究是定量研究的基础，为定量研究提供方向和假设，而定量研究的结果能_____定性研究的假设。

三、判断题

1. 旅游客源地的需求具有稳定性、季节性和非理性等特点，而旅游目的地的供给又是割裂的、刚性的。（   ）
2. 从空间角度观察，需要研究旅游系统客源地和目的地之间的相互作用，包括旅游者从O到D之间的移动，即"O—D对"。（   ）
3. 异地性是旅游的基本特征。到外地上班也是一种旅游活动。（   ）
4. 从旅游活动角观察，旅游要素是指食、住、行、游、购、娱；从旅游综合体的角度界定，旅游要素是指主体、客体、媒体。（   ）
5. 旅游吸引物主要分布在旅游目的地，而饭店不仅在目的地经营，而且也出现在旅游通道或旅游中转地。（   ）
6. 旅游活动的发生涉及到客源地和目的地两类场所，这两类场所之间有空间距离，大多数情况下是重叠的。（   ）
7. 判别分析法是在分类确定的条件下，根据某一研究对象的各种特征值判别其类型归属问题的一种定性分析方法。（   ）
8. 旅游者同旅游企业之间的需求和供给关系是一种经济关系。其消费行为对东道主地区产生的影响主要是经济影响。（   ）
9. 定性研究方法通过参考文献、野外调查等手段对研究内容进行描述性和概念性分析，不需要数据统计和分析。（   ）

10. 奖励旅游并非一般员工的旅游，而是企业提供一定的经费，委托专业旅游公司精心设计的的旅游活动。（　　）

四、问答题

1. 旅游的基本属性是什么？
2. 旅游研究的的主要内容是什么？
3. 旅游学的研究方法有哪些？
4. 定量研究法的特点是什么？
5. 为什么说雷柏尔模型既是地理系统模式又是功能系统模型？有什么意义？

五、论述题

1. 简述艾斯特定义的内容，并分析这一定义的科学性。
2. 论述旅游的本质以及旅游经济与旅游体验之间的关系。

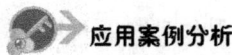
应用案例分析

什么是旅游

旅游在我国历史上名称很多，且不同人出游有不同的称呼。例如，皇帝外出巡视、巡狩称"巡游"，或称"巡幸"；宦官吏使走马上任，探亲访友，称"宦游"；诗人墨客寻古探幽，无拘无束，随意出游，称"漫游"；和尚道士外游求法，称为"云游"。另外还有遨游、壮游、冶游、周游、宸游、仙游、神游、夜游等派生的名称。在这些称谓中，除神游外，其他均可属旅游范畴。可见，在字义上旅游是个广泛的概念。在当今这个大众旅游的社会，到底什么才是旅游呢？

材料一：王先生从上海乘船到温州，上午9:00到，上岸后先后去了几个服装、鞋帽市场进货，忙到傍晚，又赶晚班船回到上海。上了船之后，他才有工夫凭窗眺望落日景色。

材料二：张教授应邀到四川成都参加三星堆文化遗迹学术研讨会，3天内除了参观遗迹展览馆、开会、整理资料，几乎足不出户，第四天一早就匆忙飞回上海。

材料三：某高中的王老师，月收入在3 000元以上，由于工作紧张，他准备在"十一"黄金周期间到山东旅游，以调节自己的体力和精力。9月底，他去了红太阳旅行社预订了山东5日游。10月1日，他随同旅行团来到山东。在这里，王老师参观、购物、拍照、爬山、考察。10月6日，他回到学校，向同事们介绍了泰山的风光，以及曲阜孔庙建筑和安丘市第四中学教育状况，并且展示了他拍摄的照片，还送给每人一件从旅游地带回的纪念品。

材料四：潘同学经过暑假激烈的奋战，雅思考试成绩取得了很高的分数。然后认真准备申请国外的大学，准备出国深造。后来，功夫不负有心人，她终于到了自己梦想中的国外大学留学。

材料五：成都市周边的休闲业正在如火如荼地发展，锦江区的"五朵金花"就是一例。市民们在闲暇之余，来到三圣乡，休闲娱乐，放松自己，改变平时快节奏的生活方式。

讨论：

(1) 在上述材料中，哪些属于旅游活动？属于什么旅游形式？
(2) 材料三中，构成旅游活动的三要素是什么？王老师需要具备什么条件才能到山东旅游？

第 2 章 旅 游 者

教学目标

旅游者是旅游活动的主体,是旅游活动得以开展的首要条件。本章学习旅游者的基本概念,了解旅游者的几种不同界定方法;掌握旅游动机形成的机理及旅游者不同类型的动机,知晓影响旅游者动机的主要因素,掌握旅游者的活动类型的划分,重点了解国际旅游和国内旅游活动,以及旅游活动的本质和特点。

教学要求

教学内容	重点☆、难点*	教学提示
旅游者及其界定方法	(1) 旅游者的概念性定义 (2) 旅游者的技术性定义☆ (3) 国际旅游者的界定 (4) 国内旅游者的界定	本章主要与第1章、第3章、第4章、第8~10章、第12章和第14章等内容相关联,教学时可前后对应,以便掌握各章节教学内容的内在联系
旅游动机	(1) 旅游动机的概念 (2) 旅游动机与需要之间的关系* (3) 旅游动机的分类 (4) 影响旅游动机的因素☆	
旅游活动	(1) 国际和国内旅游活动 (2) 旅游活动的本质* (3) 旅游活动的特点☆	

> 智者乐水,仁者乐山。
>
> ——孔丘

 基本概念

旅游者定义　旅游者界定方法　旅游动机　旅游活动

第2章 旅游者

导入案例

戴恩眼中的日本旅游者

有关日本旅游者的话题在旅游界已经屡见不鲜,但是对于很多希望吸引日本旅游者的行业从业者而言,对这块市场仍然知之甚少。戴恩(Dann)1995年和其他一些学者对日本旅游者做了以下描述。

(1) 白领男士。年龄在30~50岁的男性管理人员由于工作的应酬很难有时间休假。他们更倾向于体验一些有意义的经历,而不只是常规旅行[戴斯(Dace)引用1995年比彻姆(Beecham)的著作]。他们也热衷于购物,并且是十分具有判断力的消费者。

(2) 年近花甲一代。年龄在50~60岁,在战后艰苦的环境中长大。平日过着极富格调的生活,但在假期他们会放纵自己。度假期间他们也喜欢熟悉的事物,其中就包括日本料理和日文导游。

(3) 富足之家。一般是成熟的夫妇,他们希望度假围绕一个主题,并且对质量的意识很强。

(4) 技术参观和学习旅行。日本公司把与工作相关的学习旅行作为对员工的休整和奖励。大部分旅游者为男性,并且大部分旅行都结合休闲活动,如打高尔夫球。

(5) 学生旅游。在每年的2月,从小学到大学的学生经常会进行短期休假。他们一般会乘飞机,并且只随团出游。

(6) 白领丽人。一般为20岁左右的未婚女性,她们拥有较多可自由支配的收入,通常在家和父母同住。她们向往西方国家,喜欢去巴黎、伦敦等首府城市游览购物。尽管她们倾向于较为独立的旅游行程,但仍然会随团前往。

(7) 蜜月新人。这个市场主要是到海外旅行度蜜月的新人。95%的日本新婚夫妇都会选择亚洲、欧洲、美国来度蜜月(戴斯引用1995年比彻姆的著作)。

对日本旅游者的行为及分类还有一些有争议。例如,一些日本旅游者提出在旅游地提供日式料理、服务、导游等要求,这会造成与当地人产生距离感,澳大利亚的昆士兰州就是一个这样的例子。

(资料来源:约翰•斯沃布鲁克,苏珊•霍纳.旅游消费者行为学[M].俞慧君,张鸥,漆小燕,译.北京:电子工业出版社,2004.)

点评:

旅游者的类型很多,不同的旅游者有不同的旅游目的和旅游行为。但异地性和临时性是一个旅游者必备的基本特征。

2.1 旅游者及其界定方法

旅游者是旅游活动的主体,是旅游活动得以开展的首要条件,可以说旅游业的一切活动都紧紧围绕着旅游者的需求而展开。在雷柏尔旅游系统模型中,旅游者是"推力"因素,而旅游吸引物是"拉力"因素,一"推"一"拉",便激发了旅游系统中的旅游流,产生旅游现象。旅游者的重要性可见一斑,没有旅游者就没有旅游。

旅游者既是旅游活动的主体,更是旅游业的服务对象,是旅游学的首要研究对象。旅游业的活动围绕着旅游者展开,那么究竟什么人才能算是旅游者呢?在现实生活中甚至在学术界,对旅游者称谓五花八门,如旅游者、游客、观光客、旅行者等,甚至有些从接待

角度给予的称呼也杂于其中，如宾客、旅客、顾客、住客等。

目前旅游学术界用得较多的词汇是"旅游者"。旅游者一词最早见于1811年英国的《牛津词典》，英文是"tourist"，意思是"以观光为目的的外来游客"。这种解释显然还比较简单，属于概念性定义。关于如何从技术上对旅游者进行界定，早在第二次世界大战之前就引起过人们的关注和探讨。例如1933年，英国人F. W. 奥格尔维(F. W. Ogilvie)在其出版的《旅游活动》一书中，将"旅游者"定义为："第一，离开自己的久居地到外面任何地方去，时间不超过一年；第二，离开久居地期间，把他们的钱花在他们所到的地方，而不是在其所到的地方去挣钱。"

伴随着社会经济的繁荣，参加旅游活动的人越来越多，旅游的类型也日益多样化，需要制定一个比较符合实际、便于旅游统计和科学研究的共同定义。多年来，旅游者的界定问题一直为学界和世界各国旅游组织和旅游机构所关注，有各种不同的解释和定义。目前世界各国政府和学界对旅游者的定义主要采取了3种定义方法：概念性定义、技术性定义和二者兼有的综合性定义。

2.1.1 国际旅游者的界定

1. 国际联盟统计专家委员会的定义

1937年，临时国际联盟统计专家委员会(Committee of Statistics Experts of the Short-lived League of Nations)提出，把外国旅游者(foreign tourist)定义为"离开自己的居住国，到异地旅行和访问至少24小时以上的人"，并且对国际旅游者的范围进行了界定。

1) 旅游者

国际联盟统计专家委员会认为可列为国际旅游者的人员包括以下几类。

(1) 为娱乐、消遣、家庭事务及身体健康等原因而出国旅行的人。

(2) 为出席国际会议或作为公务代表而出国旅行的人，包括科学、行政、宗教、体育等会议或公务。

(3) 为工商业务原因而出国旅行的人。

(4) 海上巡游登岸访问人员(非工作人员)，即使其停留时间不足24小时，亦视为旅游者。

2) 非旅游者

国际联盟统计专家委员会认为不可列为国际旅游者的人员包括以下几类。

(1) 抵达某国就业任职，不管是否订有合同或者在该国从事营业活动者。

(2) 到国外定居者。

(3) 到国外学习，寄宿在学校的学生。

(4) 边境地区居民中日常越境工作的人。

(5) 临时过境而不停留的旅行者，即使在境内时间超过24小时也不算旅游者。

1950年，世界旅游组织(World Tourism Organization)的前身国际官方旅游组织联盟(International Union of Office Travel Organization)接受国际联盟统计专家委员会的定义，但提出自己的部分修正意见：在国外寄宿于企业或学校的人应该包括在旅游者范围中；同时还界定了一个新的旅游者类型，即"短途国际旅游者"(international excursionist)，将它定义为在另一个国家访问不超过24小时的人。另外，还定义了"过境旅游者"，他们是路过一个国家但不作为法律意义上的停留的人，不管他们在该国逗留多久。

国际官方旅游组织联盟关于旅游者的定义，对于旅游市场营销、旅游统计等起了重要作用。虽然该定义有其缺陷，但被国际官方旅游组织联盟一直沿用到1963年。

特别提示

对旅游者进行技术性定义，是为了方便进行统计。但是在实践中，统计数据使用者的需要多种多样，因此，对旅游者的定义各有侧重。

2. 罗马会议定义

第二次世界大战以后，现代旅游迅速发展，统一世界各国旅游统计口径的问题开始真正得到有关的国际组织和世界各国的重视。在国际官方旅游组织联盟的积极推动下，联合国于1963年在罗马召开了一次国际旅游会议，简称罗马会议。1967年，联合国统计委员会采纳了罗马会议定义，并建议世界各国都以此作为统计国际旅游者的蓝本。1968年，联合国统计委员会和国际官方旅游组织联盟先后正式确认了罗马会议定义。1970年，经济合作与发展组织旅游委员会也采纳了这个定义。

罗马会议提出了游客(visitor)概念。游客是指除为获得有报酬的职业以外，基于任何原因到一个不是自己长住的国家访问的人。在"游客"这一总体概念下，又分为两类，一类是在目的地停留过夜的游客，称为过夜旅游者(tourist)；另一类是在目的地不作过夜停留，而是当日往返的游客，称为短途旅游者(excursionist)。

1) 过夜旅游者

(过夜)旅游者，即到一个国家作短期访问至少逗留24小时的游客。其旅行目的可属下列之一。

（1）消遣（包括娱乐、度假、疗养保健、学习、宗教、体育活动等）。

（2）商务、家事、公务出使、出席会议。

2) 短途旅游者

短途旅游者（或一日游游客），即到一个国家作短暂访问，停留时间不超过24小时的游客（包括海上巡游过程中的来访者）。

特别提示

罗马会议指出，短途旅游者的定义不包括那些在法律意义上并未进入所在国的过境游客，如那些没有离开机场中转站的航空旅行者或其他类似情况的人。

3. 联合国统计委员会的相关定义

在1976年，联合国统计委员会召开的有世界旅游组织及其他国际组织代表参加的会议上，进一步明确了游客、旅游者和短途游览者的技术性定义。这些定义成为大多数国家在进行旅游者统计时所依循的主要标准。具体内容如下。

国际游客(international visitors)是指到一个国家并且其目的符合下列条件的人。

(1) 出于娱乐、休闲、宗教、探亲、体育运动、会议或过境的目的而访问他国的人。

(2) 中途停留在该国的外国轮船或飞机的乘客。

(3) 逗留时间不到一年的外国商业或企业人员，包括安装设备的技术人员。

(4) 国际团体雇佣的任职不超过一年或回国作短暂停留的侨民。

头脑风暴

请判断下列人员是否属于国际旅游者，如果是，请划上√；如果不是请划上×。

(1) 为移民或就业而进入目的地国家的人。

(2) 以外交或军事人员身份访问目的地国家的人。

(3) 上述人员的随从。

(4) 避难者、流民或边境工作人员。

(5) 逗留时间超过一年的人。

国际游客又分为国际旅游者(international tourist)和国际短途旅游者(international excursionist)。国际旅游者指在目的地国家的接待设施中度过至少一夜的游客。国际短途旅游者指利用目的地国家的接待设施少于一夜的游客，包括那些居住在巡游船上上岸游览的乘客，他们在所停靠的港口地区进行多日访问，但每天回到船上住宿。

4. 我国国家统计局对国际游客的界定

我国旅游业的发展于1978年开始步入正轨之后，根据我国旅游统计工作的需要，国家统计局和国家旅游局也曾对应纳入我国旅游统计的人员范围做过一系列的界定和规定。目前，我国在华旅游人次统计方面，对有关概念使用的现行解释包括以下内容。

凡纳入我国旅游统计的来华旅游入境人员统称为来华海外游客(国际游客)。海外游客是指来我国内地观光、度假、探亲访友、就医疗养、购物、参加会议或从事经济、文化体育、宗教活动的外国人、华侨、港澳台同胞。

其中，外国人是指拥有外国国籍的人，包括加入外国国籍、拥有中国血统的华人；华侨是指持有中国护照但侨居外国的中国同胞；港澳台同胞指居住在我国香港、澳门地区和台湾省的中国同胞。为了便于界定，我国规定来华海外游客是指因上述原因或目的，离开其长住国(或长住地区)到我国内地访问，连续停留时间不超过12个月，并且在我国内地活动的主要目的不是通过所从事的活动获取报酬的人。

1) 海外游客

根据游客在我国停留时间的不同，将海外游客划分为以下两类。

(1) 海外旅游者，即在我国大陆旅游住宿设施内停留至少一夜的海外游客(过夜游客)。

(2) 海外一日游游客，即未在我国内地旅游住宿设施内过夜(而是当日往返)的海外游客(不过夜游客)。

2) 非海外游客

我国旅游统计中还规定，海外游客中不包括下列人员。

(1) 应邀来华访问的政府部长以上官员及其随行人员。
(2) 外国驻华使领馆官员、外交人员及随行的家庭服务人员和受赡养者。
(3) 在我国住期已达一年以上的外国专家、留学生、记者、商务机构人员等。
(4) 乘坐国际航班过境,不需要通过护照检查进入我国口岸的中转旅客。
(5) 边境地区(因日常工作和生活而入出境)往来的边民。
(6) 回内地定居的华侨、港澳台同胞。
(7) 已在我国内地定居的和原已出境又返回我国内地定居的外国侨民。
(8) 归国的我国出国人员。

上述我国对海外游客定义与罗马定义比较中可以发现,这些定义及解释内容大致相同。目前,世界各国在对国际旅游者进行界定和统计时,都是以罗马会议定义或世界旅游组织的解释为基准。因此可以认为,目前世界各国对于国际旅游者的界定,原则上已经形成共识。

头脑风暴

根据我国相关规定,以下哪些人员不属于海外游客,请勾选出来。

记者　　　　　　　边境往来边民　　　　　　入境过夜客人

延伸阅读

广西旅游收入破千亿元,接待入境游客逾300万人次

2011年广西旅游收入首次超过千亿元人民币,达到1 277.8亿元,同比增长34.09%,占广西国内生产总值的一成。2011年广西接待国内游客1.73亿人次;接待入境过夜游客302.8万人次,国际旅游外汇收入突破10亿美元。

据介绍,在广西25个客源国中,2011年入境人数进入前10名的国家分别是越南、马来西亚、韩国、美国、法国、新加坡、印度尼西亚、日本、英国和德国。东盟国家旅游者达84.9万人次,同比增长31.6%,占全部外籍旅游者人数的49.5%。2011年桂林接待的入境旅游者人次超过广西的一半,达164.39万人次。

广西壮族自治区旅游局局长陈建军表示,2012年广西将继续举办"走进东盟——广西旅游宣传促销活动",深化东盟市场的开发;加大新兴市场的开发和拓展力度,重点开展对广西直航市场的宣传促销,出台入境旅游临时包机奖励政策,鼓励开展入境旅游包机业务;加强与日本、韩国、中国台湾、泛珠江三角洲区域的合作等,以实现2012年国内旅游人数2亿人次,入境旅游人数333万人次,国际旅游收入11.89亿美元,旅游总收入1 585亿元的预期目标。

(资料来源:广西旅游收入破千亿元,接待入境游客逾300万人次[EB/OL].中国国家旅游局网站(2012-2-16).http://www.cnta.gov.cn/html/2012-2/2012-2-16-16-28-44037.html.)

2.1.2 国内旅游者的界定

对于在统计国内旅游发展情况时如何界定国内旅游者的问题上,尽管世界旅游组织在20世纪80年代中期曾按照国际旅游者的界定方法提出了国内旅游者的统计标准,但是各国仍然各行其是。在众多不同的国内旅游者定义中,以下面几种类型为代表。

1. 世界旅游组织的定义

国内旅游者也被区分为两种类型:国内过夜旅游者(domestic tourist)和国内不过夜旅游者(domestic excursionist)。国内过夜旅游者是指在某一目的地旅行超过24小时而少于一年的人,其目的是休闲、度假、运动、商务、会议、学习、探亲访友、健康或宗教。国内不过夜旅游者是指基于以上任一目的并在目的地逗留不足24小时的人。

2. 欧洲国家的定义

以英法为代表的一些欧洲国家判断是否属于国内旅游者的标准主要是在异地逗留时间的长短。

(1) 英国对国内旅游者的定义:基于上下班以外的任何原因,离开居住地外出旅行过夜至少一次的人。

该定义没有明确提到旅行距离,这是因为一般情况下,国内旅游者外出旅游的距离若没有超出足够远的路程或尚未超出自己居住的地区的范围时,人们不大会选择在外过夜停留。但是这样的定义方式也忽略了那些在亲友家过夜的旅游者。

头脑风暴

你认为以上定义是概念定义还是技术定义?

(2) 法国对国内旅游者的定义:基于消遣、健康、会议、商务或修学目的,离开自己的主要居所外出旅行超过24小时但不足4个月的人。

特别提示

下列人员不在国内旅游者之列:外出活动不超过24小时的人;为了就业或从事职业活动而前往某地的人员;到某地定居的人;在异地求学、住宿在学校的学生及现役军人;到医疗机构治疗或疗养的人;在规定假期内,因家庭事务而探亲访友的人。

3. 北美洲国家的定义

北美洲的加拿大和美国以出行距离为标准来区别是否属于国内旅游者。

1) 加拿大的定义

加拿大在界定国内旅游者时,主要选择的量化限定标准就是旅行距离因素。加拿大政府部门在划分国内旅游者时使用的定义是,到距离其居住社区边界至少50英里以外的地方去旅行的人。

2）美国的定义

美国国家旅游资源评审委员会在1973年提出的国内旅游者定义是旅游者是为了出差、消遣、个人事务或出于工作上下班之外的其他原因而离开家外出旅行至少50英里（单程）的人，而不管是否当日返回。在美国进行国内旅游者统计时，这一定义被广为使用。

头脑风暴

美国对国内旅游者的定义采取的是什么定义标准？

4. 我国国家统计局对国内旅游者的界定

在我国国内的旅游统计中，凡是纳入国内旅游统计对象的人员统称为国内游客。国内游客是指任何因休闲、娱乐、观光、度假、探亲访友、就医疗养、购物、参加会议或从事经济、文化、体育、宗教活动而离开其常住地到我国境内其他地方访问，连续停留时间不超过6个月，并且主要访问目的不是通过所从事的活动从该目的地获取报酬的人。在这一定义中，所谓常住地是指在近一年的大部分时间内所居住的城镇（乡村），或者虽然在城镇（乡村）只居住了较短时间，但在12个月内仍将返回的这一城镇（乡村）。

我国国内游客分为两类：国内旅游者和国内一日游游客。国内旅游者是指在国内旅游住宿设施内至少停留一夜，最长不超过6个月的国内游客；国内一日游游客是指离开常住地外出距离在10千米以上，时间超过6小时但不足24小时，未在旅游住宿设施内过夜的国内游客。

我国在国内旅游统计中还规定，下列人员不列入国内游客统计范围。

（1）到各地巡视工作的部级以上领导。

（2）驻外地办事机构的临时工作人员。

（3）调遣的武装人员。

（4）到外地学习的学生。

头脑风暴

请判断下列人员是否属于国际旅游者，如果是，请画上√；如果不是请画上×。

（1）到基层锻炼的干部。

（2）到其他地区定居的人员。

（3）无固定居住地的无业游民。

（4）到外地务工的农民。

综上所述，无论是国际旅游者，还是国内旅游者；无论是采用概念性定义，还是技术性定义，旅游者的定义都离不开异地性、暂时性和旅游目的三大基本要素。综合以上对旅游者的定义和概念辨析，本书对旅游者的定义是，旅游者是离开自己的常住地，不以移民、就业工作为目的，前往异国他乡作短暂停留的人。

2.2 旅游动机

人们为什么要旅游？是什么原因使万科董事长王石要去西藏旅游，去攀登喜马拉雅山？这里首先要回答一个基本问题——旅游消费行为的动因。旅游消费行为的动因是一个令人费解、充满奥秘的复杂系统。在这个系统中，旅游者的需要是产生旅游消费行为最主要的内在依据，是旅游消费行为的原动力和出发点，要了解旅游者的消费心理和行为，就必须首先了解旅游者的需要。需要产生动机，动机产生行为，整个过程受到行为主体的人格因素和外在环境的影响。

2.2.1 旅游动机的含义

动机是源自心理学的一个名词。心理学家们对动机一词的定义有不同的表述。通俗地讲，动机就是激励个人行动的内在驱动力。在这个意义上，旅游动机就是激发人们外出旅游的内在驱动力，即促使一个人有意于外出旅游及选择到何处去、开展何种旅游活动的心理动因。

2.2.2 旅游动机与需要

旅游行为的产生，其直接的心理动因是人的动机，而隐藏在动机背后的原因是人的需要。凡是引起个体去从事某项活动，并使活动指向一定目标以满足个体某种需要的愿望或意愿，都叫做这一活动的动机。不同的需要会产生不同的动机，因此，研究需要是了解旅游动机产生的基础和前提。

众所周知，动机是由需要引起的，一个人的行为动机总是为满足自己的某种需要产生的。有什么样的需要，便会有什么样的动机表现出来。那么，旅游动机的产生是为了满足什么需要呢？人们很难完整统一地给出问题的答案，是因为人的需要是多种多样的。人到底有多少种需要呢？迄今为止，心理学家的认识也不统一。

有关人的需要研究最具代表性的就是由美国心理学家亚伯拉罕·哈罗德·马斯洛（Abraham Harold Maslow）在其著作《调动人的积极性的理论》一书中提出的需要层次理论。马斯洛把人们行为的动力从理论上和原则上做了系统整理，把人的多种多样的需要，归纳为五个层次：生理需要、安全需要、社会需要、尊重需要、自我实现需要，并按照他们发生的先后次序分为五个等级，如图 2.1 所示。

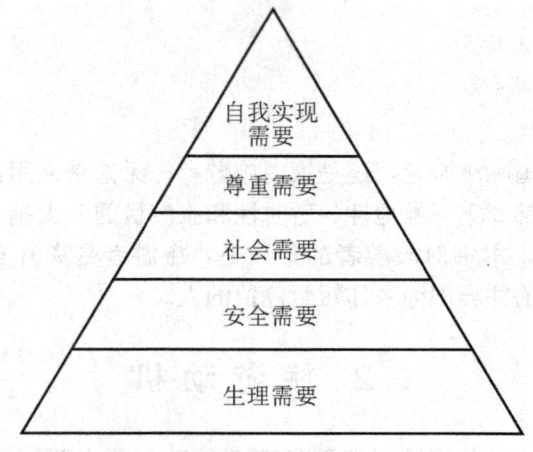

图 2.1 马斯洛需要层次理论模型

 **特别提示**

人的五种需要具有一定的层次关系，只有当低层次的需要得到满足后，才会产生高层次的需要。旅游是人类高层次需求，只有人们生存需要得到满足才萌发旅游的动机。但任何一种需要不会因为一个高层次需要的出现而消失，只是处于较低层次需要的相对行为影响变小而已。旅游消费需求呈现层次结构，旅游消费不同层次互为关系，是不可分割的。

1. 生理需要

生理需要是指人类为了生存，对必不可少的基本生活条件的需要，如由于饥渴、冷暖而对吃、穿、住产生需要。这一层次是较低层次的需要。旅游活动属于较高层次的消费活动，人的温饱问题必须先得到解决，才会有其他的更高层次的需要，因此旅游者不可能为满足生理需要而外出旅游。

2. 安全需要

安全需要是指人类对稳定、秩序、维护人身安全与健康的需要。安全需要要求劳动安全、职业安全、生活稳定、希望免于灾难、希望未来有保障等。安全需要比生理需要较高一级，当生理需要得到满足以后就要保障这种需要。每个在现实中生活的人，都会产生安全感的欲望、自由的欲望、防御实力的欲望。

 特别提示

人在自己熟悉的环境中才会有安全感，环境越是陌生越会使人感到恐惧、缺乏安全感，所以，人们一般不会因为安全需要而到陌生的异国他乡去旅游。

3. 社会需要

社会需要主要指的是人类参与社会交往，取得社会承认和对归属感与爱的渴望，包括沟通与情感联系、集体荣誉感、友谊和爱情等。这种层次的需要尽管可以在旅游中获得，但由于旅游活动的短暂性，这种接触具有一定的肤浅性，因而得不到真正的满足。只有在自己熟悉的社会群体中经过长时间的共处，在熟悉和了解的基础上产生真正的感情，从而获得的归属感，才能满足人类的社会需要。因而，人们也不会因为社会需要而外出旅游。

 **头脑风暴**

结合马斯洛的需要层次理论，请你谈一谈如果你前往云南参加泼水节，你想满足什么样的需要。

4. 尊重需要

尊重需要是指人们在社交活动中受人尊敬，取得一定的社会地位和权力，获得个人名誉、声望、成就，以及受到尊重的需要。尊重的需要一旦被满足，人们就会对自我形象的提高产生需要，而旅游就是一种满足这种需要的有效手段。

5. 自我实现需要

自我实现需要是指发挥个人最大能力，实现理想与抱负的需要。这种需要主要以各种挑战自我极限的方式表现出来。有的人为了实现自我抱负或谋求自我发展而外出旅游考察，从中获取信息或启示，以寻求发展机会。例如，攀越世界险峰、穿越无垠戈壁、驾车或徒步周游全国或全球等，以此展示其成就，引起人们的注目，实现一种自我价值，达到自我实现的满足。

特别提示

值得注意的是，从马斯洛需要层次理论的金字塔结构中可以看出，自我实现需要是人类最高层次的需要，很少有人能达到这一层次。而为满足自我实现需要外出旅游的人在旅游者中的比例也很小。

一般来讲，人类的需要是依照由低到高的层次组织起来的，在低层次的需要基本满足以后，就会出现较高层次的需要，产生新的行为动机。但是，一些需要的产生并不是按马斯洛需要层次理论的金字塔轨迹依次递进，促使旅游动机产生既可能是积极的需要（求知探索），也可能是消极的需要（逃避现实）。

（1）积极的需要。这种需要是指人们出于好奇心和求知欲的驱使，对前往异国他乡亲身体验异域风土人情的渴望。随着人类文明的进步和社会文化的发展，人们对世界的了解不断增加，其求新求异和探险猎奇的愿望也随之增强。这种"人格内驱力"体现了人类不断追求积极方面的真实欲望。旅游发展实践证明，相当一部分旅游者是由于这种需要而产生了外出旅游的动机。

（2）消极的需要。人的心理与环境是密不可分的。随着工业化的发展和城市化进程的加快，繁忙单调的工作、紧张快速的生活节奏导致人们的精神压力逐渐增加。人们期望通过旅游逃避紧张工作和生活环境，减少焦虑。此外，一部分消费者前往以死亡或灾难为主题的旅游景点。这种特殊的悲情体验式旅游消费与其他旅游消费不一样，学界称之为"黑色旅游"。①

知识链接

黑 色 旅 游

1996年，格拉斯哥大学的马尔科姆·福利（Malclom Foley）和约翰·伦农（John Lennon）首次提出"黑色旅游"术语，认为黑色旅游是一种现象，此现象是"由死亡、灾难和暴行等组成的相关旅游产品引起旅游者的基本空间移动，并包含游客在死亡及灾难地出现并消费的行为。"此后，黑色旅游引起了学者们的广泛关注。罗杰克使用"黑色景点"（black spot）概念，布卢姆提出"病态旅游"（morbid tourism）说法，西顿推广"死亡旅游"（thana tourism），随后还出现了"灾难旅游"（disaster tourism）、"黑暗观光（grief tourism）"等旅游概念。

有时候人会感到烦躁或感到工作压力，希望远离尘嚣，到远处去旅游，其旅游动机并不是马斯洛所说的社会需要、尊重需要或自我实现需要，你认为是什么样的需要？不少人到汶川"5·12"大地震遗址去旅游，你认为是什么需要？

---

① 申健健，喻学才．国外黑色旅游研究综述[J]．旅游学刊，2009，（4）．

2.2.3 旅游动机的类型

由于人们旅游需要具有多样性、复杂性的特点，所以旅游动机也具有类型多样、复杂多变的特点。目前学者们对旅游动机的分类持有多种观点。最初尝试将旅游动机进行分类的是德国的 R. 格里克斯曼（R. Glucksmann），他在 1935 年发表的著作《一般旅游论》中将旅游者的动机分为"心理的"、"精神的"、"身体的"和"经济的"四大类。

1. 田中喜一分类

日本学者田中喜一在格里克斯曼分类的基础上，对这四种动机进行了细分，认为旅游动机是由心情的动机、身体的动机、精神的动机和经济的动机四种基本类型构成的，见表 2-1。

表 2-1 田中喜一旅游动机分类表

动机类型	目 的
心理的动机	思乡、交游、信仰
身体的动机	运动、修养、治疗
精神的动机	欢乐、知识、见闻
经济的动机	商业、购物

（资料来源：刘纯. 关于旅游行为及其动机的研究[J]. 心理科学，1999，(1).)

2. 麦金托什分类

美国教授罗伯特·W. 麦金托什（Robert W. McIntosh）提出旅游动机可以划分为四种类型，分别是身体健康方面的动机、文化方面的动机、交际方面的动机、地位和声望的动机。

表 2-2 麦金托什旅游动机分类表

动机类型	目 的
身体健康方面的动机	获得健康的身体，旅游中通过身体的活动得到精神的放松，消除紧张烦躁的心理
文化方面的动机	获得有关异国他乡的知识，了解、欣赏异地文化，进行文化交流，具有较强的求知性
交际方面的动机	希望接触他人，摆脱日常生活压力和家庭事务的繁杂，探亲访友，在异地结识新朋友，建立新友谊
地位和声望的动机	享受被人承认、引人注意、有好名声的感觉，关系个人成就和个人发展，如会议、会展、科普、考察、出差、求学等

（资料来源：赵长华. 旅游概论[M]. 北京：旅游教育出版社，2003.)

3. 克朗普顿分类

克朗普顿(Crompton，1979)将旅游动机分为9种类型，其中包括7种心理动机和两种文化动机。心理动机包括逃避世俗环境、寻求自我和评价自我、放松、声望、回归、增进亲友关系及加强社会交往。文化动机包括新奇和教育。克朗普顿从一系列的深入访谈中确认了这些动机并发现了解心理动机比较困难。他指出，如果旅游动机相当隐私的话，人们往往不愿意说出旅游的真实动机。

2.2.4 影响旅游动机的因素

旅游者的动机多种多样，且因为时间和空间的变化，同一个旅游者的动机也可能不同。影响旅游者的因素有许多，这些因素中有些是属于旅游者个人的因素，有些是客观环境的因素，多种因素的共同作用使得旅游者的动机具有多样性、复杂性的特点。

1. 个性心理因素

在影响旅游动机的个人方面的因素中，个性心理特征起着重要的作用。不同个性心理特征的人有不同的旅游动机，进而产生不同的旅游行为。所谓个性，指的是个体在先天素质的基础上，在一定的历史条件下，在社会实践活动中形成和发展起来的比较稳定的心理特征的综合，也可以说是一个人区别于他人的个人行为特征。由于人们先天遗传的生理素质及其所处的客观环境和社会环境的不同，每个人都表现出各自不同的个性行为。美国学者斯坦利·C. 普洛格(Stanley C. Plog)以数千美国人为调查样本，对他们的个性心理特点及其与旅游目的地选择之间的关系进行了详细的研究。他根据人们所反映出来的不同个性心理特点，将其划分为五种不同的心理类型，如图 2.2 所示。

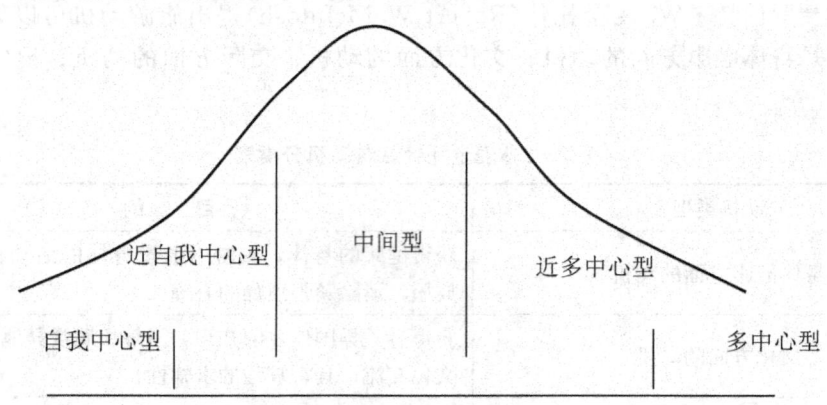

图 2.2 普洛格旅游者心理类型模型

这五种心理类型分别是自我中心型、近自我中心型、中间型、近多中心型、多中心型。

心理类型属于自我中心型的人，其特点是思想上谨小慎微，多忧多虑，不爱冒险；动机多为休息、消遣、身体健康；行为上表现为喜安逸，好轻松，活动量小，喜欢熟悉的气氛和活动，因此他们在外出旅游时往往倾向于选择自己对该地情况比较熟悉、比较出名的旅游目的地，要求旅游企业所提供的服务周全，设施便利、齐备，喜欢和熟悉的人一起出游，并且要求旅游的整个过程安排得井井有条。

同自我中心型相反，处在另一个极端的心理类型是多中心型。属于这一心理类型的人的特点是思想开放，兴趣广泛多变；动机多为追求刺激、自我实现；行为上表现为喜新奇，好冒险，活动量大，不愿随大流；倾向于选择偏僻的、不为人知的旅游目的地；喜欢与不同文化背景的人打交道和相处，他们虽然也需要旅游业为其提供某些最基本的旅游服务，如交通、住宿服务等，但更倾向于有较大的自主性和灵活性，并且有些人甚至会尽量不使用或少使用旅游企业的旅游服务。

除了这两个极端类型之外，中间型属于表现特点不明显的混合型，这种心理类型的旅游者对目的地的选择通常没有什么苛求，但是一般都避免选择传统的旅游热点或风险很大的待开发地区。近自我中心型和近多中心型则分别属于两个极端类型与中间型之间略倾向于相应极端特点的过渡类型。

由于人们的心理类型不尽相同，所以对旅游目的地、旅行方式等方面的选择也会不可避免地受到其所属心理类型的影响。一个人的心理类型距离多中心型越近，其所选择旅游目的地的陌生性和冒险性也就越大。所以，心理类型为多中心型的旅游者往往是新旅游地的发现者和首访者，是旅游者大军的先头部队。随着他们的来访及其事后的介绍和宣传，其他心理类型的旅游者陆续随后跟进，该新旅游地也便逐渐形成旅游热点；然而与此同时，多中心型心理类型的旅游者亦逐渐失去对该地的兴趣，转而另寻其他地方去旅游。

 即学即用

小王到峨眉山旅游，她使用旅行社提供的交通，聆听导游的讲解，但不愿意随团就餐，自己选择住农家乐。结合普洛格提出的五种心理类型，说明小王的旅游行为显示她属于哪种心理类型。针对她的心理特点，旅行社应提供什么样的服务？

2. 社会人口特征

心理类型无论如何只是影响旅游动机的个人方面因素中的一个因素。它对旅游动机的形成有很大的影响，但并非唯一重要的决定因素。除了个人心理类型之外，旅游动机的形成还受到个人因素的影响，如年龄、性别、一个人受教育的程度等。

年龄对旅游动机的影响主要表现在两个方面。一是年龄的不同往往决定了人们所处的家庭生命周期阶段不尽相同，从而制约着人们的需要和动机。以青年已婚的双职工家庭为例，夫妻二人虽然具备外出旅游的条件和意愿，但由于家中有婴儿需要照顾，所以仍会决定不外出旅游。二是年龄的不同往往会影响到人们体力的差异，从而也会制约人们的需要和动机。例如，有些老年人在心理类型上虽多属多中心型，但由于年龄原因，仍会决定不参与冒险性较大的旅游活动，甚至决定不外出旅游。

性别本身不会对旅游动机产生影响。性别差异对需要乃至对行为动机的影响主要有两个方面的原因：第一，性别差异意味着男女生理特点（如体力）的不同；第二，性别差异导致了男女在家庭中扮演角色的不同。很多旅游调查结果表明，在外出旅游者中，男性旅游者多于女性旅游者,而且探险旅游活动的参加者更是多为男性,其根本原因便在于此,而不是性别本身。

3. 外部因素

外部因素包括社会历史条件、微社会环境条件(指人直接面对和接触的环境)。从广义上讲,工作单位、学校、家庭、社区、公园、市场等都可以称为微社会环境;从狭义上讲,即工作单位、学校和家庭之外的微社会环境,如工作单位和学校周边的街道及家庭所在的小区等。微社会环境是每个人都要生活于其中的重要环境,它对个体心理、行为的发展及社会化可能有重要影响。总之,影响旅游动机的因素很多,多种动机的综合作用使旅游者产生了旅游的动机。

即学即用

请结合自己的一次旅游经历,列举哪些外部因素对你的旅游行为产生了影响,并说明原因。

2.3 旅游活动

随着当代社会经济的发展,世界各地参加旅游活动的人数越来越多,旅游活动的地域范围越来越大,旅游活动的类型也多种多样。因此,无论是在旅游理论研究方面还是在旅游业的经营方面,都需要对人们的旅游活动进行必要的类型划分,以便根据需要去分析和认识不同类型旅游活动的特点。

2.3.1 分类标准

对于旅游活动的类型,实际上并无统一的划分标准。人们往往根据自己研究问题的需要,在不同情况下选用不同的分类标准,因而所划分出来的旅游类型很可能会不尽相同。以下是一些常见的分类标准。

1. 按旅游活动的地理范围划分

按地理范围,旅游活动可分为国内旅游和国际旅游。国内旅游是指在居住国境内开展的旅游活动;国际旅游是指跨国界开展的旅游活动。该分类标准一般用于国家、地区宏观统计。

2. 按旅游活动的目的划分

按旅游的目的不同,旅游活动可分为消遣性旅游、事务旅游及个人和家庭事务旅游。消遣性旅游,如观光、度假、文化、探险、生态;事务旅游,如商务、公务、会议旅游等;个人和家庭事务旅游,如探亲访友、求学等。该分类标准主要应用于理论研究,如旅游发展战略及对策研究等。

3. 按旅游活动的组织形式划分

根据人数不同,旅游活动可分为团体旅游和散客旅游。

4. 按旅行方式划分

按旅行方式不同，旅游活动可分为公路、铁路、航空、航海旅游。

5. 按计价方式划分

按计价方式不同，旅游活动可分为包价旅游和非包价旅游。

6. 按费用来源分

按费用来源，旅游活动可以分为自费旅游和公费旅游。

通常来讲，应用任何一种分类标准所划分出来的任何一种旅游活动类型，都会同使用其他标准划分出来的某种旅游活动类型发生交叉或联系。例如，公费旅游也可能同时是公费国际会议旅游。所以，要掌握如何根据自己的研究需要去选用恰当的分类标准，以及如何针对所划分出来的旅游活动类型去分析其需求特点和行为特点，否则也就失去了对旅游活动类型划分的意义。由于许多国家官方的旅游统计都会分别统计国际旅游和国内旅游的相关变量，这也是许多学者进行学术研究的分类标准。

 延伸阅读

会 议 旅 游

会议旅游是会展旅游的一种，广义上也属于商务旅游范畴，一般指会议接待者利用召开会议的机会，组织各国与会者参加的旅游活动。国际会议旅游是由跨国界或跨地域的人员参加的，以组织、参加会议为主要目的，并提供参观游览服务的一种旅游活动。国际会议旅游产业已有几十年的发展历史，如今已经成为全球重要的旅游产品。按照世界权威国际会议组织——国际大会与会议协会（ICCA）的统计，每年全世界举办的参加国超过4个、参会人数超过50人的各种会议约有40万个以上，会议总开销超过2 800亿美元。国际会议市场的巨大潜能和会议产业的高额回报，使越来越多的国家和地区盯住了这一旅游细分市场。

（资料来源：朱华，黄文．会展节事策划与管理[M]．北京：北京大学出版社，2014．）

2.3.2 活动范围

根据旅游者的活动范围，可将旅游活动分为国际旅游和国内旅游两个范畴。国内旅游与国际旅游的主要区别有以下几点：

（1）是否跨越国界。国际旅游跨越国界，国内旅游反之。

（2）消费水平高低程度。国际旅游消费水平通常较高，国内旅游较低。

（3）逗留时间。国际旅游逗留时间通常较长，国内旅游较短。

（4）便利程度。国际旅游通常较不方便，常存在语言、生活习惯等方面的障碍，国内旅游则较方便。

（5）经济作用。国际旅游通常可以作为一个国家赚取外汇收入（主要通过入境旅游完成）或者减少贸易逆差（主要通过出境旅游完成）的重要手段，国内旅游则对于拉动内需起着重要作用。

1. 国际旅游

国际旅游(international tourism)是指跨国界开展的旅游活动，即一个国家的居民跨越国界到另一个或几个国家去访问的旅游活动。其中又区分为两种情况。以我国为例，一种情况是其他国家或地区的居民前来我国旅游，称为国际入境旅游或简称入境旅游(inbound tourism)；另一种情况则是我国居民离开我国到境外其他国家或地区去旅游，称为出境旅游(outbound tourism)。国际旅游者的分类情况如图2.3所示。

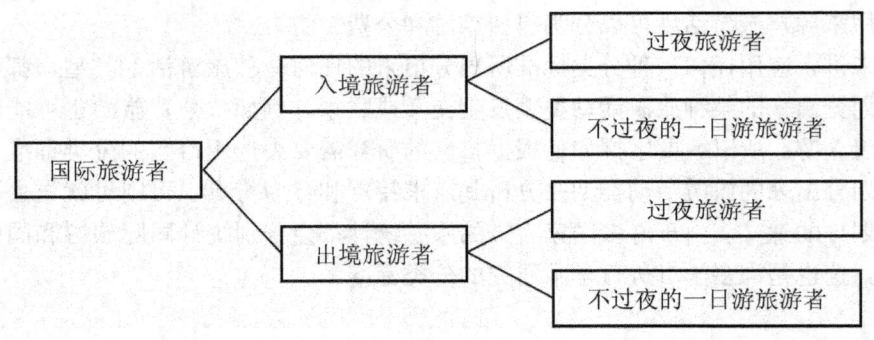

图2.3　国际旅游者分类

2. 国内旅游

国内旅游是指人们在其居住国境内开展的旅游活动，通常是指一个国家的居民离开自己的长住地，到本国境内其他地方去进行的旅游活动。根据世界旅游组织的解释，"长驻于某一居住国境内的外国人在此国的旅游属于国内旅游"。此处所指的长驻是指该外国人在所在国的连续驻留时间已达一年及以上。国内旅游活动也可根据是否在旅游目的地过夜，划分为过夜旅游和不过夜的一日游。

 头脑风暴

入境旅游能使一个国家赚取外汇，这是否意味着国际旅游比国内旅游更重要呢，你怎么看待这个问题？

本 章 小 结

没有旅游者就没有旅游，旅游者是旅游系统中重要的组成部分。本章辨析了旅游者的基本概念，通过基本概念的辨析掌握了旅游者定义的三大要素，即异地性、暂时性和旅游目的。通过旅游活动的分析，对旅游者分类更有科学依据。旅游目的是对旅游者进行科学定义的重要依据之一，因此本章分析了旅游者的动机及影响旅游者动机的各种因素。旅游活动的两大特点是异地性和暂时性，它们从时空上体现了旅游者活动的特点，本章对旅游活动的类型和范围及本质和特点进行了简要分析。研究旅游者对旅游产品的生产和设计，旅游市场营销以及为旅游者提供更好的旅游服务，对于资源开发、景区规划和游客管理等也具有重要意义。

关键术语

旅游者(tourist)：离开自己的常住地，不以移民、就业工作为目的，前往异国他乡作短暂停留的人。

国际旅游者(international tourist)：指任何因观光、度假、探亲访友、就医疗养、购物、参加会议或从事经济、文化体育、宗教活动而离开其长住国（或长住地区）到他国访问，连续停留时间不超过 12 个月，并且在他国活动的主要目的不是通过所从事的活动获取报酬的人。

国内旅游者(domestic tourist)：指任何因休闲、娱乐、观光、度假、探亲访友、就医疗养、购物、参加会议或从事经济、文化、体育、宗教活动而离开其常住地到其他地方访问，连续停留时间不超过 6 个月，并且主要访问目的不是通过所从事的活动从该目的地获取报酬的人。

旅游动机(tourism motivation)：指激发人们外出旅游的内在驱动力，即促使一个人有意于外出旅游及选择到何处去、开展何种旅游活动的心理动因。

课 后 练 习

一、选择题

1. 以下哪种需要是马斯洛的需要层次理论中最高层次的需要（　　）。
   A. 社会需要　　　B. 自我实现需要　　C. 受尊重需要　　D. 安全需要

2. 日本学者田中喜一在格里克斯曼分类的基础上，对这四种动机进行了细分，不包括在内的是（　　）。
   A. 心里的动机　　B. 身体的动机　　C. 精神的动机　　D. 社会的动机

3. 美国学者斯坦利·C. 帕洛格对旅游者心理类型的分类中，不包括的类型是（　　）。
   A. 多中心型　　　B. 分离型　　　C. 近自我中心型　　D. 自我中心型

4. 下列哪项不是按旅游活动的目的划分的类型（　　）。
   A. 消遣性旅游　　　　　　　　　B. 国内旅游
   C. 事务旅游　　　　　　　　　　D. 个人和家庭事务旅游

5. 下列哪一个选项是指国际旅游者（　　）。
   A. 到国外定居者
   B. 到国外学习，住宿在校的学生
   C. 因商务原因而出国旅游的人
   D. 边境地区居民及落户定居而又越过边界去工作的人

6. 对旅游者的定义主要有三种，下列选项不属于旅游者的定义方法的是（　　）。
   A. 统计方法定义　　B. 概念性定义　　C. 技术性定义　　D. 综合性定义

7. 不同类型旅游者中，在全部的旅游人数中占比例最大的是（　　）。
   A. 消遣旅游　　　B. 商务旅游　　　C. 会议旅游　　　D. 个人家庭事务旅游

8. 国内旅游者是"离开居住地边界至少 50 英里（80 公里）以外的地方去旅行的人"。这一定义方法属于（　　）。
   A. 目的性定义　　B. 技术性定义　　C. 综合性定义　　D. 统计方法定义

9. 过夜旅游者是到一个国家作短期访问至少逗留（　　）小时的游客。
A. 8　　　　　B. 10　　　　　C. 12　　　　　D. 24
10. 下列哪项不是消遣型旅游者的特点（　　）。
A. 人数少，出行频繁　　　　　B. 季节性强
C. 行为自由，停留时间长　　　D. 对价格敏感

二、填空题

1. 1963年，联合国罗马国际旅游会议提出采用游客这一总体概念，游客分为两类：_____和短程游览者。
2. 罗马国际旅游会议对对短程游览者的规定是到一个国家去暂时逗留不足_____小时的游客。
3. 我国将外国驻华使、领馆官员、外交人员以及随行的家庭_____不作为旅游者进行统计。
4. 世界旅游组织划分出来过夜国内旅游者是指在某一目的地旅行超过24小时而少于_____年的旅游者。
5. 国际旅游者中的入境旅游者可以分为过夜旅游者和_____二大类。
6. 穿越无垠戈壁、驾车或徒步周游全国、全球等，以此展示其成就，实现自我价值，这是旅游者_____的需要。
7. 罗伯特·W. 麦金托什将旅游动机划分为身体健康方面的动机、文化方面的动机、交际方面的动机、_____的动机四种类型。
8. 男性旅游者参考探险旅游活动多于女性旅游者，主要原因是_____差异。
9. 倾向于选择对目的地情况比较熟悉，喜欢和熟悉的人一起出游，希望旅游业提供周到的服务的游客属于_____心理类型。
10. 按旅游的目的不同，旅游可分为消遣性旅游、事务旅游和个人和_____。

三、判断题

1. 旅游者一些需要的产生并不是按马斯洛需要层次理论的金字塔轨迹依次递进。（　　）
2. 家庭及个人事务型旅游者的出行季节性较差，但是对价格又相当敏感。（　　）
3. 按我国的国内旅游统计的规定，到外地学习的学生不在国内游客统计之列。（　　）
4. 短暂性是区别旅游者和迁徙者的重要特征之一。（　　）
5. 就整个世界旅游情况而言，中老年旅游者在全部旅游者中所占的比例最大。（　　）
6. 根据国家统计局的界定，边境地区往来的边民不得作为国际游客来计算。（　　）
7. 在台湾尚未回归大陆，实现祖国统一的情况下，台湾同胞来大陆旅游被视为国内旅游。（　　）
8. 旅游动机产生既可是积极的需要（求知探索），也可能是消极的需要（逃避现实）。（　　）

9. 去以死亡或灾难为主题的旅游景点去悲情体验，学界称之为"黑色旅游"。（   ）
10. 国际旅游逗留时间长，国内旅游短；国际旅游消费水平高，国内旅游低。（   ）

四、问答题

1. 罗马会议是如何定义游客的？旅游者分为几类？
2. 我国界定国际旅游者的标准是什么？
3. 影响旅游动机的因素有哪些？
4. 马斯洛"需要层次理论"是如何总描述需要层次结构的？
5. 旅游者按照旅游目的可划分为哪些类型，不同类型的旅游者有何特点？

五、论述题

1. 简述罗马会议对访客界定的方法和标准。
2. 简要分析旅游者的社会人口特征对其旅游活动的影响。

应用案例分析

到巴黎去做乞丐，到巴西去做农民

目前，欧洲旅游的新时尚就像我们当年吃忆苦饭——体验社会，以往欧美旅行社的主打招牌"阳光沙滩、异国风情"已被各种形式的社会旅游所替代。体验乞丐生活，到贫困地区走一走，成了欧美旅客最流行的旅游活动。

1. 追随流浪汉的生活

荷兰卡姆斯特拉旅行社推出了"巴黎流浪4日游"，全程花费459欧元。这类旅游一般都是在每年的4～9月组团，因为那时的气候比较好。这类旅游的顾客群是些又好奇又有社会责任感的人。这种旅行团一般10人起组团，参加旅行团的成员不得随身携带现金、信用卡和手机，他们在行程中要学会像流浪汉一样靠在街上捡一些有用的东西或者卖艺来维持生活。旅行社会向他们提供乐器、画笔等，并监督他们确实一切都按照要求做。到了晚上，旅行社会发给他们硬纸板和报纸供他们御寒。不过，行程的最后一晚旅行社会让他们住进高级酒店，同时提供给他们一份丰盛的晚餐，让他们感受到鲜明的对比。

这项旅行的策划人冈森斯说，有过这样一次经历之后，旅游者会对流落街头的人的生活有更深的体会，也许他们以后会帮助乞丐们改变生活状况。不过如果伦敦游客提出特殊要求，旅行社还可以组织他们去布拉格或者其他城市。不过伦敦市政府不同意这家旅行社在伦敦组织这样的旅游，市政府表示不能保证游客的安全。

2. 没有土地的农民们

去遥远的巴西看看那里的农民是怎样生活的，也是社会旅游的一个新趋向。现在欧洲旅行社共有6条访问巴西庄园的旅游线路，"无土地农民运动"是其中一条。旅行社保证来这里的旅客都能吃到完全生态的食品，他们还可以亲自参加收割活动，学习种植和饲养技能，或者亲手制作一些手工艺品。当地农民对来访者非常欢迎，免费为他们提供参观和参与的机会，希望他们能够了解自己的生活。

巴西的旅行社还委托德国的一家旅行社专门组织欧洲旅客来这里参观，这里的旅游资源还在开发中，里约热内卢市政府已经同意开放南美洲最大的贫民窟罗新哈，让更多的外国游客了解这里。

讨论：

（1）以上到巴黎去做乞丐、到巴西去做农民的人是不是旅游者？如果是旅游者，他们是哪一类旅游者?并说明你的分类依据。

(2) 试分析这些人为什么要到巴黎去做乞丐、到巴西去做农民,其出行动机是什么,以及他们属于哪一类心理类型的旅游者。

(资料来源:邱逊. 欧洲旅游——到巴黎去做乞丐[EB/OL]. 和讯网(2005-01-05). http://www.hexun.com,2005-01-05.)

第3章 旅游需求

教学目标

旅游需求是旅游研究中最基本的问题之一，对旅游需求内容和数量的把握有利于旅游规划、产品开发和市场营销，对旅游供需平衡、提高旅游收益都具有重要作用。本章学习旅游需求的基本特征，熟悉衡量旅游需求的常用指标；了解影响旅游需求的主要因素，掌握旅游需求预测的主要方法。

教学要求

教学内容	重点☆、难点*	教学提示
旅游需求概述	(1) 旅游需求的分类 (2) 旅游需求的高弹性☆* (3) 旅游需求的季节性 (4) 旅游需求的集中性	本章主要与第1章、第2章、第4章、第7章、第9章、第10章、第12章和第14章等内容相关联，教学时可前后对应，以便掌握各章节教学内容的内在联系
衡量旅游需求的指标	(1) 旅游者人数指标 (2) 旅游者停留时间指标* (3) 旅游花费指标☆	
影响旅游需求的因素	(1) 影响旅游需求的推动因素☆* (2) 影响旅游需求的拉动因素☆ (3) 影响旅游需求的其他因素	
旅游需求预测方法	(1) 时间序列模型 (2) 回归模型☆ (3) 德尔菲法 (4) 情景预测法	

> 旅游是获得愉悦感和浪漫性的最好媒介。
>
> ——查尔斯·雷尼·麦金托什

旅游学 概论

基本概念

旅游需求特征　旅游需求指标　旅游需求影响因素　旅游需求预测

2012年南宁两节假日旅游市场需求旺盛

2012年两节假日旅游市场需求旺盛，总体销售火爆，旅游消费水平提升。无论是出境游市场还是国内市场，多样化、休闲化、深度化的旅游线路产品将更加丰富，自由行比例将大幅增长，特色团将热销。

从南宁旅行社的预订情况看，游客出游目的地仍高度集中在传统的热点旅游城市。出游意愿调查结果显示，京沪和三亚居人气榜前三，而中国香港、马尔代夫及泰国是出境游的首选目的地之一。北京依然是最具人气的国内旅游目的地，选择比例达到26.2%，但低于2011年同期的34.2%；其次是上海，选择比例为17.8%；而三亚选择比例达到15.5%，位居人气榜的第三，比2011年同期下降一个名次；其他比较热门的地方还有杭州(13.8%)、桂林(12.1%)、大连(10.3%)。

计划去往港澳台地区旅游的游客，香港依然是游客的首选(44.4%)；32.1%的受访者更愿意去台湾，高于2011年同期的26.5%，而2012年计划去澳门的受访者也从2011年同期的7.2%上升到23.5%。韩国是最具人气的出境目的地之一，选择韩国的比例为44.1%；其他选择比例较高的国家还有新马泰(26.5%)、马尔代夫(26.2%)、美国(26.0%)，法国(23.5%)，澳大利亚(23.2%)。欧美游的比例比2011年同期有所上升。

同时，假期出游的客源地也高度集中在经济发达的北上广三大区域。出游意愿调查显示，元旦和春节黄金周出游的主要客源地集中在华北(占有假期出游意愿群体的28.7%)、华东(16.7%)及华南地区(15.8%)。

从价格上看，与会专家分析，由于节假日期间机票和酒店等的价格普遍上涨，多数出境游团费较2011年同期大幅上涨，涨幅为15%~40%。部分海岛游酒店及直飞航班资源比较紧俏，价格与去年同期相比上涨约10%，较平时上涨30%~50%。但日本游、东南亚游、欧洲游的价格基本与2011年同期持平，中国台湾游的价格还有所下降。国内游市场价格也有一定幅度的上涨，为5%~10%，热门线路（如海南游）涨幅在20%左右。与游客旺盛的需求对应，2012年两节旅游产品供给也丰富多彩。据介绍，2012年出境游市场的热点是海岛，除了人们熟知的巴厘岛、马尔代夫、普吉岛、长滩岛等，夏威夷、毛里求斯、冲绳、苏梅岛、大溪地等新兴海岛旅游目的地也吸引了游客的关注。

（资料来源：2012春节黄金周国内游稳中有增 出境游持续火爆[EB/OL].蓝途旅游网(2012-1-29).http://www.landtu.com/news-5874.html.)）

点评：

(1) 本案例反映了南宁旅游需求的集中性。国内游客出游目的地高度集中在北上广三大区域和三亚；出境旅游主要前往中国香港、韩国和马尔代夫。

(2) 由于需求集中释放，尽管节日期间机票和酒店等价格普遍上涨，南宁游客对旅游价格并不敏感。

(3) 除了人们熟知的巴厘岛、马尔代夫、普吉岛、长滩岛等，夏威夷、毛里求斯、冲绳、苏梅岛、大溪地等新兴海岛旅游目的地也吸引了游客的关注。这说明了旅游需求的指向性与一般商品不同，产品供应地（即旅游目的地）吸引旅游需求。

3.1 旅游需求概述

第二次世界大战以后，随着世界经济的增长，人们可支配收入的不断增加，以及相对和平的政治环境，人们的旅游需求也快速增长。近年来，虽然遭受到世界经济不振、公共卫生事件和国际恐怖事件的打击，在总体发展趋势上，旅游业发展的市场基础依然坚实，旅游需求旺盛，总体发展速度仍高于全球经济总体增长速度。旅游需求是雷柏尔旅游系统模型中的"推力"，与目的地的供给的"拉力"形成旅游系统中的"推—拉"关系，被称为"N—S对"，影响旅游系统中的旅游流量和旅游流向。旅游需求量大，旅游供给增加；反之，在一定条件下，旅游供给增加，也会拉动旅游需求。由此可见，旅游需求和旅游供给是相互作用、相互影响的。

3.1.1 旅游需求的定义

旅游需求是在一定时期内，在一定价格水平下，人们愿意而且能够购买的旅游产品的数量。旅游需求的产生，首先是人们具有某种物质性或非物质性需要，在各种动机的驱动下，以旅游活动来满足这些需要；其次，需求或动机要转化为经济学意义上的旅游需求，支付能力是一个必要的约束条件，除了支付能力以外，闲暇时间也是旅游需求实现与否的重要限制条件。

3.1.2 旅游需求的分类

从消费者人数来划分，可以将旅游需求分为个体需求和社会需求（市场需求）。个体需求是指个体在一定时期内在一定价格水平下愿意而且能够购买的旅游产品的数量；而社会需求是指社会整体或其一部分在一定时期内在一定价格水平下愿意而且能够购买的旅游产品数量的总和。旅游需求研究更多的是社会需求，它反映了整个旅游活动和产业部门运行的状态和趋势。但对社会需求的研究往往建立在对个体需求研究的基础之上。

3.1.3 旅游需求的特点

1. 旅游需求的高弹性

与一般产品的市场需求相比，旅游需求具有的弹性较大。旅游需求弹性是指由于价格、收入、汇率等因素的变化而引起旅游需求变化的程度。通常分析的旅游需求弹性主要有价格弹性和收入弹性。价格一般与需求负相关，而收入一般和需求正相关。旅游产品不是必需品，容易受到价格、收入等因素的影响，因此需求弹性往往较大。

2. 旅游需求的季节性

旅游活动具有较强的季节性，即旅游活动具有明显的季节变化。[①] 所谓季节性，是指

---

① Baum T, Lundtorp S. Seasonality in tourism[M]. London: Elsevier, 2001.

旅游活动中暂时不平衡现象，其表现可以通过不同方面的要素呈现出来，如访客人数、访客花费、公路或其他交通客流量、就业人数及景区门票收入等。[1] 根据旅游资源的不同性质和不同的旅游活动类型，旅游的季节性也有所差异。一般来说，主要依赖自然旅游资源吸引游客的国家和地区，旅游市场需求的季节性更加明显，波动较大；主要依靠人文旅游资源吸引游客的国家和地区，旅游市场需求的季节性相对不明显，波动较小。中国入境旅游的季节性和黄山旅游的季节性表现如图3.1所示。

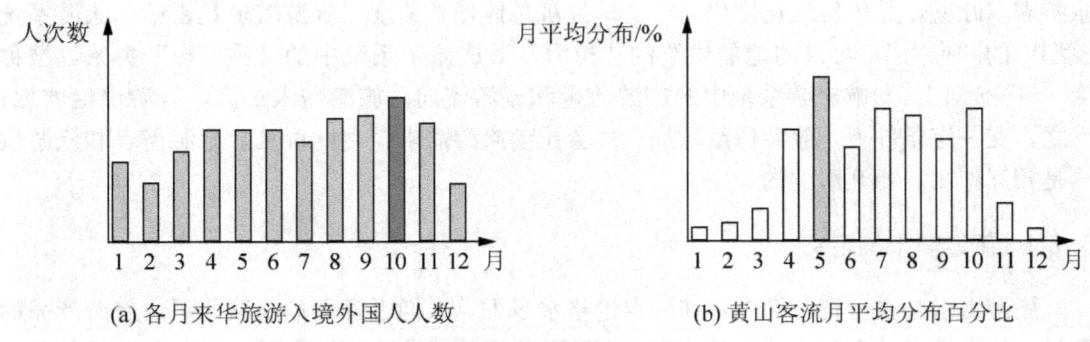

图 3.1 中国入境旅游和黄山旅游的季节性

3. 旅游需求的集中性

旅游需求的集中性不仅体现在时间上，也体现在地理空间上。地理空间方面，旅游需求大多集中在某些经济发达、人口众多的地区。但是，旅游需求的指向地区一般是具有独特的旅游资源的边缘地区，这些地区往往经济欠发达、商业化影响较小。

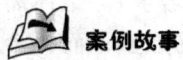 案例故事

华山游客滞留事件

2012年10月2日，由于游客数量激增，超过华山缆车运送能力，造成大量游客一度滞留山顶。多位网友通过微博求救，称华山滞留大批游客。网友在微博中称："山上有好多老人和小孩，晚上山里没路灯，气温又低，山路又陡，也没吃东西的地方。"

据中央电视台记者现场报道，当天，由于游客数量激增，超过了华山缆车运送能力，造成大量游客滞留。部分游客向华山景区管理委员会提出了质疑，要求退票，并封堵了华山景区的入口，造成管理委员会接送游客下山的班车无法正常运行。大批游客采用徒步的方式自行下山。中央电视台消息称，华山景区管理委员会随后同意退票，同时承诺第二天免费提供班车接送游客到仙峪、西岳庙景点进行参观。同时，接送游客下山的大巴车向华山山顶的游客集散中心进发，免费接送山顶滞留的游客下山。

2日23:59，陕西省公安厅副厅长陈里发布微博称，他已和陕西省公安指挥中心联系，华山滞留人员具体数目不详，应该在数百人以上。当地公安民警和当地政府300余人已经上山营救引导下山。6分

---

[1] Butler R W. Seasonality in tourism：issues and implications [M]．Oxford：Pergamon Press，2001．

钟后，陈里再次发布微博称，刚接到华山公安局领导电话，山上游客基本疏散完毕，正在有序下山。请渭南政府、公安、旅游部门，一定及时掌握山上情况，千万不要出事！警方可协调景区退票，组织人员营救百姓下山。

（资料来源：华山游客被滞留山顶续．华山管委会主任通过官方微博向游客致歉[EB/OL]．人民网(2012-10-3)．http://sn.people.com.cn/n/2012/1003/c226647-17547427.html．）

3.2 衡量旅游需求的指标

在旅游研究和统计中，往往需要借助一些指标来统计和预测旅游需求。常用的需求衡量指标包括旅游者人次数、旅游者停留时间、旅游花费等。

3.2.1 旅游者人数

旅游者人数是最常见的一项需求指标，它反映了在一定时期内旅游目的地国或旅游目的地城市接待的国内外旅游者的数量，一般以旅游者人次来衡量。在对来访旅游人（次）数的统计方面，世界各国的做法不尽相同。以入境旅游人数的统计为例，我国是根据本国的边防入境登记，对入境的来访者进行数量统计。有的国家则是通过抽样调查或根据旅馆的住宿登记，去测算某一时期来访的旅游入境人数。但无论采取上述哪一种统计方法，都有不足之处。表3-1为2011—2012年国内旅游人数统计情况。

表3-1 2011—2012年国内旅游人数基本情况　　　　　计量单位：亿人次

分类	项目	第一季度	第二季度	第三季度	第四季度	全年合计
城镇	2011年	4.09	3.97	4.34	4.47	16.87
	2012年	4.79	4.53	4.97	5.04	19.33
	增加值	0.70	0.56	0.63	0.57	2.46
	增长比	17.10%	14.10%	14.5%	12.80%	14.60%
农村	2011年	3.51	1.95	1.92	2.16	9.54
	2012年	3.96	2.03	1.98	2.27	10.24
	增加值	0.45	0.08	0.06	0.11	0.70
	增长比	12.80%	4.10%	3.10%	5.10%	7.30%
合计	2011年	7.6	5.92	6.26	6.63	26.41
	2012年	8.75	6.56	6.95	7.31	29.57
	增加值	1.15	0.64	0.69	0.68	3.16
	增长比	15.10%	10.80%	11.00%	10.30%	12.00%

（资料来源：国家旅游局政策法规司．2012年度中国国内旅游抽样调查报告[N]．中国旅游报，2013-3-1(14)．）

即学即用

请登录旅游网站，了解你所在城市 2013 年度国内旅游人次数，通过数据分析，预测所在城市旅游发展的趋势。

3.2.2 旅游者停留时间

旅游者在目的地的停留时间是指从抵达目的地国或目的地地区时起算的一次旅程所花的时间。一般采用两个指标来衡量，即旅游者停留天数和旅游者人均停留天数。旅游者停留天数是一定时期内旅游者人次与人均过夜数的乘积，它从时间角度反映了旅游者的需求情况，同时也表现了旅游产品吸引力的大小。旅游者人均停留天数是指一定时期内所有旅游者在一次旅程中在目的地停留天数的平均情况，它从平均数的角度反映了旅游需求的现实情况，同时也揭示出不同时期旅游需求的变化趋势。这一指标的设计主要是为了配合旅游者人（次）数这一指标。

在某些时期，如客源国经济不景气等，人们虽然参加了旅游活动，但却减少了在目的地的停留天数。因而对目的地而言，旅游者人次数可能没有减少，但旅游收入却可能减少，就是因为旅游者人均停留天数已经减少。因此，将人均停留天数与旅游者人次数相配合，计算来访旅游者的人次数，可以更全面、更准确地反映来访旅游活动的实际情况，同时也便于与以往同期的数据进行比较。

 延伸阅读

从"中转站"到"目的地"：成都旅游华丽转身

据不完全统计，2005—2006 年，在来蓉的游客中，不到 1/4 的人只在成都作短暂停留，超过八成的境外游客只是将成都作为旅游的中转站……通过这一组数据，成都作为旅游"中转站"的形象清晰地凸显出来。在旅游业研究者的眼中，他们用"旅游中心城市"来定位成都。旅游中心城市同时具备旅游目的地和旅游集散地两大功能，而从成都旅游业目前发展现状来看，其扮演的角色更倾向于后者。对成都作为旅游集散地的争论由来已久，纵然其背后有着诸多复杂的成因，但在决策者的眼中，"中转站"的独特角色更意味着旅游发展的契机和方向。

讨论：游客逗留时间对成都旅游市场有什么影响？你认为作为旅游集散地的城市旅游收入多，还是作为旅游目的地的城市旅游收入多？

（资料来源：从"中转站"到"目的地"：成都旅游华丽转身[EB/OL]．四川省人民政府网站（2007-6-28）．http://www.sc.gov.cn/lysc/lyyw/200706/t20070628_189111.shtml．）

3.2.3 旅游花费

旅游花费是指旅游者自身或以其名义产生的途中及目的地期间的各种消费性花费的总和。根据世界旅游组织的界定，国内旅游花费是指国内旅游者在其国家领土内旅行过程中直接产生的花费，包括旅游者在旅途中和目的地产生的花费，还包括在出行前为此次旅程的准备，回程后因为此次旅程的最终完成所需的花费；国际旅游花费是指出境旅游者在其他国家的花费,包括支付给外国航空公司的机票的交通费用,也包括在出行前和回家后为得到目的地国家的物品或服务所支付的费用。① 在中国旅游统计中,旅游花费总额等于国际旅游(外汇)收入与国内旅游收入的总和。其中,国际旅游(外汇)收入指外国人、华侨、港澳同胞和台湾同胞在中国内地旅游过程中发生的一切旅游支出。

即学即用

2011年3月朱先生从成都前往瑞士参加国际休闲旅游研讨会,并在瑞士观光旅游,在瑞士逗留5天。朱先生的旅行开支情况如下。

(1) 办理护照费用:200元。
(2) 瑞士签证费:330元。
(3) 赴瑞士大使馆申请签证来往机票费:2 110元。
(4) 成都至瑞士苏黎世往返国际机票费:6 300元。
(5) 瑞士出租车、巴士、火车费:232瑞士法郎。
(6) 瑞士旅游观光门票费:130瑞士法郎。
(7) 瑞士餐费:6欧元/餐×3餐×5天=90欧元。
(8) 瑞士住宿费:90欧元×5天=450欧元。

请计算:朱先生国内和境外花销分别是多少?交通费和住宿费占旅游总支出的比例是多少?对旅游需求有什么影响?

3.3 影响旅游需求的因素

旅游需求除易受经济变动影响外,对旅游目的地的社会状况、政治因素、环境条件、健康水平及旅游风尚的变化都具有敏感性。例如,旅游目的地的政治不稳定或社会动乱,或者环境卫生出现问题,则旅游需求减少。旅游需求的推动因素包括个人收入、闲暇时间、社会人口特征等;旅游需求的拉动因素有旅游吸引物、目的地的旅游供给和服务等。社会旅游需求是由不同的年龄、性别、身份、社会地位、偏好、兴趣的旅游者构成的,再加上他们来自不同的国家或地区,其本身宗教信仰、文化背景、生活习惯、家庭结构等的个别差异,使得原本就十分敏感的旅游需求更加凸显出复杂多变的特征。

3.3.1 影响旅游需求的推动因素

1. 可自由支配收入

一般而言,人们的收入水平与他们的旅游需求之间存在明显的正相关关系,即随着个人可支配收入的增加,旅游需求也会增加。但是,收入与旅游需求的关系并不是一直呈正相关关系。随着收入水平的提高,各类户外游憩活动的参与率也普遍提高。

当从整体考虑收入对旅游需求的影响时,通常使用客源国或客源地区的人均国民生产

---

① World Tourism Organization. Concepts, definitions classifications for tourism statistics[J]. Technical Manual, 1995, (1).

总值指标。国际经验参数表明，一个国家或地区的旅游需求水平是与其人均国民生产总值紧密相关的。实践证明，国际大众旅游的兴起同各国的国民收入的提高及家庭收入的增加是分不开的。国际上有这样的经验统计：当一国人均国民生产总值达到800～1 000美元时，居民将普遍产生国内旅游动机；达到4 000～10 000美元时，将产生邻国旅游动机；超过10 000美元时，将产生全球旅游动机。

但是人均国民生产总值只是影响旅游需求的一个因素，还必须考虑到人口基数和收入分配情况。一个人或其家庭的收入不可能都用于旅游。所以，实际上影响一个人能否外出旅游的重要因素是家庭的可自由支配收入。可自由支配收入是指个人或家庭收入中扣除全部纳税和社会消费（如老年退休金）及日常生活必须消费部分（衣、食、住、行等）之后所余下的收入部分。① 只有这部分收入才可以真正用于旅游消费。恩格尔认为，随着人们收入的增加，收入中用来购买食物（生活必需品）的部分所占比例将会下降；收入中用来购买奢侈品的部分所占比例将会上升。恩格尔系数可以用来衡量一个人的旅游需求。恩格尔系数高，旅游需求低；恩格尔系数低，旅游需求高。

 知识链接

恩格尔系数

恩格尔系数（Engel's coefficient）是食品支出总额占个人消费支出总额的比例。19世纪德国统计学家恩格尔根据统计资料，对消费结构的变化得出一个规律：一个家庭收入越少，家庭收入中（或总支出中）用来购买食物的支出所占的比例就越大；随着家庭收入的增加，家庭收入中（或总支出中）用来购买食物的支出比例则会下降。恩格尔系数是根据恩格尔定律得出的比例数，是表示生活水平高低的一个指标。其计算公式如下：

$$恩格尔系数 = \frac{购买食物支出}{总支出} \times 100\%$$

（资料来源：智库百科[EB/OL]http://wiki.mbalib.com/wiki/.）

 **头脑风暴**

一个家庭的收入水平对旅游者出行有什么影响？

2. 闲暇时间

旅游消费实际上也是一种时间消费。如果没有可自由支配的时间，一个人即使有强烈的旅游动机和支付能力，也难以完成旅游消费，从而不能形成真实旅游需求。由于闲暇时间在很大程度上决定居民旅游需求的程度，研究者经常将闲暇时间和经济收入并列为旅游需求的两大影响因素。闲暇时间和旅游需求一般呈正相关关系。也就是说，闲暇时间增多，旅游需求也会上升；反之则相反。

需要注意的是，人们的闲暇时间有不同类型，日常闲暇、周末闲暇、黄金周、带薪休假的时间长度不一，对旅游需求的影响也不一样。例如，周末闲暇的增加大大增加了城市

---

① 郭胜．旅游学概论[M]．2版．北京：高等教育出版社，2009．

周边的旅游需求，但对长距离旅游需求的增加作用不大。随着中国经济社会的良性发展，人们每周用于生产的时间逐渐减少，而用于休闲的时间逐步增加。这种社会结构性的变化从根本上促进了旅游活动的增长和中国旅游业的发展。

实际上，闲暇时间的多少不仅决定着一个人是否能外出旅游，而且会影响到对旅游目的地的选择，以及在该地逗留时间的长短。闲暇时间是人们非工作时间的一部分，在现代社会中，有以下4种类型，如图3.2所示。

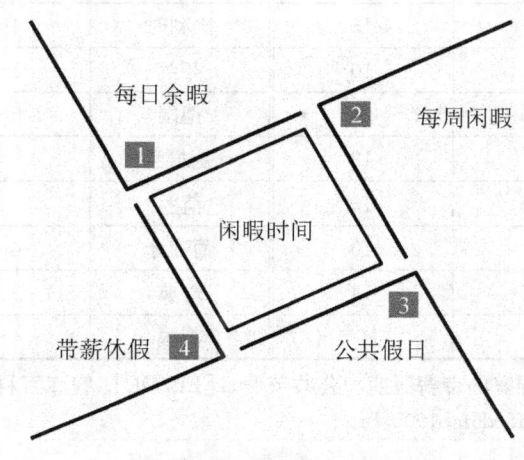

图3.2 旅游需求与闲暇时间

（1）每日余暇：每天在工作和生活之余的闲暇时间，这部分闲暇时间很零散，虽可用于娱乐和休息，却不能用于旅游。

（2）每周闲暇：通常指周末工休时间。目前我国同经济发达国家一样也已实行每周5日工作制，故周末假日为两天。这为我国人民周末旅游度假提供了必要的时间条件。由于时间短，一般只适合开展一些近距离旅游活动。

（3）公共假日：人们通常所说的节假日。各国公共假日的数量不一，大都与各国民族传统节日的数量有关。我国的公共假日于2007年12月7日予以重新修订，在原来元旦、春节、国庆节、五一劳动节的基础上，增加了清明节、端午节和中秋节3个传统节假日。由于节日期间多为全家团聚、共同活动的时机，所以连续2～4天的公共假日期间往往是家庭外出作短期旅游度假的高峰时间。

（4）带薪休假：目前经济发达的工业化国家中大都规定对就业员工实行带薪休假制度。法国是第一个以立法形式规定就业员工享有带薪假期的国家。它在1936年宣布劳动者每年可享有带薪假期至少6天。现在，各国实行带薪假期的情况不一。例如，在北欧的瑞典，职工享有的带薪假期为每年5～8周；而在意大利则一般为4～6周。带薪假期的时间长且集中，此时出游也没有公众假期出游拥挤，是人们外出的最佳时机。

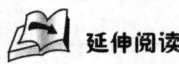延伸阅读

欧洲国家的带薪休假

带薪假期就是除了国家法定假期以外，企业内部给予员工的一种福利假期。员工享受假日的同时，

还享正常薪水待遇。带薪假期一般没有固定日期,只有固定天数,由员工根据自己的需要安排休假日。带薪假期起源于西方国家,除了工龄带薪假期外,还有男性产假、旅游假、儿童节亲子假等,被认为是人性化关怀的休假制度,对于人们的旅游度假,特别是长距离旅游有很大的促进作用。表3-2为欧洲部分国家的带薪假期和公共节假日情况。

表3-2 欧洲部分国家的带薪假期和公共节假日

国家	带薪假期/周	公共节假日/天	国家	带薪假期/周	公共节假日/天
奥地利	5	13	比利时	4~5	10
丹麦	5	10	芬兰	5~6	14
法国	5~6	11	德国	5~6	10
希腊	4	12	爱尔兰	4	10
意大利	4~6	10	荷兰	5	7~9
挪威	4	10	葡萄牙	4~5	12
西班牙	4~5	14	瑞典	5~8	11
瑞士	4~5	6	英国	4~6	8

(资料来源:欧洲部分国家的带薪假期和公共节假日[EB/OL]. 智库百科. http://doc.mbalib.com/view/b759da63d7e17f967692f8ed6fab1905.html.)

3. 社会人口特征

旅游者的年龄、性别、职业、受教育程度、家庭生命周期等因素与旅游需求有着十分密切的联系。年龄对个体的身体健康状况及生活方式有着重要影响。人们在家庭生命周期的不同阶段的可支配收入和闲暇时间是不同的,因此,家庭生命周期与旅游需求有着密切的关系。通常在单身和无子女时期,家庭的经济条件较宽裕,闲暇时间较多,此时家庭成员更容易选择较长距离的旅行,且消费较高;处于满巢期的家庭因受到孩子的限制,此时家庭成员进行的旅游时间较短,出游次数较少,且由于经济条件的限制,消费水平也相对更低,他们多选择家庭活动的旅游方式。

 知识链接

家庭生命周期

家庭生命周期(family lifecycle)是反映一个家庭从形成到解体呈循环运动过程的范畴。美国学者P. C. 格里克(P. C. Greek)最早于1947年从人口学角度提出比较完整的家庭生命周期概念,并对一个家庭所经历的各个阶段进行了划分。一般来讲,传统的家庭生命周期分为8个阶段,见表3-3。

表3-3 传统家庭生命周期

周期	家庭成员	特征
1	单身	单身青年,与父母分住
2	新婚	新婚夫妻,无子女
3	满巢1期	年轻夫妻,抚养子女

续表

周　　　期	家庭成员	特　　征
4	满巢2期	已婚夫妻，抚养6岁以上的子女
5	满巢3期	已婚夫妻，有未工作的成年子女
6	空巢1期	中年夫妻，无子女同住，仍在工作
7	空巢2期	老年夫妻，无子女同住，退休
8	空巢3期	孤寡老人，年老独居，退休

（资料来源：朱华．旅游学概论（双语）[M]．2版．北京：北京大学出版社，2012.）

3.3.2 影响旅游需求的拉动因素

1. 旅游吸引物

旅游吸引物是自然界和人类社会中，凡能对游客产生吸引力的各种事物和因素。它是旅游活动的客体，包括已经开发为景区的旅游资源（已成为旅游产品）和未被开发的旅游资源（未成为旅游产品）。旅游吸引物是吸引旅游者前往旅游目的地的动因之一。在雷柏尔旅游系统模型中，它是激发旅游者前往旅游目的地的拉动因素。旅游吸引物的数量、质量、多样性、独特性、可进入性对旅游需求可产生重大影响。

2. 产品供给

产品供给对旅游需求具有两个方面的影响。一方面，对旅游市场规模估计不足会对旅游需求造成限制，主要包括目的地住宿接待设施、旅行交通服务的瓶颈，旅游产品种类与数量的缺乏和不匹配。认清一个地区现有旅游供给的限制状况，能够发现由于受到供给限制而未实现或被抑制的旅游需求。另一方面，增加供给数量，改善供给结构，提升产品质量，有利于真实需求的形成和实现。

3.3.3 影响旅游需求的其他因素

1. 旅游产品价格

旅游产品价格是对旅游需求产生影响的最重要的供给因素之一。在其他条件不变的情况下，旅游产品的价格提高，购买的数量减少；旅游产品的价格降低，购买的数量就会增加。如图3.3所示。例如，在我国的东西部之间存在物价水平的差异，在广东、福建沿海一带，物价水平较高；而中西部的一些城市，物价水平相对较低。如果只考虑物价这一因素，东部沿海地区对中西部的旅游需求量较大，而中西部地区对东部沿海地区的旅游需求量相对较小。同样，由于物价不同，日本游客到中国旅游，觉得中国物价非常低廉；而中国游客去日本旅游，则觉得物价很高。所以，旅游价格因素成为了导致中日两国之间不同旅游需求量的重要因素之一。

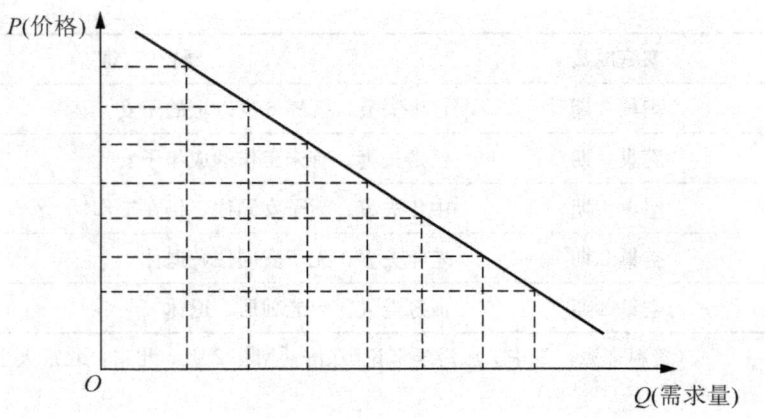

图 3.3　旅游需求与旅游产品价格之间的关系

2. 货币汇率

货币汇率的变化对国际旅游有较大影响。由于各国的经济形势不同，货币币值的变化就会引起不同国家间货币汇率的变化。例如，泰国货币（铢）因东南亚金融风暴而大幅贬值，引起泰币与美元汇率下降，即 1 美元可以兑换更多的泰币，使美国旅游者去泰国旅游就变得便宜了，引起美国旅游者对泰国旅游需求的增加。反之，泰国旅游者去美国旅游就变得昂贵了，就会减少泰国旅游者对美国旅游的需求量。同期我国出境到泰国旅游的人数增加很快，主要原因是用人民币所计算的去泰国旅游的费用下降了，即人民币相对泰币的汇率提高了，从而导致我国对泰国旅游需求的增加。

 **头脑风暴**

当前人民币升值，美元贬值，赴美旅游是便宜了还是昂贵了？

3. 文化特征

客源地和目的地文化会对旅游需求产生较大影响。客源地文化对当地居民的出游偏好、产品选择具有影响；客源地与目的地之间的文化差异也会对需求产生促进或抑制作用。文化差异可以通过许多方式表现出来，如话语形式、肢体语言、价值观、宗教、风俗等。在旅游过程中，旅游者会受到自身文化和目的地地区文化的双重影响，自身文化的"残余"会影响旅游者的动机、期望、偏好、对服务质量的评价等。

东西方文化的不同，使东西方旅游者的需求呈现出不同的特点。例如，西方文化圈的旅游者中更多人选择单独出游，较少选择跟随大的旅游团队；东方文化圈的旅游者则较少选择单独出游，更愿意选择与家人、朋友一起出游或随团出游。受价值观影响，东西方旅游者的审美标准，对建筑、艺术等的理解，以及对宗教信仰、风俗传统、礼节等的看法也不相同，这直接影响到不同文化背景的旅游者对旅游资源、旅游活动及旅游纪念品的需求的不同。

 **头脑风暴**

是旅游客源地与旅游目的地文化相似性更吸引旅游者,还是两者之间的相异性更吸引旅游者?

4. 政治因素

政治环境对旅游影响很大。旅游除了受人地关系影响外,还受到政治环境的重大影响。当两国之间关系良好时,旅游系统中的双向流会促进旅游客源地与旅游目的地之间旅游者的互动。例如,习近平首访俄罗斯,中俄互办旅游年,促进了双方之间的人员来往和旅游发展。但旅游也具有内在的不稳定性,表现出非线性关系。政治突发事件的发生会产生"蝴蝶效应",形成连锁反应,造成旅游系统的紊乱,如"9·11"恐怖袭击、泰国军事政变、巴厘岛爆炸案、中东动乱等,严重影响了旅游者的出行意愿。

 **案例故事**

中菲经贸关系不断降温,菲香蕉出口和旅游业受冲击

中国和菲律宾之间的经贸关系近期不断降温,并影响到菲律宾的多个行业。其中,菲律宾的旅游业是受影响最为明显的行业之一。

中国国家旅游局日前发布旅游安全提示,建议中国旅客近期暂缓赴菲律宾旅游。为避免旅游安全风险,目前中国各大旅行社已暂停赴菲律宾旅游的发团和报名业务,并开始实施劝退、全额退款等措施。

目前,北京、上海、杭州等地飞往菲律宾长滩岛的旅游包机已经被暂停。据菲律宾媒体透露,在长滩岛,从5月11日起,就有4家酒店、至少65个房间,被中国旅游团取消了预订。同时,由于中国游客大为减少,菲律宾航空公司也已暂停从北京和上海飞往菲律宾另外一个旅游胜地卡利博的旅游包机。

中国是菲律宾旅游业最主要的客源国之一,每年赴菲律宾旅游的中国游客在100万人次以上。2010年,中国赴菲观光游客人数增长了21%,预计在未来5年里,每年同比增长率都将达到25%。据不完全估算,中方暂停赴菲旅游,将会对菲律宾的旅游业造成上千万美元的损失。此次中国各大旅行社全面暂停赴菲律宾旅游业务,将使得赴菲观光旅游迅速增长的态势随之戛然而止。

(资料来源:中菲经贸关系不断降温,菲香蕉出口和旅游业受冲击[EB/OL]. 新华网(2012-5-17). http://news.xinhuanet.com/politics/2012-05/17/c_123145673.htm.)

3.4 旅游需求预测

旅游需求预测是对未来市场需求的估计,预测的内容包括旅游者人次数、旅游者人均停留天数、旅游者人均花费等。根据预测期的远近,可以分为短期预测(2~3年)、中期预测(3~5年)和长期预测(5年以上);根据预测理论、方法,可以分为探研预测、推演预测、标准预测和综合预测四类①。常用的定量方法包括时间序列模型、回归模型等。定性方法包括实地体验、开放型访谈、参与型与非参与型观察、文献分析、个案调查等。

---

① Van Doorn, J. W. M, and Van Vught, F. A.. Planning. Assen: Van Gorcum, 1978.

3.4.1 时间序列模型

时间序列模型认为,变量的现值只与该变量的过去值和现值及过去的随机扰动项有关。它的重点在于充分利用变量过去值的信息,通过复杂的外推技术来预测该变量的未来值,所以也称趋势外推模型。即使潜在结构性模型结构未知的情况下,这种方法通过用由样本数据决定的限制条件来代替需要减少样本误差和提高预测准确度的结构性限制条件,以实现准确预测的可能性。时间序列模型中用于预测的指标可以是抵达的旅游者人数、花费或机票销售量等。具体的时间序列推模型主要包括无改变法、比例改变法、趋势拟合法(简单回归模型)、移动平均法、指数平滑法等。值得指出的是,虽然时间序列法广泛应用于旅游需求预测,但随着预测期的延长,其准确性和可靠性迅速下降,因此不太适用于中长期的预测。

3.4.2 回归模型

在需要对两种或两种以上的变量的相关关系进行预测时,可以采用线性回归模型或多元回归模型。一般将旅游预测回归模型分为经济模型、引力模型和旅行生成模型3种类型。其中,经济模型重点分析经济因素(主要是收入与价格)对旅游需求的影响;引力模型重视距离的衰减作用;旅行生成模型则是经济模型和引力模型的综合。经济模型通常使用线性回归方法,又分为一元线性回归和多元线性回归。旅行生成模型直接对客源地的客源输送能力进行预测,而不是通常采用的根据目的地的游客统计记录进行预测。

3.4.3 德尔菲法

德尔菲法由美国兰德公司在20世纪50年代初首创。作为预测事件发展的一种方法,德尔菲法是在缺乏历史数据或动向数据的情况下,或者是在现有模型需要高水平主观判断情况下使用的。该方法通过由分析者召集的一组具有代表性的专家(一般情况下有40~50位)来回答几轮认真设计的调查表来进行预测。调查表的设计旨在使小组在特性、可能性及未来事件上达成一致意见。

 即学即用

表3-4数据为10位舆情分析师采用德尔菲法,对2012年9月28日—10月10日期间5A级景区舆情表现进行分项评估后得出。其中,"网络美誉度"由舆情分析师依据"新闻关注"、"互动关注"、"舆情热度指数"等指标对景区表现分别做出评价,景区表现越出色、应对越得体则得分越高,反之则得分越低,得分区间为-5—5,负值为负面口碑,正值为正面口碑,零分为理论上的绝对客观。

表3-4 2012年"十一黄金周"中5A级景区"舆情热点事件"

景区名称	事件	新闻关注度	互动关注度	网络美誉度	舆情热度
陕西华山	游客被打事件	2 397	9 573	-4.5	653
厦门鼓浪屿	网民惊呼鼓浪屿"被踩沉"	1 674	7 354	-3.7	472
山东泰山	泰山客流9万人,吃饭上厕所困难	981	6 533	-2.9	413

续表

景区名称	事件	新闻关注度	互动关注度	网络美誉度	舆情热度
河南少林寺	嵩山少林景区大拥堵	907	6 007	−2.8	341
青岛崂山	青岛37万人流量，有15万辆车	884	5 704	−1.6	331
湖南张家界	张家界"十一"接待游客118万人次	791	3 319	0.8	298
安徽黄山	黄山接待游客创历史新高	766	3 217	0.9	271
北京故宫	天安门步道喷防口香糖涂料	742	2 902	1.7	255
吉林长白山	长白山景区万台自驾车畅通有序	519	2 713	2.4	183
杭州西湖	西湖景区免费派发馒头	497	1 977	3.1	109

（资料来源：2012年十一黄金周全国5A景区口碑影响力榜单发布[EB/OL].旅游中国.（2012-10-11）.http://www.china.com.cn/travel/txt/2012-10/11/content_26758669.htm.）

3.4.4 情景预测法

情景预测法是一种新兴的预测方法，它通过对未来时间尺度上的发展场景进行预设，以对未来的变化作出合乎情理的判断。由于它不受任何条件限制，应用起来灵活，能充分调动预测人员的想象力，考虑较全面，因此有利于决策者更客观地进行决策，在制定宏观政策和战略等方面有很好的应用。

本章小结

本章分析了旅游需求的特征、旅游需求衡量指标、影响旅游需求的因素及旅游需求的测量方法。通过对旅游需求研究，可以掌握旅游者需求的特点，找出影响旅游者需求的因素，有效地进行旅游市场细分，为旅游公共管理部门及旅游企业的旅游产品生产设计、旅游资源开发与规划，以及景区游客管理和服务提供依据和数据支持。掌握旅游需求衡量、评价和预测的方法，能基本平衡客源地与旅游目的地之间的供需关系，增强旅游市场营销的针对性和有效性，为旅游者提供更加满意的旅游服务和旅游产品。

 **关键术语**

旅游需求(tourism demand)：在一定时期内，在一定价格水平下，人们愿意而且能够购买的旅游产品

的数量。

旅游需求弹性(elasticity of tourism demand)：在影响旅游需求变化的诸多因素中，任何一个因素的变化而引起的旅游需求量的变化反映程度(敏感程度)。

旅游需求收入弹性系数(income elasticity coefficient of tourism demand)：旅游需求量变化的百分数与人们可自由支配收入变化的百分数的比值。

课后练习

一、选择题

1. 旅游需求的特征包括(　　)。
 A. 集中性　　　　B. 弹性大　　　　C. 季节性　　　　D. 以上全部选项
2. 衡量旅游需求的指标不包括(　　)。
 A. 旅游者人次数　B. 旅游花费　　　C. 旅游者停留时间　D. 广告费用
3. 预测旅游需求的定量方法没有(　　)
 A. 德尔菲法　　　B. 回归模型　　　C. 时间序列模型　　D. 因子分析
4. 旅游需求产生的前提条件之一是(　　)
 A. 通讯技术　　　B. 交通运输　　　C. 闲暇时间　　　D. 基础设施
5. 影响旅游需求的拉动因素有(　　)
 A. 旅游需求　　　B. 旅游吸引物　　C. 旅游审美　　　D. 旅游动机
6. 旅游者的旅游需求的实现，主要是通过(　　)
 A. 旅游企业提供产品和服务　　　　B. 旅游发生国政府的政策
 C. 旅游者可支配收入　　　　　　　D. 旅游目的地国旅游资源
7. 当一国人均国民生产总值达到800~1000美元时，居民将普遍产生(　　)动机。
 A. 国内旅游　　　B. 国际旅游　　　C. 乡村旅游　　　D. 入境旅游
8. 闲暇时间的多少不仅决定着一个人能否(　　)
 A. 外出旅游　　　B. 目的地的选择　C. 消费水平　　　D. 逗留时间长短
9. 一般来说，旅游需求价格弹性表现为(　　)
 A. 完全弹性　　　B. 富有弹性　　　C. 单位弹性　　　D. 缺乏弹性
10. 在旅游过程中，旅游者的最重要的需求是(　　)。
 A. 交通运输　　　B. 景区旅游　　　C. 饭店住宿　　　D. 导游服务

二、填空题

1. 旅游需求的推动因素包括个人收入、闲暇时间和社会人口特征等。
2. 旅游需求交叉价格弹性系数是指某旅游产品甲的需求量的变化与另一旅游产品乙的_____的变化百分数的比值。
3. 旅游吸引物的数量、质量、多样性、独特性和_____对旅游需求产生重大影响。
4. 客源地与目的地之间的文化差异也会对需求产生促进或_____作用。
5. 旅游需求弹性可具体划分为价格弹性和_____。

6. 闲暇时间分为每日余暇，每周闲暇、公共假日和_____。
7. 旅游花费主要包括游客在旅途中和_____产生的花费。
8. 根据预测期的远近，旅游需求预测可以分为短期预测、中期预测和_____。
9. 在中国旅游统计中，旅游花费总额等于国际旅游(外汇)收入与_____的总和。
10. 从消费者人数来划分，可以将旅游需求分为社会需求(市场需求)和_____。

三、判断题

1. 旅游需求表现为旅游者对旅游产品的购买欲望。（   ）
2. 一个人的闲暇时间越多，旅游倾向性就越强。（   ）
3. 衡量游客流量的指标是旅游人次数、旅游者停留天数、旅游者人均停留天数。（   ）
4. 旅游需求规律是在其它因素不变的情况下，旅游需求与人们的可自由支配收入和余暇时间呈正相关变化，而与旅游产品的价格呈反相关变化。（   ）
5. 旅游接待国的政局稳定，对该国旅游产品的需求量就多；反之，对该国旅游产品的需求量就少。（   ）
6. 国民经济发展水平、人们收入分配、旅游产品价格、外汇汇率等并不会影响旅游需求的规模及结构。（   ）
7. 余暇时间的结构与旅游需求关系不大。时间越多，旅游需求就越大。（   ）
8. 旅游需求，简言之，就是旅游者对旅游产品的需求。（   ）
9. 随着人们收入的增加，收入中用来购买食物(生活必需品)的部分所占比例将会下降。（   ）
10. 旅游者消费总额可以用来测量旅游需求，但并不是旅游需求的重要指标。（   ）

四、问答题

1. 旅游需求的基本特点是什么？
2. 影响旅游需求的主要因素有哪些？
3. 衡量旅游需求的重要指标是什么？
4. 如何将潜在的旅游需求转化为实际需求？
5. 什么是恩格尔系数？对旅游需求有什么影响？

五、论述题

1. 论述旅游与一个人的收入、闲暇时间以及旅游产品价格的关系。
2. 以泰铢为例，简要分析汇率对旅游需求的影响。

应用案例分析

元旦、春节旅游需求的增长与变化

中国旅游研究院27日发布的2012年元旦、春节旅游市场趋势预测显示，两节期间，居民出游意愿较去年同期有较大上升；预计春节黄金周全国将接待游客 1.85 亿人次，同比增长约 21%，实现旅游收入 1 000 亿元，同比增长约 21.9%。

中国旅游研究院关于居民出游意愿的调查显示，目前旅游需求环境相对稳定，国民 2012 年元旦和春节期间的出游意愿均有所增长，其中，元旦小长假有出游计划的比例为 32.33%，较去年同期的 20.6% 有大幅上升；春节黄金周为 36.5%，略高于去年同期的 34.3%；"未来三个月"为 88.9%，高于去年同期的 73.6%。

据预测，两节期间出游目的地与客源地将高度集中。出游目的地仍集中于传统热点旅游城市。国内方面，北京、上海和三亚居人气榜前三，较热门的还有杭州、桂林、大连等。香港、日本、马尔代夫、泰国为出境游首选目的地。同时，出游客源地也集中在经济发达的北上广地区，华北、华东和华南三地区客源占假期出游意愿总体的 61.2%。

调查显示，自由行成为近期计划出游者的首选，占 51.6%，参加组团旅游占 44.4%。元旦期间以近邻游为主，春节期间以跨省游为主。国内游比例较去年同期有所下降，出境旅游比例上升。蜜月旅行、海岛游、邮轮旅游将是春节黄金周的新热点。

目前，相关旅游产品大量上线，预订火爆。据预测，两节期间旅游价格浮动明显，北京、上海、长春、厦门等全国主要旅游城市的酒店价格将上涨 2 成至 3 成，机票价格也有所上涨。欧美游价格上涨 40%。

（资料来源：预测：春节黄金周游客量和旅游收入将同比增长逾 20%[EB/OL]. 中国国家旅游局网站 (2011-12-28). http://www.cnta.gov.cn/html/2011-12/2011-12-28-9-42-22620.html）

讨论：

(1) 元旦、春节旅游需求有什么特点，中国游客主要是什么样的出行方式，偏爱什么样的旅游产品？

(2) 影响中国元旦、春节旅游需求的主要因素是什么？价格对旅游黄金周影响明不明显，为什么？

第 4 章 旅游消费者行为

教学目标

通过本章的学习，可以了解旅游系统(雷柏尔旅游系统模型)中三大组成部分的旅游者消费行为是如何影响旅游流和旅游产品消费的。本章重点学习旅游消费者的行为模式，了解影响旅游消费者行为的主要因素，分析旅游者的购买决策过程，探索旅游者消费行为方式，掌握旅游者满意度的测评方法。

教学要求

教学内容	重点☆、难点*	教学提示
消费者行为	(1) 消费者行为 (2) 重复购买和顾客忠诚☆	本章主要与第1～3章、第7章、第9章、第10章、第12章等内容相关联，教学时可前后对应，以便掌握各章节教学内容的内在联系
旅游者的购买决策过程	(1) 莫提荷的消费者行为模型 (2) 斯莫尔旅游决策过程模型☆*	
影响旅游消费行为的因素	(1) 个体因素 (2) 环境因素	
旅游者满意度	(1) 旅游满意度的重要性 (2) 旅游满意度的复杂性 (3) 期望与满意度的关系☆ (4) 满意度调查方法*	

乘兴而行，兴尽而返。

——刘义庆

基本概念

旅游消费者行为模型　旅游者决策过程　影响旅游者行为的因素　旅游满意度

旅游学概论

 **导入案例**

中国游客出境旅游消费

提起大量增多的中国出境游客,欧洲铁路集团中国代表处总经理顾剑对记者说:"欧洲没有感觉到什么'中国威胁',我们只知道这里许多大小城市急需为中国人提供更多可以使用银联卡的自动取款机。"

荷兰国家旅游会议促进局首席代表杨宇说,中国人出境旅游吃住行相对节省,却舍得花钱买奢侈品做纪念。从事消费者行为研究的丁学林博士说,中国有名俗语是"穷家富路",对节俭的中国人来说,出境游是有品位的消费,一定要购买足够的纪念品送给亲朋好友。难怪法国里昂证券公司认为,购买奢侈品占中国游客旅行花费的相当部分,欧洲奢侈品制造商和零售商将从中国人旅游热潮中大大受益。

作为世界外汇储备最多国家之一,中国逐步提高了公民出境购汇限额。2002年旅游、探亲等出境人员购汇额度为等值2 000美元,3年后,因私购汇限额提高至6 000美元。

据统计,中国出境旅游人数2000年为1 000万人次,2012年增至8 300万人次。在此期间,中国游客境外旅游消费增长了8倍,2012年达到1 020亿美元,比2011年的730亿美元增长了40%。中国已超越美国和德国,成为世界第一大出境旅游市场和世界第一大出境旅游消费国。

据中国旅游研究院发布的《中国旅游经济蓝皮书》,2013年中国出境旅游人数9 800万人次,同比增长18%,出境旅游花费1 200亿美元,同比增长20%。预计2014年中国出境旅游将突破1亿人次。无论是从游客数量还是从国际旅游开支上来看,中国都巩固了其作为全球最大旅游客源市场的地位。

(资料来源:1. 中国人出境购物全球之最 平均消费近万元[EB/OL]. 中华网(2005-12-26). http://news.china.com/zh_cn/finance/11009723/20051226/12980203.html.

2. 2013年中国出境游人数增长情况调查[EB/OL]. 中国行业研究网(2013-5-7). http://www.chinairn.com/news/20130507/15020273.html.)

 **点评:**

中国出境旅游市场已形成规模,游客境外旅游消费支出快速增长,已成为世界第一大出境旅游消费国。中国游客境外购物消费水平高,特别是对奢侈品的消费,表明中国旅游者"要面子"的消费心理。

 **头脑风暴**

除了购物支出比例大之外,中国游客境外旅游消费行为还有哪些特点?请你列举中国游客境外旅游消费行为的特点。

(1) 出行方式:_____
(2) 支付方式:_____
(3) 交通行为:_____
(4) 用餐行为:_____
(5) 度假方式:_____
(6) 其他:_____

4.1 旅游消费者行为

消费者行为是指消费者为获取、使用、处置消费物品或服务所采取的各种行动，包括先于且决定这些行动的决策过程。消费者行为可以看成是由两个部分构成：一是消费者的购买决策过程。购买决策是消费者在使用和处置所购买的产品和服务之前的心理活动和行为倾向，属于消费态度的形成过程。二是消费者的行动。而消费者行动则更多的是购买决策的实践过程。在现实的消费生活中，消费者行为的这两个部分相互渗透，相互影响，共同构成了消费者行为的完整过程。

从雷柏尔旅游系统模型可以看出，旅游者的消费行为从客源地开始，经旅游通道抵达旅游目的地，再从目的地返回客源地，涉及旅游系统中的三大要素，因此研究旅游消费行为可以从旅游系统中的"O-D对"和"N-S对"两个角度进行观察。从研究方法来讲，消费者行为模型是研究旅游者消费行为普通使用的方法。

4.1.1 莫提荷的消费者行为模型

消费者行为模型包括了消费者产品消费全过程的决策、购买行为、购后评价行为等多方面的要素，并指明了相互之间的关系。莫提荷（Moutinho）1987年建立的消费者行为模型被称为"莫提荷模型"，它将消费者的整个商品消费行为过程分为了三个主要部分，分别是（1）决策前和决策过程；（2）购后评价过程；（3）未来决策制定过程。莫提荷的消费者行为模型是研究消费者行为的有效工具。

1. 决策前和决策过程

消费动机出现后，消费者会对外界旅游信息的刺激进行过滤筛选，之后主动进行信息的搜集，加以理解之后形成了特定的偏好，此时对信息的敏感程度会影响到对信息的注意和学习，偏好和学习决定了认知结构。选择标准确立以后旅游者会对风险进行评估，之后做出旅游决策，然后进入购买阶段。

2. 购后评价过程

购买以后就进入购后评价过程。此过程会对购后信息进行充分评价，进行成本、收益的分析，决定是否继续购买产品。分析购买产品是否与期望一致，对满意度进行讨论，然后确定认识，这包括接受、拒绝和不表态三种态度，接受则表现出高度赞同，拒绝则会极度否定，不表态则会有中性的反应，不同的态度会影响未来决策的制定。未来的决策就是是否会重复购买，中等赞同和高等赞同都可能产生重复购买。

3. 未来决策制定过程

未来决策的制定是下一次购买的先前决策，顾客的购买行为是由这些步骤循环进行，经过修正的购买包括购买新的产品或追求产品的更高质量。顾客对是否重复购买可能会产生犹豫，犹豫的结果有两种：一是可能重复购买；二是拒绝重复购买，直接选择竞争者的产品。一项调查表明，要吸引一个新顾客，比起使一个顾客满意来，其成本可能高出5倍。因此一些杰出的企业都尽全力设法留住顾客，以保持顾客对企业产品的忠诚度。①

 案例故事

不点菜坐一会可以吗

一天中午，正是××酒店客人用餐的高峰时期，中餐厅里来了一位老先生，服务员小何连忙收拾好一个位置，让这位老先生坐了下来，并面带微笑地说："您好，欢迎光临，请问您需要什么？"老先生说："我不点菜，给我一份素面就可以了。"服务员小何仍然微笑着说："好的，我们酒店的面条味道不错，请您稍等，马上就好，您先喝点茶。"说着，小何给老先生倒了一杯茶后才离开。几分钟后，热气腾腾的面条端了上来，老先生吃完后，付了钱，就独自走了。

第二天中午，餐厅又开始忙碌了，小何发现那位老先生又来了，小何连忙迎上去，微笑着给老先生打招呼："先生，您来了，请坐。"小何正想问老先生点什么，不料老先生说："服务员，我暂时不想点餐，先坐一会，可以吗？""当然可以，那您先喝点水吧。"说着，小何又给老先生泡了一杯茶然后才离开。

过了一会儿，小何又去给老先生加水，这时老先生对小何说："你们的服务真不错，我到这儿不是为了吃饭，我的儿子要举行婚礼了，我想订20桌婚宴，到了几家酒店考察，只有你们的服务最好，现在我决定就在你们酒店订了。"

（资料来源：林莉. 实用旅游心理学[M]. 合肥：安徽大学出版社，2008.）

点评：

从这一案例中可以看出，这位老先生订酒店的过程实际上就是一个决策的过程。他两次到酒店，以吃饭的形式收集酒店的服务态度、服务水平、服务质量等相关信息，并和其他酒店加以比较，最后才做出决定。

4.1.2 斯莫尔旅游决策过程模型

旅游者消费行为比一般普通商品消费行为更复杂。旅游购买决策过程是指游客为了实现购买行为所进行的一系列心理活动和购买活动。对多数人来讲，旅游是一种高消费，因此在购买过程中人们是比较谨慎的。消费心理学在对消费者进行研究中发现，消费者在购买过程中的心理变化一般遵循五个阶段的模式，即唤起需要、寻找信息、比较评价、购买决定和购后评价。

旅游者的购买旅游产品的行为比购买一般普通商品的行为要复杂得多，它是一个渐进、分阶段的购买过程，而每一个阶段的购买行为对旅游者的消费行为都会产生影响。斯莫尔（Schmöll）旅游决策过程模型反映了旅游者购买旅游产品的决策过程以及购买行为的复杂性。

---

① [美]Kotler P，Bowen J，Makens J. 旅游市场营销[M]. 谢彦君译. 北京：旅游教育出版社，2002.

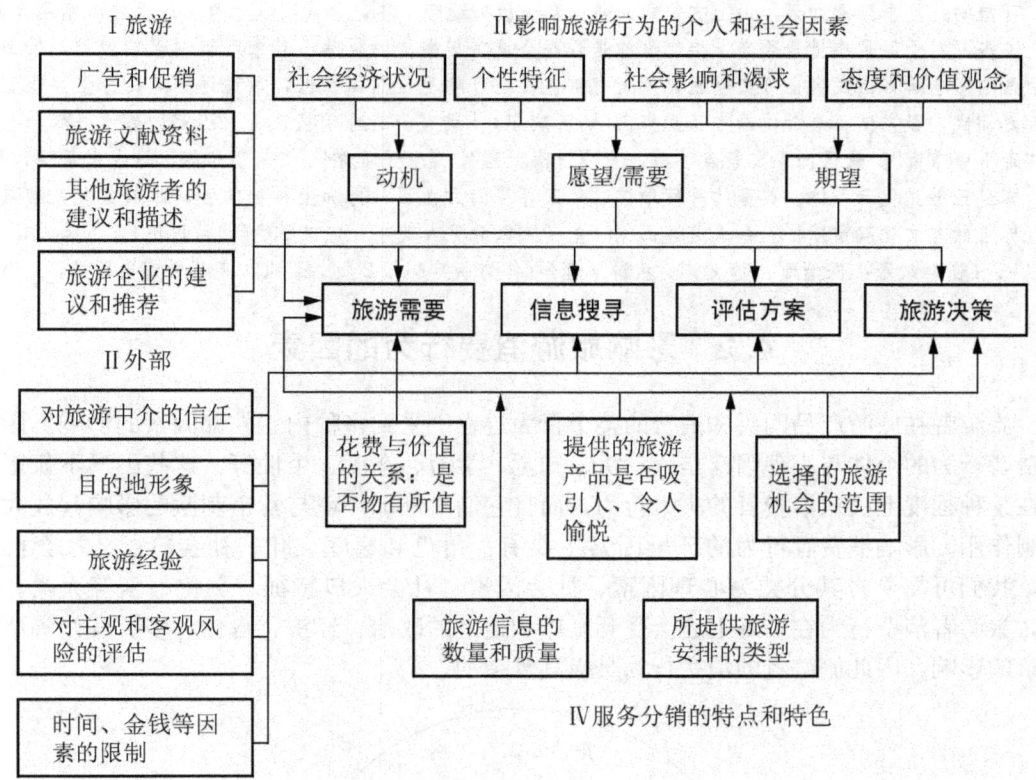

图 4.1 斯莫尔旅游决策过程模型

（资料来源：Abraham Pizam，Yoel Mansfeld. 旅游消费者行为研究[M]. 舒伯阳译. 大连：东北财经大学出版社，2005.）

 案例故事

一位中年老师的旅游决策过程

旅游者是一位中年教师，准备夏季自费单身出游。年初开始筹划，打算旅游 5～6 天，花费 400～500 元，拟在鲁南、豫东、皖南、赣东北、闽北和浙南间选择旅游目的地（唤起需要）。然后他着手搜集资料，主要是从旅游报纸杂志、导游小册子和地图中搜集，也曾向旅游经历丰富的人请教过，从而对该区域内的国家级风景名胜区的历史文化名城有了一定程度的了解。由于他本人酷爱大自然，又擅长摄影和美术，认为游览自然风景区容易获得较大的旅游满足，因此决定以山地、湖泊、海滨和自然保护区为候选旅游目的地（信息搜寻）。

对于自然风景区，他考虑过两个方案：一是他所谓的多样性方案，即设计一条线路，串联几种类型的自然风景区；二是单一型方案，即在一个著名的自然风景区尽情游览。他最中意的一个多样性方案：无锡→太湖→杭州→富春江→梅城→建德→千岛湖→淳安→新安江→深渡→黄山→无锡。但此方案路途辗转，且受时间、消费限制，于是他倾向于单一型方案。在山地、湖泊、海滨和自然保护区 4 种类型中，他认为山地景观丰富，观赏性强，自己又在山区当过 10 年知青，对大山感觉既熟悉又亲切。因此他决定这次游览一座名山（比较评价）。

通过比较，在待选的景点中仅剩黄山、泰山、天柱山、雁荡山和武夷山。他认为，黄山风景无与伦比,可惜的是夏季游人如云,山上吃住成问题;泰山历史遗存丰富,风景则逊于黄山;天柱山刚刚开发,资料不多,对于风景质量是否高、接待设施是否齐全没有把握;去雁荡山若乘汽车则辗转劳顿,转海轮又怕晕船影响游兴;武夷山丹崖碧水,风景有特色,还可参观自然保护区,虽说远一点,可坐火车直达临近之邵武,很方便。最后他选中了武夷山(购买决定)。武夷山奇峰峭拔、秀水潆洄、碧水丹峰,被誉为"奇秀甲东南"。景区内人文景点荟萃,有"道南理窟"、"朱子理学"、"架壑船棺"等人文景观,融儒、释道三教文化于一体。典型的丹霞地貌、萦回环绕的九曲溪、再加上神秘的古闽越族文化,使其成为世界自然与文化双重遗产,令人流连品味。他回来以后见人就夸,赞口不绝(购后评价)。

(资料来源:保继刚,楚义芳. 旅游地理学(修订版)[M]. 2版. 北京:高等教育出版社,1999.)

4.2 影响旅游消费行为的因素

旅游者在旅游产品购买和消费的整个行为过程中受到多种内、外部因素的影响。影响消费者行为的个体与心理因素是:动机、知觉、学习、态度、个性等。这些因素不仅影响和在某种程度上决定消费者的决策行为,而且它们对外部环境与营销刺激的影响起放大或抑制作用。影响消费者行为的环境因素主要有:角色和家庭文化、社会阶层、社会群体等。我们可简要将其分类为心理因素、社会因素、社会人口特征、文化因素等大类。此外,旅游者消费行为在宏观上还会受到全球和地区的政治、经济、自然环境、气候等诸多因素的影响,因此旅游者的消费行为是极其复杂的。

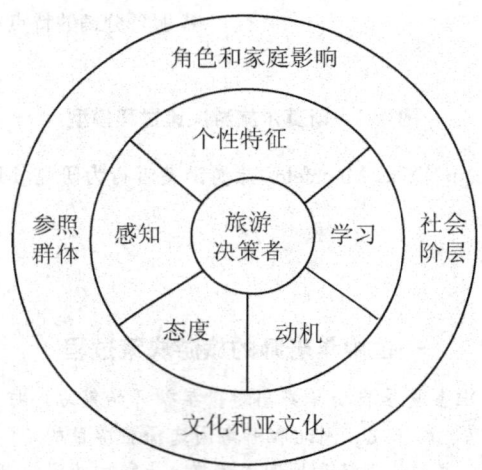

图 4.2　影响旅游消费者行为的主要因素

(资料来源:梅奥和贾维斯旅游决策影响因素模型)

4.2.1　个体因素

1. 动机

旅游动机是诱发旅游者购买行为的内在驱动力。[①] 除了亚伯拉罕·马斯洛的需要层次理

---

① 马耀峰,李天顺,刘新平. 旅游者行为[M]. 北京:科学出版社,2008.

论(见第2章),推—拉理论、驱力理论、期望理论等是研究旅游动机方面运用较多的理论。戴恩1977年提出了推—拉理论,许多学者将其运用于旅游动机研究。戴恩的推—拉理论兼顾了旅游者个人心理内部及外部环境的双重作用,旅游者内部心理的不平衡和紧张情绪等促使旅游想法产生的因素就是"推"的因素;"拉"的因素则是指外部的吸引因素,如目的地特征、旅游吸引物特点等,"拉"的因素通过影响旅游者的认知从而作用于旅游者的动机。①

特别提示

根据推—拉理论,旅游动机可以分为两类:一为内在需求,即心理类旅游动机,被研究者称为"推力",如逃避现实、免除压力的欲望,以及满足其自尊、挑战、冒险的渴望等;二为外在刺激,即目标类旅游动机,被研究者称为"拉力",如历史悠久的名胜古迹、独特的自然景观,以及新奇和有特色的旅游活动项目、旅游设施和旅游服务等。在实际的旅游行为动机研究中,多数人都承认旅游行为具有多重动机,都是在"推"和"拉"的合力下产生的。②

即学即用

分组讨论:请列举5种以上旅游动机,并运用戴恩的推—拉理论进行分析。与马斯洛的需要层次理论比较,戴恩的推—拉理论对旅游动机研究的作用有何异同?

2. 知觉

知觉是人的感官对客观事物各部分、属性及其相互之间关系的整体反映。知觉是由主体的感官感知到对象的属性、特点等,然后在主体头脑中形成感知印象,此印象与主体已有的先前经验相互作用而形成。由于每个主体的认知方式、经验不同,其知觉也会有所差异。知觉还容易受到经验效应、晕轮效应、刻板印象等心理定式的影响,具有选择性、组织性、解释性的特点。旅游者的知觉涉及旅游时间、空间距离、目的地等各个方面。旅游者的知觉对旅游者的决策、评价等都有重要影响。

知识链接

晕 轮 效 应

晕轮效应(Halo Effect)最早是由美国著名心理学家爱德华·李·桑代克(Edward Lee Thorndike)于20世纪20年代提出的。他认为,人们对人的认知和判断往往只从局部出发,扩散而得出整体印象,也即常常以偏概全。晕轮效应的认知判断首先主要是根据个人的好恶得出的。如果认知对象被标明是"好"的,他就会被"好"的光环笼罩着,并被赋予一切好的品质;如果认知对象被标明是"坏"的,他就会被"坏"的光环笼罩着,他所有的品质都会被认为是坏的。晕轮效应是人的一种心理定式,对旅游者的消费行为会产生一定影响。

(资料来源:智库百科[EB/OL]http://wiki.mbalib.com/wiki/)

---

① Dann G M S. Anomie, ego-enhancement and tourism[J]. Annals of Tourism Research, 1977, (4).
② 腾霞,何忠诚. 浅谈"推—拉"理论在旅游动机研究中的运用[J]. 科技经济市场, 2007, (12).

特别提示

刻板印象也称"定型化效应",是指个人受社会影响而对某些人或事持稳定不变的看法。它既有积极的一面,也有消极的一面。积极的一面表现为,对于具有许多共同之处的某类人在一定范围内进行判断,不用探索信息,直接按照已形成的固定看法即可得出结论,这就简化了认知过程,节省了大量时间、精力。消极的一面表现为,在被给予有限材料的基础上做出带普遍性的结论,会使人在认知别人时忽视个体差异,从而导致知觉上的错误,妨碍对他人做出正确的评价。

头脑风暴

假设同学们打算去云南香格里拉旅游,为什么有的人会认为香格里拉时间、空间距离遥远,有的人会认为并不遥远?你怎样理解心理距离对物理距离的影响?

3. 态度

态度是一个人以肯定或否定的方式评价某些抽象事物、具体事物或某些情况的心理倾向。① 旅游者的态度就是旅游者对旅游产品或目的地的看法、倾向。态度的内在结构由认知成分、情感成分和意向成分构成。态度具有对象性、社会性、内隐性、相对稳定性、价值性和调整性特征。态度的强度和复杂性会对旅游偏好形成影响。对态度对象的积极态度越强,则越偏好此对象,反之亦然。旅游者信息掌握的量越大、种类越多,态度越复杂。态度的改变有两种:一是一致性改变,即态度强度的改变;二是非一致性改变,即态度性质和方向的改变。旅游者自身的需要、性格特点及外界信息、旅游者之间态度的影响、参照群体等都会对态度的改变产生影响。

头脑风暴

旅游产品的核心部分是服务,旅游产品的异地性、消费与生产的同步性决定了态度对旅游消费者会产生重大影响。请举例说明旅游者的个人态度、旅游者群体之间的态度及旅游服务人员的态度对旅游者的体验产生的影响。

4. 学习

学习是指由于经验而引起的个人行为上的变化。人类的大多数行为都是习得的。学习理论的倡导者认为,学习过程发生在动机、刺激、暗示、反映和巩固的相互作用当中。旅游者购买和消费旅游产品其实就是一种学习过程,是一种新的体验,而在这种全新的体验中,旅游者必须适应环境的变化。旅游者在做出购买决策之前,需要对产品的属性、特点等进行了解,旅游者的消费过程、对旅游产品的购后评估过程就是对产品进行学习的过程。因此,旅游者学习的过程就是旅游者满足自身需要和适应环境变化的过程。

---

① 舒伯阳,廖兆光. 旅游心理学[M]. 大连:东北财经大学出版社,2007.

 **头脑风暴**

你如何理解旅游者购买和消费旅游产品其实就是一种学习过程,是一种新的体验?旅游者在游前、游中、游后三个阶段是如何进行学习的?

5. 人格

人格指一个人区别于他人的所有稳定的、自成体系的个人行为特征,包括动机、态度、兴趣、价值观等。① 人格受到先天遗传、后天环境、心理成熟程度及学习因素的影响。人格特征包括气质、能力、性格三方面。普洛格(Plog,1991)根据旅游者的人格特点将旅游者分为自我中心型、多中心型、近自我中心型、近多中心型和中间型五种类型,其中自我中心型旅游者拒绝冒险,喜欢熟悉的商品与服务,不喜欢冒险;多中心型的旅游者对不同的文化感兴趣,喜欢冒险,独立,乐于尝试新奇的东西;其他三种旅游者的喜好则居于二者之间。② 不同人格类型的人会选择不同的生活方式,不同的生活方式又必然会对个体的旅游行为产生影响。例如,享有求新猎奇生活方式的旅游者更倾向于选择冒险、登山等刺激型旅游活动,而享有安静生活方式的旅游者更倾向于选择垂钓、日光浴等轻松安宁的旅游活动。

头脑风暴

(1) 小王个人乘坐旅行社的包价飞机前往四川九寨沟,住九寨天堂宾馆,没有观看藏族锅庄表演,也没有吃当地一道包名菜"烤全羊",随旅行团返回北京。

(2) 小李向旅行社订票,乘坐飞机前往云南香格里拉,到达以后没有入住酒店。他选择入住了当地的藏舍,与藏民一起吃住,自己游览旅游景区,并参加了一场当地的婚庆活动,游后乘坐旅行社预订的飞机回京。

请根据普洛格旅游者心理类型模型,确定小王和小李分别属于哪一类心理类型的旅游者。

4.2.2 环境因素

1. 家庭

家庭是对旅游者决策行为影响最重要的群体。不论是传统的家庭生命周期,还是近年来新出现的各种家庭结构,其家庭成员年龄、工作、收入、教育等情况都会影响旅游者个人及家庭整体的决策方式和旅游消费内容。

以传统的新西兰家庭为例,不同家庭生命周期的旅游参与程度和旅游消费支出是不一样的,见表4-1。

---

① 舒伯阳,廖兆光. 旅游心理学[M]. 大连:东北财经大学出版社,2007.
② Weaver D, Oppermann M. Tourism management[M]. Sydney:John Wiley & Sons,Ltd,2000.

表4-1 新西兰家庭旅游参与花销(按家庭生命周期统计)　　单位：新西兰元

家庭周期	家庭成员	家庭情况	人均花费	总开支
1	单身	单身、与父母分住	913	913
2	新婚	无子女	851	1 702
3	满巢1期	有学龄前儿童	490	1 496
4	满巢2期	有学龄儿童	468	1 831
5	满巢3期	子女未独立	648	2 200
6	空巢1期	夫妻工作、子女独立	832	1 666
7	空巢2期	夫妻退休	674	1 350
8	空巢3期	寡居，退休	764	764

（资料来源：David Weaver, Martin Oppermann. Tourism management[M]. Sydney: John Wiley & Sons, Ltd, 2000.）

即学即用

根据表4-1所示的新西兰家庭旅游参与消费情况，你认为家庭生命周期的哪一阶段的消费行为对旅游企业更重要？为什么？

2. 参照群体

参照群体实际上是个体在形成其购买或消费决策时，用以参照、比较的个人或群体。旅游者在做出旅游决策之前，除了受到家人意见的影响，还可能受到朋友、同事、邻居甚至陌生人的影响。这些群体对某一旅游目的地或某旅游产品的评价，以及这些人群旅游之后带回的照片和纪念品等都会对旅游者产生影响。它们既可能引起旅游者的兴趣，也可能使旅游者排除同样的旅游目的地或产品。旅游者在旅游过程中也会受到参照群体的影响，如受到同行的其他旅游者或旅途中相遇的旅游者的影响，旅游者可能会欣赏、羡慕这些参照群体的旅游方式、选择的旅游产品等，因而模仿其行为，也可能因为不认同参照群体的行为方式而产生完全不同的行为。旅游产品生命周期不同时期内参照群体对旅游者的消费行为的影响各有不同。旅游者可能同时参考多个群体的信息、行为等，且参照群体对旅游者的影响力在旅游的不同阶段也会不同。

特别提示

（1）旅游是奢侈品，不像生活必需品已形成购买习惯，受参照群体的影响大。
（2）旅游活动与群体功能的关系密切，个体在该活动中遵守群体规范的压力较大。
（3）旅游产品有消费异地性的特征，决策风险大，旅游消费行为受参考群体影响大。
（4）在旅游产品导入期，旅游者的产品购买决策受参照群体影响大；在衰退期，参照群体影响小。

3. 角色与地位

一个人从属于许多群体——家庭、各种组织。个人在每个群体当中的位置可以根据他扮演的角色和所处的地位来界定。角色是周围的人期望一个人应履行的各种活动。儿子或女儿、妻子或丈夫、工人或经理都是最普通的角色。每种角色都会影响到购买行为。每个角色都代表着一定的社会地位，这一地位反映了社会总体上对该角色的尊重程度。人们通常选择能显示自己的社会地位的产品。例如，商务旅行者通常会选择购买头等舱机票而不是经济舱机票。

头脑风暴

在你的家庭中，哪一位家庭成员对你的旅游消费行为会产生最大影响，为什么？

4. 文化因素

1) 价值观差异

文化根植于价值观，价值观决定着人们的知觉、态度，指导人们的行为。文化的不同导致价值观的差异，使行为、态度等也因文化不同而呈现出不同的特点。文化差异可以通过许多方式表现出来，如话语形式、肢体语言、价值观、宗教、风俗等。东西方不同的价值观取向导致了旅游者行为的差别。例如，西方文化圈的旅游者中更多人选择单独出游，较少选择跟随大的旅游团队，东方文化圈的旅游者则较少选择单独出游，更愿意选择与家人、朋友一起出游或随团出游。

受价值观影响，东西方旅游者的审美标准，对建筑、艺术等的理解，以及对宗教信仰、风俗传统、礼节等的看法也不相同，这直接影响到不同文化背景的旅游者对旅游资源、旅游活动及旅游纪念品的偏好。此外，不同文化背景的旅游者对服务质量的评价也不同，相同标准的服务，对某种文化背景的旅游者而言可能是高质量的，对另一文化背景的旅游者而言则可能是不可接受的。

案例故事

中西方游客旅游习惯的不同

中西方的游客在旅游习惯方面有很多大的不同，下面为您简要道来。

澳大利亚有学者专门研究什么是生态旅游者，不住酒店而住在树上的、住帐篷的是生态旅游者，有很大一批人，这体现了外国人旅游的专业化、细节化，他们就喜欢在山上没人的地方搭一个帐篷。外国人胆大，喜欢冒险；中国人胆子很小，生怕遇见强盗，哪里还敢野营、当生态旅游者？

很多中国人去的著名国际度假地，如巴厘岛、普吉岛、马尔代夫，仔细一看很少有中国人安安心心在海滩上躺着度假的，中国游客喜欢到处走，活动很多，花了几千元，在沙滩上躺着多不值，一定要多看几个岛！

给中国游客导游的泰国地陪和中国全陪对大家说，"到了这个地方风景很好，游一个小时啊"，然后大家赶紧把泳衣拿出来穿好，在水里泡一下，拍一些照片——游泳的时候还在拍照——只有中国人这么干，接着就去看猴子或去买蛇药，都由导游安排好了，这就是中国人到度假地出游的一个主要写照。

东南亚海啸的时候，被卷走的几万人，国家旅游局经过调查大多数是欧美人，为什么？因为欧美人习惯穿着泳衣在沙滩上晒太阳，海啸一来就都被卷走了，而中国人被卷走的很少，因为中国人拍完照片就离开。

美国人或者欧洲人的度假就是度假,从第二次世界大战以来已经有60多年的历史,其度假产品非常成熟。而中国人不是,中国人去度假的时候也会休闲、打牌、然后拍照然后买东西,缺一不可。

(资料来源:吴必虎. 老虎说旅游[EB/OL]. 新浪网(2005-1-13). http://weibo.com/wubihu,略有修改。)

2) 文化采借

旅游过程中,旅游者会受到自身文化和目的地地区文化的双重影响,自身文化会影响旅游者的动机、期望、偏好、对服务质量的评价等,而目的地文化同样会影响旅游者的消费行为。文化是一个学习的过程,也是一个被学习的过程。文化的习得性与文化的传承性是一个事物的两个方面,而在旅游世界中,这种双面性得到了最直观的表现,即文化的采借(cultural borrowing)过程。①

头脑风暴

据旅游专家研究,旅游者的行为不仅会表现出"消费攀高、物质摄取、道德感弱化",还易出现"文化干涉"。你是否同意这一观点?请举例说明。

4.3 旅游满意度

菲利普科特勒认为"满意度是一个人对一个产品和服务的可感知的效果与他的期望相比较所形成的感觉状态"。国外关于游客满意度的研究,最早是由皮赞姆等人发现并提出的一个游客期望和实际体验相比较是否一致的一个理论模式,这一定义模型被学术界广泛地接受。皮赞姆认为旅游者满意度是旅游者对旅游地的期望和实地旅游体验相比较的结果,若实地旅游体验高于事先的期望值,则旅游者是满意的。在很大程度上,旅游者的满意度是建立在旅游者期望和实地体验进行比较的正效应的基础上,满意度是指在的旅行过程中,旅游者体验满足其期望和需求的程度。

4.3.1 旅游满意度的重要性

1. 旅游满意度与旅游产品

随着旅游市场竞争的加剧、旅游者消费观念转变,加之旅游产品本身的复杂性,使得旅游企业的产品面临更多的不确定因素和重大挑战。旅游满意度对旅游企业的生存发展至关重要,成为衡量旅游产品生命周期演进过程的关键性指标。旅游满意度不仅直接影响到旅游者对旅游产品的初步感知,是否去购买这些旅游产品的意向,而且影响到旅游产品的重复购买。旅游满意度对旅游者消费和旅游企业产品销售两方面都具有特殊意义,主要体现在以下几个方面:①旅游产品不是普通大众商品,是"奢侈品"。对许多人来说,一次长距离旅游可能就是旅游者一生一次的旅游。②旅游,特别是长距离旅游,不仅经济成本高,而且时间成本也很高。即使一个人旅游之后还有充裕的资金,希望再次出游,也要取

---

① Samovar L A, Porter R E. Communication between cultures. Belmont, CA: Wadsworth Publishing Company, 1991.

决于他有没有时间。③重复购买旅游产品会给旅游企业带来良好的口碑效应和示范效应，旅游产品的重复购买说明旅游者对该产品有很高的忠诚度，将大大减少旅游企业的营销成本。

 小贴士

重复购买的计算方法

重复购买（Repeat Patronage）指消费者对该品牌产品或者服务的重复购买次数。重复购买率有两种计算方法：一种是所有购买过产品的顾客，以每个人为独立单位重复购买产品的次数，比如有10个客户购买了产品，5个产生了重复购买，则重复购买率为50%；第二种算法是，单位时间内重复购买的总次数占比，比如10个客户购买了产品，中间有3个人有了二次购买，这3人中的1个人又有了三次购买，则重复购买次数为4次，重复购买率为40%。

（资料来源：百度百科[EB/OL]http://baike.baidu.com/）

2. 旅游满意度与顾客忠诚

顾客忠诚（Customer Loyalty，CL）是指顾客对企业的产品或服务的依恋或爱慕的感情，它主要通过顾客的情感忠诚、行为忠诚和意识忠诚表现出来。其中情感忠诚表现为顾客对企业的理念、行为和视觉形象的高度认同和满意；行为忠诚表现为顾客再次消费时对企业的产品和服务的重复购买行为；意识忠诚则表现为顾客做出的对企业的产品和服务的未来消费意向。

旅游满意度与顾客忠诚之间存在正相关关系。重复购买率越多，顾客对品牌的忠诚度就越高，反之则越低。对于顾客忠诚的内涵的理解，有以下三种观点：①行为忠诚（behavioral loyalty），主要从高频率的重复购买行为的视角来理解忠诚；②情感忠诚（attitudinal loyalty），认为顾客忠诚应该是情感态度的忠诚，态度取向代表了顾客对产品和服务的积极倾向程度；③行为和情感结合忠诚（integration of the behavioral and attitudinal loyalty），认为真正的顾客忠诚应该是伴随着较高的态度取向的重复购买行为。①

 小贴士

忠 诚 矩 阵

忠诚矩阵是用不同的忠诚度来划分不同的顾客类型。潜在忠诚顾客有很高的满意度，但是因为价格的因素，不会或是很少进行重复购买；高度忠诚是指顾客的满意度很高，心里依赖度也很高，表现出较强的持续购买力；低度忠诚则是指顾客进行一次旅行后对旅游目的地评价很低，顾客的旅游体验很差，所以不会再购买该旅游产品；虚假忠诚则是指顾客重复购买某一个旅游产品并不是因为自己真的喜欢，只是因为朋友或是家人喜欢而不得不购买，这类忠诚顾客在游乐园等旅游产品中表现得很明显。②

---

① 汪侠，刘泽华，张洪. 游客满意度研究综述与展望[J]. 北京第二外国语学院学报，2010，(01)
② 王印. 旅游消费行为学视角下背包客行为特征研究——以澳大利亚背包客为例[J]. 乐山师范学院学报，2013，(3).

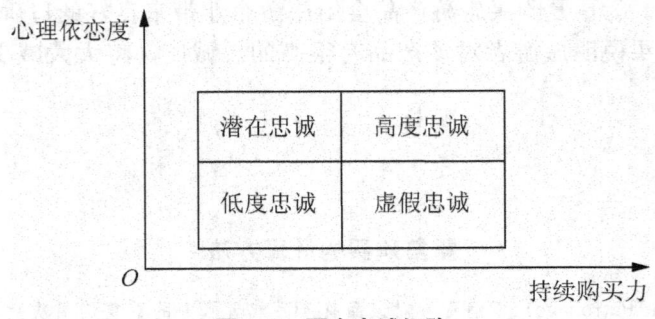

图 4.3 顾客忠诚矩阵

(资料来源:David Weaver,Martin Oppermann. Tourism Management,Sydney:Addison Wesley Australia Limited,2000.)

4.3.2 旅游满意度的复杂性

旅游者购买的旅游产品是复杂型产品,要获得满意的旅游体验是一个复杂的消费行为过程。霍华德(Howard)和谢思(Sheth)于1969年指出,购买日常产品是指消费者对日用品的购买行为;复杂型产品的购买是指昂贵产品的购买行为。一般来说,购买日常产品是为了满足马斯洛需求层次低层次的需要,而购买复杂型产品是为了满足马斯洛需求层次中高层次的需要。

1. 旅游消费产品的复杂性

旅游者消费的产品不是单纯的普通产品,它是复杂的、多层次的产品,范围极其广泛,包括食、住、行、游、购、娱,不仅包含有形部分,而且包含无形部分,其核心部分是无形部分,旅游者通过旅游企业提供的服务获得美好的旅游体验是旅游者购买旅游产品的目的。旅游产品的无形性和高花费性使旅游者的购买决策具有高风险性。图4.4是从需求角度看旅游消费者行为的复杂因素。

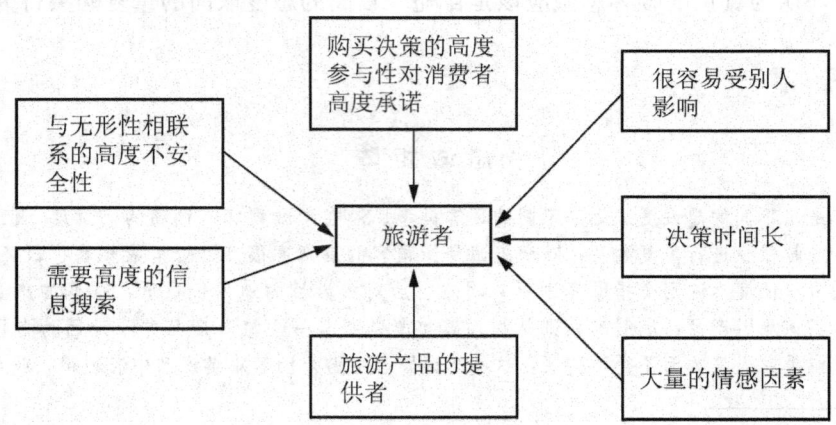

图 4.4 从需求角度看旅游消费者行为的复杂因素

2. 旅游者消费行为的复杂性

旅游者购买的是整个旅游经历而不是一个特定的普通日常性消费产品，旅游者的购买行为分为3个阶段：①旅行开始之前的预期阶段；②旅行期间的消费阶段；③旅行结束后的回忆阶段。3个阶段的消费行为构成了旅游者的整体印象和旅游体验。在消费过程中，旅游者作为旅游产品生产过程的一部分，意味着旅游者的态度、心情和预期将会影响其对旅游经历的评价，其消费行为十分复杂，而日常型产品的购买是一次性购买，消费行为比较简单。表4-2为商品和服务产品消费者行为特点谱系。

表4-2 商品和服务产品消费者行为特点谱系对比

日常型产品	复杂型产品
价值/价格比较低	价值/价格比较高
主要是必需品	对日常生活并不重要
低度的信息搜寻	高度的信息搜寻
对消费者低度承诺	对消费者高度承诺
购买频率高	购买频率低
品牌忠诚度高	品牌忠诚度低
决策过程速度快	决策过程速度慢
消耗（使用）速度较快	消耗（使用）速度较慢
期望有广泛的分销渠道	期望有有限的分销渠道

（资料来源：［英］约翰·斯沃布鲁克，［英］苏珊·霍纳. 旅游消费者行为学[M]. 俞慧君，张鸥，漆小燕，译. 北京：电子工业出版社，2004.）

此外，旅游者的经历在很大程度上受一些外界因素的影响，影响旅游者的消费行为，特别是旅游消费的异地性和同时性，外界因素在很大程度上影响了旅游者的满意度，使其期望值发生变化。这些外界因素是旅游者自身或为其提供产品的旅游企业都不能控制的，主要有天气变化、交通管制、东道主的态度。

4.3.3 期望与满意度的关系

1. 旅游期望定义

旅游期望是指由旅游动机引发的旅游者对其旅游决策的出游目标实现的心理预期，旅游者的期望与旅游满意度有密切的关系。旅游者会在购买之前根据经历、广告宣传等途径，形成对产品或者服务特征的消费前期望（pre-purchase expectations），消费活动结束后，旅游者会将感知绩效（perceived performance）与消费前期望进行对比。如果产品的实际价值远不及旅游者的期望，旅游者就要失望；如果产品的实际价值与旅游者的期望相符,旅游者就会感到满意;如果产品的实际价值超过旅游者的期望,旅游者就会感到非常满意。①

2. 旅游期望类型

根据迦卡·加塞罗(Jukka Ojasalo)的顾客期望理论,旅游者期望可分为模糊期望、显性期望和隐性期望3种。模糊期望就是旅游者期望在旅游目的地获得某类感受或体验,但不清楚具体要求是什么,如"放松身心"期望;显性期望就是旅游者在到达目的地之前就已经存在于心目中的期望,如"观赏美景"期望;隐性期望就是应由目的地理所当然提供的最基本的产品与服务,旅游者自己没有必要考虑这些方面,如"卫生"期望、"安全"期望等。模糊期望与隐性期望虽然没有直接表现出来,但都客观地存在于旅游者的潜意识中,一旦期望不能得到满足,就会立即转化为显性期望,并形成不满。

3. 旅游期望引导

旅游者的期望是建立在消费者的购买经验,朋友和相关群体的意见,以及营销人员与竞争者所提供的信息和承诺的基础上的,每位旅游者所获得的满意程度可能差异甚大。旅游期望程度有所不同,有理想的(ideal)、想要的(deserved)、期待的(expected)和最低容忍的(lowest tolerable)4种不同程度的旅游期望,不同程度的期望对旅游者的满意度会产生重大影响,产品的营销者必须谨慎地确定一个适当的期望水平。旅游者的期望过低,产品虽然可以满足顾客的需要,但不能吸引足够的消费者。相反,旅游者的期望水平过高,却很可能使他们失望,因此有必要加强旅游者的管理,对游客期望、行为、体验、感知、安全、责任、能力、权益等方面进行引导,帮助旅游者树立正确的旅游观,形成合理的旅游期望,培养良好的旅游行为,获得较好的旅游感知,从而提高旅游者的旅游质量和满意度。② 表4-3为旅游体验与旅游期望的关系。

表4-3 旅游体验与旅游期望的关系

旅游期望与 旅游体验的关系	旅游体验 大于旅游期望	旅游体验 等于旅游期望	旅游体验 小于旅游期望
心理 感受	兴奋感 (满足感)	镇定感 (满足感)	失望感 (挫败感)

知识链接

期 望 理 论

期望理论(expected theory)是管理心理学与行为科学的一种理论,由著名心理学家和行为科学家维克托·H. 弗鲁姆(Victor H. Vroom)于1964年提出来的,也广泛用于旅游消费行为研究。人总是渴求满足

---

① Oliver R L, Linda G. Effect of satisfaction and its antecedents on customer preference and intention. Advances in Consumer Research, 1981, (8).
② 杨军. 关于旅游公共管理中游客管理的探讨[N]. 中国旅游报, 2013-5-6.

一定的需要并设法达到一定的目标。这个目标在尚未实现时,表现为一种期望,期望是在一定的时间里希望达到目标或满足需要的一种心理活动。目标价值大小直接反映人的需要动机强弱,期望概率反映人实现需要和动机的信心强弱。用公式表示为

$$M = \sum V \times E$$

注：公式中 M 指个体从事某项活动积极性的大小,称为激励水平(motivation)。E 指某一特别行为人判断自己达到某种目标或满足需要的概率,称为期望值(expectancy)。V 指人们对某一目标(奖酬)的重视程度与评价高低,即人们在主观上认为这个目标的价值大小,称为效价(valence)。

(资料来源：智库百科[EB/OL]http://wiki.mbalib.com/wiki/)

头脑风暴

有一种见解认为,旅游满意度取决于旅游企业提供产品的质量。青年旅馆提供的低价床位是低质产品,不能满足徒步旅行者的过夜需求,因此造成旅游者满意度低。你是否同意这种看法？

4.3.4　旅游者满意度调查方法

旅游者满意度调查是用来测量旅游企业在满足或超过旅游者购买产品的期望方面所达到的程度,测量旅游者满意度的过程就是旅游者满意度调查。旅游者满意度调查可以找出那些与旅游满意或不满意直接有关的关键因素,根据旅游者对这些因素的看法测量出统计数据,得到综合的旅游者满意度指标,为旅游企业改进服务质量、提高服务水平提供依据。检验旅游者对旅游企业提供的产品和服务是否满意可以采用以下几种方法。

(1) 建立投诉和建议系统。以顾客为中心的旅游企业可以让旅游者投诉和建议都很方便,如旅游企业提供一些旅游者借以识别自己喜欢还是不喜欢的方式。这一系统不仅帮助旅游企业更快地解决问题,还可以给企业提供改进产品和提高服务质量的依据。

(2) 顾客满意度调查。仅仅通过投诉和建议系统很难给一个顾客满意或不满意的全貌。研究表明,每 4 次服务交易中就有 1 次旅游者不满,但只有不到 5% 的人可能去投诉,而其他人则会选择其他企业。结果,企业白白地失去了自己的客人。因此,企业不能用投诉程度来衡量顾客满意程度,应该通过开展周期性的调查,获得有关顾客满意的直接衡量指标。

(3) 伪装购买。另一种测量旅游者满意度的有效方法是雇用人员去购买本公司和竞争者的产品,并报告购买的感受。这些模拟购买者甚至可以制造一些麻烦来检验公司处理复杂问题的能力。例如,这些人可以投诉餐馆的食物以观察餐馆处理这类问题的能力。不但旅游企业要雇用这些模拟购买者,管理者也应该经常扮成"客人"来做亲身体验。

(4) 流失顾客分析。联系那些已经不再购买自己产品的旅游者和那些转向竞争对手的旅游者,以了解他们离开的原因。旅游企业除了要进行这样的联系,还应该监控顾客流失率。持续增长的旅游者流失率意味着旅游企业在旅游者满意方面工作的失败。①

旅游消费者的满意度对旅游企业的生存和发展意义重大,旅游者满意度的重要性主要体现在 3 个方面：第一,旅游者对于产品的正面评价会直接影响其亲朋好友,这些亲友又

---

① [美]Kotler P,[美]John Bowen J,[美]Makens J. 2 版. 旅游市场营销[M]. 谢彦君译. 北京：旅游教育出版社,2002.

可能成为新的客户群;第二,满足了消费者对产品的第一次使用,有利于形成一批老客户群,从而不需要额外营销费用就能保持一笔稳定的收入;第三,解决投诉费时花费大,并且对公司声誉产生影响,还会直接导致经济补偿。因此,许多旅游企业都高度重视旅游满意度,将提升旅游满意度作为旅游企业的重要任务。

本 章 小 结

> 学习旅游者的消费行为对于旅游产品设计、游客管理、旅游服务和旅游市场营销都具有重要意义。本章学习了莫提荷(Moutinho)消费者行为模型和斯莫尔(Schmöll)旅游购买决策模型,通过消费行为模型的研究,了解了旅游消费者购买决策的过程及其影响因素,并对这些因素进行了详细的讨论和分析。此外,本章的重点之一是了解旅游产品与旅游满意度的关系,分析导致旅游消费行为变化的原因。通过对旅游消费者行为的研究,了解旅游期望与旅游满意度之间的关系,掌握旅游满意度的调查方法,并运用于旅游产品开发、游客管理和旅游市场营销。

关键术语

消费者行为(consumer behavior):个人或团体通过选择、购买、使用或处理产品、服务、想法或经历来满足其需要和需求的过程。

旅游消费(tourist consumption):旅游主体在有时间保证和资金保证的情况下,从自身的享受和发展需要出发,凭借旅游媒体创造的服务条件,在旅游过程中对物质形态和非物质形态存在的旅游客体的购买和享用的支出(投入)总和。

重复购买(repeat patronage):消费者对某品牌产品或者服务的重复购买次数。重复购买率越多,消费者对品牌的忠诚度就越高,反之则越低。

顾客忠诚(customer loyalty):顾客对企业的产品或服务的依恋或爱慕的感情,它主要通过顾客的情感忠诚、行为忠诚和意识忠诚表现出来。

参照群体(reference group):个体在形成其购买或消费决策时用以参照、比较的个人或群体。

旅游期望(tourist expectation):由旅游动机引发的旅游者对其旅游决策的出游目标实现的心理预期,旅游者的期望与旅游满意度有密切的关系。

课 后 练 习

一、选择题

1. 莫提荷模型将旅游者的旅游行为过程分为了三个主要部分,不包括(　　)。
A. 决策前和决策过程　　　　　　　　B. 购后评价过程
C. 未来决策制定过程　　　　　　　　D. 未来旅游过程
2. 影响旅游者行为的心理因素主要有(　　)。
A. 动机　　　　　B. 人格　　　　　C. 态度　　　　　D. 以上全部选项

3. 影响旅游者行为的文化因素包括(　　)。
   A. 社会群体　　B. 亚文化　　C. 社会阶层　　D. 参照群体
4. 影响消费者行为的环境因素不包括(　　)。
   A. 文化　　B. 社会阶层　　C. 个人偏好　　D. 角色和家庭
5. 不同性格类型的旅游者具有不同的旅游行为特点,以下属于安乐小康型旅游者消费行为特点的是(　　)。
   A. 喜欢坐飞机前往旅游地　　B. 活动量大
   C. 喜欢获取新鲜经历　　D. 喜欢乘车前往旅游地
6. 我国不少旅游者认为"8"、"6"、"9"为吉祥数,从而购买带有此数字价格的旅游产品,这说明了旅游者购物行为的(　　)价格心理特征。
   A. 习惯性　　B. 感受性　　C. 倾向性　　D. 喜好吉祥数字的
7. 对旅游者的决策产生影响的个体因素有(　　)
   A. 家庭　　B. 知觉　　C. 人格　　D. 动机
8. 关于旅游消费行为的研究对象,以下叙述正确的是(　　)。
   A. 旅游者的购物欲望和行为
   B. 旅游者消费行为的产生、发展趋势和变化规律
   C. 旅游者的旅游心理和变化规律
   D. 旅游者的消费活动和购买行为
9. 家庭决策的方式是多种多样的,但不包括(　　)
   A. 丈夫主导　　B. 妻子主导　　C. 幼儿主导　　D. 共同影响
10. 旅游满意度与顾客忠诚之间存在正相关关系。旅游者的高频率的重复购买行为是指(　　)。
    A. 情感忠诚　　B. 行为忠诚　　C. 心理忠诚　　D. 潜在忠诚

二、填空题

1. 未来的决策就是是否会重复购买,中等赞同和_____都可能产生重复购买。
2. 旅游购买行为相对于游览活动而言可分为_____购买行为、有限型购买行为和广泛型购买行为。
3. 旅游者购买行为的价格心理,是由旅游者对价格的知觉和_____共同组成的。
4. 旅游者购物消费行为的主体是_____,客体是旅游产品。
5. 消费者的购买行为一般分为唤起需要、寻找信息、比较评价、购买决定和_____几个阶段。
6. 旅游者的知觉容易受到经验效应、晕轮效应、_____等心理定势的影响。
7. 根据迦卡·加塞罗的顾客期望理论,旅游者期望可分为模糊期望、隐性期望和_____三种。
8. 按旅游期望值划分,旅游者有理想的、想要的、期待的和_____四种不同程度的旅游期望。
9. 旅游者的满意度是建立在旅游者期望和_____进行比较的正效应的基础上。

10. 检验旅游者对旅游企业提供的产品和服务是否满意可以采用建立投诉和建议系统、顾客满意度调查、伪装购买、_____等几种方法。

三、判断题

1. 刻板印象是指个人受社会影响而对某些人或事持稳定不变的看法，对旅游者的消费行为产生消极影响。（　　）
2. 斯莫尔旅游决策过程模型反映了旅游者购买旅游产品的决策过程以及购买行为的复杂性。（　　）
3. 自我中心型的旅游者对不同的文化感兴趣，喜欢冒险、独立、乐于尝试新奇的东西。（　　）
4. 在旅游产品导入期，旅游者的产品购买决策受参照群体影响小；在衰退期，参照群体影响大。（　　）
5. 旅游产品的重复购买说明旅游者对该产品有很高的忠诚度，将大大减少旅游企业的营销成本。（　　）
6. 在消费过程中，旅游消费者感觉到受控制层度越低，他们对服务的满意度也就越高。（　　）
7. 如果产品的实际价值超过旅游者的期望，旅游者就会感到非常满意。（　　）
8. 旅游者的个人情感不是影响其满意程度的因素。（　　）
9. 旅游者要有合理的旅游期望，良好的旅游行为，才会有较高的满意度。（　　）
10. 家庭生命周期不同阶段的旅游者的消费行为是不一样的，但在同一阶段的每一个旅游者的消费行为却是一样的。（　　）

四、问答题

1. 旅游购买决策有哪些特点？
2. 家庭生命周期是如影响旅游者的消费决策的？
3. 旅游者在旅游消费过程中担当什么校样的角色？
4. 造成旅游者投诉的主要原因有哪些？
5. 什么是旅游期望？旅游期望与旅游满意度有什么关系？

五、论述题

1. 请您谈谈参照群体对旅游消费行为的影响。
2. 分析旅游者为什么对旅游企业提供的产品总是不太满意的原因。

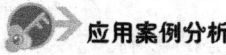 应用案例分析

云南省黑井镇短程文化旅游客源市场行为模式研究

一、黑井镇概况

黑井镇位于云南省楚雄彝族自治州禄丰县西北部，距省会昆明200千米，距州府鹿城75千米，西倚牟定，北连元谋，总面积133.6平方千米，总人口19 754人。黑井是"西南丝绸之路"上著名的盐都，

其采盐历史延续千年，曾经是滇中"四大名井"之一，孕育了浓郁独特的盐巴文化，保留有传统小城镇格局、大量民居建筑、宗教遗址、碑刻牌坊等文化旅游资源，风貌依旧，特色鲜明，素有"明清社会的活化石"之称。

二、旅游者行为分析

1. 旅游者基本信息

（1）来源：旅游者中大多数来自昆明，占64.3%；其次是州府及附近城镇，占23.5%；省外旅游者占12.2%，多来自攀枝花市。旅游者空间分布具有鲜明的"短程"特征。

（2）性别比：黑井镇独具韵味的历史文化资源吸引了更多的男性旅游者，占旅游者总数的60.2%，女性旅游者仅占39.8%。

（3）年龄比：不同年龄层次有着不同的旅游偏好，在分析的样本中，19—30岁这一年龄段旅游者居首位，占63.9%，其次是31~45岁，占29.6%，18岁以下的旅游者极少。

（4）受教育程度：到访旅游者总体上呈现出文化层次较高的特点，具有大学（大专）学历者占56.1%，中专（高中）学历者占30.6%，初中及其以下学历者占10.0%，另有少数硕士、博士学历的旅游者，占3.95%。

（5）职业构成：旅游者的职业构成总体上以教师所占比例最高，占31.4%，企事业单位员工占28.7%，自由职业者占17.3%，学生与离退休人员占6.1%，此外还有少数摄影师、干部和农民。

（6）收入状况：在对旅游者月收入水平的调查中发现，旅游者平均收入呈中偏低趋势，月收入低于1 000元的旅游者占34.7%，1 000~1 500元者占38.8%，1 500~2 000元者占16.3%，2 000~3 000元者仅占9.2%，另有极少数旅游者收入不稳定。

2. 旅游者出游动机与出游方式选择

旅游动机是促成旅游者出游的重要因素之一。调查显示，旅游者中为愉悦自我者占57.1%，陪朋友或同事者占29.6%，陪家人者占18.4%。这说明大多数旅游者出游目的在于"愉悦自我"，故黑井镇开发的旅游项目须特色鲜明、内容丰富。陪朋友或家庭的群体其旅游行为受他人影响较大，但消费水平较前者高，吸引这类群体同样很重要。

旅游者出行大多以小团体或家庭为单位，另有少量散客。值得注意的是，随旅行团旅游者在调查中没有发现，说明黑井旅游还未形成品牌，旅行社没有参与到黑井旅游的营销中。短程文化旅游地更应该注重自我营销，注重通过旅游者的口碑扩大其知名度。

3. 旅游者出游交通、住宿条件选择

交通是旅游业发展的限制性因素。黑井与外界的交通主要依赖于成昆铁路，另有广通至黑井的公路联系。调查发现，旅游者中乘火车者居多，占55.1%，自驾车者占33.7%，乘长途汽车者占11.2%。

在住宿方面，选择农家接待的旅游者最多，占54.1%，其次是招待所，占38.8%，另有7.1%的旅游者在亲戚、朋友处住宿。这说明此类旅游目的地的开发很容易吸引当地居民参与，对社区发展具有很强的经济效益与社会效益。

4. 旅游者旅游信息采集方式及出游满意度

旅游者中通过朋友介绍前往黑井者比例最高，为55.1%，21.4%的旅游者通过宣传广告了解目的地信息（包括户外广告、电视、报纸或杂志），另有1.2%的旅游者通过网站了解旅游目的地信息。这表明口碑宣传是主要手段，黑井旅游需提高服务质量，获取更好口碑，以赢得更大市场。

价格是旅游活动中最敏感的要素，合理的定价会在旅游地与旅游者之间实现双赢。通过调查，认为"黑井之旅"价格便宜者占48.0%，46.1%的旅客认为价格一般，仅极少数人觉得昂贵。这表明古镇旅游产品开发尚处于初级阶段，产品类型单一，提供给旅游者消费的项目不多，激发旅游者消费欲望的产品少。

在服务质量方面，64.3%的旅游者认为一般，仅20.4%的游客认为服务质量好，8.2%的游客认为不好，另有7.1%的旅游者认为无所谓。

在旅游者印象总体评价中，56.1%的旅游者认为一般，满意者仅占25.5%，非常满意者仅为4.1%，另有7.1%的旅游者不满意，6.1%的旅游者表示很不满。在对城镇景观的评价中，56.1%的人认为一般，21.4%的旅游者认为好，19.4%的人认为差。

此外，旅游者对古镇文化内涵的体会为，觉得一般者居多，占44.9%，31.6%的游客认为深厚，17.3%的人认为平淡；在旅游者对民风民俗的体味中，绝大多数旅游者认为民风淳朴，占83.7%，13.3的游客认为一般。

5. 旅游者出游天数、重游率及相关花费调查

旅游者中有79.8%是首次来黑井，第二次到访者占16.1%，两次以上者占5.1%；前来旅游者中大多停留两天，占59.2%，停留一天者占27.6%，多于两天者占7.1%。有关旅游花费的问题，绝大多数旅游者不愿意透露，占68.4%。花费为100～200元的占11.2%，50～100元的占10.2%，200～300元的占5.1%，300元以上的占4.1%。

（资料来源：蒙睿，等．短程文化旅游客源市场行为模式研究[J]．旅行社之友，2002，(8).）

讨论：

(1) 影响游客考虑前往云南楚雄彝族自治州禄丰县黑井镇旅游的主要因素有哪些？请根据斯莫尔旅游决策过程模型加以分类说明。

(2) 旅游者是通过什么途径了解黑井镇的？你认为应当采取什么措施让旅游者更好地了解黑井镇的文化旅游？

(3) 黑井镇的重游率高不高？如何提高黑井镇的重游率？

第 5 章　移动性与交通服务

教学目标

通过本章的学习，了解旅游系统（雷柏尔模型）中连接旅游客源地和旅游目的地的路径，掌握旅游交通与旅游资源的重要关系、影响乘客选择不同交通工具的因素、不同交通工具的优点和缺点。同时，掌握旅游系统中的不同的交通工具的竞合关系、政府在发展和控制交通中所发挥的关键作用及旅游交通在旅游业中的作用和面临的挑战。

教学要求

教学内容	重点☆、难点＊	教学提示
旅游交通移动性	(1) 移动性概念☆ (2) 移动性与旅游交通的关系☆ (3) 影响旅游交通移动性的因素	本章内容主要与第 1 章、第 4 章、第 6 章、第 8 章、第 9 章、第 12 章、第 13 章等内容相关联，教学时可前后对应，以便掌握各章节教学内容的内在联系
旅行方式与旅游交通	(1) 旅游交通系统☆＊ (2) 交通出行方式之间的竞合关系＊ (3) 主要旅游交通工具	
旅游交通设施与服务	(1) 旅游交通设施与服务目标 (2) 机场、火车站、汽车站、码头等 (3) 交通信息、交通管理、交通安全☆	

> 人之所以爱旅行，不是为了抵达目的地，而是为了享受旅途中的种种乐趣。
> ——歌德

基本概念

移动性　旅游交通　雷柏尔旅游系统模型　旅游资源　旅行方式　竞合关系　旅游通道　交通服务

**导入案例**

去黄山怎样安排旅游交通

去黄山旅游可以采用不同的交通工具，不同交通工具的舒适性、通达性、安全性、速度、方便性等有所不同，其价格也有很大的差异。选择不同的交通工具会给游客带来不同的旅游体验；即使抵达旅游景区，游客往往也需要旅游交通。交通既是游客从客源地到目的地使用的旅游工具，也是旅游体验重要的载体。

1) 火车

现在途经黄山的列车班次有30多班次，最远有到北京、厦门、福州、昆明、广州的，从黄山站始发的列车比较少，只有到上海的K8420和到淮北的K8410。如果乘火车到达黄山站，可以在出站口外停车场乘屯溪到黄山风景区（汤口）的班车在黄山风景区换乘中心换乘景区交通车上山，大约15元/人。

2) 飞机

黄山机场也在市区，不过在市郊，距市区5公里左右，您可以从市区打车到黄山市客运中心，再乘屯溪到太平的班车在汤口下车，换乘景区交通车上山（直接在机场包一辆出租车到汤口，大约150元/车）。

3) 汽车

如果您从武汉、合肥、铜陵、安庆、南京、芜湖乘车来可以先询问是否会在汤口停车，如果停就可以直接乘车在汤口下车以节省时间，其他地方(如上海、杭州等城市)来的车辆有的停在市区屯溪，有的直接到黄山景区（汤口），如果是到黄山市区的车，这样您就需要在车站里面直接换乘屯溪到太平的班车在汤口下车(15元/人)，再换乘景区交通车上山。

4) 黄山景区内

黄山风景区一般是不准其他车辆进入的，只能乘坐风景区内的新国线景区交通车进入景区。一般乘坐新国线的大巴进入景区，单程票价是13元/人。当然，您也可以包一辆新国线的中华车进去，一般50元/车(不打表)，经过大约30分钟到达门票口。

（资料来源：去黄山旅游怎样安排交通路线［EB/OL］. 欣欣旅游网（2012-04-05）. http://www.cncn.com/wan/guide_133.htm.）

**点评：**

旅游交通是连接旅游客源地、旅游中转地和旅游目的地的纽带，贯穿于旅游的全过程。不同的交通工具在舒适性、通达性、安全性、速度、方便性等有所不同，其价格也有很大的差异。

5.1 移动性与旅游交通

旅游交通对于旅游业的发展起着至关重要的作用，在很大程度上，没有交通就没有旅游。在雷柏尔旅游系统模型中，交通作为旅游通道的物质主体，是连接旅游目的地和旅游客源地的重要纽带，也是旅客往返旅游目的地的途径，是完成旅游活动的必不可少的重要环节。旅游交通在旅游总费用构成中比例大，是旅游外汇收入和货币回笼的重要渠道。交通串联一个国家不同地区的旅游景点，优化旅游资源，使其成为旅游线路产品。

5.1.1 移动性

移动性是旅游的基本特征，无论是旅游者外出旅行，旅游景区做规划，还是旅游产业的空间布局，都与旅游的时空移动有很大关联。交通是实现旅游的首要条件，旅游过程一般以景点为节点，以交通线路为连线而形成闭合系统，其中包含了食、住、行、游、购、娱等各种活动。不管旅游活动是以什么为目的的，若要完成从旅游客源地到旅游目的地的时空移动，对大多数旅游者来讲，交通是充分必要条件。换言之，旅游者的活动，既要有交通运输工具，又要有交通线路。交通活动将所有旅游内容串联起来，设计出一个较优化的旅游产品。在构成现代旅游的三个基本要素——旅游者(主体)、旅游对象(客体)和旅游的手段(媒介体)中，旅游交通是媒介体中最活跃的部分。它是联系旅游者与旅游对象的重要环节，在两者之间起着桥梁作用，如图 5.1 所示。

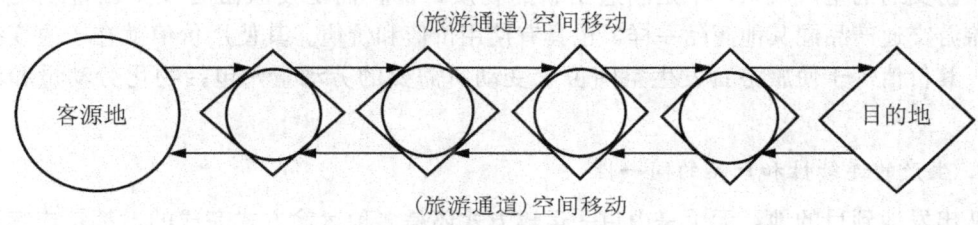

图 5.1　旅游的空间移动

5.1.2 旅游交通概述

旅游在世界范围内的大规模移动，与交通工具和交通设施的发展密不可分。现代旅游之所以具有世界性、群众性，一个重要的原因是现代交通的发展，而旅游活动的广泛开展，又对交通运输业的发展起着推动作用，它们相互依存，相互促进，使世界旅游业不断发展。

1. 旅游交通的定义

什么是旅游交通？杜学认为，旅游交通是为旅游者提供直接或间接交通运输服务所产生的社会和经济活动。[1] 傅云新则认为旅游交通是"为旅游者在常住地与旅游目的地以及旅游目的地内部，提供所需要的空间移动及由此产生的各种现象和关系的总和"。[2] 根据雷柏尔旅游系统模型中空间移动的概念，本书采用第二种定义。

2. 狭义和广义旅游交通

"广义的旅游交通是指以旅游观光为目的的人、物、思想及信息的空间移动，它探讨的对象包括人、物、思想及信息。狭义的旅游交通则将讨论对象限定在人和物，通常指为旅游者实现旅游活动，从出发地到目的地以及在目的地内部进行游览，整个旅游活动过程

---

[1] 杜学，蒋桂良. 旅游交通教程[M]. 北京：旅游教育出版社，1993.
[2] 傅云新. 旅游学概论[M]. 广州：暨南大学出版社，2004.

所利用的各种交通运输方式的总和，包括各种交通设施以及与之相适应的一切旅途服务。"①

综上所述，旅游交通的内涵包括从客源地到目的地及目的地内部旅游的空间移动，其中包括旅游者和旅游者搭乘的交通工具的空间移动。在讨论旅游交通时，也应当充分考虑旅游者使用的交通工具、交通设施、交通服务及交通空间移动所产生的经济和社会现象。

5.1.3 旅游交通的特点

旅游交通是旅游运输业的一部分，主要有以下特点：

1. 生产成果的非物质性

旅游交通的生产成果，不是制造出新的物质产品，而是使旅游者发生位置或场所变动。旅游交通产品同其他商品一样，也具有使用价值和价值。其使用价值就在于改变空间位置，其价值等于使旅游者发生空间位置变动所需要的劳动量，包括物化劳动量和活劳动量。

2. 生产的连续性和产品的同一性

从出发地到目的地，无论是由单一运输方式还是多种运输方式完成的，都是连续进行的，其产品也是同一的，即旅游者的空间位移。因此，旅游交通要合理规划布局，以组成多种运输方式合理分工、协调发展的交通运输网络，以利于旅游业的发展。

3. 产品不能储存性

旅游交通运输的产品不能储存，不能脱离生产和消费过程而独立存在。只能在生产的同时被消费。因此，旅游交通建设必须超前，旅游交通运输能力必须大于旅客流量，才能保证旅游交通的正常运行。②

 **头脑风暴**

异地性是旅游活动的重要特征。旅游者的空间位移与其他乘客的空间位移有什么本质的不同？

 特别提示

旅游交通服务的对象是游客，出行目的是旅游，游客对交通工具的要求要高于一般普通乘客。因此，大型客机、高速直达列车、高性能汽车及内部设施豪华、乘坐舒适的游船等技术先进的现代化旅游交通工具的使用，各种运输方式、交通线路、部门和地区间的联运等，对提高旅游者旅游体验和满意度都是十分重要的。

---

① 周新年，林炎. 我国旅游交通发展现状与发展对策[J]. 综合运输，2004，(11).
② 崔莉. 旅游交通管理[M]. 北京：清华大学出版社，2007.

5.1.4 影响移动性因素

旅游者对移动性交通运输的要求大致可以归纳为安全、便利、快速、高效、舒适、经济。而旅游者的移动范围、速度,以及对交通工具的选择,受到许多因素的影响,其中主要受经济因素、距离因素、时间因素和个人爱好因素等影响。

1. 经济因素

经济因素是进行交通工具选择的首要考虑因素,经济因素主要包含两层含义:一是旅游者的经济收入;二是旅游者的可支配并且愿意支付的交通费用。在旅游活动中,旅游者自身的经济水平是对交通工具进行选择的制约性因素。在旅行社组团活动中,豪华团与普通团最为明显的差别就体现在旅游交通上,旅游者根据自身的可支配收入来选择两种不同等级的团队。在旅游者所支付的旅游费用中,交通的费用是重要的一项,尤其是对于长距离旅行来说,交通费用往往占有较大比例。

交通费用有哪些内容呢?交通费用是指旅游者为到达旅游目的地所需要支付的交通工具的费用与途中产生的各项费用的总和。对于选择公共交通(如飞机、火车、轮船和长途汽车)的旅游者来说,交通费用主要由所需要的票价构成,而途中用于饮食的费用比票价较低;而对于自驾车旅游者来说,交通费用则包括汽油费、过路费、车辆维护费及途中食宿费等,如果是租车,还需要支付租车费。

头脑风暴

旅游者预算限额越大,越趋向于选择快速、舒适的旅游交通方式,如航空;反之,则会更多地考虑费用问题,选择较为低廉的其他旅游交通方式,如火车。请以美国交通为例,谈谈上述观点是否正确。

2. 距离因素

旅行距离不仅是指空间的远近,还包括交通便利程度引起的旅行时间距离的长短,时间距离是旅游者进行交通工具选择的重要因素。人们外出旅游度假的时间是有限的,为了更有效地利用有限的度假时间,人们必须努力缩短用于交通方面的时间,这也被称为"快行慢游"。空间距离越大,完成旅行所需要的时间也就越多;旅游抗阻增大,旅行的代价也就越高,这被称为"距离衰变"(distance decay)。因此,在近郊的一日游活动,一般会选择公路交通中的公共汽车、出租车、地铁或者自驾车;对于中短距离的旅游活动,人们倾向于选择铁路或者汽车作为旅行方式;对于长距离旅游活动,人们通常会选择铁路交通或航空交通。

知识链接

旅游距离衰变

在一定的引力和外推力作用下,旅游客流量的大小与旅游目的地的吸引力成正相关关系,与客源地与目的地之间的时空距离成反相关关系。随着出行距离的延伸,距离摩擦系数增大,旅游抗阻增强,而距离抗阻将增加旅游者进入旅游目的地的时间成本和经济成本,降低旅游吸引强度和旅游的可进入性,这就是旅游距离衰变(Distance Decay of Tourism)规律。

(资料来源:朱华.世界旅游客源地对四川省入境旅游的影响[J].乐山师范学院学报,2008,(3).)

成都市区距平乐古镇仅65千米,距离九寨沟460千米,行车约7小时,路途遥远,为什么去九寨沟旅游的人数远远多于平乐古镇?

影响旅游者出行的因素除了交通距离外,还有文化距离、心理距离等因素。在一定条件下,文化距离和心理距离可能增加距离抗阻,也可能减少距离摩擦。

3. 时间因素

从时间因素考虑,旅游者选择交通方式必须考虑到以下影响因素:度假时间是否充裕;所花费在交通上的时间成本是否合理;进行旅游活动的时间长短。旅游者是否有一段充裕的旅游活动时间决定了旅游对于交通选择的敏感度。例如,在同样的经济水平下,时间比较充裕的旅游者更注重交通方式的成本及舒适度,而时间不充裕的旅游者则对速度的要求更高。因此,一般情况下,旅游时间较短的商务旅游者会选择乘坐飞机出行,旅游时间较长的退休老人一般会选择乘坐火车硬卧或者软卧旅行。

交通的时间成本主要指旅游者消耗在旅游交通上的时间。在总的可支配时间一定的情况下,耗费在途中的时间越长,用在目的地游览观光的时间就相应缩短,旅游者从旅游目的地所获得的收获也就越低。选择不同的交通工具进行移动所需耗费的时间长短具有很大的差别,时间成本也就不一样。所以,旅游者在进行旅游活动之前,通常会考虑时间安排、各种交通方式对于时间安排的影响,再决定交通方式。

在青藏铁路上的"慢行慢游"

青藏铁路(图5.2)是世界上海拔最高的铁路,穿越昆仑山、唐古拉山和念青唐古拉山三大山脉,沿青海湖、昆仑山、可可西里、三江源、藏北草原、措那湖等著名景区蜿蜒而过。格拉段经过海拔4 000米以上地段达960千米,45个站点,几乎站站都精彩。为了让游客能够看到站点周边的美景,在玉珠峰、楚玛尔河、沱沱河、布强格、唐古拉、措那湖、那曲、当雄和羊八井9个观光车站都建有观光台。观光台是一个长500米、高1.25米的台子,游客可以站在台子上眺望、拍照和逗留。铁路部门还特意将格拉段(格尔木到拉萨)列车的运营时间安排在白天,游客可以在列车上尽情观赏雪域高原的旖旎风光。

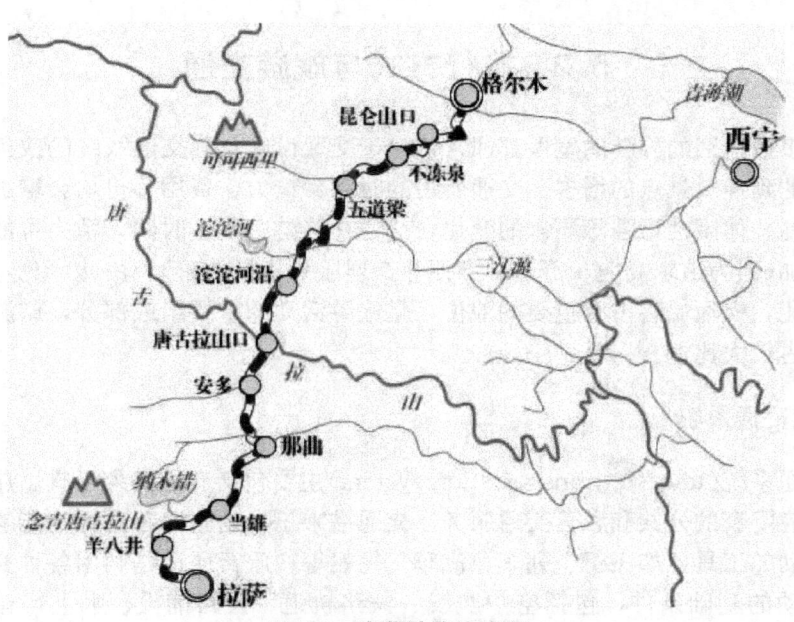

图 5.2　青藏铁路线路图

（资料来源：百度图片[EB/OL]．http://image.baidu.com/i? ct＝503316480&z＝&tn＝baiduimage detail&word.）

 即学即用

与"快行慢游"相反，如果较长时间花在某种交通工具上，即"慢行慢游"，能否收获完美的旅游体验？你如何理解"快行慢游"与"慢行慢游"之间的关系及其对旅游体验的影响？请以青藏铁路为例加以说明。

4. 个人偏好因素

由于每个人的旅行偏好和经验的不同，在多种交通方式可供选择的情况下，具有相同条件的人可能会选择不同的旅行方式。对于初次外出旅游的人来说，他们对选择某种交通方式的偏好主要受到其个性或心理类型的影响。自我中心型的人远不及多中心型者富有冒险精神，这主要表现在对旅行方式的选择上，他们往往喜欢自己开车去旅游目的地，而不愿、甚至恐惧搭乘飞机前往目的地。而多中心型的人恰恰相反，他们可能更喜欢乘飞机去往目的地。除此之外，旅游者的性别、年龄、兴趣爱好、职业、文化程度、社会地位等个人属性的差异也会有对旅游交通有不同的偏好，对选择旅游交通方式也有差别。除了上述因素之外，还有许多其他可能的因素会影响人们对移动性交通工具的选择，如天气、伴旅、目的地的地理位置特点等。

 特别提示

人们对某种交通方式的偏好往往产生于自己过去的旅游体验。愉快的旅游交通体验将强化旅游者对旅游交通工具的重复选择，而痛苦的旅游交通体验将导致旅游者放弃这类交通，选择另外的旅游交通工具。

5.2 旅行方式与旅游交通

世界大多数地区的旅游的发展都非常依赖于交通设施及其交通系统的改善和发展。随着旅游距离的延伸及景点的增多，交通所占的时间、精力、费用等也均会增加。虽然因为交通水平提高、休闲性增强等要素的变化，交通在旅游中所占时间、精力可能会减少，但费用仍会增加（因为追求高速、舒适、方便等交通服务指标改善）。由此可见，不管旅游业如何发展变化，交通始终占有重要的地位，是旅游活动的重要组成部分，旅游者旅游费用中旅游交通占较大比例。[①]

5.2.1 旅游交通系统

旅游交通系统（tourism transportation system）主要包括交通搭乘工具、旅行通道、交通站点及相应配套的公共和私营交通服务。交通搭乘工具是旅游者选择的能够承载旅游者进行空间移动的工具，如飞机、列车、汽车、轮船等；旅行通道是利用各种交通搭乘工具实现空间移动的基础条件，包括空中航线、铁路轨道、公路铺设、水上行道、地下铁道等，以及供旅游者集散、上下、中转及配套服务的实地场所，如火车站、飞机场、汽车站等。除了上述的物质基础，完善、便捷、人性化的服务体系是形成完善的交通系统的必要条件。随着技术的发展进步，旅游交通系统在不断完善，旅行舒适度也在不断提升。

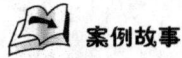 案例故事

九寨沟的旅游交通

九寨沟位于四川省阿坝藏族羌族自治州九寨沟县漳扎镇，如图5.3所示，以有九个藏族村寨而得名。九寨沟海拔在2 000米以上，遍布原始森林，沟内分布108个湖泊，为国家5A级旅游景区，并被列入世界遗产名录。其特色主要有翠海、叠海、彩林、雪山、藏情，吸引了来自各方的旅游者。

对于大多数旅游者来讲，到九寨沟游览可选择航空和陆路两种方式：航空——目前九寨沟黄龙机场已经开通成都、重庆、西安、北京、上海等直航线路，游客到达九寨沟黄龙机场后可乘坐机场大巴和出租车到达九寨沟沟口；陆路——游客到成都后，可随团乘车入沟，也可到茶店子、新南门汽车站，乘坐班车到九寨沟沟口，具体如下。

自驾车：成都至九寨沟全程约460千米，沿途经过5座县城，路上可观赏岷江河谷风光，藏、羌民族风情，以及仍然保存完好的自然风光。

出行线路：成都—56km—都江堰—90km—汶川—44km—茂县—130km—松潘—88km—九寨沟—430km—成都。

飞机：九寨沟黄龙机场于2003年9月28日开通，机场海拔在3 300～3 600米，位于阿坝藏族羌族自治州松潘县川主寺镇，距九寨沟沟口83千米，距黄龙43千米。机场有到九寨和黄龙的大巴车。

汽车：在成都新南门车站每天早上8:00都有发往九寨沟的空调大巴车。茶店子车站四季都有长途客车可直达九寨沟、黄龙，有日班（7:30发车）也有夜班卧铺车，夕发朝至。

---

① 朱华. 旅游学概论（双语）[M]. 2版. 北京：北京大学出版社，2012.

第5章 移动性与交通服务

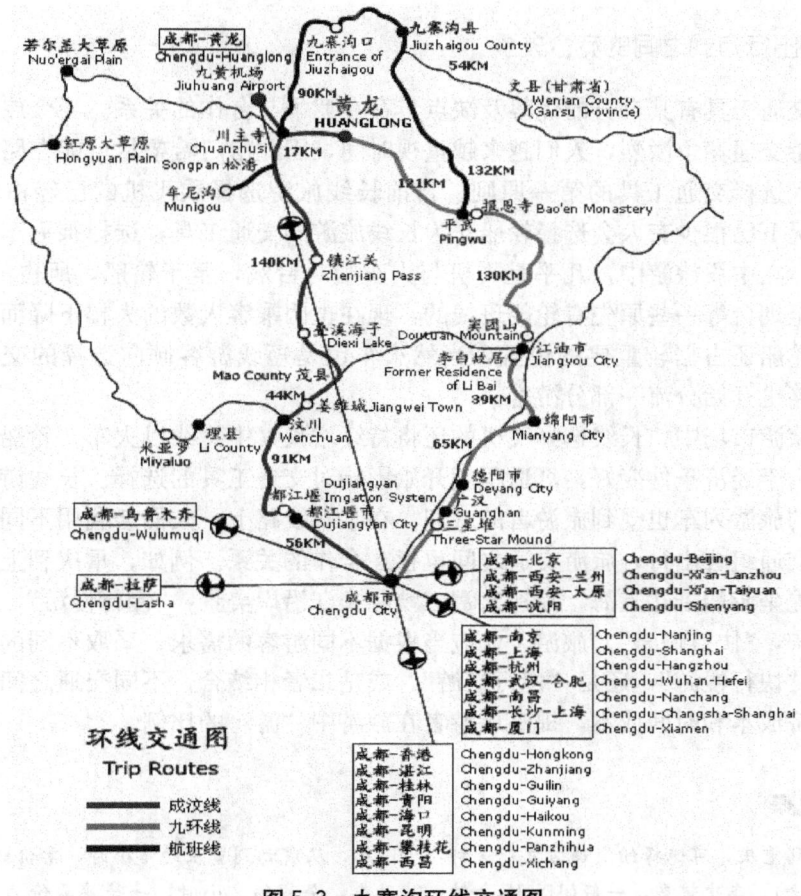

图 5.3 九寨沟环线交通图

跟团（旅游大巴车、飞机）：九寨沟、黄龙团队价格分淡季和旺季。

绿色环保观光车：九寨沟内交通便利。为了保护沟内环境，让不太宽畅的盘山道路畅通无阻，同时增加沟内接待人数，目前，沟内交通全由九寨沟旅游（集团）公司经营的绿色观光巴士承担。这种观光巴士用天然气作燃料，几乎无污染。在沟内指定站点可以上下车，十分便利。

九寨栈道：九寨沟森林中的栈道，或石块铺地，或栈桥凌空。无论路、桥、亭、阁，都充盈着山林野趣。在建筑风格上，它们朴素洁雅又灵活多姿。在栈道上，有的亭阁依树而立，有的以树为中柱，迴心式景亭。人们靠树小憩，临阁观景，别有一番风味。

完善的旅游交通系统使你的出行更加方便，不同的交通工具使你的旅游体验与众不同，使你的人生经历更加多姿多彩。完善的交通体系已经使这个远离大都会的"人间仙境"不再遥远。四通八达的旅游交通网络搭载八方游客，满意而来，尽兴而归。

（资料来源：九寨沟旅游攻略[EB/OL]. 欣欣旅游网（2013-8-17）. http://www.cncn.com/xianlu/686971545089.）

 **头脑风暴**

如果你打算前往九寨沟旅游，请参考图5.3，说明你将如何利用旅游交通系统提供的便利安排你的旅游活动。到了九寨沟以后，你会使用什么交通工具？

5.2.2 交通出行方式之间的竞合关系

不同的交通工具有其自身的优势及缺点,存在竞争与合作的关系。当今旅游业飞速发展,各种旅游交通竞争激烈,人们越来越重视时间,因此出门希望尽可能在路上少花时间已成为不少人选择交通工具的第一原则。目前长线旅游选择乘飞机的已经占相当大的比例,一般情况下已很少有人会选择轮船作为长线旅游的交通工具,选择乘火车的游客也有减少的趋势。在中线旅游中,几乎是飞机与火车唱对台戏,至于轮船,所占的比例不大。例如,上海至烟台等一些原先有轮船班线的,现在也因乘客人数的大幅下降而停航。只有在短线上,轮船还占据较重要的位置,当然火车也是短线游客倾向选择的交通工具,同时,高速公路也开始分流一部分游客。

预计在旅游市场中,长线选择飞机的还将持续增长,中短线以火车、轮船为主的格局还将维持。由于经济条件变好,舒适程度开始影响对交通工具的选择。长线游客愿意乘飞机,较舒适的旅游列车也受到旅游者的欢迎。在某些线路上,人们会利用不同交通带来的便利,进行交通组合出行,旅游交通之间也存在合作的关系。例如,重庆到上海的长江之旅,游客可先坐游船抵达上海,沿途欣赏三峡和长江沿岸美景,"慢行慢游",然后乘飞机快速返回重庆,"快行慢游"。旅游企业应当根据不同游客的需求,采取不同的交通组合方式。无论是"快行慢游",还是"慢行慢游",或是二者相结合,不同交通之间的合作可以减少旅游经济成本和时间成本,提高旅游者在旅游中"游"的比例。

头脑风暴

成都市民到重庆,可选择的交通方式有3种:①汽车,从成都到重庆约4小时,票价约110元(正规大巴,附带保险),车次较多,一般间隔15分钟;②动车,全程约2小时,一等座票价为116元、二等座票价为97元,班次灵活(一般间隔30分钟);③火车,全程约5小时,硬座票价为47元。试讨论从成都到重庆坐汽车和火车各有什么优势,它们之间存在何种竞合关系?请你利用成都、重庆不同的交通工具,做一个"成都—重庆3日游"的包价旅游方案。成渝高铁线路图如图5.4所示。

图5.4 成渝高铁线路图

(图片来源:"成渝高铁"线路图[EB/OL].百度图片.http://elec.dzwww.com/rollnews/201008/W020100825383305329710.jpg)

5.2.3 主要旅游交通工具

1. 火车

1814年英国人乔治·斯蒂芬森（George Stephenson）发明了蒸汽机车，1825年世界上第一条铁路在英国的斯托克顿和达林顿之间开通。在通车典礼上，斯蒂芬森驾驶着"旅行号"蒸汽机车，以最高时速24千米的速度，行驶了32千米，开创了交通发展史的新纪元。此后，其他欧美国家也陆续开始修建铁路，铁路的出现对旅游业的发展起到了极大的推动作用。1841年，英国人托马斯·库克利用包租火车的方式，成功组织了一次大规模的团体旅游，这次活动被认为是近代旅游业的开端，自此铁路运输就成为人们开展旅游活动的主要交通方式。1879年德国制造了世界上第一辆电力火车，1905年美国研制了世界上第一辆内燃机车，新技术的应用极大地提高了铁路运输的速度和运输能力。

铁路旅行的运载工具主要是列车，即火车。按照列车速度划分，我国旅客列车主要可分为5个类别，如图5.5所示。

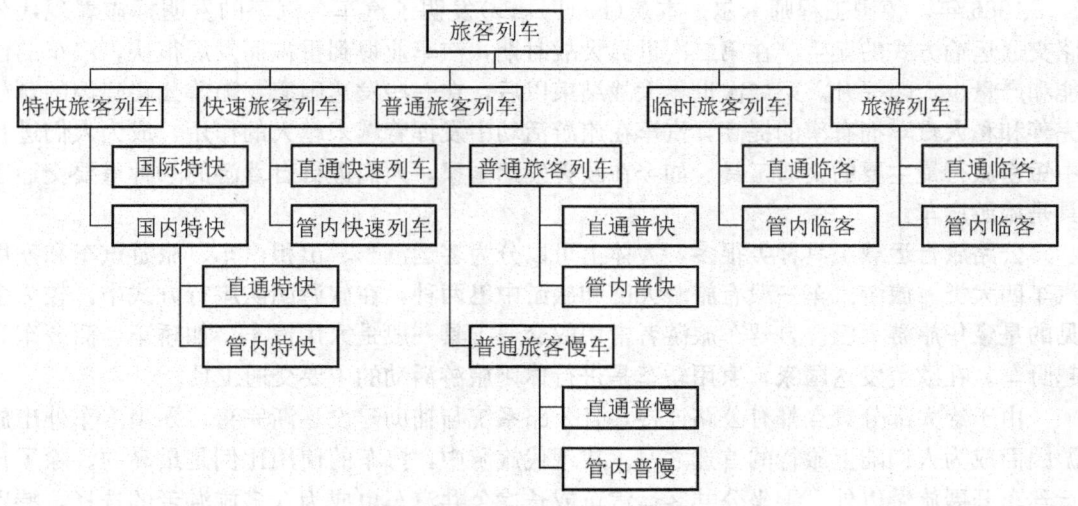

图5.5 旅客列车分类图

火车的优点：容量大，费用低，受季节气候等自然条件影响小。
火车的缺点：速度不如飞机，灵活性不如汽车。

 **知识链接**

火车代码

火车代码有K字头、Z字头、L字头、N字头、D字头、C字头、T字头、Y字头的，还有的是纯数字的，这些分别代表什么类型的车呢？

T——特快旅客列车（国际特快和国内特快）。
K——快速旅客列车。

Z——直达特快旅客列车。
L——临时旅客列车(每趟票价等级不同)。
N——管内列车(现在已经没有了,与 K 字头合并使用)。
D——动车组列车。
C——城际动车组列车。
Y——临时旅游列车(不是长期开行)。
纯数字的——普通旅客快车或慢车。

(资料来源:搜搜百科[EB/OL].http://baike.soso.com/)

特别提示

为了提升火车在旅游交通中的竞争力,可提升火车运行速度,改进火车的硬件设施和服务质量。根据旅游的发展和游客的需要,特别是中老年游客的需要,推出观光火车。

2. 汽车

1886 年,德国工程师卡尔·本茨(Karl Benz)发明了汽车。汽车的发明标志着现代公路交通运输方式的诞生。在第二次世界大战时期,汽车业得到重视而发展很快,汽车的性能和产量也大幅提升。第二次世界大战结束以后,在一些发达国家,随着公路建设的日趋完善和私人汽车拥有率的提高,汽车在旅游活动中发挥着越来越大的作用,成为人们进行中短途旅行最主要的交通工具。如今在欧美发达国家,人们进行自驾游的一种重要交通工具是旅游房车。

公路旅行运载工具种类很多,大体上可以分为客运汽车、出租汽车、旅游汽车和家用汽车四大类。旅游汽车一般有旅游大巴和旅游中巴两种,在旅游团队旅行方式中,较为多见的是豪华旅游大巴。自驾车旅游者常用的交通工具一般是家用汽车,如轿车、商务车和越野车。在欧美发达国家,家用轿车是进行休闲旅游活动的主要交通工具。

由于绝大部分景点都有公路连接,且公路系统与辅助建设逐渐完善,乘坐汽车外出旅游因而成为人们陆上旅行的首选之一。在现代旅游中,汽车的使用比例是最高的。除了自行驾车开展旅游以外,乘坐公共客运汽车或长途公共汽车也成为众多旅游者的选择,特别是中短途旅游者,如图 5.6 所示。

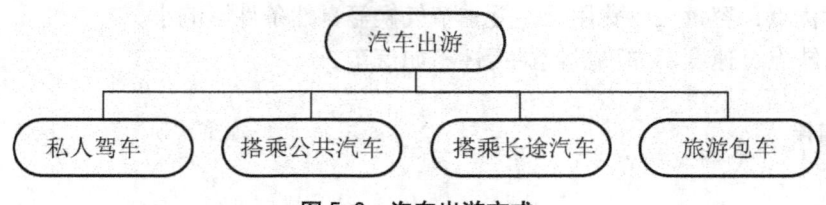

图 5.6　汽车出游方式

汽车的优点:私密性、灵活性强,中途可以随机休息和拍摄景点,可进入性较强,容易抵达希望抵达的景区位置。

汽车的缺点:与火车相比,不太舒适,安全性相对较差。

 知识链接

旅游房车

旅游房车(Recreational Vehicle，RV)又名休闲露营车，是一类类似于卡车的中型车辆。它不仅是一辆汽车，还具备了居家所要求的各种功能，车上配备基本的生活设施用品，如座椅、桌子、睡具、饮具等，高档房车甚至配备沙发、橱柜、电器设施等，真正集"食、住、行"于一体，舒适方便，被旅游爱好者誉为"流动的家"。

3．飞机

航空运输在现代旅游交通运输方式中出现最晚。1903年美国莱特兄弟成功试制了世界上第一架飞机，1919年德国开办了世界第一条民航定期航线——柏林至魏玛的航线。航空运输经过50多年的发展，成为人们进行中长途旅行的主要运载手段，它能在最短的时间内完成乘客的空间转移，从而使长距离旅游成为可能。由于旅客数量增加、燃料价格下降、运输成本降低和联营运输增加等因素的产生，全世界航空公司的交通运输量和利润率都大大增加，促进了现代旅游业的发展。

航空客运主要有定期航班服务和包机服务两种。定期航班服务是指在既定的国内或国际航线上按照既定的时间表提供客运服务；包机服务则是根据旅游者和市场形势的需求提供的一种不定期的航空包乘服务。同定期航班服务相比，包机业务有一定的经营优势，主要表现为包机载客率较高，票价相对较低，可根据旅游者需要进行调整。

航空器是载运乘客的重要工具，包括飞机、飞艇、气球及其他任何凭借空气之反作用力，得以飞行于大气之中的飞行器。航空器分类如图5.7所示。

飞机的优点：速度快，节省旅行时间，安全性较好。

飞机的缺点：成本较高，机票较贵，受天气制约较大。

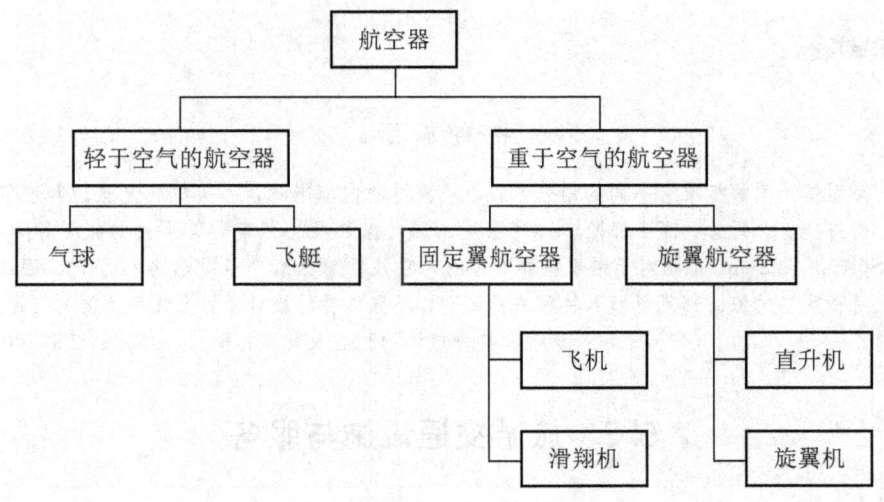

图5.7 航空器分类

4. 轮船

水运交通是以各类船舶为承载工具,在海洋、江河、湖泊、水库等水域沿航线运送旅游者的交通运输方式。我国海域辽阔,内陆河流湖泊众多,水运资源丰富,为开展水上旅游提供了良好的环境。水上搭乘工具主要包括普通轮船和游轮两种。由于轮船旅行具有悠闲、安全、欣赏沿岸景观等优点,将轮船作为一种水上旅行的工具得到了很大发展。

水运交通按不同的标准有不同的分类:按民用运输可分为客船、货船、渡船、驳船;按航行区域可分为海船、内河船和港湾船;按航行状态可分为排水量船、滑行艇、水翼船、气垫船、冲翼艇;按动力装置可分为蒸汽动力装置船、内燃机动力装置船、核动力船、电力推进船;按推进器形式可分为螺旋桨船、平旋推进器船、喷水推进器船、喷气推进器船、螺杆艇、明轮船等。

根据船舶驱动系统的不同,一般可用于旅游功能的船体可分为人工操纵的划艇、游船,以及机器(柴油发动机为主)推进的汽艇、游船、游艇、游轮等多种类型。轮船是人类最古老的交通工具之一,历史上轮船对旅游的发展做出了巨大贡献。轮船作为一种观光旅游工具,使旅游者感到悠闲舒适,海上巡游和内河船游也越来越受旅游者青睐。

轮船的优点:运力大,成本低,自由,舒适,大型轮船上有宽敞的活动空间和生活设施,给旅游者带来了旅游便利。

轮船的缺点:灵活性差,速度慢,受天气影响较大。

5. 特种旅游交通

特种旅游交通,是指除上述常用的旅游交通方式以外,为满足旅游者特殊要求而产生的交通运输方式,如自行车、索道、轿子、马、人力车等。特种旅游交通是发展特种旅游的必要条件之一,没有特种旅游交通,旅游者就无法实现从旅游客源地到旅游目的地的空间移动。现在特种旅游交通越来越受广大旅友的喜爱。这些方式具有生态、环保、地形适应性强等诸多优点。

 知识链接

特 种 旅 游

旅游的类型按不同的标准有不同的划分方式,从旅游的内容来看,一般把观光旅游和度假旅游称为常规旅游,而将徒步、野营、高山探险、江河漂流、洞穴探秘及自驾车游等形式的旅游称为特种旅游。特种旅游(Special Tourism)是相对于常规旅游而言的,它往往意味着个性化和非程序化。因此,个性化和非程序化特征明显的旅游都可以归入特种旅游之列,不同的特种旅游项目会使用不同的交通工具。

(资料来源:杨敏.特种旅游的种类及特点初探[J].学术探索,2004,(12).)

5.3 旅游交通设施与服务

旅游交通是连接客源地与旅游目的地的重要纽带,发展旅游交通设施与服务不仅是实现进出景区的通达性问题,它还涉及旅游体验质量、旅游满意度及旅游经济效益等重要内容。如果不能深刻认识旅游交通设施与服务目标的重要性，就会出现"一叶障目，不见泰山"的不良后果，影响旅游各要素的整合，从而影响旅游业持续、健康的发展。

5.3.1 旅游交通设施与服务目标

1. 基本目标："进得去、散得开、出得来"

旅游交通是旅游业发展的瓶颈。没有安全、方便、快捷、畅达的旅游交通设施和服务，就不可能有规模化发展的旅游业，再有名的风景名胜区，也只能永远处于一种潜在待开发状态，而不能充分发挥其旅游经济效益。因此，旅游者"进得去、散得开、出得来"就成为旅游交通发展的基本目标。反之，旅游交通实现了该基本目标，也只是其发展的开始，还有更多、更重要的目标需要它去实现。

 延伸阅读

成都东客站

成都东客站设置有东、西两个广场，是目前西南地区最大的火车客站，配套设施有出租车、公交车场站和长途客运站。成都东站在东、南、西、北4个方向都设置有进站口，旅客不论从城市的哪个方向进入东客站，都可以顺利进站。东客站共有26个检票口，检票口距离候车处非常近，乘客只要走几步就可以进站。同时，在东客站的站台层，26个站台上还设置有专门的出站口，出站可以乘坐直达电梯、自动扶梯和楼梯进入地下的出站层。进入出站层后，乘客可以在这里选择直接出站，或是通过地下通道转乘地铁、公交车和出租车。作为全国最佳旅游城市的成都这一旅游集散地的成都东客站，达到了交通设施"进得去、散得开、出得来"的基本目标。

（资料来源：互动百科[EB/OL]http://www.baike.com/wiki/）

2. 人性化目标：实现旅游客运联合运输

旅游客运联合运输是在公共交通联合运输的基础上，为适应旅游业发展的需要而逐渐形成的，是综合利用各种交通运输工具，经济、合理、迅速、方便地完成旅游者运输需求的一种重要运输组织形式。旅游客运联合运输具有组织运输的全程性、运输单据的通用性和乘坐手续的简便性，因此给旅游者带来了快速、经济、方便的交通条件，从而缩短了旅游者在旅行途中的时间，保证了他们拥有充裕的游览时间。

根据你乘坐旅游交通的体验，以一种交通工具为例，谈谈我国旅游交通工具和交通服务的现状，以及应当怎样做才能体现人性化。

3. 最终目标：融入旅游

首先，使旅行成为游览必要的准备过程。其次，保持旅行与游览同步，把旅行和游览结合起来，保持二者的同步；将旅游交通融入旅游，提高旅游交通功能的重要方法。最后，在可能情况下，把乘坐旅游交通工具变成旅游目的。新型的现代化交通工具和能突出表现地方特色与民族风格的交通工具可以使旅游交通成为旅游活动中的重要内容，甚至在一定程度上成为旅游者追求的一种目的。①

 头脑风暴

瑞士有"黄金列车"，吸引了不少游客前往乘坐体验，你是如何理解旅游交通也是旅游吸引物的？以成都—西昌旅游专列为例，谈谈交通是如何融入旅游的。

5.3.2 集散站场

各种旅行方式及不同的搭乘工具，一般情况下都需要某个地点进行集散活动。集散站场是指供游客和其他旅客集散功能的空间，包括航空乘客集散的民航机场、铁路交通集散的火车站、公共汽车旅行集散的汽车站、水上运输集散地轮船码头等。随着城市的发展，为了让旅行者可以方便地转换交通方式，各个集散站场进行了统一规划。

1. 机场

对于大部分国际旅游者来说，航空旅行几乎成为最重要的旅行方式。旅游者对旅游目的地的首要印象就是从抵达机场开始，直到他们结束旅程离开机场返家。机场基础设施是多数国际旅游者与旅游目的地直接接触的第一个也是最后一个点，使旅游者移动性的核心轴线。机场能否提供快捷、方便、舒心的服务，使旅游者花较短的时间办理登机手续，享受机场内提供的免税商品购买服务，快乐地体验假期最后闲暇时光，都会影响甚至决定旅游者最后的度假满意度。

 延伸阅读

阿姆斯特丹国际机场

阿姆斯特丹国际机场（Airport Schiphol），位于荷兰首都阿姆斯特丹，又称史基浦机场，也称西佛尔机场，同时机场也是史基浦火车站。机场有非常紧凑的航空集转站，高效服务于欧洲和洲际航班。在这里可以很轻松地步行到达机场各个地方。乘客可以要求海关退还自己为在欧洲联盟国家购买的商品所支付的增值税。中文帮助人员和普通话登机通知可为乘客带来更多便利。

全世界第一个设在机场内的博物馆是阿姆斯特丹国立博物馆在阿姆斯特丹史基浦机场设置的分馆。国立博物馆史基浦分馆展出许多荷兰17世纪大师级的作品，让参观者感受到"荷兰黄金时代"的辉煌。国立博物馆史基浦分馆也定期安排不同展览，作品大多仍来自国立博物馆本馆的收藏。

擦鞋区为阿姆斯特丹国际机场内最新的设施，由爱尔兰的专业擦鞋公司所开设。两家擦鞋区分别位于候机室及入境大厅。乘客可以在此休息，并让专业的擦鞋匠为自己擦鞋。儿童游乐场与育婴室位于E和F登机门之间。育婴室有摇篮和婴儿浴室可以使用。如果乘客想要利用10～20分钟的时间，做个按摩放松一下，可以到位于E和F登机门之间的按摩中心。另外，按摩中心还提供水疗设备，可使乘客完全放松，消除旅途疲惫感。

（资料来源：搜搜百科[EB/OL]http://baike.soso.com/v7325096.htm.）

---

① 吴刚，陈兰芳，许岩石. 旅游交通发展的目标研究[J]. 综合运输，2003，(4).

2. 火车站

火车是国内大多数旅游者首选的长途旅行方式。火车站作为旅游者集散服务提供商，对旅游业发展意义重大。一个城市是否有铁路通过，是否设有便捷的旅客停靠车站，在此停靠的列车班次是否集中，停靠时间的长度，有无出售卧铺票的权利等，都会影响该地旅游业的发展。一般而言，旅游城市的候车站还需要配有旅馆、游客中心、餐饮、汽车租赁、休闲娱乐设施等。火车站与城市其他交通方式（如地铁、公共汽车、出租汽车等候区、长途汽车站等）的有机衔接，是衡量火车站所在地综合交通服务水平的重要表现。而在一些国际化旅游城市，火车站还应具有多语言的解说系统服务。

延伸阅读

德国柏林中央火车站

德国柏林中央火车站位于"柏林墙"旧址以西不远处，是城市最高建筑物。它占地1.5万平方米，将成为欧洲最大的火车站，每天将有超过1 100列火车进出，可接送30万名乘客。火车站位于柏林市中心的施普雷河河畔，毗邻总理府和新建的议会大厦，离著名的观光景区勃兰登堡门、帝国议会大厦和菩提树大街仅有十几分钟的步行路程。

尽管车站体形巨大，但造型轻巧别致，它的半透明屋顶由9 117块玻璃面板拼成，它将成为柏林继帝国议会大厦和勃兰登堡门后的第3座地标性建筑。车站有如机场航站楼，地面轨道长320米，地下月台长450米，拥有80多家商店。连接巴黎和莫斯科的东西线列车从高出地面12米处进出，而连接哥本哈根和雅典的南北线则在地下15米深处通过。

从空中俯瞰，新建的中央火车站呈现出中文草字头结构。草字头的一横，是东西走向的铁轨。轨道两旁450米长的站台上是带有太阳能发电装置的拱形玻璃屋顶。草字头的两竖，则是南北方向长达160米的5层玻璃钢建筑。中间的3层是"购物世界"，有80家商店，购物面积达1.5万平方米，全天24小时营业。车站里面可以说是应有尽有，包括了人们生活的方方面面，从吃穿用到图书和报刊，从名牌产品到普通的文具用品商店，从邮局到旅游服务中心等，一应俱全。

（资料来源：百度百科[EB/OL]http：//baike.baidu.com/）

3. 汽车站

汽车站主要是城际中运行的长途公共交通的集散服务区。对于大城市或特大城市来讲，由于横穿城市十分不便，但城市对外交通流量又比较大，一般会在城市内部设立多个汽车站，以提供不同方向的长途汽车客运服务。对于旅游团队来说，一般乘坐巴士旅游是由旅行社安排汽车和导游的，因此没有汽车站使用的需求，但对其他游客，分布在城市不同区域的汽车站是不可或缺的交通设施。

特别提示

世界各国散客、自助游、背包游客越来越多，通达的城乡公共汽车网点和集散站点是这类旅游者不可或缺的交通支持。

4. 码头

许多旅游城市具备临河濒海的独特优势。码头是海边、江河边专供乘客上下、货物装卸的建筑物。通常见于水陆交通发达的商业城市。人类利用码头，作为渡轮泊岸、上落乘客及货物之用，其次还可能是吸引游人及约会集合的地标。一般码头不会孤立地存在，在码头常见的有邮轮、渡轮、货柜船、仓库、海关、浮桥、鱼市场、海滨长廊、车站、餐厅、商场等。

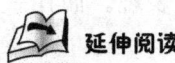延伸阅读

渔人码头

渔人码头(Fisherman's Wharf)位于美国旧金山Jefferson街与Taylor街交叉处，是旧金山的象征之一。旧金山渔人码头包括从旧金山北部水域哥拉德利广场(Ghirardelli Square)到35号码头一带，当中最为著名的则为39号码头，有往Alcatraz(恶魔岛)方向的旅游观光线。许多购物中心和饭店均坐落在交通便利的渔人码头地区，而当地不少饭店都有提供各式各样的海鲜，包括邓杰内斯蟹和蛤肉汤。渔人码头一带的景点包括旧金山海洋国家历史公园、哥拉德利广场和机械博物馆。街头艺人表演最精彩的多半集中在39号码头附近，有全身漆金喷银的、头发渍红染绿的、演奏墨西哥音乐的，也有现代化的打击乐团。不少大型活动也在渔人码头一带举办，包括美国国庆日(7月4日)烟花表演。

(资料来源：百度百科[EB/OL]http://baike.baidu.com/)

5.3.3 交通服务

物质性的搭乘工具、旅行通道和集散站场所提供的设施条件是人们出门旅行的硬件条件，而我们还应该重视交通服务这样的软件条件。如果旅游者得不到良好的服务体验，是因为交通服务的质量问题，将导致整个旅游产品的销售量下降。交通服务涵盖的内容很多，但交通信息的提供、获取和及时更新是旅行者最关心的因素。

1. 交通信息

在旅行之前，人们需要通过熟悉、方便的渠道获取交通的相关信息。通过对交通信息的收集、处理和选择，最终对搭乘工具、旅行通道、产品价格等做出购买决策。在移动的旅行过程中，旅行者仍然处在不间断的探路行为之中，交通标识、方向导引、服务设施的布局等相关信息成为旅途中旅游者所必需的消费信息。随着自驾车旅行的发展，沿途交通指示牌的信息提供与选择十分重要。

2. 交通管理

旅游交通管理是实现旅游供需双方利益的首要条件。一般来说，旅游者居住地与旅游目的地总是有一定的空间距离。为了到达旅游目的地，旅游者必须凭借各种交通方式来实现。于是旅游交通状况直接影响着旅游者的旅游需求，而旅游目的地的旅游产品也必须依靠旅游者的到达才能得以销售。因此，有效的旅游交通管理可同时满足旅游供需双方的要

求,是顺利实现双方联系的保障。① 旅游交通的管理主体是旅游行政管理部门和旅游交通主管行政部门。管理的客体是旅游交通业,具体包括各种交通方式及其基础设施建设、综合运输网络、各种交通方式之间的优化配置、基础设施的地区间配置、各种专门的旅游交通运输企业所提供的服务产品等。

3. 交通安全

由于汽车工业的高速发展,车辆急剧增加,交通流量增大,造成车辆与道路比例的严重失调,加之交通管理不善等原因,交通事故频发,伤亡人数增多,已成为世界性的一大公害。美国是世界上汽车最为普及的国家,因道路交通事故造成的经济损失相当惊人。例如,美国的火灾经济损失只有道路交通事故经济损失的13%。日本因道路交通事故造成的经济损失相当于当年道路建设投资的一半。许多国家因道路交通事故造成的经济损失约为其国民经济总产值的1%。因此,人们称道路交通事故是"现代文明病"和"无休止的交通战争"。安全是人类开展旅游活动最根本的前提,是旅游者选择交通工具最为关注的因素之一。旅游目的地一旦发生交通安全事故,不仅会影响游客生命财产安全,还会影响到整个旅游目的地的形象。

头脑风暴

这个黄金周,估计很多"宅"在家里的人会窃喜自己的"英明抉择"——看电视新闻:高速路生生堵成了停车场,景区最壮观的就是起伏的人头,游客带走回忆留下垃圾,商贩趁机哄抬物价……本是休闲开心的长假,却似乎给旅行者带来的更多是闹心添堵。上海旅游集散中心国庆节当天某个"一日游"旅游团在遭遇持续拥堵5小时后,取消游览行程,直接返回上海;高速公路车辆猛增,公路成了停车场,收费员1天说5 000次"您好",笑到脸都僵硬了。

"黄金周"为何变成"问题周"?请从交通信息、交通管理、交通安全等方面分析我国"黄金周"出现的问题和应采取的应对措施。

本 章 小 结

> 本章介绍了移动性与旅游交通,即旅游者从旅游客源地出发,依靠不同交通工具到达旅游目的地游览观光,再从旅游目的地搭乘交通工具,回到旅游客源地的空间移动过程。移动性的影响因素主要有旅游者的可支配收入、旅游客源地与旅游目的地之间的距离、可自由支配时间、个人偏好等。航空、陆路和水路旅行等多种旅行方式使旅游出行更为灵活。本章还介绍了旅游集散地,如机场、火车站、汽车站、码头等旅游服务设施,它们对旅游的通达性和旅游系统中的旅游者的流动尤为重要。旅游者的空间移动和完美体验不仅依赖于旅游交通的硬件设施,交通服务(包括交通信息、交通管理、交通安全)对旅游出行也至关重要。

---

① 崔莉.旅游交通管理[M].北京:清华大学出版社,2007.

关键术语

旅游交通(tourism transportation)：为旅游者在常住地与旅游目的地及旅游目的地内部，提供所需要的空间移动及由此产生的各种现象和关系的总和。

交通费用(transport cost)：旅游者为到达旅游目的地所需要支付的交通工具的费用及途中产生的各项费用的总和。

交通搭乘工具(transportation means)：旅游者选择的能够承载旅游者进行空间移动的工具，如飞机、列车、汽车、轮船等。

交通集散站场(transportation hub)：供游客和其他旅客集散功能的空间，包括航空乘客集散的民航机场、铁路交通集散的火车站、水上运输集散的火车站、公共汽车旅行集散的汽车站、水上运输集散地轮船码头等。

基础设施可进入性(infrastructural accessibility)：旅游者通过航空、高速公路、轮渡等，以及通过港口和机场这样的进出口设施可抵达目的地的程度。

课 后 练 习

一、选择题

1. 一般来讲，长途旅游者旅游费用支出最多的是（　　）。
   A. 旅游住宿　　　B. 旅行观光　　　C. 旅游交通　　　D. 旅游餐饮
2. 影响交通工具选择的首要因素是（　　）。
   A. 经济因素　　　B. 距离因素　　　C. 时间因素　　　D. 个人偏好因素
3. 旅游者出行方式比较灵活的交通工具是（　　）。
   A. 飞机　　　　　B. 火车　　　　　C. 汽车　　　　　D. 轮船
4. 旅游交通之间的关系是（　　）。
   A. 竞争关系　　　B. 合作关系　　　C. 竞合关系　　　D. 排斥关系
5. 旅游交通系统不包括（　　）。
   A. 搭乘工具　　　B. 旅行通道　　　C. 集散场地　　　D. 购物中心
6. 影响旅游者出行因素除了交通距离外，还有（　　）。
   A. 心理距离　　　B. 观赏距离　　　C. 视觉距离　　　D. 安全距离
7. 以下哪一项是大众出境旅游交通的主要方式（　　）
   A. 公路　　　　　B. 火车　　　　　C. 水运　　　　　D. 航空
8. 影响旅游者移动范围的主要因素有（　　）
   ①经济　　②距离　　③时间　　④餐饮　　⑤个人偏好
   A. ①②③⑤　　　B. ①③④⑤　　　C. ①②③④　　　D. ②③④⑤
9. 害怕乘飞机长距离旅行的游客的心理类型属于（　　）
   A. 多中心　　　　B. 自我中心　　　C. 中间型　　　　D. 自我欣赏
10. 同定期航班服务相比，包机业务有一定的经营优势，主要表现在（　　）
    A. 中转方便　　　B. 安全准时　　　C. 载客率较高　　D. 观景效果好

二、填空题

1. 旅游过程一般以景点为节点，以_____为连线而形成闭合系统。
2. 交通串联一个国家或地区不同地区的旅游景点，优化_____，使其成为旅游线路产品。
3. 旅游者出行既要有交通运输工具，又需有_____。
4. 人们对某种交通方式的偏好往往产生于自己过去的_____体验。
5. 为了更有效地利用有限的度假时间，人们必须努力缩短用于交通方面的时间，这被称为_____。
6. 空间距离越大，旅游者完成旅行所需要的时间也就_____。
7. 火车有_____、费用低、受季节气候等自然条件影响小等特点。
8. 旅游交通系统主要包括交通搭乘工具、旅行通道、_____以及相应配套的公共和私营交通服务。
9. 公路旅行运载工具种类很多，大体上可以分为客运汽车、出租汽车、_____和家用汽车四大类。
10. 航空客运已成为长距离旅游的重要运输工具，主要有定期航班服务和_____两种。

三、判断题

1. 从出发地点到目的地的游客，其空间位移的过程也是消费旅游产品的过程。（   ）
2. 旅游交通的内涵包括客源地到目的地以及目的地内部旅游的空间移动。（   ）
3. 交通费用是指旅游者为到达旅游目的地所需要支付的交通工具的费用，但不包括途中产生的费用。（   ）
4. 旅游通道是指各种搭乘工具空间上实现移动的辅助线性载体。（   ）
5. 空间距离越大，旅游者完成旅行所需要的时间也就越多，但旅游抗阻减少了，旅游成本也相对减少了。（   ）
6. 在风景区内，游径（trail）可以疏导游客参观，但它并不是游客活动的场所。（   ）
7. 机场基础设施是多数国际旅游者与旅游目的地直接接触的第一个也是最后一个点，是旅游者移动性的核心轴线。（   ）
8. 旅游交通运输的产品不能贮存，但可以脱离生产和消费过程而独立存在。（   ）
9. 旅游者的空间移动和体验依赖于旅游交通的硬件设施和交通服务。（   ）
10. 距离抗阻将增加旅游者进入旅游目的地的时间成本和经济成本，但并不能降低旅游的吸引强度。（   ）

四、问答题

1. 什么是移动性？
2. 在什么情况下旅游者会选择飞机作为交通工具？
3. 旅行通道主要包括哪些？

4. 什么是旅游集散站场？有什么作用？

5. 旅游交通服务包括哪些内容？

五、论述题

1. 简要阐述未来旅游交通发展的特点和趋势。

2. 结合旅游交通和旅游移动性的相关知识，设计一个自助游详细方案，交全班讨论。

应用案例分析

交通网络对秦皇岛旅游业的影响

秦皇岛市旅游资源类型丰富，是开展多项目、多层次的旅游活动，满足不同旅游者旅游休闲的最佳场所。经过多年开发建设，秦皇岛市旅游基础设施和景点建设步入发展快车道，逐步形成了以长城、滨海、生态为主要特色的旅游产品体系。秦皇岛是全国综合交通枢纽城市，特别是外部交通配套设施较为完善。

（1）铁路方面。秦皇岛地处京哈客运专线、津秦客运专线、秦沈客运专线结合部，铁路路网密集，市区有 3 个火车站，分别为秦皇岛站、山海关站、北戴河站，每天有动车、特快、普快等各类火车经停，线路四通八达，为游客通过铁路交通来秦皇岛游玩提供方便快捷的服务。新落成的北戴河火车站 6 800 平方米的候车大厅接纳旅客人数较从前翻了一番，无障碍设施完全参照国际标准修建，一名坐轮椅的游客，可以在没有任何人帮助的情况下，实现自己进站、购票、候车、乘车。

（2）民航方面。秦皇岛现有山海关飞机场可以接待游客，开通航线有韩国首尔、雅库茨克、布拉戈维申斯克 3 条国际航线。北戴河机场属国内支线机场，是华北地区民航机场网络的组成部分，机场按照 2020 年旅客吞吐量 50 万人次、货邮吞吐量 1 200 吨、年飞行量 5 780 架次，满足 B737、A320 系列飞机起降要求进行设计，飞行区按 4C 等级建设。机场能满足秦皇岛与全国各地间的旅游人员往来需求。

（3）公路方面。京哈高速公路、沿海高速公路、承秦高速公路、102 国道、205 国道贯穿全境。从北京、沈阳、承德到秦皇岛均只需两个多小时。

但是，秦皇岛各旅游景点间交通设施并不完善。对于背包客来说，最头疼的就是如何从一个景点赶到下一个景点，如何坐车过去，现在所在位置离哪个景点比较近，如何过去最省时、省力。秦皇岛各主要景区指示牌模糊，没有给自由行的游客清晰的标识。例如，山海关火车站附近标牌，容易给外地游客带来不必要的麻烦。同时站牌全是中文，对于外国游客来说也造成了不便。部分出租车、黑车存在欺骗外地游客的现象，漫天要价。随着自驾游客增势较猛，景区沿线车水马龙，停车场爆满。秦皇岛景区交通瓶颈已经阻碍了旅游业的快速发展。

讨论：

（1）秦皇岛的外部交通对区域旅游会产生什么作用？试分析秦皇岛交通对省际旅游线路产生的作用。

（2）秦皇岛景区之间的交通状况对秦皇岛旅游流产生了什么样的影响？秦皇岛交通现状对哪类旅游影响最大？

（资料来源：解成威，何丹，杨方，等.秦皇岛旅游交通配套设施研究[J].商品与质量.2011，(S9).)

第 6 章　旅游中介服务

教学目标

通过本章的学习，了解雷柏尔旅游系统模型中旅游中介对旅游者前往旅游目的地所发挥的作用。了解旅游中介服务的基本概念和性质，掌握旅游产品的分销渠道、旅游经营商和旅游代理商的分工，知晓旅行社的分类、开办条件，以及旅行社产品构成要素，熟悉旅行社业务操作流程。

教学要求

教学内容	重点☆、难点*	教学提示
旅游中介服务	(1) 旅游中介服务的产生☆ (2) 旅游中介服务的发展 (3) 旅游企业纵向一体化	本章内容主要与第1～4章、第9章、第12章、第13章等内容相关联，教学时可前后对应，以便掌握各章节教学内容的内在联系
旅游经营商与旅游代理商	(1) 旅游经营商的定义 (2) 旅游经营商的作用☆* (3) 旅游代理商的定义 (4) 旅游代理商的作用☆*	
旅行社	(1) 旅行社的定义 (2) 旅行社的作用 (3) 旅行社产品构成要素☆* (4) 旅行社业务操作流程	

> 天朗气清，惠风和畅，仰观宇宙之大，俯察品类之盛，所以游目畅怀，足以极视听之娱。
> ——王羲之

基本概念

旅游中介服务　旅游经营商　旅游代理商　旅游电子商务　旅行社

导入案例

奇妙之旅——中国香港、中国澳门 5 日游

第 1 天：从成都飞往中国香港。饮食：含晚餐。住宿：中国香港。交通：飞机、汽车。

搭乘国际航班到达中国香港，乘车游览青马大桥，前往"迪斯尼乐园"（约 6 小时）。迪斯尼四大主题园区"美国小镇大街"、"幻想世界"、"探险世界"、"明日世界"将会陪你度过一整天的美好时光：米奇幻想曲、米奇金奖音乐剧、飞越太空山、幸会史迪仔、巴斯光年星际历险、森林河流之旅、小小世界等美轮美奂的精彩项目期待和你一起展开探险、梦幻、奇妙、浪漫的迪斯尼旅程，以睡公主城堡为背景的天幕燃起璀璨的焰火，这是迪斯尼乐园最为精彩的压轴项目，惊艳浪漫，美不胜收。游览结束，指定时间地点集合，乘车返回酒店。

第 2 天：中国香港。饮食：含早餐、中餐、晚餐。住宿：中国香港。交通：汽车。

定时间集合，游览中国香港香火最旺的庙宇之一——"黄大仙庙"（约 30 分钟），后参观尖沙咀落成在海滨长廊上的"星光大道"（约 20 分钟）。前往"九龙国际展贸店"（约 3 小时）或"珠宝店"（约 2 小时）、"百货店"（约 1 小时），后游览中国香港著名的"海洋公园"（约 3 小时），这里有世界最大的水族馆、鲨鱼馆及海洋剧场，有海豚、海狮等精彩特技表演，还有各式惊险刺激的机动游乐设施。乘车前往游览中国香港"会展中心"新翼、"金紫荆广场"（约 20 分钟），这里是中国香港回归祖国的见证。乘车前往"浅水湾"（约 30 分钟）、"太平山"（约 30 分钟），赠送：DFS 自由购物，这里是寻找世界顶级品牌商品的国际旅行者的首选目的地。晚上乘坐大型观光船（约 45 分钟），游览著名"维多利亚海港夜景"，游毕乘车返回酒店。

第 3 天：全天自由活动。饮食：不含。住宿：中国香港。交通：汽车。

"自由活动"，可根据自己的爱好自由前往所喜爱的地方，充分享受素有"动感之都、购物天堂"之称的香港所带给您的种种乐趣。

第 4 天：从中国香港乘船去中国澳门。饮食：含早餐、中餐、晚餐。住宿：中国澳门。交通：轮船。

用完早餐后，乘船前往"世界四大赌城"之一的中国澳门，游览圣保罗大教堂遗迹"大三巴牌坊"（约 20 分钟）、中国澳门的起源及最古老的庙宇"妈祖阁"（约 20 分钟）、"主教山"（乘车游览）、中国澳门九九回归广场"盛世莲花"（约 20 分钟）、"望海观音像"（乘车游览），之后参观著名的"威尼斯人度假村"（约 30 分钟），亚太地区第一间具有拉斯维加斯风格的大型豪华全套式旗舰度假酒店，将拥有 350 间国际品牌商店及餐馆、酒楼、咖啡店等意大利风格的数条街道"横卧"于酒店内，将人造的蓝天、白云"移植"于酒店内，将 3 条能承载 51 艘贡多拉游筏的运河建于室内，怎能不令人惊异！到澳门"特色手信店"（约 1 小时）购买代表性的中国澳门特产肉干、杏仁饼、老婆饼等食品。晚餐后，可自费参加中国澳门特色表演等其他活动。

第 5 天：从中国澳门乘船去中国香港，再飞往成都。饮食：含早餐。交通：飞机、轮船。

指定时间集合，乘船前往中国香港国际机场，在机场内可尽情选购各国免税商品，搭乘国际航班返回成都双流机场，结束愉快的旅程。

（资料来源：奇妙之旅香港澳门五日游[EB/OL]．四川省中国国际旅行社（2013-3-05）．http://www.179sc.com/lines/show_163225.html．）

点评：

旅游中介是连接潜在旅游者、旅游企业和旅游目的地的重要介质。随着旅游业的快速发展，旅游中介在旅游产业和旅游者的活动中所起的作用越来越重要。

6.1　旅游中介服务概述

人们在进行旅游活动的过程中，需要多方面的产品和服务。最初，旅游者直接向生产企业购买所需要的产品和服务。这些相关企业主要包括酒店、汽车公司、航空公司、景点等，被统称为旅游供应商。但是由于游客个性不同，所需要的产品和服务也各不相同，旅游供应商又大多位于异地，旅游者直接购买旅游产品和服务很不方便，同时也使得旅游供应商的产品销售遇到困难，导致产品和市场之间的协调性缺失。

在雷柏尔旅游系统模型中，旅游中介是联系旅游者与旅游供应商的纽带，旅游者从客源地到目的地的移动过程是在中介服务的帮助下完成的。为了弥补旅游需求和市场供应之间的关系，满足需求者和供应者双方的需要，旅游中介服务（即为旅游者和旅游供应商提供整合业务的中介服务）变得十分重要。即使在推崇个性化旅游的今天，如背包客、自驾游，也离不开旅游中介服务。

6.1.1　旅游中介服务的产生

15世纪的西方，威尼斯已经有了为到巴勒斯坦朝圣的宗教徒开办船票预约的业务，这也标志着旅游中介服务的历史的开始。17世纪，英国驿站马车业出现了登记乘客预约名单的账簿。1841年托马斯·库克第一次组织商业性质的大众旅游活动才算得上真正意义的旅游中介服务产生。这次活动被后人公认为人类历史上第一次包价旅游。托马斯·库克旅行社的问世也被认为是近代旅游业诞生的标志，托马斯·库克本人也被一些研究者誉为世界旅游业的创始人。

20世纪初，英国通济隆（即托马斯·库克旅行社）、美国运通等旅游公司进入中国，为来华旅游者办理各种旅游业务，以及为出国求学或考察的中国人代办旅行业务。1923年，上海商业银行储存银行创办旅行部，1927年从上海商业储存银行中独立出来成立中国旅行社，这就是我国最早的一家旅行社，标志着中国近代旅游业的诞生。1954年，中国国际旅行社总社在北京正式成立。1985年，我国发布《旅行社管理暂行条例》，旅行社被分为一类社、二类社和三类社，但是只有一类社有入境旅游的外联权。1996年，又将一、二、三类社合起来，按照业务范围分为国际旅行社和国内旅行社。

6.1.2　旅游中介服务的构成

为旅游者提供各类中介服务产品的企业被称为旅游中间商（travel intermediary）。由于旅游中介服务的内容和经营方式的差异，旅游中间商又被分为旅游经营商（tour operator）和旅游代理商（travel agent）。除了旅游经营商、旅游代理商两种最主要的中介服务的提供商，还有其他一些中介服务，如网络旅游预订等。与其他大多数工业部门的分销体系从生产、批发、仓库、运输、零售到其他活动不同，旅游产品主要是在目的地同时生产和消费，旅游分销的主要承担者是旅游中间商。

6.1.3 旅游中介服务业的发展

随着旅游业的快速发展，旅游中介服务业也快速发展。为了使旅游中介企业做大做强，向规模化、集团化发展，旅游企业一般采用横向一体化和纵向一体化二种模式，而纵向一体化又有两种形式：一是通过资本扩张来实施纵向一体化，这种形式的一体化属于纵向集中；二是通过各种形式的战略联盟来实行纵向一体化，这种形式可称为纵向联合。虽然从理论上讲，由于旅游组织的特殊性，各个组织所需要的资本投入不同，纵向集中往往由旅游产业链的高层次向低层次推进，而低层次向高层次的整合往往采取纵向联合的方式。但是，在欧洲旅游中介业，由于大型旅游运营商资本实力雄厚，他们所实施的纵向一体化基本以纵向集中为主，即通过兼并、收购或合资的形式来控制处于旅游产业链不同层次的其他旅游企业。当然，不同国家的旅游运营商所采取的形式有所不同。例如，英国和西班牙的旅游运营商经常采取合资的形式来控制包机公司，而德国的旅游运营商则更多地投资于经营定期航班的航空公司。① 以旅游经营商为例，旅游企业横向和纵向整合如图 6.1 所示。

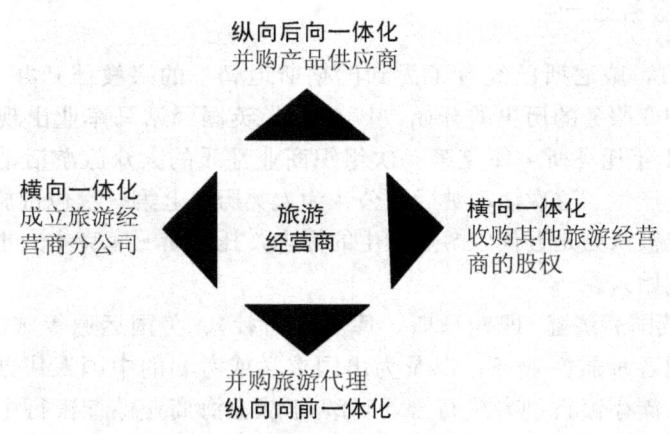

图 6.1　旅游经营商横向和纵向整合

（资料来源：朱华．旅游学概论（双语）[M]．2 版．北京：北京大学出版社，2012.）

欧洲旅游中介服务业纵向一体化

与 20 世纪 90 年代前后在世界范围内掀起的第 5 次兼并浪潮相呼应，同时借着个别领域放松管制的机遇（如欧盟主要国家放松对航空业的管制），欧洲旅游中介服务业的纵向一体化具有涉及面广、规模大的特点。旅游运营商不仅为了掌握网络经济优势，前向兼并旅行社，而且大举向交通领域、住宿领域扩展，几乎把旅游产业链的各个环节都转化为组织内部关系。这种行为已经不是个别企业的策略，而是欧洲大型旅游运营商的普遍选择。以英国为例，20 世纪 80 年代以前，当今的英国几大寡头运营商中只有

---

① 吴晓隽．欧洲旅游中介服务业纵向一体化剖析[J]．外国经济与管理，2005，(3).

汤姆森旅行集团(Thomson Travel Group)通过 1965 年购买大不列颠航空公司和 1972 年成功收购旅行社连锁组织 Lunn Poly，实现了全面纵向一体化。近几年来，随着新兴市场和新兴目的地的不断涌现，欧洲旅游运营商的纵向整合视野从国内扩展到整个欧洲及至全球范围。这种更大范围的纵向一体化的结果，就导致了欧洲旅游中介业的进一步集中。

（资料来源：吴晓隽．欧洲旅游中介服务业纵向一体化剖析[J]．外国经济与管理，2005，(3).)

6.2　旅游经营商与旅游代理商

旅游中介广义上可分为旅游经营商和旅游代理商。旅游经营商主要是经营批发业务的旅行社或旅游公司。所谓批发业务是指旅游企业根据对客源市场需求的了解和预测，大批量地订购有关交通运输公司、饭店、旅游景点等各类有关旅游企业的产品和服务，将这些单项产品和服务组合成不同的包价旅游线路产品或包价度假集合产品，最后通过自己的公司或者零售代理商用单一价格将包价产品向旅游消费者出售。旅游代理商(travel agent)又称旅游零售商，即主要经营零售业务的企业，它在旅游经营商与旅游需求者之间扮演着双重角色，既代表顾客向旅游经营商及有关食、住、行、游、购、娱方面的旅游企业购买其产品，又代表这些旅游企业向旅游者销售其产品。

知识链接

包 价 旅 游

包价旅游(Package Tour)是旅行社以一定价格向市场推销的成批量组合的旅游路线产品，分为全包价和小包价两种。全包价是指旅行社事先经过计划、组织和编排的旅游活动项目，旅游者通过一次性付款的方式享受旅游活动中设计的一切相关旅游服务的旅游形式。小包价旅游又叫半包价旅游形式或可选择性的旅游形式，也是旅行社事先计划、组织和编排好的旅游活动项目。与全包价不同的是，小包价旅游是旅行社根据旅游者的特殊需求，对某些旅游服务项目采取自由选择的形式。

6.2.1　旅游经营商的作用

旅游经营商的规模一般都比较大，集中化程度比较高。在旅游经营商产生之前，旅游者须自己搜索、筛选各种旅游信息，并不得不和众多旅游企业进行交易；旅游企业也必须采取各种促销活动、传播旅游信息，并和大量旅游者进行交易。旅游活动的异地性也让本来就烦琐的交易变得更加困难，旅游成本很高，让很多人没有条件进行旅游活动，也使得旅游业的发展非常缓慢。随着旅游业的发展，旅游经营商的出现解决了对复杂信息的搜索及筛选，节约了成本，大大促进了旅游业的发展，旅游活动在人们的日常生活中得到了普及，如图 6.2 所示。

旅游经营商在旅游产业中的主要作用如下。

（1）旅游经营商从上游企业批量购入产品可以获得价格折扣，使包价旅游产品的价格低于各单项旅游产品价格之和，能够帮组旅游者节约费用支出。

（2）旅游经营商可以针对市场的不同需求，设计多样旅游产品，供旅游代理商和旅

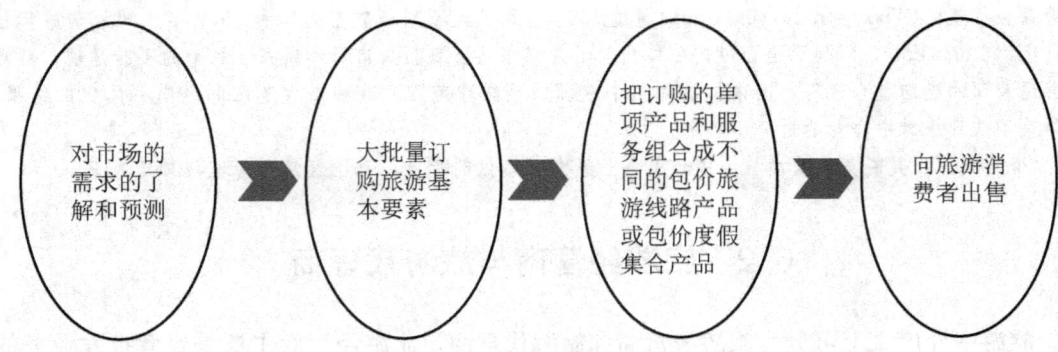

图 6.2 旅游经营商业务流程图

者选择。旅游经营商组织的包价旅游产品简化了旅游者的购买活动，为其提供了方便，降低了旅游者的购买风险。

（3）旅游经营商的上游企业（如航空公司、饭店等）一般固定资产比例较高、市场应变性差，旅游经营商与这些企业签有长期的合作契约，在需求淡季时为之补充大量的客源，使企业的供求状况得以改善。

（4）旅游经营商还可以帮助住宿业在异地开辟新的市场，帮助交通运输业创造出新的需求。旅游经营商的专业化经营有助于上下游企业平衡供需关系，有助于提高旅游市场的销售效率。

 知识链接

上 游 企 业

从生产链角度来讲，上游企业（upstream enterprise）是指供给中游企业原材料或技术服务的企业。同理，中游与下游企业的关系亦然。上、中、下游企业由前至后是供需的关系，产品依次为下个层面的企业所用，所以他们是相互依存的关系，形成了利益相关的产业链条。上、中、下游企业只是从产业链中所处的相对位置来界定的，是特定的关联企业之间的关系。绝大多数产业从一个角度看是上游产业，从另一个角度看则是下游产业。旅游上游企业主要有目的地酒店、航空公司、旅游景区等。

（资料来源：智库百科［EB/OL］http://wiki.mbalib.com/wiki/）

6.2.2 旅游经营商产品分销渠道

旅游经营商是包价旅游产品的组织者，从多家上游服务企业批量购入旅游产品，然后将各项服务组合成包价旅游产品一次性销售给旅游者。包价旅游产品的销售或者通过旅游代理商进行，也可以通过企业自身的零售机构进行。由于使用销售渠道方面存在差别，一些国家将从事批发业务的旅游企业分为两个类别，即旅游批发商和旅游经营商。两者差别在于，旅游批发商在组成自己的包价旅游或包价度假产品之后，不是自己直接面向消费者出售，而是通过第三方（即旅游代理商）向消费者进行销售；而旅游经营商在组合包价旅游或包价度假产品之后，除了通过第三方向消费者出售，还通过自己设立的零售网络向消费者出售，如图 6.3 所示。

尽管大多数的旅游经营商都是通过旅游代理商来销售自己的产品，但仍然有一部分旅游经营商(尤其是专项旅游经营商)更愿意直接面对市场。直接面对市场就无法通过代理商来展示自己的产品，于是他们不得不将更多的钱花费在做广告和其他宣传方式上来向公众传递其产品信息。

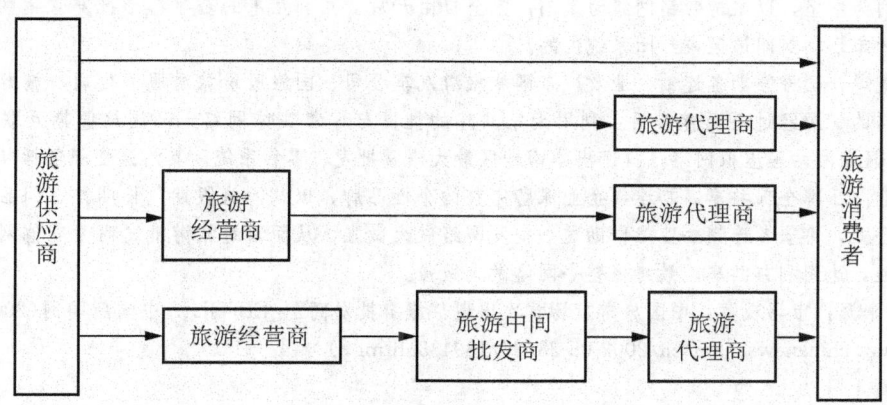

图 6.3　旅游经营商产品分销渠道结构图

(资料来源：朱华. 旅游学概论(双语)[M]. 2 版. 北京：北京大学出版社，2012.)

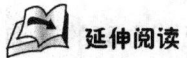

广东"国旅假期"：打造华南最大旅游批发商

在我国，一些大型旅行社既是旅游经营商又是旅游批发商。近年来，一些旅行社也先后提出"成立连锁企业"、"互为代理"等近似旅游批发商的概念，但是广东"国旅假期"却直接提出"打造华南地区最大旅游批发商"的口号并公开展示实力，在旅游业内引起巨大反响。旅游业内人士普遍认为，中国入世后旅行社市场会逐步分流，形成上层批发商、中层代理商、下层零售商的金字塔形结构。由此，争做上游批发商成为较具实力旅行社的共同目标。广东"国旅假期"为了打造华南最大旅游批发商，采取了以下举措。

(1) 买断神农架旅游景区专营权。2002 年 4 月 8 日，广东"国旅假期"买断神农架旅游景区专营权，这种"景区专营权"的方式，在中国旅游市场尚属首次。"国旅假期"与神农架的协议为期两年。据"国旅假期"与湖北神农架林区政府的协议，该旅行社两年内将要投入 200 万元人民币用于景区的宣传推广，"国旅假期"2002 年要为神农架输送一万人次的客源，2003 年则达到 2 万人次，以帮助神农架稳定客源。神农架林区政府则承诺，通过门票、饭店的打折优惠政策，使旅行社获得绝对的价格优势。广东其他旅行社如果组团游览神农架，须经"国旅假期"批准。

(2) 推出"国旅假期连锁企业展厅"。广东"国旅假期"旅行社在 2003 年广州国际旅游展销会上，一举包下近 30 个展位，成为此次交易会上最大的企业展馆——"国旅假期连锁企业展厅"。"国旅假期连锁企业展厅"集中了广东旅游集团公司麾下全体成员，包括国旅假期、白云宾馆、国旅旅游汽车公司等，另外还有日本豪斯登堡、Hello Kitty 株式会社、日本长崎观光、东南旅游(泰国)有限公司、香港越海旅游有限公司、神农架旅游发展集团有限公司等 100 多家中外景点、景区、旅行社及旅游相关企业。这是自 2002 年 8 月 13 日挂牌和连锁企业网络正式投入运转后"国旅假期"的首次集体公开亮相，是专业实力群体的展示。业内人士指出，"国旅假期"此举，昭示华南地区最大的旅游批发商网络已具雏形。

中国旅行社协会副会长、广东"国旅假期"总经理李进茂表示：旅游线路专营权是市场化的一种尝试，"国旅假期"很想改变中国旅行社的产业结构，由目前的水平经营状况，向垂直方向发展，逐步构筑旅游批零网络体系。"华南地区最大旅游批发商"这一概念，是强调"华南地区"指的是国旅假期网络的规模和实力已达到华南最大，而不是指其网络只是面向华南地区。国旅假期多年来，一直致力于建设一个以代理商为中坚，以旅游营销网络为基础，完全自由开放、互利互惠的金字塔形批发营销网络，而不是某一封闭市场、封闭地区或封闭系统内的。

李进茂说，国旅假期各连锁企业及广东国旅旅游汽车公司、国旅股份旅游服务公司、旅游房地产牧业管理公司的资源经过全面整合后，利用大家共建的批发与零售实体网络入"国旅假期互联网报名系统"、国旅假期网站等虚拟网络，打造出华南地区最大旅游批发、零售系统。其旅游资源包括其"国旅假期连锁企业"品牌全部共享，其连锁企业保留完整的个性品牌，以"国旅假期"长期打造的品牌和质量凝聚连锁企业，希望各连锁企业能借助这一批发网络做大做强，从而通过旅游批发商为其他网络成员提供更多利益，达到利益共享，最终将整个网络做大做强。

（资料来源：市场观察：中国旅游市场首次出现"旅游批发商"[EB/OL].中国新闻网（2002-05-28）.http://www.chinanews.com.cn/2002-05-28/26/189433.html．）

6.2.3 旅游代理商的作用

旅游代理商一般规模较小，但数量较多，分布较广，是旅游者和旅游企业之间重要的媒介。旅游代理商的主要零售业务有以下几项。

（1）提供有关旅游景点、客运班次、旅游公司产品及旅游目的地情况等方面的咨询服务。

（2）代客预订交通、食宿及游览和娱乐门票等。

（3）帮助售发旅行票据和证件。

（4）发布相关旅游企业的旅游宣传品。

（5）向有关旅游企业反映顾客意见。[①]

头脑风暴

分组讨论：为了开拓某地旅游市场，完成每年200万元的销售业务，公司决定寻找旅游代理商。旅游代理商的基本条件是什么？请你写一份旅游代理协议。

旅游经营商与旅游代理之间的合作非常重要。当一家旅游经营商同意某旅游代理商销售其产品时，通常会拟定一份代理协议，并借以正式明确双方的关系。那么，这家旅游代理商就成了旅游经营商的指定代理机构，旅游经营商将根据合同约定付给旅游代理商一定数额的佣金。为了帮助旅游代理商销售其旅游产品，旅游经营商须定期向旅游代理商提供旅游产品宣传资料及高效的预订系统。旅游经营商的传统做法是派遣实地销售代表。其职责是检查各旅游代理商是否摆放旅游产品宣传册，是否提供产品介绍材料的场地等。此外，销售代表还要解答旅游代理商关于销售方面的疑问，还要对旅游代理商进行培训。

---

① 李天元．旅游学概论[M]．天津：南开大学出版社，2003．

一次西藏蜜月旅行

有一对中国香港的青年夫妻想去西藏蜜月旅游,经过携程旅行网查询知道中国国际旅行社推出一款"大美西藏10日游"旅游产品。于是小两口来到一家中国国际旅行社门市部报名,交付了4万元人民币的旅游费用,并领取了旅行社发的一张旅行小贴士。准备好行囊,小两口踏上西藏之旅。先是9月9日上午由全陪带领团队从香港飞往成都,下午由成都飞往拉萨贡嘎机场。到拉萨贡嘎机场已是北京时间17:00,然后由西藏江孜旅行社接待,上了旅游大巴车,江孜旅行社导游小张为大家献上哈达并表示欢迎,沿途为大家简要讲解了西藏的历史。到了拉萨,导游安排大家住进了一家四星级酒店。在西藏,导游安排了拉萨2日游、日喀则3日游、山南2日游、林芝3日游,最后从林芝米林机场飞回成都,再转机飞回中国香港。

讨论:

(1) 为中国香港青年去西藏旅游提供服务的旅游中介有哪些?
(2) 旅行社是如何使用分配游客旅游费用的?

欧美国家的旅游经营商与旅游代理商

一、旅游经营商提供的产品

旅游批发商买进单个产品要素(交通、住宿、其他服务)并组合成整体产品(package)直接或间接销售给旅游者。旅游经营商(Tour Operator)的最大优势在于它可通过大量购买单项旅游产品获得可观而稳定的折扣,并组装成一系列方便、精致的整体产品。旅游经营商提供的包价旅游产品(Inclusive Tours, ITs)可以分为三种类型:①夏季旅游包价项目(Summer Inclusive Tour Program);②冬季旅游包价项目(Winter Inclusive Tour Program);③最低价格组合产品(Minimum-rated Package)。

由于激烈的市场竞争,众多旅游经营商不可能同时占据整个旅游市场。根据自身的优势和市场需求分析把握,他们逐渐形成了拥有各自特色产品的顾客群,有以下类型。

1. 大众市场经营商

大众市场经营商(Mass Market Operator, MMO)的产品主要是推出前往3S(Sun, Sea, Sand)目的地的旅游项目,满足大众市场的需求。而根据地理位置又将市场细分为不同地区推出各种产品。

2. 专业经营商

专业经营商(Specialist Operator, SO)虽然不如大众市场经营商为人所知,但也为数众多。它们一般为特定旅游者提供特定的组合旅游产品。根据各自的业务产品专业化领域可将专业经营商划分为以下五种。

(1) 提供到特定目的地的包价旅游。
(2) 向特定客源地区提供包价旅游。
(3) 使用特定住宿设施(如度假村)的包价旅游。
(4) 使用特定交通工具的包价旅游。
(5) 提供特定兴趣爱好(如游猎、商务培训等)的包价旅游。

3. 国内经营商

国内经营商(Domestic Operator, DO)主要从事组合和出售包价旅游给国内旅游者。接团经营商(Incoming Tour Operator, ITO)主要为海外团提供各种地面服务。

二、旅游代理商/旅游零售商提供的旅游产品

旅游代理商(Tour Agent, TA)的传统职能是代理销售大多数旅游供应企业的单项产品和旅游批发商的组合产品。一般来讲,旅游代理商代理四种形式的旅游产品。

(1) 包价旅游(Package Tours, PTs)。包价旅游产品是围绕特定的旅游者群体需要设计而成的。

(2) 陪同旅游产品(Escorted Tours, ETs)。陪同旅游就是由一个有经验的导游全程护送、陪同、照顾,并处理途中的基本事务。也就是说陪同旅游就是"全包价"(all inclusive)旅游。

(3) 无陪同包价旅游产品(Unescorted Package Tours, UPTs)。这种形式比较灵活,旅游者可以任意选择购买组合产品。

(4) 团队旅游产品(Croup Tours)。另外,旅游代理商和顾客参与产品设计加工深度不同,还可以将旅游代理商出售的产品分为以下几种类型:①直接代销旅游经营商的各类包价产品(Package Tours);②组合设计国际航线和(或)饭店及地接经营商的产品;③定制旅游产品("Tailor Made" Tour)。

第一种方式工作量小,佣金稳定,销售价格低,风险低,所以这种产品是旅游代理商的主要业务。而第三种产品最直接鲜明地体现了旅游代理商提供的个性化服务。

(资料来源:张燕. 中国和欧美旅行社产品类型及开发比较研究[J]. 北京第二外国语学院学报,2003,(1).)

6.2.4 电子旅游中间商

电子商务的发展使传统的旅游中间商受到了一定程度的挑战,也促进了旅游中间商信息化改革和效率的提高,催生了以电子旅游中间商为代表的新型中间商,如网上旅游代理商(携程旅行网、去哪儿网、expedia.com, travelocity.com, orbitz.com, priceline.com和travelweb.com)已经夺走了旅游代理商很大一部分市场份额。

随着电子商务的发展,电子旅游中间商逐渐产生。他们是一些基于互联网,向潜在旅游者提供信息中介服务的新型旅游中间商,具有信息提供、检索、咨询、促销、评估、交易等功能。旅游电子商务的兴起并不是互联网络和传统旅游的简单嫁接,它使"网络"和"旅游"的价值都得到了充分的体现。另外,网络虚拟现实的功能使得广阔的山河和浩瀚的时空对旅游者而言不再距离遥远,通过网站,游客可以浏览信息,安排行程,甚至可以事先对某些旅游景点进行"虚拟旅行",从而真正充分地实现一次轻松、回归、陶性怡情的游览过程。

电子旅游中间商,与传统的旅游中间商一样,是连接旅游者与旅游供应商的桥梁,同样发挥着帮助旅游者进行购买决策和满足需求,以及降低旅游供需方面达成交易的成本费用等作用。不同的是,电子旅游中间商为供旅游者与旅游供应商提供了直接沟通的媒介和平台,让旅游者拥有更多主动提出需求及参与到旅游产品设计中来。电子商务的发展使传统的旅游中间商受到挑战,促进了旅游中间商信息化改革和效率的提高,让不同的旅游分销渠道竞争更加激烈。

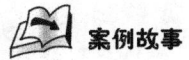 案例故事

携程旅行网如何赚钱

利润点是企业为完成目标向特定客户提供的产品和服务,用以满足客户的某种需要或欲望,是支撑企业利润目标实现的原点,市场中未被满足的需要或欲望构成了利润的源头。携程旅行网是我国著名的电子商务企业,它是如何成为大型电子商务企业的呢?

(1) 酒店预订代理费。酒店预订是携程的业务之首,也是携程运作和发展的基础。目前其合作酒店已超过5 000家,遍布全球34个国家和地区的350多个城市。同时携程每天在国内的55个城市中的1 000多家酒店拥有大量的保留房,为其会员提供即时的预订服务。酒店预订代理费是携程最主要的利润来源。虽然携程也明确了网上支付与前台支付的区别,但大多数只提供到目的地酒店前台支付房费的方法,因而其酒店代理费用基本上从目的地酒店的赢利折扣返还中获取。

(2) 机票预订代理费。机票预订是携程迅速发展起来的业务,目前已与国内外各大航空公司合作,覆盖国内外绝大多数航线,会员可在携程网站上查询丰富实时的机票资讯。携程拥有行业内规模领先的统一机票预订系统,机票均实现"异地出发,本地订票、取票",极大地方便了会员;与资源供应商一起在全国45个主要商旅城市提供市内免费送票上门的服务,开创了机票预订服务的先河;开通了各大航空公司电子客票产品,客人可在航空公司支持电子客票的城市用信用卡支付方式购买电子客票,无须等待送票,直接至机场办理登机,出行更便捷。机票预订代理费从顾客订票费中获取,等于顾客订票费与航空公司出票价格的差价。

(3) 自助游中的酒店、机票预订费及保险代理费。从携程的发展来看,2004年前的业务重点主要倾向于为商旅散客提供商旅出行服务。2004年年初,在酒店和机票预订业务达到双丰收后,携程旅行网与翠明旅行社积极合作,组成携程翠明旅行社,全面进军度假业务。短短一年时间,度假产品预订人数已与一般中型旅行社的组团总人数相当。携程希望从国内4 000亿元的旅游市场中分得一杯羹,目前散客市场可以占到总数的95%左右,这也为其提供了巨大的发展空间。自助游中的酒店、机票预订费及保险代理费的收入途径采用赢利折扣返还和差价两种方式。

(4) 在线广告费。携程凭借其领域内的领头羊地位,拥有广泛的知名度和巨大的联盟资源,尤其是众多的携程客户等因素,决定了众多商家在携程投放广告。随着携程一如既往的良性发展,广告收入也逐年递增。联盟商家提成是携程与各地商家达成的相关协议,携程用户持携程信用卡在联盟商家购物,用户可以享受相应折扣,而携程则可以按比例和商家分享利润。

(资料来源:巴佳慧,周春林,王少峰.携程旅行网赢利模式研究[J].江苏商论,2009,(2).)

6.3 旅 行 社

随着旅游行业规模的不断扩大,旅行社在旅游行业中的重要地位日益显现,在旅游业的发展中扮演着极为重要的角色。旅行社是旅游活动的重要中介。在我国,一些大型旅行社既是旅游经营商,又是旅游代理。旅行社作为纽带连接旅游生产供给的各个环节和方面,作为桥梁沟通旅游生产供给与消费需求。很多新的旅游项目、线路和目的地就是通过旅行社的宣传、推介、销售而进入大众旅游消费之中。旅行社以其专业、便捷、高效的旅游产品、信息和组织接待服务,让没有旅游经历和经验的消费者进入旅游消费过程。

6.3.1 旅行社的定义

1996年国务院正式颁布的《旅行社管理条例》中规定：旅行社（旅游公司或其他同类性质的组织）是指依法设立并具有法人资格，从事招徕、接待旅游者，组织旅游活动，实行独立核算的企业。2007年，我国对《旅行社管理条例》的修订中，一方面对旅行社市场准入、门市设立和旅行社质量保障金等放宽了限制，另一方面又加强了对旅行社市场秩序的管理，这些调整有利于我国旅行社行业的发展和分工的深化。

特别提示

旅行社作为旅游中介，在有效沟通旅游供给和旅游需求方面扮演着重要的角色。

延伸阅读

设立旅行社的基本条件

(1) 申请设立旅行社，经营国内旅游业务和入境旅游业务的，应当具备下列条件。
① 有固定的经营场所。
② 有必要的营业设施。
③ 有经培训并持有省、自治区、直辖市以上人民政府旅游行政管理部门颁发的资格证书的经营人员。
④ 有符合条例规定的注册资本和质量保证金。

(2) 注册资本：国内不少于30万元，国际不少于150万元人民币。

(3) 质量保证金：国际旅行社经营入境旅游业务的，交纳60万元人民币；经营出境旅游业务的，交纳100万元人民币；国内旅行社，交纳10万元人民币。

(4) 申请设立旅行社，应当向省级旅游行政管理部门提交下列文件。
① 设立申请书。
② 设立旅行社可行性研究报告。
③ 旅行社章程。
④ 旅行社经理、副经理履历表和相关的资格证书。
⑤ 开户银行出具的资金信用证明、注册会计师及其会计师事务所或者审计师事务所出具的验资报告。
⑥ 经营场所证明。
⑦ 经营设备情况证明。

(5) 工商行政管理部门出具《企业名称预先核准通知书》。

（资料来源：旅行社设立的条件[EB/OL]．平舆县人民政府网（2010-11-18）．http://www.pingyu.gov.cn/zfb/NewsShow.aspx?nid=1322）

6.3.2 旅行社的作用

旅行社的作用主要体现在以下几个方面。

1. 纽带作用

人们外出旅游（尤其是初次旅游者）难免会对旅游的活动安排和旅游过程中可能遇到的各种问题表示担忧，而旅行社的产生正好能够帮助旅游者解决这些问题，从而消除人们的这些疑虑。当然旅游业中各旅游企业虽然也直接向旅游者出售自己的单项产品，但大量的产品还是通过旅行社销售给旅游者。因此，从某种意义上来讲，旅行社既是旅游产品的组合者，也是旅游产品的销售者，在旅游者和旅游产品之间起了纽带的作用。

头脑风暴

古代旅游有没有旅游中介？在没有旅行社的情况下，古代旅游是如何进行的？

2. 组织作用

旅行社通过自己的专业知识组合旅游产品，提升旅游产品的层次。当旅游者购买了旅行社的旅游产品后，旅行社须按照旅游计划组织旅游者进行参观游览、安排食宿等各类活动，使得原本看似分散的部门在旅行社的合理安排和组织下显得井然有序，更有效地配置旅游资源，极大地促进了旅游活动的规模化。

特别提示

这是旅行社最关键也是最繁重的工作。旅行社必须与宾馆、交通、游览景点等企业相互合作和配合，安排好食、住、行、游、购、娱等活动；同时，旅行社需预先制订一个详尽的旅游接待计划，包括日程、路线、项目、人数、规格、具体要求等；此外，旅行社还要配备专职或经过职业培训的兼职接待人员，即陪同、翻译、导游人员，以保证旅行计划的顺利完成。

3. 信息提供作用

在旅游业的各有关部门中，旅行社最先接近客源市场，并且直接同旅游者接触，因此是最快了解旅游市场的需求信息。旅行社可以不断向旅游业各部门提供旅游需求信息，以便旅游企业从旅游需求出发，不断调整产业结构，推陈出新以适应旅游者的需求。此外，旅行社还向旅游者提供各种咨询服务和各种代办业务，帮助旅游者做出理想的选择。

点评：

旅行社与众多旅游企业有着广泛的业务联系，通过自己的旅游信息系统方便地与各有关旅游企业联系。旅游者加入旅游团队，就可以享受到旅行社为其代办的诸如办理护照、签证、订票、订车、订房、订餐、办理旅游保险等一系列繁杂手续的服务。

6.3.3 旅行社的产品

从旅游者的角度来看，旅游产品是指旅游者花费了一定时间、金钱和精力所换取的一种旅游经历。这种经历包括旅游者从离开常住地到旅游结束归来的全过程，对所接触的事物、事件和所接受的服务的综合感受和体验。旅游者用货币所换取的更多的是一种体验。从旅游供给的角度来看，旅游产品包括整体旅游产品和单项旅游产品。整体旅游产品是指旅游目的地为旅游者提供的旅游供给的全部内容集合体。单项旅游产品指旅游企业借助一定的设施而向旅游者提供的项目服务。

1. 旅行社产品构成

旅游产品是一种以无形服务为主要内容的特殊产品，由食、住、行、游、购、娱等要素构成的"组合产品"。各种要素的有机结合，构成了旅行社产品的重要内容。

（1）食——旅游餐饮：旅行社为旅游者安排满意的餐饮服务，对旅行社产品的信誉和形象至关重要。

（2）住——旅游住宿：一般来讲，住宿占旅游者旅游时间约 1/3。旅行社在销售产品时，必须注明下榻饭店的名称、地点、档次、提供的服务项目等。

（3）行——旅游交通：旅游交通是否准时、安全、舒适，影响旅游者的体验，影响旅行社产品的质量。

（4）游——游览观光：旅游者出门旅行游览的最重要的目的就是游览观光。景点的质量、数量直接影响旅行社产品的质量。

（5）购——旅游购物：旅游购物是旅游者旅游活动的一项重要活动。旅行社既要满足旅游者的购物要求，又要控制购物安排的次数。

（6）娱——娱乐项目：娱乐项目是旅行社产品构成的基本要素，也是现代化旅游的主体。丰富多彩的娱乐内容，充实的旅游活动，才能广泛吸引各类旅游者。

特别提示

（1）旅游线路是把旅游者前往旅游目的地和返回旅游客源地经历的旅游区域、交通工具、食宿条件、旅游景点、旅游内容、停留时间、服务项目联系起来所安排的旅游活动过程，它是旅行社产品的重要内容。

（2）旅游服务是旅行社工作人员在整个旅游过程中通过各种接待工作，满足旅游者精神文化和物质需求的服务活动。旅游是重要的体验活动，因此，旅游服务也是旅行社产品的重要内容。

即学即用

假设你在本地的一家旅行社工作，请你开发一个城市二日游的旅游产品。

2. 旅行社组团方式

1）团体旅游

按照国际上的行业惯例，团体旅游是人数多于 15 人的旅游团。根据我国旅游业中的惯例，团体的人数应为 10 人以上。团体旅游一般采取一次性预付旅费的方式，有组织地按预订行程计划进行的旅游形式。服务项目通常包括饭店客房、一日三餐、市内游览用车、导游服务、交通集散地的接送服务等。

2）散客旅游

散客旅游通常指旅游者委托旅行社购买单项旅游产品或旅游线路产品中的部分项目。但事实上，某些旅游散客也委托旅行社专门为其制定一套全程旅游方案；对于旅行社具体的项目安排，须根据各个项目分别计算收费。所以，同样内容的散客旅游的费用比团体包价旅游高。

6.3.4 旅行社的业务流程

旅行社业务主要包括组接团、旅游线路设计和包装、订房、订票、派车、派陪，以及代办旅游相关业务，如签证、票务等，同时可提供开展旅游咨询、旅游协助等工作。掌握旅行社业务操作流程(图6.4)，保证优质服务，向游客提供具有竞争力的旅游产品，是旅行社能否高效率运行，能否赢利的关键所在。

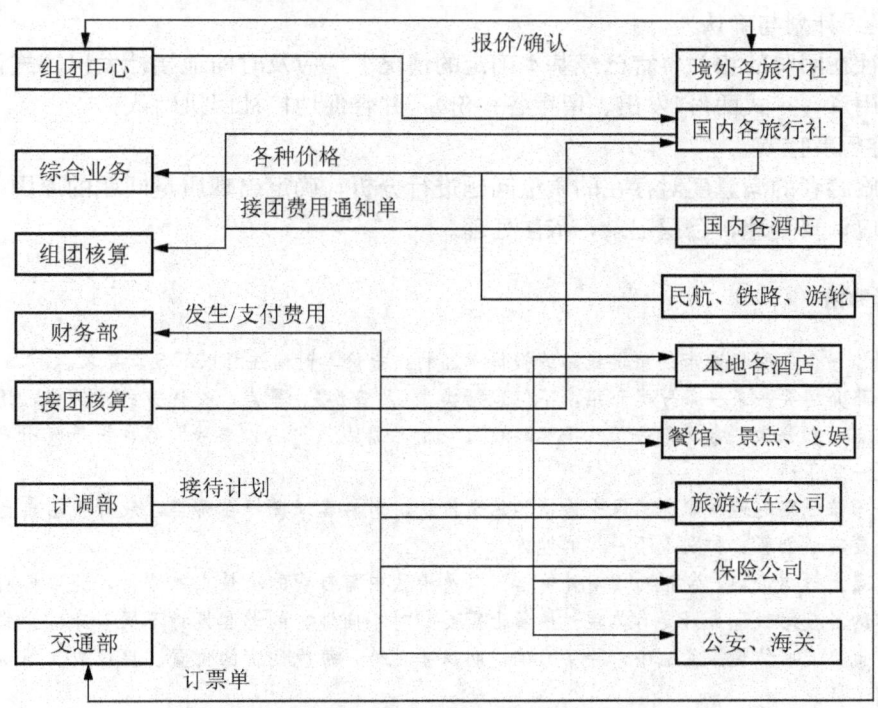

图6.4 旅行社业务部门及操作管理流程图

(资料来源：旅行社对外业务信息流程图[EB/OL].旅行社管理系统(2010-9-16). http://www.lecansoft.com/onlineoad.aspx)

1. 国内组团业务流程

1) 接待咨询、报价

工作人员要结合游客要求、费用预算情况向游客介绍旅行社旅游产品，推荐适合的旅游线路。团队客户往往需要制作报价单以供对方选择。报价单应包含详细行程介绍、分项报价、购物安排、特别说明等内容。

2) 签订合同

与客户约定付款方式和金额，约定签订合同的时间和地点，提醒客户签约时应准备的资料和物品，向客户说明所签合同的注意事项，并在敏感的条款上加以重点说明和提示。双方达成一致意见后签订旅游服务合同，认真审核后确认。

3) 预报计划

团队经旅游者确认并交付团费后，组团社就开始作业，首先是向地接社以传真、电话等形式预报计划，具体内容包括：①团号、②人数、③行程、④到达日期、⑤离开日期、⑥食宿要求（宗教信仰、过敏食物）等。特别应标明抵离的交通工具、车次、航班等内容，并请地接社确认行程及价格。

4) 地接社确认

组团社在发出初步的行程之后，一般要求地接社在3天之内给予书面答复，主要对各项内容逐一确认，同时落实机票、船票和酒店房间的情况。

5) 正式计划与确认

组团社在团队的相关事宜已经基本确定的情况下，应及时向地接社发出正式计划，加盖计划专用章，一式两份（发出、留存各一份），并督促地接社回执确认。

6) 游后事宜

根据旅游者的满意度对存在的质量问题进行分析，确定出现质量问题的原因。对旅游者的投诉应认真受理，登记记录，依法处理。

 即学即用

请你制作一个你所在城市的旅游线路的报价单。制作报价单时请注意以下3点要求。

(1) 线路介绍要一条一条分类介绍，不但包括类型（几日游）、景点、交通方式、价格，还应该有划分，突出重点，如分为"常规路线"、"推荐路线"、"精品路线"、"特价路线"等，把最吸引人的线路标出来，让人一目了然。

(2) 介绍该线路的地理概况、风土人情和意义价值，对游客来说好在哪里，最好推出自己的优势线路来，就是要有所创新、和别人不一样的地方。

(3) 景点上标明价格，包括对内对外价格，以及景区中需自费的小景点的票价，还要标明景点游览时间，具体的游览路线也最好要有体现。用餐上需要针对不同地方的游客设计不同口味的菜式，这一点在报价单中也要有所体现。住宿中，除了准确说明房差之外，每晚住宿的位置、星级或宾馆新旧也应该体现。

2. 国内接待业务流程

开发一个好的旅游产品关键在于落实，优质的旅游产品不仅要设计好，更要体现在服务上，旅游接待服务流程（表6-1）是控制旅游产品的关键，任何一个环节的疏忽都会造成旅游产品的损害，从而影响旅行社的形象。

表6-1 旅行社国内接待业务流程

序号	事项	内容
1	计划登录	接到组团社书面预报计划，将团号、人数、国籍、抵/离机（车）、时间等相关信息登录在当月团队动态表中
2	编制团队动态表	编制接待计划，将人数、陪同数、抵/离航班（车）、时间、住宿酒店、餐厅、参观景点、地接旅行社、接团时间及地点、其他特殊要求等逐一登记在《团队运行表》中

续表

序号	事项	内容
3	预订交通、住宿及餐饮	与各个旅游接待单位进行业务洽谈，实地考察住宿、餐饮的环境、设施及服务。然后商定协议价格，签订合作协议书或经济合同书
4	计划确认	逐一落实完毕后(或同时)，编制接待《确认书》，加盖确认章，以传真方式发送至组团社并确认组团社收到
5	编制概算	编制团队《预算单》，注明现付费用、用途，由部门经理签字后，送财务部经理审核，填写《借款单》，报总经理签字后，凭《预算单》、《接待计划》、《借款单》向财务部领取借款
6	下达计划	编制《接待计划》及附件。由计调人员签字并加盖团队计划专用章。通知导游人员领取计划及附件。附件包括名单表、向协议单位提供的加盖作业章的公司结算单、导游人员填写的《陪同报告书》、游客(全陪)填写的《质量反馈单》、需要现付的现金等，票款当面点清并由导游人员签收
7	编制结算	填制公司《团队结算单》，经审核后加盖公司财务专用章。于团队抵达前将结算单传真至组团社，催收
8	按照合同履行接待计划	旅行社应以所签旅游合同约定的内容和标准为旅游者提供旅游行程接待服务，督促接待单位按约定履行旅游合同
9	报账	团队行程结束，通知导游员凭《接待计划》、《陪同报告书》、《质量反馈单》、原始票据等及时向部门计调人员报账
10	登账归档	部门将涉及该团的协议单位的最后实际产生的款项及时登录到《团队费用往来明细表》中，以便核对

特别提示

旅游服务流程中的采购环节是以一定价格向其他旅游企业及与旅游相关的其他行业和部门购买相关的服务行为。旅游采购不是一手交货一手交钱的简单交易，而是一种预约性的批发交易，是一次谈判多次成交的业务，谈判和成交之间既有时间间隔又有数量差距。旅游采购的这种特点，使得旅行社对经济合同的管理显得更为重要。但是，由于目前旅游业竞争激烈，我国的法制不够健全，旅行社一般没有相对固定的采购协作网络，因此很少使用采购合同，这是买卖双方经济纠纷较多的一个原因。

本 章 小 结

为旅游供应商和旅游者之间提供中介服务产品的企业，称为旅游中介，一般分为两种：旅游经营商和旅游代理商。本章着重介绍了旅游中介的性质和旅游中介的发展现状，分析了旅游经营商和旅游代理商在旅游活动中的职能及产品不同的分销渠道。电子商务迅速发展，电子中间商在旅游活动中发挥越来越重要的中介作用，因此有必要掌握电子商务的交易模式。旅行社是旅游企业中最重要的中介组织，在旅游供应商和旅游者之间发挥重要的桥梁作用。因此应当学习旅行社产品组合的方式，以及旅行社业务的操作流程，并对旅行社的中介服务的内容进行概括，使之更具操作性。

关键术语

旅游经营商(tour operator)：对已经预先计划和预先付费的度假方式进行规划和操作，通常是通过旅行代理商把旅游产品销售给公众的公司。旅游经营商是为顾客提供包括食宿、交通、景区参观等"一揽子"包价旅游相关服务的企业。

旅游批发商(tour wholesaler)：根据对客源市场需求的了解和预测，在选定旅游或度假目的地的基础上，成批量地分别订购有关交通运输、饭店、旅游景点等各类有关旅游企业的产品和服务，然后将这些单项的产品和服务组合成为不同的包价旅游线路产品或包价度假集合产品，最后通过一定的销售途径向旅游消费者出售的企业。

旅游代理商(travel agent)：受旅游产品生产者或提供者的委托，在委托权限内代理销售生产者或提供者的旅游产品的旅游中介机构。

旅行社(travel agency)：指依法设立并具有法人资格，从事招徕、接待旅游者，组织旅游活动，实行独立核算的企业。

课 后 练 习

一、选择题

1. 近代旅游业诞生的标志是（ ）。
   A. 托马斯·库克旅行社成立
   B. 威尼斯开办船票预约业务
   C. 上海商业银行储蓄银行创办旅行部
   D. 英国驿站马车业出现了登记乘客预约名单的账簿
2. 旅游中间商是为旅游者提供各类中介服务的企业，分为旅游经营商和（ ）。
   A. 旅游批发商　　　　　　　　B. 旅游代理商
   C. 旅行社　　　　　　　　　　D. 会展中介人
3. 根据《旅行社管理条例》，拥有入境旅游外联权的旅行社是（ ）。
   A. 一类社　　B. 二类社　　C. 三类社　　D. 四类社
4. 电子旅游中间商不能提供的服务是（ ）。
   A. 咨询　　　B. 门市服务　　C. 评估　　　D. 促销
5. 旅游纵向一体化控制旅游产业链不同层次的其他旅游企业的方式是（ ）。
   ①兼并　　②收购　　③合资　　④连锁
   A. ①③④　　B. ①②④　　C. ②③④　　D. ①②③
6. 组团社在发出初步的行程之后，一般要求地接社在（ ）之内给予书面答复。
   A. 3天　　　B. 5天　　　C. 7天　　　D. 10天
7. 与其上游企业如航空公司、饭店签有长期的合作契约，在淡季时为之补充大量客源的是（ ）。
   A. 旅游代理商　　B. 旅游经营商　　C. 景区运营商　　D. 旅游开发商

8. 根据我国旅游业中的惯例，团体旅游是指（　　）的旅游团。
   A. 10人以上　　　B. 20人以上　　　C. 10人以下　　　D. 8人以下
9. 旅游经营商主要提供的是（　　）
   A. 导游业务　　　B. 机票业务　　　C. 包价旅游　　　D. 会议业务
10. 旅游经营商根据合同约定付给旅游代理商的报酬是（　　）
    A. 股权　　　　　B. 奖励　　　　　C. 租金　　　　　D. 佣金

二、填空题

1. 在雷柏尔旅游系统模型中，旅游者从客源地到目的地的移动过程是在_____的帮助下完成的。
2. 旅游企业通过资本扩张来实施纵向一体化，这种形式的一体化属于_____。
3. 从理论上讲，各个组织所需要的资本投入不同，纵向集中往往由旅游产业链的高层次向_____推进。
4. 包价旅游是旅行社以一定价格向市场推销的成批量组合的旅游路线产品，分为全包价和_____两种。
5. 旅游经营商的专业化经营有助于上下游企业平衡_____，有助于提高旅游市场的销售效率。
6. 旅游代理商一般规模较小，但数量较多，分布较广，是旅游者和旅游企业重要的_____。
7. 在我国，一些大型旅行社既是旅游经营商，又是_____。
8. 一般来讲，旅游代理商主要代理包价旅游、陪同旅游、无陪同包价旅游、_____等四种形式的旅游产品。
9. 由于使用销售渠道方面存在差别，一些国家将从事批发业务的旅游企业分为两个类别，即_____和旅游经营商。
10. 旅游经营商是包价旅游产品的组织者，从多家_____服务供应企业批量购入旅游产品。

三、判断题

1. 在推崇个性化旅游的今天，背包客、自驾游等旅游形式已经不需要旅游中介提供服务。　　　　　　　　　　　　　　　　　　　　　　　　　　　　（　　）
2. 旅行社提供组接团、线路设计和订房、订票、派车、派陪等业务，但不提供旅游咨询业务。　　　　　　　　　　　　　　　　　　　　　　　　　　（　　）
3. 旅游经营商从上游企业批量购入产品可以获得价格折扣，使包价旅游产品的价格高于各单项旅游产品价格之和而获利。　　　　　　　　　　　　　　（　　）
4. C2B交易模式将旅游产品的主导权和先发权，由旅游经营商交给了旅游者。（　　）
5. 电子旅游中商提供的平台可以让旅游者拥有更多主动提出需求及参与到旅游产品设计中来。　　　　　　　　　　　　　　　　　　　　　　　　　　（　　）
6. 在欧洲旅游中介业，由于大型旅游运营商资本实力雄厚，他们所实施的纵向一体

化基本以横向集中为主。 （   ）

7. 旅游经营商的包价旅游产品不能通过自己设立的零售网络向消费者出售。（   ）

8. 散客旅游通常指旅游者委托旅行社购买单项旅游产品或旅游线路产品中的部分项目。
（   ）

9. 旅游经营商组织的包价旅游产品简化了旅游者的购买活动，为其提供了方便，但增大了旅游者的购买风险。 （   ）

10. 旅游代理商在旅游经营商与旅游需求者之间扮演着双重角色，既代表顾客向旅游批发经营商购买其产品，又代表旅游经营商向旅游者销售其产品。 （   ）

四、问答题

1. 什么是旅游中介服务？
2. 我国国内旅行社是如何分类的？
3. 旅行社的组团形式有几种？如何计费？
4. 旅游批发商与旅游经营商有何不同？
5. 旅游中介业是如何向规模化、集团化发展的？

五、论述题

1. 分析旅游经营商在旅游产业中发挥的作用。
2. 论述欧洲旅游中介服务业纵向一体化对我国旅游产业的借鉴意义。

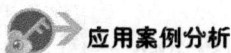 应用案例分析

天津一旅行社买断黄山两景点经营权

在一般人的印象里，旅行社就是负责组团参观旅游景点的"服务代理商"，而天津的一个旅行社投资1亿元，获得了黄山脚下的两个景点——屯溪老街及新安江屯溪城区中心段的经营权。

"吃螃蟹"的方舟旅行社的总经理徐挺介绍，这次是由旅行社和当地政府合作，组成开发公司，按照市场规律联合开发这两个旅游资源。旅行社前三期投入1亿元，占公司80%的股份，获得30年的经营权限。

黄山旅游景点是世界级旅游胜地，每年吸引大量客流。黄山脚下的屯溪老街作为国家级重点文物保护单位，在宋代就已经成型。其独具特色的古民居、林立的各色店铺，浓缩了徽州文化的精髓。当地政府受人力、财力所限，没有将其作为一种旅游资源加以开发，每年投入大量的维护费用，却没有产出。旅行社和政府联手之后，将致力于保护古民居，恢复前店后坊、商贾云集的人文景观。

为何旅行社要转换职能？徐挺说，目前全国各家旅行社都在销售路线，产品雷同，比拼服务也缺乏核心竞争力。我国加入世界贸易组织后，外资旅行社规模大、服务好、实力强。在实力相差悬殊的竞争中，与其鏖战"产品销售"市场，不如抢占"上游"，及早获得旅游景点这些不可再生资源。

对于旅行社开发景点的新业态，天津市旅游业内人士也纷纷看好此项作为。旅行社与政府的合作开发本身就可以获得双赢；由市场化的开发公司经营旅游景点，可以更加贴近旅行社的服务要求，方便消费者出游；抢占旅游资源，更是开辟了一条避开旅游业低层次竞争的蹊径。

讨论：

(1) 该案例体现了方舟旅行社在经营过程中的哪些特点？

(2) 方舟旅行社使用了什么营销渠道？对旅行社销售产品有什么作用？

(3) 方舟旅行社是旅游经营商还是旅游代理？买断黄山两个旅游景点经营权有何利弊？

(资料来源：嵇哲.天津一旅行社买断黄山两景点经营权[EB/OL].新华网（2002-1-13）http://news.xinhuanet.com/fortune/2002-01/13/content_236144.htm.）

第 7 章 旅游接待服务

教学目标

通过本章的学习,了解旅游住宿业的发展历史及其作用,掌握不同旅游接待业(如美食旅游、会展旅游、购物旅游等)提供的服务,了解各类旅游接待业的基本特征及其作用,知晓相关知识。要求学生掌握旅游接待业务,并能够将旅游接待业务知识运用到旅游行业的实践中。

教学要求

教学内容	重点☆、难点*	教学提示
住宿业	(1) 住宿业的沿革 (2) 住宿业的基本特征 (3) 住宿业的作用☆	本章主要与第1章、第2章、第3章、第4章、第8章、第9章、第10章、第12章等内容相关联,教学时可前后对应,以便掌握各章节教学内容的内在联系
美食旅游	(1) 美食旅游的概念 (2) 美食旅游的特点* (3) 美食旅游的功能	
会展旅游	(1) 会展旅游的概念 (2) 会展旅游的基本特征☆ (3) 节事旅游的基本类型和作用☆	
旅游购物	(1) 旅游购物品的类型 (2) 旅游购物的作用☆ (3) 旅游购物产品简介	

> 旅游是获得愉悦感和浪漫性的最好媒介。
>
> ——麦金托什

 基本概念

旅游住宿业　美食旅游　饮食文化　旅游体验　会展旅游　旅游购物　购物旅游

导入案例

称心如意的接待服务

杰克逊先生外出旅游,在回旧金山的路上,决定在一家能够欣赏到太平洋风景的小饭店住一夜。走到总台时,一位穿着得体的女士迅速走出来,表示欢迎。仅3分钟后,他就被门童领进了客房。

梳洗完后,杰克逊先生便去了餐厅。入住登记时,接待员已为他预订好了座位。当他再回到房间时,床已铺好,壁炉内炉火正旺,床头柜上放着一杯白兰地,旁边的一张卡片上写着:"欢迎您第一次入住珊瑚沙滩饭店,希望您愉快。"

早晨,杰克逊先生一醒来就闻到了咖啡的香味。走出洗手间,他又发现了沸腾着的咖啡壶。壶边的卡片上写着:"您喜欢的牌子,请慢用!"昨晚在餐厅时,有人曾问过他喜欢什么牌子的咖啡。而此刻,那种牌子的咖啡已热气腾腾地放在他的房间。

(资料来源:李娌.面向旅游业谈"优质服务"[J].中国职业技术教育,2005,(3).)

点评:

旅游与接待的概念有关联。国外一般将"旅游业"泛称为"接待业"(hospitality)。柯林(Colin)在1994年将"接待"定义为"精心地照顾好顾客"①。旅游接待业是有形和无形要素相组合的产品,其服务质量是通过服务的个性化体现出来的。酒店要以个人需求为服务理念,尽可能为顾客提供个性化的服务消费产品和"金钥匙"服务。

7.1 住 宿 业

就旅游业来讲,住宿业(accommodation)是为过夜游客提供住宿的商业设施。最常见的形式有酒店、汽车旅馆、露营地、含早餐服务的旅馆、宿舍、招待所及亲朋好友的家。住宿业是指利用住宿场地和设施设备,为旅游者提供住宿、餐饮及多种综合服务的行业。在旅游业的食、住、行、游、购、娱六要素中,住宿业是旅游业重要的一部分,与旅行社业、旅游交通业并称为旅游业的三大支柱。世界经济交流的迅速发展、交通工具的现代化等因素不同程度地促进了人与人之间的交流,这些社会需求为发展住宿业提供了广阔的市场空间。为此,住宿业在旅游接待业的作用越来越凸显,这也是旅游发展的必然结果。

7.1.1 住宿业的沿革

世界旅游活动历史悠久,旅游住宿业是随着人们的旅行及旅游活动的发展而发展起来的。从其发展历程来看,大致经历了4个阶段,即客栈时期、大饭店时期、商业饭店时期和新型饭店时期。

---

① 约翰·斯沃布鲁克,苏珊·霍纳.旅游消费者行为学[M].俞慧君,张鸥,漆小燕,译.北京:电子工业出版社.2004.

1. 客栈时期

客栈时期一般被人们认为是 18 世纪末以前饭店业的缓慢发展时期，古时候并不存在饭店，也没有专门为别人提供食宿设施的场所，人们出行往往是就近就便寻找食宿地，称为"借宿"。主人对借宿的客人总是以礼相待，并免费提供住宿和饮食，这一切被看做自然而然的事，并被认为是一种习惯。古希腊时期，由于贸易、传教、朝圣等活动的发展，在必经之路或经常集散地出现了专门提供给过往商人和宗教信徒食宿的场所，他们在这种场所得到休息和食物补充，满足了人们外出生活的基本需要，这种场所被称为驿站。在我国，商朝时期也出现过官办的驿站。那时的客栈条件较差，规模较小，设施简陋，除满足投宿者的吃饭、睡觉等基本需求外，不提供其他服务，但却不再无偿提供食宿了，具有商业性质。在 15 世纪中叶，英国的客栈有了较大的扩张，并配备了酒窖、食品室、厨房等餐饮设备，有些客栈已具备现代饭店的雏形。

2. 大饭店时期

18 世纪末到 19 世纪末是饭店业发展的第二个时期，即大饭店时期。在此期间，欧洲各国及日本、美国相继完成产业革命，人们的生活方式随着工业化的进程发生了巨大的变化，人口的流动性也日渐增大，越来越多的人选择外出旅游，交通工具（如火车）的出现为人们旅行提供了便利，饭店的设施设备也不断得到改进，大的旅馆、饭店也应运而生。最具代表性的饭店是 1829 年建成的波士顿的特里蒙特饭店和 1880 年开业的巴黎大饭店。这些大饭店规模宏大，建筑与装饰豪华、价格昂贵，饭店的使用者大多是贵族、官僚等上流人士，饭店还讲求礼仪，重视服务，并尽量满足客人的要求。这一时期的代表人物是瑞士人恺撒·里兹(Cesar Ritz)，他提出了"客人永远不会错"的经营口号，至今仍是饭店服务的准则。

3. 商业饭店时期

饭店发展的第三个时期是商业饭店时期，出现于 20 世纪初期，也称现代饭店时期。随着经济的飞速发展和交通工具的革新，旅游活动在社会生活中的地位日益提高。但简陋的客栈和豪华的大饭店均不能满足日益增多的旅游者需求，于是一种面向社会大众、价格适中、舒适方便的商务饭店应运而生。

被誉为"现代饭店大王"的美国人埃尔斯沃思·斯塔特勒(Ellsworth Statler)，在 1908 年建成了第一家以他的名字命名的饭店，提出"提供普通民众能付得起费用的世界第一流的服务"的经营理念。该饭店的服务对象主要是从事商务活动的旅游者，饭店设施及服务项目讲求清洁、舒适、方便、安全、价格合理、服务周到，并逐步走向规范化、标准化。

4. 现代新型饭店时期

第二次世界大战以后，随着科学技术和社会经济的迅速发展，旅游业开始蓬勃发展，促使饭店业经营出现多元化、专业化、个性化，一些大规模的饭店集团开始向国外市场拓展，并将其管理模式、服务规程向国外推进，逐步在名称、标识、服务、管理上形成统一的饭店联号。而航空业的发展促进了一些规模巨大的饭店联号出现，有的遍及几个甚至几十个国家，最终形成庞大的跨国集团公司。饭店联号的发展不仅促进了饭店内部组织机构、经营管理方式的变化与发展,还大大推动了饭店业向更高水平和层次迈进。饭店的类型也日益多样,如经济型酒店、度假饭店、汽车饭店、会议饭店等。饭店在功能和服务项目上,除了可提供住宿和餐饮外,还可提供商务、会议、度假、康乐等多种项目的综合性服务。

头脑风暴

无论是古代旅游还是现代旅游都离不开住宿,住宿是旅游系统供给的一部分。结合表7-1,谈谈现代住宿业为游客提供了古代旅游的哪些不同住宿产品。

特别提示

古代住宿与现代住宿业对比见表7-1。

表7-1 古代住宿与现代住宿业对比

事项	古代住宿	现代住宿业
主要功能	住宿+餐饮	除住宿、餐饮外还提供商务、会议、度假、康乐、婚庆、购物、娱乐等
硬件设施	小房+木床	现代化住宿设施,还有酒吧、餐厅、游泳池、洗浴中心,甚至有高尔夫球场等
服务	掌柜+小二	现代住宿业一般有六大部门:行政部门、前厅、客房部、餐饮部、工程部、保安部,为顾客提供个性化服务
类型	单一	多样化、个性化、集团化,现代住宿业有酒店、公寓、度假村、汽车旅馆、分时度假等,并有不同的主题饭店和连锁饭店
经营手段	人工操作	信息化、智能化,许多酒店都设有酒店管理系统(如 OPERA)、收益管理系统(如 EzRMS™)等

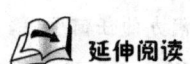
延伸阅读

饭店的分类

饭店分类(Hotel Classfication)是指为了更好地满足顾客需求,根据饭店的服务项目、设施设备的高低程度及市场定位进行的分类。饭店按经营特色划分为商务酒店、度假型酒店、会议酒店、长住酒店、旅游酒店、汽车酒店。

饭店按客房数量的多少分为大、中、小型饭店。大型饭店的房数在600间以上,中型饭店的客房数在300~600间,小型饭店的客房数在300间以下。根据饭店等级划分为高档饭店、中档饭店、低档饭店、豪华饭店和一星级到五星级饭店。

根据中华人民共和国国家标准GB/T 14308—2010《旅游饭店星级的划分及评定》酒店等级标准分为一星级到五星级5个标准。星级以镀金五角星为符号,用一颗五角星表示一星级,两颗五角星表示二星级,三颗五角星表示三星级,四颗五角星表示四星级,五颗五角星表示五星级,五颗白金五角星表示白金五星级。最低为一星级,最高为五星级(含白金五星级)。星级越高,表示旅游饭店的档次越高。

(资料来源:迈点百科[EB/OL]http://baike.meadin.com/)

7.1.2 住宿业的基本特征

当今社会正进入一个知识经济的时代、经济全球化的时代和信息化的时代。社会的高速发展和科技的日新月异，使得住宿业中最重要的类型——饭店也面临着激烈的竞争。而旅游住宿业与其他行业相比，具有以下重要的特征。

1. 住宿业是有形和无形要素相组合的产品

住宿业的有形要素主要包括设施设备、装修环境、地理位置和对客人提供的餐饮产品。酒店的外观和环境是顾客对产品的质量进行判断的因素。同样，在酒店、客栈等就餐、娱乐、购物、会务也是顾客住宿体验的一个很重要的组成部分。住宿业的无形要素主要包括酒店所营造的氛围和顾客在酒店住宿过程中所享受到的服务，大多数住宿产品是有形物品与无形经历的结合。

住宿产品哪一部分更重要？是无形部分还是有形部分？为什么世界著名酒店设置了"白金管家"？

  案例故事

瑞斯丽大酒店的管家服务

查尔斯入住了瑞士一家瑞斯丽酒店，酒店虽然称不上豪华气派，但管家细致入微的贴心服务却让他感到满意。

管家随身都携带着应急包，里面放置着急救药品、领带、丝袜、口香糖等常用物品，以备客人的不时之需；查尔斯出行时管家提前设计好线路，至少设计两条，以防堵车，并且两条线路都必须有医院；管家为查尔斯设计了专用的钥匙袋、信纸或者其他物品；管家为查尔斯提供洗浴服务并测试好水温；管家为查尔斯提供行李的开箱打包服务，并整理好查尔斯的衣物；管家接受查尔斯委托代办的任何服务，甚至是邮寄包裹、购买鲜花之类的小事；管家为查尔斯设计了宴会、会议程序、会场……

"白金管家"服务在尊贵优雅的基础上不断追求精细、圆满与完美。离店时，查尔斯对管家赞不绝口。他留给管家一个信封，信封里装有50欧元。

 知识链接

白 金 管 家

管家出现在中世纪的欧洲，最初出现在法国王室，后来流传至英国国王室，专为白金汉官的英国王室服务，故称"白金管家"（Platinum Bulter）。从此，白金管家这个称号专属白金汉官，也就是英国王室，其他的任何机构、组织、个人都无权使用。随着管家服务的发展，具有爵位的贵族和名门也可以雇用管家。管家起源于英国王室，后来被注重礼节的英国贵族社会所接受，并对管家服务进行了严格规范，最终成为一个独立行业，形成固定的行业标准，并为上流社会所广泛应用。英式管家也就成为这一服务范畴的经典。

酒店管家提供的服务有别于一般意义上的委托代办服务（即金钥匙），他们不仅仅承接客人的委托代办，

而且预测和分析客人的需求。他们提供的服务是超值的，富有人情味，是用心极致、不断满足且超越客人需求和期望的。现在在世界范围内推广的是英式管家，最权威的培训机构是国际管家学院，总部设在荷兰王室的行宫，这是一座建于1695年的皇家古堡。将学院设在此处是为了让来自世界各地的学员体会一种尊贵庄严的气质，因为他们将来的雇主绝大部分是地位极高的人。

（资料来源：迈点百科[EB/OL]http://baike.meadin.com/）

2. 住宿业的产品生产与消费是密不可分的

住宿产品的生产与消费是同步进行的，顾客消费住宿产品需到现场亲自体验。顾客在购买和消费产品之后，该产品的所有权并不完全属于顾客，而顾客只购买了住宿产品在一段时间内的使用权。顾客通过购买住宿产品不仅享受了住宿的美好舒适体验，还拥有了住宿后的美好回忆。

头脑风暴

小王因家庭琐事晚上与丈夫吵架，第二天在前厅上班，脸色不好，心情郁闷，让离店结账的李先生很不满意，投诉到大堂副理。根据这一事例，请你分析为什么旅游住宿业产品生产与消费是密不可分的。

特别提示

异地性是旅游产品的重要特征，顾客要去目的地旅游，使用旅游企业提供的住宿产品必须离开常住地。住宿业提供的设施和服务在异地，顾客的住宿体验和消费也在异地，二者紧密联系，生产与消费同时进行体现在顾客活动周期的各个环节。

3. 住宿业的产品是瞬间即逝的

住宿业产品的不可储存性，决定了如果客房一晚没卖出去，销售机会将永远消失，空房所带来的损失也不会得到弥补。因此，与大多数其他物质性产品不同，住宿业产品具有高度的即逝性，也不能被储存起来以后再销售。在生活中，因需求波动给大多数住宿设施供应商带来的损失和管理问题经常出现。

知识链接

饭店如何减少空房率

饭店可采取以下措施减少旅游住宿产品不可储存性可能给饭店带来的损失。

（1）按一定比例的超预订可以减少预售和实际入住差异时的损失。要避免"过度超额"使客人不能入住，或"超额不足"而使部分客房闲置。

（2）利用酒店管理系统（如 OPERA 等技术手段）提高客房预订效率，制订合理销售价格，并对现有房源进行有效管理。

（3）利用酒店收益管理系统提高酒店收益率，减少住宿产品不可储存带来的损失。

（4）在旅游淡季时采取降价、促销、发放会员卡等方式推销饭店的客房。

即学即用

上海某酒店有标准客房 600 间,未来 10 月 2 日续住房数为 200 间,预期离店房数为 100 间,该酒店的预订取消率通常为 8%,预订而未到率为 5%,提前退房率为 4%,延期住店率为 6%,试计算该酒店 10 月 2 日应该接受多少超额订房?超额预订率为多少最佳?总共应该接受多少订房?

 特别提示

超额预订数要受预订取消率、预订而未到率、提前退房率及延期住店率等因素的影响。计算公式如下。

(1) 超额预订房数＝临时取消房数＋预订未到房数＋提前离店的房数－延期住店的房数＝可订房数×预订取消率＋可订房数×预订未到率＋续住房数×提前离店率－预订离店房数×延期住店率。

(2) 超额订房率＝超额订房数/可订房数。

(3) 当日总订房数＝可订房数＋超额订房数。

7.1.3 住宿业的作用

1. 住宿业是可以提供旅游者旅游活动的重要场所

旅游者外出活动不仅是为了工作,还包括追求享受型消费。而饭店除了为旅游者提供住宿和餐饮外,还可以提供商务、购物、娱乐、外币兑换等各项服务。对于旅游者而言,除了参观游览和旅途外,其他大部分时间是在饭店度过的。因此,饭店是旅游者进行旅游活动的重要场所,如图 7.1 所示。

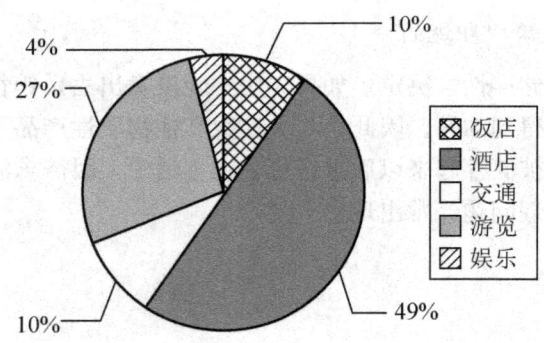

图 7.1 武汉某一旅行团 3 日商务旅游时间构成

 **头脑风暴**

也许你已入住过饭店,请你回想一下旅行 24 小时过程中,你有多少时间在饭店,都有哪些活动?

2. 住宿业是可以提供经济和社会交流的重要场所

经济的发展也使社会消费需求得到提高,拓宽了住宿业市场。饭店经营的服务对象越来越广泛,不再仅仅局限于外地旅行者,还扩大到政府、企事业单位、社会团体等组织和部门。住宿业的会议厅、餐厅、歌舞厅、咖啡厅、酒吧等以不同风格向客人提供社会交往活动的场所及相关服务。此外，住宿业还提供了当地居民进行社交活动的理想场所，他们利用饭店的场地和服务设施开展聚会、婚宴、联谊等活动。

 **头脑风暴**

如果你将来旅行结婚，你肯定会入住饭店。除了旅行结婚入住饭店，还有什么其他活动可以在饭店进行呢？

3. 住宿业是旅游创收的重要渠道

住宿业对促进旅游业发展起到了非常积极的作用，而要获得良好的收益，住宿业的收益管理十分重要。据统计，住宿业的收入或游客花费的住宿支出一般占到总花费的30%左右，旅游总收入的一半以上。除了交通以外，住宿业的发展水平是衡量旅游目的地国家或地区接待能力的重要依据，其中包含客房数量、旅游设施实用与否，以及服务项目的数量、档次等具体指标。

 知识链接

收 益 管 理

收益管理（yield management 或 revenue management），又称产出管理，指利用不同时间段的价格差异化和折扣分配实现收益最大化的管理模式。收益管理的基本原理是"5个最"，即企业的产品能在最佳时机，以最好的价格，通过最优的渠道，出售给最合适的顾客，以实现酒店收益的最大化。平均房价和平均入住率是影响酒店房务收益的两大因素，而门前散客的房租收入又对酒店的平均房价有重大影响。因此应通过酒店收益管理系统，适度调控好协议客人、网络订房客人和门前散客各自的入住比例，以达到酒店平均房价的最大值。

 即学即用

请你以自己或家庭跨省出行5日游为例，列出所有旅游花销清单，计算住宿在整个旅游花销中的比例，并用饼状图表示。

 **头脑风暴**

2012年3月5日，朱先生预订美国波士顿假日酒店，并支付了两夜房费，一夜145美元，共计290美元。第三天早上朱先生因事要逗留波士顿，要求续订两夜，而前台服务员称要收320美元，你认为是什么原因酒店要提高销售价格？

4. 住宿业可以提供就业机会

住宿业属于劳动密集型行业，对管理人员和服务人员需求量较大，可提供大量的就业机会。与此同时，饭店的建设还带动了其他行业的发展，如建筑业、装饰装修业、农业、食品加工业等，具有相当大的就业乘数效应。据世界旅游组织统计，旅游行业每直接收入1元，相关行业的收入就能增加4.3元；旅游行业每增加1个直接就业机会，社会就能增加 5—7 个就业机会。自 1996 年开始，旅游业已经成为世界上提供就业岗位最多的产业，而住宿业是旅游业中就业容量最大的产业之一。

 知识链接

就 业 乘 数

就业乘数(employment multiplier)理论是研究由增加投资直接、间接引起的总就业增量与该项投资直接引起的就业增量之间的比例关系的理论。就业乘数理论是凯恩斯乘数理论在就业方面的一个运用。例如，旅游业的发展不仅使旅游业的就业人数增加了，与之相关的交通、餐饮和住宿等行业的就业人数也增加。旅游就业乘数的表示方法有两种：①单位旅游消费所完全(包括直接、间接、引致)引起的全日制就业人数的变化；②由单位旅游消费所带来的间接就业人数与直接就业人数之比。

(资料来源：智库百科[EB/OL]http://wiki.mbalib.com/wiki/)

从我国各地区旅游就业乘数的比较来看，广西、湖南、湖北排在前 3 位，其主要原因是以上 3 个地区旅游直接就业比例较小，间接就业比例大，从而导致其就业乘数偏大。广东、海南间接就业比例比较高，间接就业已经成为旅游业吸纳就业的主要途径。西藏地区旅游直接就业和间接就业比例都很大，旅游业是当地经济发展和吸纳就业的支柱产业。北京的旅游就业结构相对均衡，和世界上其他地区的旅游就业水平基本一致，反映了旅游就业效应的一般水平。我国部分地区旅游就业乘数如表 7-2 所示。

表 7-2 我国部分地区旅游就业乘数(WTTC 口径)

地区	直接就业人数%	间接就业人数%	就业乘数
广西	0.13	2.6	20
湖南	0.1	1.48	14.8
湖北	0.15	1.2	8
山东	0.3	1.5	6
广东	3.2	18.88	5.9
浙江	0.8	4	5
安徽	0.6	3	5
四川	0.08	0.4	5
陕西	0.22	1.1	5
海南	3.3	11.6	3.5
北京	3.9	9.1	2.4
甘肃	1.1	2.4	2.2
西藏	27	40	1.5

(资料来源：周玲强. 旅游产业整合提高竞争力研究：以浙江为例[M]. 北京：航空工业出版社，2005.)

7.2 餐饮服务与美食旅游

不同风格的美食是美食旅游重要的吸引物,是旅游资源中不可或缺的部分。"食"作为旅游的六要素之一,历来得到中外游客的关注和喜爱。旅游者外出旅游,异地的山川、名胜固然是主要吸引物,但富有当地特色的佳肴小吃也无疑会大大丰富游客的旅游内容,增加旅游的情趣。旅游离不开美食,它们互为花叶,相得益彰。饮食文化与旅游活动相结合,对提升当地文化经济发展,促进旅游业和餐饮业发展,无疑有着广阔的市场前景。

 案例故事

科玛小镇——美食一条街

科玛小镇坐落于四川山水金堂淮口镇,这里的 PM 指数不会让你皱眉,这里的交通不会让你"憋"得很难受。为寻找遗落各地的民间美食,征集民间绝味,发展旅游业和旅游地产,科玛小镇斥资千万资金,在小镇内打造一条特色美食街,给民间美食提供一方生长发扬的"沃土"。50 强"厨神"获得了品牌宣传上的大力扶持,与成都电视台第二频道合作拍摄专题片《牙尖川菜之民间奇葩》微电影,进行推广宣传。

趁着五一小长假,潜伏在民间的美食"探子"们自然不会放弃探访美食的好机会,他们深入到成都的大街小巷,寻找失落的美食记忆。同时,"探子"们也热情地向本报推荐起了自己发掘到的民间绝味。知名网络美食达人"敏一嘴"推荐了签签会、宣兔头、兰妹李庄白肉、王氏六合鱼、一把骨、流水席、菜园子、老枝花卤等美食店,"这些店都很有代表性,地方特色和个人特色比较浓,这样的美食更适合科玛小镇的风情。"

同时,科玛小镇特别举办了"千人海吃宴·共飨美食"活动,现场摆设能容纳千人的品尝坐席,50 家民间美食各展厨艺、现场烹饪,广大市民、游客、美食家等好吃客涌入科玛小镇,品尝民间美味,体验美食旅游,带来了人气,提升了小镇的知名度,美食旅游带动了小镇的旅游和社会经济发展。

(资料来源:"民间厨神争霸赛"火热启动千万资金扶助民间美食[EB/OL]. 成都商报(2013-4-17). http://bbs.chengdu.cn/viewthread.php?tid=17308763.)

7.2.1 美食旅游概述

当今,世界许多国家将本国的美食文化作为重要的旅游吸引物,宣传美食旅游,以其独特美食文化资源、创意产品吸引来自世界各地的旅游者。20 世纪 60 年代成立了法国食品协会,通过美食品牌提升法国在国际社会中的知名度和美誉度,如今,法国是以美食国度而闻名世界。我国是世界三大烹饪国家之一,饮食文化源远流长。经过几千年的不断发展与完善,已发展成为一种完整的独具特色的餐饮文化体系。因此,美食旅游在中国有巨大的开发潜力。

1. 美食旅游的概念

美食旅游是到异地寻求审美和愉悦经历,以享受和体验美食为主体的具有社会和休闲等属性的旅游活动。美食旅游概念具有广义和狭义之分。广义美食旅游是指一个人离开常住地到其他地方的旅游过程中被当地餐饮美食所吸引而引起的各种与饮食相关的旅游行

为。在广义美食旅游中人们更多的是把"食"作为旅游过程中的一个附属环节。狭义美食旅游是指以特色美食、独特饮食文化为吸引物,旅游者前往异地参加美食活动、体验美食风情或进行美食考察和研究而引起的关系和现象的总和。它是一种以浓郁深厚的饮食文化为底蕴和灵魂的特色旅游产品,旨在满足当代旅游者对当地饮食风俗习惯的求知、好奇之心,以及对饮食的"色、香、味、形、意"的个性化需求。

2. 饮食文化旅游

饮食文化旅游可看作狭义的美食旅游。饮食文化旅游重在"文化",指饮食文化与旅游活动相结合,以了解饮食文化和品尝美食为主要内容,这是一种较高层次的旅游活动。由于人们对"美"的理解和认识千差万别,则"食"在内容和形式上都呈现出缤纷的色彩。丰富而浓厚的饮食文化内容是开展美食旅游的必备条件,美食旅游则是饮食文化旅游发展的必然趋势和结果。随着人们生活水平的不断提高,旅游者对旅游产品要求逐渐个性化、多样化。无论是从广义还是狭义角度出发,开发个性化的饮食文化旅游产品是当今美食旅游发展的趋势①。

 延伸阅读

世界三大菜系

世界三大菜系是指中国菜系、法国菜系和土耳其菜系,如图 7.2 所示。三大菜系的形成与其悠久历史和独到的烹饪特色分不开,同时受到自然地理、气候条件、资源特产、饮食习惯等影响。三大菜系风味悬殊,各具特色,反映出丰厚多彩的饮食文化,是吸引游客前往异国他乡旅游和在旅游过程中享受美味佳肴重要的吸引物。

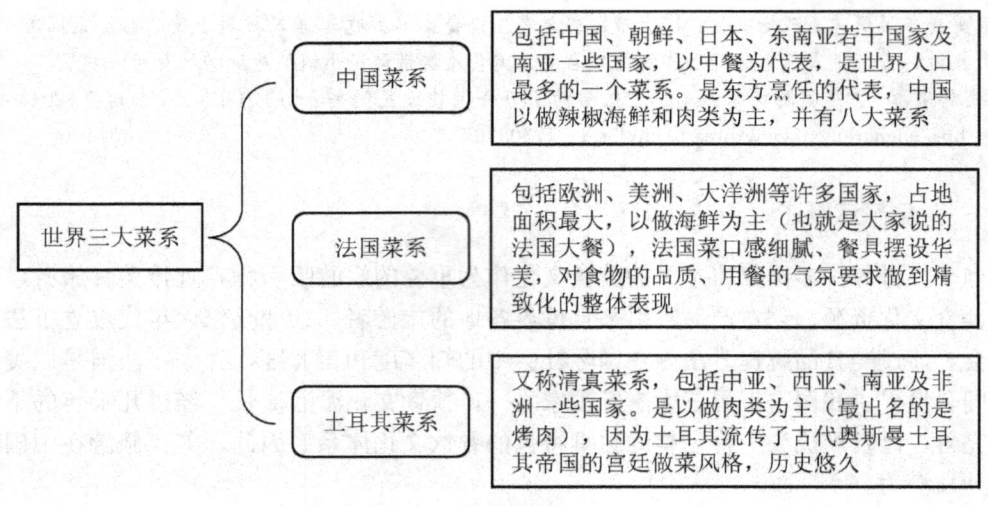

图 7.2 世界三大菜系

---

① 王雪莲,吴忠军,钟扬. 美食旅游市场需求分析:以桂林世界美食博览园为例[J]. 乐山师范学院学报,2007,(5).

7.2.2 美食旅游的特点

1. 美食旅游的文化性

美食旅游是美食文化与旅游文化的综合体,由于旅游者来自不同的国家和地区,有的甚至完全不同于当地的文化背景,存在着文化差异。在旅游体验过程中,当地鲜明独特的饮食文化必然对旅游者的心理产生深远影响。因此美食旅游要能够满足旅游者的文化需求,以市场需求为导向,挖掘文化内涵,继承和弘扬传统文化,只有这样,美食旅游才能拥有持久的生命力。

头脑风暴

你认为饮食文化的差异性越大更吸引游客还是相似性越大更吸引游客?你如果到法国去旅游,你是否会品尝一道法国菜——"生吃牡蛎"?

2. 美食旅游的地域性

俗话说"一方水土养一方人",由于地域生存环境、民族习惯饮食文化的不同,形成了不同菜系及各地民族风味美食。人们为满足生存和发展的需要,其在餐饮主副原材料上的选择必然存在显著差异,这种差异也是吸引旅游者前来的因素之一。这些独具地域特色的菜肴点心成为了发展美食旅游的核心内容。

特别提示

饮食文化具有很强的地域性,也正是这种饮食文化在区域上的差异分布,才形成了美食旅游者的空间流动,是造成人们以旅游形式达到审美和愉悦目的的根本原因。

3. 美食旅游的时代性

对于美食旅游体验者来说,求新求异,发现新的亮点,是他们的共同心理需求。旅游者外出旅游的主要目的不仅是要得到精神上的放松,还要有美的享受,而餐饮产品的色、香、味、形、器、名等构成了对菜品美感的影响因素,美食旅游产品不仅要紧密结合当地的美食特点和文化,还要与时俱进,与当今世界的餐饮主题和餐饮科技相契合,不断推出既继承美食传统,又符合当代游客需求的旅游新菜品。

头脑风暴

由全球顶级厨师研制出的热门菜肴葡萄酒蛋糕、香辣螃蟹、奶油卤肉菜、伊桑鸭腊肉、美味爆米花、酸橘汁腌鱼在洛杉矶、纽约、巴黎、香港、悉尼、伦敦的中餐厅火热推出,便吸引了大批游客品尝。你怎样理解旅游美食传统与创新对吸引游客和保留老顾客的重要性?

4. 美食旅游的参与体验性

一般的餐饮食品除了满足人们生理需要之外,几乎没有体验感受可言。餐饮组合产品既可以满足人们对美食的渴望,又使人们能体验到一种独特的文化氛围和进餐环境,除了物质满足，更多强调体验性的精神愉悦。在美食旅游过程中，通过让旅游者亲身体验味觉品尝，提高游客参与程度，加深旅游者的体验效果，刺激其后续消费和重复购买的欲望。此外，美食文化的参与性还表现在将诸如烹饪技艺展示参与性很强的项目打造成为美食旅游产品。开辟一些空间，配备好必要工具和原料，进行一些技术指导，然后让游客自己去学习制作。参与的游客越多，气氛越活跃，人的体验享受感越强烈。

 延伸阅读

体验式美食之旅

在毛里求斯与老奶奶一起烹制罐焖土豆烧肉，在意大利威尼斯与女伯爵一起逛市场买食材……对热爱美食的旅行者而言，五星级餐厅已经不足以触动味蕾、激发食欲，亲自动手、参与烹饪的体验式美食之旅更令人神往。

定制旅行专家珍妮弗·坎贝尔告诉法新社记者，高端游客如今不再满足于精美大餐，更愿寻求"美食体验"，这一改变促使旅游业尤其是高端旅游板块随之转型。坎贝尔说，体验式美食旅行的关键在于"体验"。法国精品酒店罗兰夏朵地区主管弗兰克·法内蒂认为，体验式旅行成功的关键在于借助游客与食材、食物、烹饪者的亲密接触营造"真实感"。

毛里求斯一处海滨度假胜地有家餐馆名叫"奶奶的厨房"，由餐馆一名工作人员的奶奶担任主厨。对于厌倦高档餐厅的旅行者而言，"奶奶的厨房"提供全然不同的本地美食体验。

蜜汁羊肉、咖喱鲜鱼，克里奥尔风味独特；边吃边听奶奶讲故事，亲切随意；酒足饭饱，奶奶送客出门，附赠一份手写食谱……看似简单的体验，给不少游客带来惊喜。

意大利威尼斯一家精品酒店推出一个旅行项目，邀请游客与威尼斯知名度颇高的贵族恩丽卡·罗卡女伯爵共度美食之旅。游客可随罗卡前往当地知名的里亚尔托市场购买食材，学习如何挑选鲜鱼等；回家后，罗卡一边为客人筹备正宗威尼斯大餐，一边与客人聊聊家族历史。

当然，与女伯爵共度一天价格不菲。推出这一项目的酒店发言人说，这趟"美食一日游"的花费大约 1000 欧元（约合 1300 美元）。

（资料来源：韩梁．从美食寻获灵感体验式美食之旅［EB/OL］．经济参考报（2011-12-23）．http：//jjckb.xinhuanet.com/invest/2011-12-23/content_350565.htm．）

 特别提示

体验式美食旅游是当今体验式旅游的重要部分，将旅游六要素中的"食"与"游"完美结合。欧洲葡萄园酒庄体验旅游就是一例。

7.2.3 美食旅游的功能

1. 吸引力功能

美食是旅游重要的吸引物，是旅游资源中不可或缺的部分，目的地的美味佳肴对部分旅游者形成定向吸引力，吸引游客前往旅游目的地。同时，美食又是旅游六要素的组成部分，将影响每一个旅游者的旅游体验和对体验的回忆。体验式美食旅游对其他旅游者会产生较大的示范效应，可提高游客的旅游满意度。

2. 经济功能

美食旅游吸引游客消费,在一定程度上带动了食品生产业、房地产业、商贸业、文化娱乐业、建筑业等行业发展,给社会经济发展带来了发展空间。此外,美食旅游者重视旅游体验,使得整个旅游过程的消费上涨。美食旅游延长了旅游者在目的地的停留时间,增加了旅游者在目的地的花费,从而增加了目的地的旅游收入。

3. 文化功能

美食旅游通过一定的内容和形式凸显、展示博大精深的饮食文化,使旅游者感受美味、体验文化。美食旅游为旅游者提供了一个品赏美食、博览美食、了解美食文化的场所,为美食专家、烹饪专家、学者等提供了一个交流和学习的平台,保护和传承地方饮食文化,促进了饮食文化的交流和发展。美食对旅游者联络感情、增进交往和文化交流发挥了重要作用。

头脑风暴

美国人用餐时不允许发出声响、不允许替他人取菜;法国人用餐不允许向别人劝酒、不允许当众宽衣解带。你怎样理解"吃饭就是吃文化"?

4. 健身功能

通过美食达到养性健身的目的是中国饮食文化的精髓所在。调整身体内部的关系,以及生理与心理的关系,达到颐性和健身的目的,正是美食旅游的优势所在。"食疗"、"食养"等内调作用与旅游的有机结合促成了美食旅游目的实现,饮食养生旅游成为一项中老年游客喜爱的旅游项目。

延伸阅读

"养生旅游"悄然兴起

随着"异地医保"的逐渐完善,一种新型旅游方式"养生旅游"悄然兴起,尤其受到北方中老年人群的青睐。

据了解,每年大约有20万名北方老人在三亚过冬。在这些"候鸟"中,黑龙江人大约占80%。目前,三亚市人民医院与佳木斯及哈尔滨均开通了对结核算,方便了不少前来旅游居住的人士。医保的便利,也推动了旅游养生机构在海南等南方城市的发展。这类养生机构提供的服务诸如一个设施齐备的小型社区,既有住家的温馨又能享受吃、住、行、玩一条龙的乐趣。记者了解到,此类养生基地通常都选择在气候宜人、环境优美、周边配套设施齐全的地方,目前开发得较为成熟的便是海南省。

将养生旅游在东三省首度进行推广的"环球 e 家养生俱乐部"负责人举例说明,如果客人选择了海南作为旅游养生目的地,一抵达当地俱乐部,便可享受俱乐部所签约的各类社区、度假酒店内的基础设施全部免费使用权,像温泉养生、康体检查、膳食调理等服务皆可免费体验,旅行途中,既养生,又养心。养生旅游涵盖了诸多吸引客人的项目,如外教交流项目让旅行的老人如同在老年大学中学习新知一样,体验新鲜又亲切自然。

(资料来源:"养生旅游"悄然兴起[EB/OL]. 网易(2012-5-4). http://news.163.com/12/0504/07/80L5LECN00014AED.html)

7.3 会展旅游与节事旅游

随着经济全球化的不断深入和市场经济的不断完善，会展旅游以其强大的功能、不可替代的作用及崭新的形象，正在迅速崛起并成为第三产业中一个举足轻重的新兴行业。而会展旅游以其组团规模大、消费档次高、客人停留时间长、利润丰厚、受季节影响小等优点而日益引起世人的关注，并迅速成长为旅游接待业新产品。

7.3.1 会展旅游的概念

国际上把会展旅游定义为 MICE(Meetings, Incentives, Conventions, Exhibitions)，是指包括各类会议、展览会与博览会、奖励旅游、大型文化体育盛事等活动在内的综合性旅游活动。因此，会展旅游是旅游业与会展业相结合的产物。会展旅游也是特定机构或企业以组织参与各类会议、展览等相关活动为目的而推出的一种专项旅游产品。会展业与旅游业是两个相互联系又相互区别的产业，会展业与旅游业相互促进、共同发展。

事实上，会展旅游是会展产业链的一个重要组成部分，是会展的发展和延伸。举办会展时，参展商、观众或与会代表的主要目的是参加会展。参加会展旅游是参加展会活动的一种延伸和补充，尤其是在一些国际性的会展中，有许多参展商、观众或与会代表来自不同的国家、地区，他们对当地的风土人情非常感兴趣，大多有所耳闻但没有目睹。会展结束后，活动主办方或旅游公司往往会就近组织他们到相关景点，开展旅游观光活动。

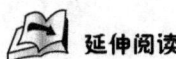
延伸阅读

世界第一次会展旅游

会展旅游的历史源远流长，其起源可追溯到1841年。1841年7月5日，英国人托马斯·库克领导的一个570人的团队包租火车从莱斯特去洛赫伯勒参加禁酒大会。这不仅标志着世界近代旅游业的诞生，而且也开创了国际会展旅游的先河。为什么这样说呢？从专项旅游活动的角度，将其看作国际会展旅游的起源是完全可以成立的。这个事件作为一项旅游活动，无论是从供方还是需求方，禁酒大会是其核心要素，主办方用它来吸引旅游者到来，托马斯·库克也是凭借禁酒大会而异地流动完成了这次旅游——会展旅游。异地参会事件，标志着国际会展旅游的开始。

(资料来源：朱华，黄文. 会展节事策划与管理[M]. 北京：北京大学出版社，2014.)

7.3.2 会展旅游的基本特征

1. 组团规模大

大型会议的与会人数一般在800～1 000人。各类展览会、博览会、展销会等，其规模往往大于会议，一个大型的会展甚至会吸引数万人参加。历史文化名城和旅游景区举办的会展，会后旅游的人数也占相当大的比例。会展活动的举办，特别是大型的国际会展活动,举办会展的数量、质量、类型等,与举办国家、地区或城市的社会经济、科技、文教发展状况有密切关系;与会展组织者(如专业会展旅游公司或旅行社)的宣传招徕营销水平、经营管理组织能力、会展本身的知名度及吸引力等也有密切关系。

 特别提示

会展品牌是能够成功组织大型展会的重要因素之一。那些历史悠久、特色鲜明、具有品牌知名度的会展,大多能够吸引众多的团队和人士前往。

2. 停留时间长

根据国际大会与会议协会的界定,国际会议的会期一般都在3天以上。会议和展览召开的时间短则三五天,长则七八天,有的时间上甚至会更长。参加会展的代表们往往在紧张繁忙的公务交往中,会感到身心的疲惫,这就促使他们寻找一个比较好的休闲去处和放松方式。而到就近的旅游点进行参观游览往往成为他们的首选,尤其是外地的代表,更有到当地旅游风景区进行游览的动机。这就为旅行社和旅游景区进行市场开发提供了很好的机会。

 **头脑风暴**

为什么许多展会大多在知名的中心城市和风景名胜区举行?

3. 主题多样性

会展活动涉及政治、经济、文化、科技、教育、卫生、军事等社会各个方面和各个领域,但需要在一定的时间和空间范围内举办,一次会展活动的内容也绝不是杂乱无章,总要围绕一个主题进行,呈现出鲜明的主题化。从资源与环境、客源市场规模与范围、产品经营与管理等方面来看,会展旅游产品不同于一般的普通观光旅游产品和度假休闲产品,其专业性很强。因而,会展旅游与滑雪旅游、游船旅游、沙漠旅游、生态旅游、农业旅游、工业旅游等一样同属为专项旅游产品。

 即学即用

请你列举5个以上你所在城市所举办的不同主题的会展名称。

4. 消费能力强

能够代表公司或单位参加会议和展览活动的人员,均是消费能力较强的商务客人,其消费档次高,规模大,消费支出均比普通旅游要高很多。由于其消费以公务消费为主,在基础性的消费方面由单位支付,因此他们有更多的资金可用于工作之外的旅游娱乐等方面的消费。出于馈赠亲友或社交需要,会展旅游者还大多具有较强的购物消费需求,为会展举办地游、购、娱等方面的收入提供了来源。

 **特别提示**

住商务酒店,买高档礼品,是会展旅游者消费的显著特征之一。

5. 经济带动强

会展业同旅游业一样,同属于服务业。他们都具有行业相关性强、经济效益和社会效益高、对地方经济拉动大等共同特点。旅游业与会展业有机组合,具有明显的关联、带动及辐射作用。旅游业是会展的前提条件,会展业是构成会展旅游的核心基础,能够带动以旅游业为主的交通、住宿、餐饮、商业、金融、房地产、文化艺术等第三产业的发展,成为旅游业新的增长点。国际会展活动能够给举办国家、地区和城市带来可观的直接和间接的效益,因此,当前国际社会对国际会展举办权的竞争相当激烈,很多国家、地区和城市已形成了相应的会展产业,建有相应的会展旅行社、专业会展组织、旅游会议局、辅助会展服务、酒店和会展中心等组织机构,使之更具有竞争力。

 延伸阅读

美国的会议产业

美国会议产业理事会(The Convention Industry Council,CIC)是美国会议产业界最为知名的行业组织之一。该组织每 5 年发布一次的《美国会议产业影响力报告》,是美国会议产业界最权威的行业报告。本文将 CIC 所做的《2011 美国会议产业经济影响力报告》内容摘要如下。

(1) 会议产业对美国经济的直接贡献:美国 2009 年会议产业直接支出为 2 630 亿美元。其中,与旅行、旅游有关的开支占 43%。会议产业提供直接工作岗位 170 万个、间接工作岗位 630 万个,对 GDP 的贡献额为 1 060 亿美元。带来联邦税收 143 亿美元、州与地方税收 113 亿美元。会议产业为旅游业贡献了 1 130 亿美元,约占旅游业总收入的 16%。参会代表的机票支出占航空运输业营业收入的 9%。

(2) 会议产业的总量、住宿量及参会代表数量:美国 2009 年共有 2.05 亿人次参加了 180 万个各类会议、展览、奖励活动等。在 180 万个会议当中,130 万个为企业或商务型会议,85% 的会议是在具有住宿功能的设施中举行的。180 万个会议共产生了 2.5 亿间夜间的客房需求。在 2.05 亿人次的参会者当中,1.17 亿人次旅行 50 英里以上参会或在会议地点住宿;0.8 亿人次参会者的旅行距离少于 50 英里或不过夜;其中 500 万人次为国际参会者。在 2.05 亿人次的参会者当中,1.62 亿人次为会议代表,0.18 亿人次为参展商,0.25 亿人次为其他类型的参会者,包括会议组织者、工作人员、媒体等。

(3) 直接花费分类:在 2 630 亿美元的直接花费当中,1 510 亿美元为会议策划与会议组织相关花费,113 亿美元为旅行与旅游相关花费。会议、展览参与者在参会方面的花费为 1 450 亿美元,其中绝大多数(46%)为注册费用、住宿费用(17%)和餐饮费用(13%)。其他为支持产业相关花费,包括交通(9%)、零售(3%)、休闲娱乐(3%)、汽车租赁(3%)及市内交通(1%)等。

(资料来源:朱华,黄文.会展节事策划与管理[M].北京:北京大学出版社,2014.)

7.3.3 节事旅游的概念与类型

作为一种社会文化现象,节事可表达情绪、传递感情、交流信息,彰显人们对宗教信仰的追求和对生命的礼赞。旅游节事作为节事活动的组成部分,是在社会经济发展过程中,尤其是旅游业发展过程中产生的一个新事物。从 20 世纪 80 年代中期至今,旅游节事在我国迅速发展,各类节事活动不乏成功案例,产生了巨大的旅游效应。各种节事活动与旅游相结合,构成了新的旅游形式——节事旅游,这是重要的旅游吸引物。

1. 节事旅游的概念

节事一词源于 event，其包含范围极广。在事件及事件旅游的研究中，常常把节日和特殊事件合在一起作为一个整体来进行探讨，在英文中简称为 FSE（festival and special event），中文译为"节庆和特殊事件"，简称"节事"。事件旅游专指以各种节日、盛事的庆祝和举办为核心吸引力的一种特殊旅游形式。在我国通常将其称为"节事旅游"或"节庆事件旅游"。

广义的节事与我们所说的会展概念相同。狭义的节事不包括展览、会议和奖励旅游，一般使用 FSE 一词，即节庆和特殊事件。美国乔治·华盛顿大学节事活动管理专业创始人戈德布莱特（Goldblatt）博士在其专著《现代节事管理的最佳实践》中将节事定义为："为满足特殊需求，用仪式和典礼进行欢庆的特殊时刻。"由此，节事旅游是指依托某一项或某一系列节事旅游资源，通过开展丰富、开放性强、参与性强的各项活动，以吸引大量受众参与为基本原则，以活动带动一系列旅游消费进而带动地方经济增长为最终目的的所有活动总和。

2. 节事旅游的类型

节事旅游的类型主要有以下几种类型，如图 7.3 所示。

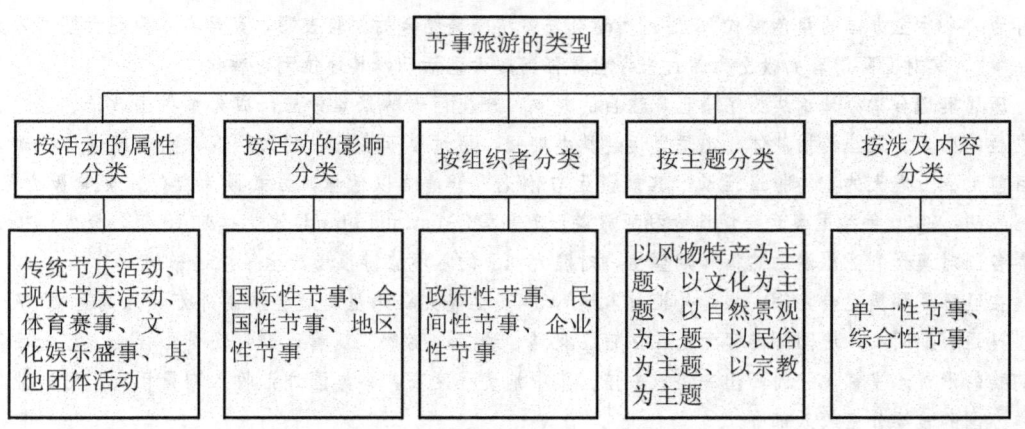

图 7.3 节事旅游的类型

7.3.4 节事旅游的特征及作用

1. 节事旅游的特征

1）鲜明的地方性

一个旅游节事的产生往往都会依托于当地地方特色或文化民俗特色，以地方性为吸引源。由此引发的节事旅游带有鲜明的地方特色，这是节事活动容易赢得深度旅游者青睐的根本原因。

2）活动的集中性

节事旅游活动大都集中在某一特定的时间段内，一般有固定的时间期限，活动安排十分紧凑，旅游者的旅游活动、旅游体验带有明显的集中性特点。若节事活动有魅力，旅游者的停留时间一般较长。

3）影响的广泛性

大规模的节事旅游活动往往会引起比较大的关注，吸引人们从世界各地集中到一个地方一起参与活动，感受当地的节庆气氛。这会给区域旅游发展及当地经济、社会、文化发展带来巨大而广泛的影响。

4）效益的综合性

一次大型节事活动的举办，既带来直接的经济效益，又带来间接的、隐形的、其他方面的效益，会给举办地的发展带来多方面的推动。

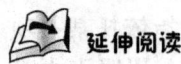

奥林匹克运动会对举办国旅游业发展的巨大影响

资料显示，洛杉矶、汉城、巴塞罗那、亚特兰大奥运会期间，入境的游客分别达到 23 万人次、22 万人次、30 万人次、29 万人次。而悉尼奥运会，在旅游与奥运的结合上比以往任何一届都做得更好。比赛期间共接待国外旅游者 50 万人次。澳大利亚旅游局所开创的奥运旅游促销战略被国际奥林匹克委员会推荐为"今后主办国的角色模式"。悉尼奥运会与旅游完美结合的经验表明，奥运会作为超大型"人文旅游品牌"，其对国际游客的吸引力超过当今世界任何超大型活动，其地位无可替代。

历届奥运会举办地都成为了全世界注目的焦点，产生巨大的聚焦效应，成为举办国政治、经济、文化发展的巨大、最佳传播载体。悉尼奥运会举办期间，超过 1 万名记者的大强度、高密度采访报道，成为目前世界上最大的宣传报道活动，其规模无与伦比，价值难以估量，方式最为自然，影响极为深远。数据表明，2000 年悉尼奥运会使澳大利亚旅游形象品牌（Australia brand）效益超前 10 年，极大地提升了世界各国对澳大利亚旅游的热情和期望值，对澳大利亚的入境旅游市场产生了深远影响。

在巴塞罗那奥运会期间，旅游外汇收入达到 30 多亿美元；悉尼奥运会旅游外汇收入高达 42.7 亿美元。奥运会期间，入境国际游客无论在住宿、交通、通信、餐饮、观看比赛，还是吉祥物、纪念品等旅游购物的消费水平都比平时超出一倍或数倍，集中消费程度高，举办国外汇收入增量巨大。旅游业已成为举办国的重要外汇收入部分。

（资料来源：王志东. 2008 年奥运会对山东旅游业的影响及对策[J]. 财贸经济，2002，(11).）

2. 节事旅游的作用

1）提高举办地的旅游知名度

节事旅游活动不仅本身具有旅游吸引力，更重要的是它还起到旅游市场营销的作用。在一定程度上，旅游节事活动对举办地的营销功能要大于其自身的旅游功能。节事发生期间，高强度、多方位、大规模的宣传活动及其所引起的广泛关注，形成巨大的轰动效应，使更多更大范围的人通过各种媒介或实地游览对城市留下深刻的印象，从而在短期内强化了城市旅游形象[①]。

---

① 朱华，黄文. 会展节事策划与管理[M]. 北京：北京大学出版社，2013.

 **特别提示**

成功的节事活动的主题还能够成为城市形象的代名词,正如人们一提到斗牛,就想到西班牙;一提到民歌节,就想到南宁;一提到风筝节,就会想到山东潍坊;一提到啤酒节,就会想到青岛。这些成功的案例都说明,节事活动与举办地已经形成了很强的对应关系,能够迅速提升举办地的知名度。海南省博鳌原本是个贫穷乡村,就是因为博鳌亚洲论坛使得博鳌乃至整个海南省的知名度得以大大提升。

2)弥补旅游淡季供给与需求不足的情况

旅游业受季节变化的影响会产生淡旺季之分。旺季时,游人如潮;淡季时,资源闲置。多样化的旅游节事活动为游客提供更多的选择机会和较好的满足,因而也使得目的地的旅游资源在不超过承载力的前提下获得最大限度的利用。例如,在哈尔滨国际冰雪节期间,有逾百万的游客来旅游,市内各大宾馆、酒店的入住率比以往同期普遍提高了30%~50%。同样,在旅游景区的淡季,举办人们喜闻乐见的节事活动也会吸引大量的旅游者。

 **头脑风暴**

位于四川省成都市以"青城天下幽"闻名遐迩,是著名的避暑胜地。冬季是其传统淡季,请问用什么方法可提高青城山景区冬季的人气?

3)调整举办地的旅游资源结构及促进旅游经营者经营水平的提高

节事旅游是个综合性很强的旅游活动,通过举办节事活动,可使举办地的旅游资源获得最佳的优化组合,这对改变举办地旅游活动的单一性有着极大的推动作用。节事旅游属于典型的专项旅游项目,其市场运作的复杂性高于普通旅游市场的运作。因此,就要求旅游经营者对这一市场在策划、主题、选择、旅游推广等方面下工夫。

 即学即用

你所在城市有什么有形旅游资源和非物质文化遗产?请你整合这些资源做一个旅游城市营销方案。

4)提高和完善举办地的基础设施

良好的基础设施和旅游服务设施是旅游业发展强有力的依托和必不可少的条件。通过举办旅游节事,可以使举办地的基础设施(如交通、环境状况、宾馆、体育运动场所、休闲场地等)得到改善,从而进一步提高和完善举办地的旅游综合接待能力。在旅游节事举办之前,举办者会对旅游地的景点、道路、桥梁、房屋、绿地、宾馆、饭店、游乐场所、车站、码头、供应设施等集中进行整治,拆除违章建筑、清理占道物资、疏通道路、维修景点、打扫卫生等,使举办地更加清洁、美观、漂亮。①

---

① 朱华,黄文.会展节事策划与管理[M].北京:北京大学出版社,2014.

世博园带动昆明基础设施建设

为了保证前来参加昆明世博园的众多游客的旅游质量,昆明除了对各个景区进行整治和宾馆的翻修以外,还投资10多亿元进行了18项重点配套设施建设工程,包括道路拓宽、绿化、立交桥建造、15条道路大修、城区水体治污等。同时购置了1 000多辆出租车和近300辆公交车,完成了世博园及市区通信设施及旅游信息网络的建设,城市的基础设施得到了极大改观。这一切不但保证了世博会期间的交通、通信、咨询服务能力,而且将为昆明市居民的日常出行带来长期效益。

(资料来源:昆明世博园[EB/OL]http://www.expo99km.com)

7.4 旅游购物

旅游购物是指旅游者为了旅游或在旅游活动中购买各种实物商品的经济文化的行为,它不仅包括专门的购物旅游行为,还包括旅游中一切与购物相关的行为,但并不包括任何一类游客出于商业目的而进行的购买,即未来转卖而进行的购买①。旅游购物并不是简单的商品购买,而是一项复杂的经济、文化、社会活动,活动主体是旅游者,活动地点是旅游地的购物环境,活动的客体是旅游商品,这三点构成了旅游购物的核心要素,缺一不可。在此基础上形成的交换关系总和就构成了旅游购物市场。②

旅游购物是旅游休闲活动的内容之一,最早可追溯到专门为购物而旅行的罗马时代。随着旅游业的发展,旅游购物作为旅游六要素之一,成为旅游活动中不可或缺的内容,受到世界各旅游国家和旅游目的地的高度重视,丰富了旅游内涵,增加了旅游收入,提高了旅游目的地形象。

7.4.1 旅游购物的概念

按世界旅游组织的定义,旅游购物支出是指为旅游做准备或者在旅途中购买商品(不包括服务和餐饮)的花费,其中包括购买衣服、工具、纪念品、珠宝、报刊书籍、音像资料、美容及个人物品、药品等,不包括任何一类游客出于商业目的所做的购买,即为了转卖而做的购买。可以认为凡符合上述定义的一般商品都是旅游购物品,也称旅游购物品、旅游商品。

从旅游购物品的定义可以看出旅游购物品和一般商品存在差别,其差别在于购买的对象不同,即消费者不同。在旅游购物品消费中,旅游者是消费者,他们所购买的物品都具有旅游纪念品的属性,而对于一般商品的消费,其消费对象是一般消费者。

特别提示

是否是旅游购物,除了购物对象、非商业购买目的外,更重要的区别在于旅游过程中是否包含其他与购物活动有关的参观、游览、鉴赏等行为。

---

① 石美玉. 旅游购物研究[M]. 北京:中国旅游出版社,2006,(2).
② 杨玲,田晓霞,李德山. 旅游购物研究述评[J]. 乐山师范学院学报,2010,(6).

7.4.2 旅游购物品的类型

旅游购物品的类型很多，范围较广，根据我国旅游业的实际发展，旅游购物品的生产和供应，以及旅游者的购买商品情况，旅游购物品大致可以分为以下几种类型。

1. 旅游日用消耗品

旅游日用消耗品主要以实用性为主，为旅游者的正常旅游活动所必需的商品，其中包括旅游者在旅游活动过程中所消费的主副食品，如便于携带和食用的饮料、面包、水果、罐头、快餐食品等；也包括旅游者出于对旅游地的特点及气候等情况的考虑的日用必备品，如旅游衣、太阳镜、折叠伞、照相机、药品等。

2. 土特产品

土特产品主要是指那些具有浓厚的地方特色，兼具实用性和纪念性的旅游购物品，如药材补品、名烟名茶、手工艺品、名点饮品、山珍海味等。

3. 旅游纪念品

旅游纪念品主要指那些纪念性和艺术性最显著、民族特色和地方特色突出的旅游购物品，包括各种古玩等历史文化及其复制品（不属国家禁止出口和买卖的古玩、文物仿制袖珍品等）、各具特色的工艺美术品（如玉石器件、刺绣、陶瓷等）和民间工艺美术品（如剪纸、风筝、花灯、竹编器件等）。

特别提示

旅游购物要索取购物凭证，购买古玩、食品、名酒等要遵守当地海关的规定。

7.4.3 旅游购物的作用

1. 增加外汇收入

旅游购物是旅游外汇收入的重要来源和组成部分。在旅游者的旅游消费构成中占有比例较大，并呈现逐年上升趋势。

2. 加快货币回笼

旅游购物可以增加旅游者消费，促进货币的回笼。

3. 扩大就业机会

旅游购物品的生产属于劳动密集型，旅游购物品生产和销售都需要大量的劳动力。因此，可增加旅游产业的就业机会。

4. 拉动相关产业的发展

旅游购物品的发展需要当地其他产业的密切配合（纸制品业、印刷业等）。此外，还需要当地的旅游资源和自然资源为其提供原材料。

5. 传播旅游目的地形象

旅游购物品附带了旅游目的地的文化内涵和信息。游客通过购买和馈赠旅游物品，使旅游目的地的形象得以传播。

 延伸阅读

旅游购物肥了谁的钱包

墨西哥新建旅游城市阿卡普尔科旧城区的手工业品市场，每隔20～30米就有一个手工艺品销售点，商品琳琅满目，应有尽有。中国香港凭借自由港的地位被旅游者称为"购物天堂"，旅游者的购物支出高达61%。新加坡专门建立了手工艺中心，多方网罗泰国、马来西亚、印度尼西亚、日本及印度等地熟练艺人参加工作，此中心不仅制造、展出各种具有地方特色的手工艺品，并让游客参观制作过程，购买产品留作纪念，从而使销售旅游商品的收入占旅游总收入的60%。

（资料来源：购物旅游的热门国家和地区［EB/OL］．百度百科．http://baike.baidu.com/view/1356684.htm．）

7.4.4 我国旅游购物发展现状

全球退税机构环球蓝联公布的数据显示，2012年中国游客的全球购物退税金额达到30亿欧元（约合人民币244亿元），仅仅从这一数据就不难看出中国游客在境外购买力相当强劲。随着近来签证的利好政策及汇率变化、换季打折等因素，旅游购物的数量不断增长，品质也有大幅度提高①。

但是，世界旅游业发达的国家和地区，其旅游购物收入占旅游外汇总收入的比例达40%～50%，其中有些国家和地区达到50%以上。我国境外旅游购物金额很大，其中相当一部分费用用于购买奢侈品，但国内旅游购物消费水平不高，旅游购物消费占旅游消费的比例低于欧美国内旅游者。国内导购人员素质低，旅游商品质量差，价格虚高，旅游者对旅游购物的满意度不高，因此应亟待提高我国旅游商品的生产水平，加强旅游购物的引导和管理，营造良好的旅游购物环境。

 特别提示

工艺品的独特性、手艺、美学价值、实用价值、历史文化的完整性等会影响游客对旅游商品的真实性评价，除此之外，旅游商品制作人员的性格、游客的购物体验也会对旅游商品真实性的评价造成一定的影响。

 **头脑风暴**

旅游购物体验中旅游者是主角。无论是产品导向型还是过程导向型的旅游者，在旅游购物的过程中

---

① 旅游购物［EB/OL］．京华网（2013-3-20）．http://epaper.jinghua.cn/html/2013-03/20/content_1975981.htm．

都应获得完美愉悦的购物感受。试从旅游商品生产、旅游购物环境、旅游购物行为分析，旅游者如何才能获得完美的旅游购物体验。

本 章 小 结

本章阐述了旅游住宿业的沿革、基本特征及其在旅游活动中的作用，其中住宿产品的性质和对旅游产业的贡献是本章的重要学习内容。本章还介绍了美食旅游，从美食旅游的概念、特点及作用对美食旅游进行了分析，对饮食文化、体验式美食旅游等相关知识进行了解读。此外，本章还阐述了会展、节事旅游的基本概念和特征，介绍了会展旅游、会议、节事等相关知识，以及它们之间的关联和意义。购物作为旅游六要素之一，无论是对增加当地旅游收入，还是提高旅游者的美好体验都有重要作用，因此购物旅游也是本章的重要学习内容之一。

关键术语

住宿业(accommodation)：向消费者提供住宿及相关服务的行业。常见的形式有酒店、汽车旅馆、露营地、含早餐服务的旅馆、宿舍、招待所等。

美食旅游(food-tasting tourism)：美食旅游是到异地寻求审美和愉悦经历，以享受和体验美食为主体的具有社会和休闲等属性的旅游活动。

会展旅游(meetings, incentives, conventions, exhibitions, MICE)：包括各类会议、展览会与博览会、奖励旅游、大型文化体育盛事等活动在内的综合性旅游活动。

事件旅游(event tourism)：事件旅游专指以各种节日、盛事的庆祝和举办为核心吸引力的一种特殊旅游形式。

课 后 练 习

一、选择题

1. 利用住宿场地和设施设备，为旅游者提供住宿、餐饮及多种综合服务的行业是(　　)。
   A. 餐饮业　　　　　B. 住宿业　　　　　C. 交通业　　　　　D. 旅行社
2. 住宿业可提供大量的就业机会，就业容量较大，就业层次较多，属于劳动密集型行业。(　　)
   A. 资本密集型行业　　　　　B. 技术密集型行业
   C. 劳动密集型行业　　　　　D. 出工加工型行业
3. 下列哪一项不是美食旅游的特点(　　)。
   A. 文化性　　　　　B. 地域性　　　　　C. 体验性　　　　　D. 储存性
4. 根据"国际大会和会议协会"(ICCA)的界定，国际会议的与会人数应在(　　)人以上。
   A. 400　　　　　B. 300　　　　　C. 200　　　　　D. 100

5. 据统计，住宿业的收入或游客花费的住宿支出一般占到总花费的（　　）左右。
   A. 20%　　　　　B. 30%　　　　　C. 40%　　　　　D. 50%
6. 住宿业是有形要素和无形要素的组合，无形要素有（　　）。
   A. 设施设备　　B. 装修环境　　C. 地理位置　　D. 管家服务
7. 美食旅游的特点是（　　）
   ①区域性　　②原创性　　③民族性　　④时代性　　⑤参与性
   A. ①③④⑤　　B. ①②④⑤　　C. ①②③④⑤　　D. ②③④
8. 对于旅游者而言，除了参观游览和旅途外，其他大部分时间是在（　　）度过的。
   A. 景区　　　　B. 交通工具　　C. 饭店　　　　D. 主题公园
9. 关于会展旅游特征正确描述的是（　　）
   A. 季节性很强　　B. 消费档次高　　C. 停留时间短　　D. 规模较小
10. 节事旅游的特点是（　　）
    A. 大众参与　　　　　　　　　　B. 民族性、文化性
    C. 传统性、经济性　　　　　　　D. 以上全部选项

二、填空题

1. 旅游与接待的概念有关联。国外一般将"旅游"泛称为_____。
2. 与大多数其他物质性产品不同，住宿业产品具有高度的_____。
3. 除了交通以外，_____的发展水平是衡量旅游目的地国家或地区接待能力的重要依据。
4. 瑞士人凯撒.里兹他提出的"客人永远不会错"的经营口号至今仍是_____的准则。
5. 会展旅游是_____的一个重要组成部分，是会展的发展和延伸。
6. 广义美食旅游是指一个人离开常住地到其他地方的旅游过程中被当地餐饮美食所吸引而引起的各种与_____相关的旅游行为。
7. 能够代表公司或单位参加会议和展览活动的人员，一般都是消费能力较强的_____。
8. 节事旅游属于典型的_____旅游项目，其市场运作的复杂性高于普通旅游市场的运作。
9. 节事旅游活动大都集中在某一特定的时间段内，旅游者的旅游活动、旅游体验带有明显的_____特点。
10. 无论是产品导向型还是_____导向型的旅游者，在旅游购物的过程中都应获得的完美愉悦的购物感受。

三、判断题

1. 旅游住宿业大致经历了四个阶段，即客栈时期、大饭店时期、商业饭店时期和新型饭店时期。　　　　　　　　　　　　　　　　　　　　　　　　　　　（　　）
2. 在现代旅游业中，白金管家这个称号其他的任何机构、组织、个人都无权使用。
　　　　　　　　　　　　　　　　　　　　　　　　　　　　　　　　（　　）

3. 旅游行业每增加1个直接就业机会,社会就能增加2~5个就业机会。（ ）
4. 饭店在功能和服务项目上,除了可提供住宿和餐饮外,还可提供商务、会议、度假、康乐等多种项目的综合性服务。（ ）
5. 目的地的美味佳肴对所有的旅游者都会形成定向吸引力,吸引他们前往旅游目的地旅游。（ ）
6. 旅游业与会展业有机组合,具有明显的关联、带动及辐射作用。（ ）
7. 根据"国际大会和会议协会"(ICCA)的界定,国际会议的会期应在7天以上。（ ）
8. 旅游购物品附带了旅游目的地的文化内涵和信息,会传播旅游目的地的形象。（ ）
9. 节事旅游活动具有一定旅游吸引力,但不能作为旅游市场营销的手段。（ ）
10. 会展旅游是包括各类专业会议、展览会与博览会、奖励旅游等活动在内的综合性旅游活动,从古至今都有。（ ）

四、问答题

1. 住宿业具有哪些基本特征?
2. 为什么说住宿业是有形和无形要素相组合的产品?
3. 美食旅游有哪些特点?
4. 为什么说会展旅游会带动其他产业的发展?
5. 什么是旅游购物?与一般购物有何不同?

五、论述题

1. 阐述旅游与接待业的关系以及接待服务对旅游的重要性。
2. 简要分析旅游接待服务是如何贯穿整个旅游过程的。根据分析结果,设计一条主题旅游线路,特别注意线路中接待服务的内容。

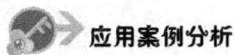

应用案例分析

成都的美食旅游节

作为成都成功申报"世界美食之都"后的首届盛会,第7届中国国际美食旅游节自开幕以来受到国内外各界的广泛关注。此次盛会以"美食之都、多彩生活"为主题,规格更高,规模更大,国际化程度更高。2010年10月8日,组委会有关负责人介绍说,仅国庆假日期间,宽窄巷子累计迎接游客44.5万人次;金沙特色街区游客量约30万人次,较2009年增加6%左右;文殊坊特色街区共接待游客114万人次。

"成都盛宴"是美食节的首道创意大餐,由60桌主题宴席经典菜品组成,涵盖了中餐、火锅、高星级酒店餐饮和外国菜四大业态,包括日本料理、泰国菜、印度菜、意大利菜、新加坡菜、德国菜等8个国家的菜品精彩亮相。"规模之大,集纳国际美食产品之丰富,是历届美食节之最",成都美食之都促进会会长何涛介绍。

在本届美食节浓郁的异国风味中,本土历史悠久的餐饮文化同样令人陶醉。钟水饺、韩包子、龙抄手……在锦里小吃一条街,贴在墙上的巨幅老成都美食地图,向前来游玩的旅客清晰地展示了独具特色的老成都美食和餐饮店。在宽窄巷子、文书坊、琴台路……不少餐饮商家推出了各具特色的菜品，令游客大饱口福。在锦里美食节分会场，来自哈尔滨的苏明一家对成都美食赞不绝口："在四川待了11天，正巧碰上了成都美食节，一家人光顾了大大小小的餐厅，川菜粤菜都尝了个遍，成都的美食真是名不虚传。"说话间，苏明的一碗米粉已见了底，连汤也被他喝了个精光。在宽窄巷子，一群黄头发、白皮肤的美国观光客，刚迈出餐厅大门，又被各种小吃所吸引，兔头、伤心凉粉一一品尝，辣得直伸舌头，还不忘竖起大拇指称赞："成都食物很辣很好吃。"

"中国国际美食旅游节"是成都市政府全力打造的一个具有鲜明地方特色、国际化、全民性的盛大民俗节日，现已开办9届，经过多年的持续打造，已经成为成都市第一节会品牌和城市名片，吸引八方游客到成都旅游，对成都市的旅游营销和旅游品牌建设产生了良好的作用。

（资料来源：成都美食节［EB/OL］．欣欣旅游网（2010-10-13）．http://lxs.cncn.com/73108-news-show-37061.html．）

讨论：

(1) 从旅游六要素分析，谈谈美食与旅游之间的关系。以成都美食旅游为例，试分析美食对旅游体验的影响。

(2) 结合材料，谈谈"舌尖上的成都"对成都市旅游目的地营销和城市旅游品牌产生了哪些积极作用。

第 8 章 旅游吸引物

> **教学目标**
>
> 通过本章的学习,掌握旅游吸引物的基本特征,辨析旅游吸引物、旅游资源、旅游产品等相关概念,以及它们在旅游活动中的作用。了解旅游资源的特点、价值和分类;知晓旅游信息和旅游标识以及其作用;把握旅游信息和旅游标识制作设计和传播的方法;分析目的地环境与旅游吸引力的关系,以及影响目的地吸引力的各种因素。

教学要求

教学内容	重点☆、难点*	教学提示
旅游吸引物概述	(1) 旅游吸引物的概念☆ (2) 旅游吸引物的内涵 (3) 相关概念辨析☆ * (4) 旅游吸引力大小的影响因素	本章主要与第1章、第3章、第4章、第9章、第12章和第14章等内容相关联,教学时可前后对应,以便掌握各章节教学内容的内在联系
旅游资源	(1) 旅游资源的概念 (2) 旅游资源的特点☆ (3) 旅游资源的价值 (4) 旅游资源的分类	
旅游信息和标识	(1) 旅游信息和标识的概念☆ (2) 旅游信息传播的手段 (3) 旅游信息传播的原则	
旅游目的地环境	(1) 政治环境与旅游吸引力 (2) 经济环境与旅游吸引力☆ (3) 文化环境对旅游吸引力的作用 (4) 自然环境对旅游吸引力的影响☆	

临清风,对朗月,登山泛水,意酣歌。

——《南史·梁宗室萧恭传》

 **基本概念**

旅游吸引物　旅游资源　旅游产品　旅游信息和标识　旅游目的地环境

 **导入案例**

上海飞人追日来去兮

在天河机场候机时，记者遇到了卞先生。"同事和家人也都觉得我很疯狂。"作为上海浦东机场的飞机工程师，卞先生为日全食当天上海降雨而心有不甘，"300年一遇的日全食太难得，不能就这么错过了。"卞先生了解到，当天从武汉飞往上海的MU2501航班最适合"追日"。于是毫不犹豫地决定在21日先飞到武汉，再在日食当天乘坐这趟航班，扮演现代版的"追日夸父"。

同一航班上，头等舱的李氏一家五口，也是专程从广州赶到武汉，再乘坐这班飞机观看日全食。年仅5岁的小李，蹲在窗户前，拿着爸爸的单反相机不断按快门，而一旁60岁的奶奶，拿着一部卡片相机拍着孙子可爱的样子。

结束"追日之旅"后，卞先生告诉记者："这一趟，真值！"回答坚定而兴奋。尽管仍有诸多遗憾，"没能看到贝利珠，食甚时也因为机舱开启夜间飞行模式，而没办法照下日全食的景象。"但走出舱门的卞先生还是对此次非常旅行赞叹不已。

（资料来源：天南地北聚荆楚现代夸父追日忙［EB/OL］. 楚天都市场报（2009-7-23）. http://ctdsb.cnhubei.com/html/ctdsb/20090723/ctdsb788419.html.）

 **点评：**

吸引物是吸引旅游者时空移动的重要因素。凡是能够激发一个人的旅游动机的一切事物，无论它是有形的还是无形的，自然的还是人文的，都有可能是旅游吸引物，日食就是一例。

8.1　旅游吸引物概述

旅游吸引物是旅游活动的客体，是激发旅游动机、形成旅游需求、影响旅游决策的重要因素。在雷柏尔旅游系统模型中，旅游吸引物一般位于旅游目的地，属于旅游目的地系统范畴，是旅游系统中"N-S对"中的供给部分，对旅游者产生拉动的作用。一个国家或地区所拥有的旅游吸引物的类型、数量、质量和可进入性程度将影响旅游系统中的旅游流向和市场发展前景，影响目的地旅游业和社会经济的发展。因此，在旅游学的研究范畴中，旅游吸引物是重要的学习内容和研究对象。

8.1.1　旅游吸引物的概念

"旅游吸引物"一词来源于西方的旅游学术界，在旅游研究的进程中，中外学者对其概念进行了广泛的讨论。艾伦·卢（Alan Lew）认为，旅游吸引物在本质上是由所有足以将每个旅游者从家中吸引过来的要素构成的，这些要素通常包括可供观赏的风景、可参与的活动、可追忆的经历。① L. J. 劳顿（L. J. Lawton）认为，吸引物是吸引管理者和旅游者的注意力的，有特殊的人类或自然界特征的知名事件、遗址、区域或相关现象。②胥兴安、田里认为，旅游吸引物是一种能吸引旅游者的综合体，它不仅包括了旅游活动的客体——旅游资源，以及以此为中心开发出来的核心旅游产品，还包括了旅游活动的媒体——旅游业，以及与核心旅游产品一起构成的组合旅游产品。③

综上所述，旅游吸引物的主要功能是激发人们的旅游动机，是旅游业赖以发展的基础。旅游吸引物是指在现实条件下，任何能够激发人们的旅游动机、吸引旅游者进行旅游活动的一切自然客体与人文因素的总和。④

 即学即用

根据旅游吸引物的定义，请你判断以下是否属于旅游吸引物。
(1) 山东泰山的岱庙。
(2) 海南岛的气候。
(3) 火星、土星或月亮。

8.1.2 旅游吸引物的内涵

旅游吸引物是雷柏尔旅游系统模型中的拉力因素，促进人们前往某地旅游，它包括旅游资源、适宜的接待设施和优良的服务，甚至还包括快速舒适的旅游交通条件。⑤ 按旅游吸引物的吸引力来源及其作用，可以将旅游吸引物细分为旅游对象、旅游媒介物和旅游标识。实际上，旅游吸引物包含了更多的内容，即从吸引旅游者到影响旅游者形成购买行为全过程的所有因素，可归纳为旅游资源、旅游产品、旅游信息和标识以及旅游目的地社会环境，构成旅游吸引物系统，如图 8.1 所示。本章将分别讨论旅游资源、旅游信息和标识以及旅游目的地环境，以及它们之间的关系，旅游产品将在第 9 章重点学习。

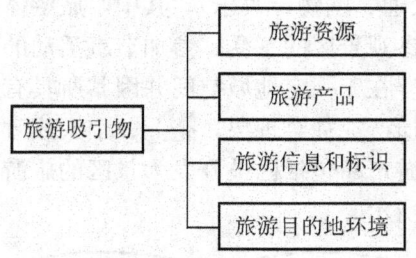

图 8.1 旅游吸引物系统

---

① Lew A. A framework of tourist attractions research[J]. Annals of Tourism Research, 1987, (14).
② Lawton L J. Resident perceptions of tourist attractions on the Gold coast of Australia [J]. Journal of Travel Research, 2005, 44, (2).
③ 胥兴安，田里. 对旅游吸引物、旅游产品、旅游资源和旅游业关系的思考[J]. 中国集体经济，2008, (Z2).
④ 林红，王湘. 旅游吸引物的系统论再分析：与杨振之先生商榷[J]. 旅游学刊，1998, (2).
⑤ 保继刚，楚义芳. 旅游地理学[M]. 北京：高等教育出版社，1993.

8.1.3 旅游吸引物的相关概念辨析

旅游吸引物的概念源自英文 tourist attraction，国内不少人将 tourist attraction 直接理解为旅游资源或旅游产品。陈才等认为，应当分析旅游吸引物、旅游资源、旅游产品之间的关系，并对旅游吸引物进行细分。[①]旅游吸引物包括旅游资源、旅游产品、旅游信息和标识以及旅游目的地环境，我国许多学者都视其为同一概念，但实际上存在差异。

头脑风暴

小马徒步到一处人迹罕至的荒蛮山野去追求回归自然的人生之旅。请问吸引小马旅游的对象是旅游吸引物、旅游资源和旅游产品中的哪一种？

1. 旅游吸引物与旅游资源

在国内，旅游吸引物通常被直接理解成旅游资源，甚至旅游景区，但实际上旅游吸引物的概念更为广泛。旅游吸引物和旅游资源的主要区别在于，旅游吸引物是一个系统性概念，任何能够吸引游客前来参观的任何自然客体和人文因素都可被视为旅游吸引物，包括已经开发为景区的旅游资源(已成为旅游产品)和未被开发的旅游资源(未成为旅游产品)。目前，越来越多的旅游者喜欢寻找未开发且自然资源优美的"处女地"，这些旅游资源虽未被开发，但也成为了现实的旅游吸引物。旅游资源是旅游吸引物系统的核心，决定着该系统是否对特定游客具有吸引力。

2. 旅游产品与旅游资源

旅游产品是指旅游企业为了满足到访旅游者的需求，为其提供的各项方便其旅游活动的服务或产品。产品包括核心层——旅游体验，形式层——商标、价格等，延伸层——旅游服务设施(餐饮、住宿、交通、购物、娱乐)。其中，旅游体验主要是指旅游者在旅游活动中获得的愉悦体验，包括参观景区的享受、参加节事活动的愉悦、品尝特色美食的愉悦等。而旅游资源是指客观地存在于一定地域空间并因其所具有地愉悦价值而使旅游者为之向往的自然存在、历史文化遗产或社会现象，企业、个人或政府可将其开发成为旅游产品或旅游景区。由此可见，旅游产品包括已被开发为景区的旅游资源，但不包括未被旅游业利用的旅游资源，如图 8.2 所示。

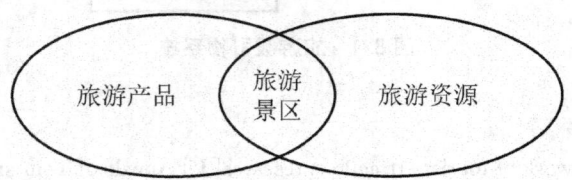

图 8.2　旅游产品与旅游资源关系图

---

① 陈才，王海利，贾鸿．对旅游吸引物、旅游资源和旅游产品关系的思考[J]．桂林旅游高等专科学校学报，2007(2)．

第8章 旅游吸引物

旅游产品并不等同于旅游资源。为了辨析旅游产品与旅游资源的复杂关系,吴必虎将旅游资源划分为资源产品共生型、提升型和伴生型三种类型。旅游产品共生型是指资源品位较高,具有较强吸引力,不需要经过大规模开发即可转换为某种产品的情况;旅游产品提升型指旅游资源品位较低,将资源开发为旅游产品需要较大的资金投入,开发强度较大的情况;旅游产品伴生型是指某些功能上属于其他类型的设施或场所,同时又具有一定的旅游功能的情况。旅游产品与旅游资源存在依存关系,因此常常被误解为同一物。虽然它们同属于旅游吸引物的范畴,但二者之间的差别是可以辨析区分的,见表8-1。

表8-1 旅游产品对于旅游资源的依存度

依存度	最高	高	一般	低
旅游产品	博物馆	自然和人文景区	公园、动物园	主题公园
旅游资源	文物	自然景观和人文古迹	草本花卉、水体、动物	历史、影视等文化
案例	陕西历史博物馆	九寨沟、平遥古城	大连劳动公园、老虎滩极地馆	迪斯尼乐园、锦绣中华
误解	博物馆建筑设施误解为旅游资源	难以区分产品和资源	将旅游服务设施误解为资源	产品误解为资源

(资料来源:陈晓颖,鲁小波. 旅游资源的概念辨析[J]. 市场论坛,2012,(6).)

3. 旅游产品与旅游吸引物

旅游产品是旅游吸引物系统中一个的组成部分,旅游吸引物是一个广泛的概念,包含已开发的旅游资源,即旅游产品和未开发的旅游资源,即潜在的旅游产品。一个旅游者选择旅游目的地前来旅游,主要首先是因为自然美景和人文风情等吸引物所致,但也需要餐饮、住宿等基本服务服务要素。因此,旅游吸引物是吸引游客前来旅游的前提;而旅游产品是保证游客在目的地顺利完成各项旅游活动的基础。

头脑风暴

请你判断下列哪些是旅游吸引物,哪些是旅游资源,哪些是旅游产品,并分别画上√、○、+符号,可多选。
(1)"桂林山水甲天下"之桂林山水。
(2)陕西"世界七大奇迹"之兵马俑。
(3)云南西双版纳傣族的"泼水节"。
(4)成都至香格里拉5日藏族风情旅游线路。

8.1.4 旅游吸引物的吸引力

旅游吸引物激发旅游者的动机,吸引旅游者开展各种旅游活动。作为一个系统,其吸引力大小由系统中各个旅游吸引物共同发挥作用,但各种因素的吸引力是不同的,对旅游者产生的影响也不同,见表8-2。

表 8-2　旅游吸引物的吸引力

类别	影响种类	对吸引力的正面影响	对吸引力的负面影响
旅游资源	吸引力本源	吸引	不吸引
旅游产品	程度影响因素	多吸引	少吸引
旅游信息和标识		多吸引	少吸引
旅游目的地环境	限制性影响因素	无影响	限制吸引

1. 旅游吸引力的本源

旅游资源是旅游吸引力的本源，决定旅游吸引物系统对特定旅游者是否具有吸引力。不同游客有其特殊的兴趣爱好和消费偏好，旅游资源对旅游者的吸引力是特定的，即对某些旅游者具有吸引力，而对其他旅游者却不具备吸引力。喜马拉雅山对许多人来说是望而生畏，没有任何吸引力；但是对登山爱好者来说，喜马拉雅山是旅游胜地，是人生最希望去的地方。同样，长城对国人来说是"不到长城非好汉"，而对一些外国人来说，长城无非就是年代久远的古城墙，没有任何吸引力。

2. 旅游吸引力的程度影响因素

决定旅游吸引力的程度影响因素是旅游信息、标识和旅游产品。旅游信息和标识所传达的旅游目的地信息越准确、越美好，旅游者前去该旅游目的地旅游的可能性就越大，即旅游吸引物系统对该旅游者的吸引力越大。旅游产品的质量、产品价格、商家信誉、服务态度、服务理念等直接影响旅游者旅游活动的可操作性，从而影响旅游者是否购买旅游产品。旅游产品价格越便宜、购买越便捷、产品和服务质量越好，旅游吸引力越大，相反则越小。

3. 旅游吸引力的限制性影响因素

旅游目的地环境是旅游吸引力的限制性影响因素。旅游目的地的政治环境、经济环境和文化环境对旅游者的旅游活动会产生限制作用。如果旅游目的地的国家或地区发生了政治动乱、经济危机、自然灾害，旅游者可能放弃前往该国或该地区旅游，选择其他旅游目的地。另外，客源国与目的地国之间的文化差异大小也影响游客对旅游目的地的选择。一般来讲，自我中心型的旅游者不会选择与其常住地的文化差异过大的旅游目的地，相反，多中心型的旅游者则相对喜欢文化差异较大的旅游目的地，不愿意去那些比较熟悉的、相对热门的旅游景区。

 延伸阅读

美国对古巴经济封锁导致美国旅游业每年损失 11 亿美元

12月18日，《拿骚卫报》转载美国联合通讯社哈瓦那消息，据美国联合通讯社对古巴旅游部长高级助理的视频采访，由于美国政府禁止美国人访问古巴，每年对美旅游业造成11亿美元的损失，其中包括6亿美元的航空公司销售收入，3亿美元的旅游代理收入，以及2亿美元的食品、饮料等与旅游相关的出口和服务收入。根据美国旅行代理人协会的研究报告，如果没有旅游限制，每年将有180万名美国人到古

巴旅游，其中包括 48.2 万名古巴裔美国人探亲访友。每年前往古巴的旅游者超过 200 万人，主要来自加拿大、英国、意大利、西班牙和法国。目前，除古巴裔美国人之外的美国公民，如果想到古巴旅行，需要以政府事务、记者、宗教和人道主义等名义，向美国财政部申请批准。美国对古巴禁运始于 1962 年 2 月。

（资料来源：美国对古巴经济封锁导致美国旅游业每年损失 11 亿美元[EB/OL]．中华人民共和国商务部（2009-12-6）．http://www.mofcom.gov.cn/aarticle/i/jyjl/l/200912/20091206683147.html．）

8.2 旅游资源

8.2.1 旅游资源的概念

1．旅游资源的定义

旅游资源是指客观地存在于一定地域空间并因其所具有的愉悦价值而使旅游者为之向往的自然存在、历史文化遗产或社会现象。旅游资源因可以向旅游者提供旅游愉悦的凭借而对旅游者具有某种吸引力，不具有这种吸引力的任何资源形式不是也不会成为旅游资源。作为一种资源形态，旅游资源主要存在于一种潜在的待开发的状态，同时也包括已开发但尚未耗竭其旅游开发价值的那一部分资源。旅游资源完全因其他目的而生产或存在，只是由于人们价值观的缘故而在一定历史时期成为旅游资源。旅游资源不管是以单体或复合体的形式存在，都依托于一定的地域空间，是不能移动的。

头脑风暴

（1）以京杭大运河为例，请你说明为什么旅游资源完全因其他目的而生产或存在，只是由于人们价值观的缘故而在一定历史时期成为旅游资源。

（2）江西庐山是自然形成的风景，是绝对不能移动的；而巴黎卢浮宫的维纳斯雕塑和广西的"桂林印象"演出是可以移动展出和演出的旅游资源。请你说明是以上说法是否正确，并说明原因。

2．广义和狭义旅游资源

旅游资源可分为广义的旅游资源和狭义的旅游资源。广义的旅游资源是指对旅游者具有吸引功能、对旅游业具有效益功能的系统，是自然界及人类社会中一切可为旅游业发展所利用并产生效益的各种因素。狭义的旅游资源是指在自然和人类社会中能够激发旅游者旅游动机并进行旅游活动，为旅游业所利用并能产生旅游、经济、社会和生态四大效益的客体。从旅游开发和旅游业的角度来定义广义的旅游资源，旅游资源则包括旅游对象资源和旅游业资源。从旅游者的角度来定义狭义的旅游资源，即旅游资源相当于旅游对象资源，包括以自然山水风光为主的自然资源和以人文文化为主的人文资源。广义的旅游资源除包括自然资源和人文资源外，还包括旅游服务及服务设施、吸引旅游者的旅游活动、咨询服务等。[①]

---

① 徐学书．旅游资源保护与开发[M]．北京：北京大学出版社，2007．

 **特别提示**

（1）旅游资源可以是山水万物等自然资源，也可以是民俗文化等人文资源。

（2）旅游资源可以是场址型的，如山川、寺庙，也可以是节事型的，如泼水节、登高节等。

（3）旅游资源可以是物质的、有形的，如风景名胜、民俗村寨、各地美食等，也可以是非物质的、无形的，如民俗、节庆等。

8.2.2 旅游资源的特点

1. 定向性

旅游资源对旅游者具有吸引力，能够激发旅游出行的愿望，即旅游资源具有吸引性。定向性是旅游资源的本质特征。但是，由于性别、受教育程度、个人兴趣爱好、成长经历、性格等因素的不同，加之旅游资源的类型不同，某一类型的旅游资源不可能符合所有旅游者的喜好，只能吸引一部分游客前来旅游，而对另一部分人没有吸引力。

2. 综合性

旅游者的旅游活动涉及食、住、行、游、购、娱等多个领域，决定了旅游业涉及面广、综合性强。从需求的角度出发，旅游者外出进行一次旅游活动，往往前往多个城市或地区的旅游景区景点，也就是说吸引旅游者前来旅游活动的是旅游资源的组合。从供给的角度出发，不论是自然资源还是人文资源，任何旅游资源都不是单独存在的。旅游吸引物中既包括自然因素，也包括人文因素，是自然因素和人文因素的综合。因此，旅游资源具有综合性强的特点。

 **头脑风暴**

中国有句古话叫"山不在高，有仙则灵"。从旅游资源特点分析，你是如何理解这句话的？并举例说明。

3. 多样性

旅游资源因为一定目的而存在，一些事物由于人们的价值观的改变在一定时期形成旅游资源，因此旅游资源客观存在，但也因人的主观评价形成差异，呈现多姿多彩的状态。如今，由于文化水平、性格爱好、生活经历等因素的差异，旅游者的需求已经越来越多样化、个性化，这也就决定了旅游资源开发的多样性。另外，一些企业为了吸引游客消费，不断创造新的旅游产品和服务，也使得各种各样的旅游资源得到了利用。从自然资源到人文资源，从有形的风景名胜到无形的文化传统、民俗风情，从传统的观光到新时代的购物和会展，风格迥异的旅游者总有自己热衷的、特殊的旅游资源。

4. 垄断性

旅游目的地区别于客源地独特的风土人情和自然美景，具有强烈的地方色彩和区域特征,构成吸引旅游者前来的旅游资源。地方的风土人情是当地居民和当地自然环境长期相互影响和相互作用的结果,因此不管是当地的人文旅游资源还是自然旅游资源,都有该地的地方特色,具有垄断性。有些学者也称"垄断性"为"不可移动性",意指旅游资源为某一国家或地区所特有,是经过人类和自然长期的相互影响、相互作用形成的,不能为他人在其他地方以任何形式复制。不管是自然资源还是人文文化,只有在自己原有的地方才能感受到它们是有记忆、有生命的,仿制再怎么成功,也将因其不具备原真性而失去欣赏参观的价值和意义。

头脑风暴

四川省成都市龙泉驿洛带古镇建有"金龙长城",城上有青砖、条石、烽火台、垛口、射口、望口,但为什么不能吸引游客?

5. 不可再生性

旅游资源,除人工可以栽培与繁殖的动植物外,可以说是一种不能再生的资源,一旦破坏将不复拥有。旅游者、旅游企业和当地居民或政府的不当行为,都有可能使旅游资源遭到破坏。有形的旅游资源如此,无形的旅游资源也是这样。一项使用过度的有形资源可能会因此遭到破坏而难以修复和更换,一项维护不当的无形资源一旦遭到破坏更是短期内难以恢复的。

头脑风暴

有人说,旅游资源可以重复使用,也就是说旅游资源也有永续性的特点。你是否同意这一说法?为什么?

8.2.3 旅游资源的价值

1. 旅游资源是旅游者开展旅游活动的前提和基础

美丽神奇的自然景观能够让旅游者在喧闹的城市中疲惫不堪的身心得到释放,原始森林的天然氧吧、布达拉宫的虔诚参拜、北京故宫的皇家遗物,无不吸引着相应的游客前来拜访。旅游业利用多种多样的旅游资源开发成符合旅游者需求的种类产品,为旅游者的旅游活动提供全程服务,因此,没有旅游资源却要发展旅游业,就等于是"无米之炊"。事实上,各种旅游活动,都要凭借旅游资源开发成旅游产品,旅游资源是旅游者开展旅游活动的前提和基础。

2. 旅游资源是旅游业发展的重要影响因素

一个国家或地区旅游资源的种类决定了其旅游业发展的方向。一个国家或地区旅游业所拥有的旅游资源的质量影响着旅游业发展水平的高低。旅游资源的质量是指旅游资源所具有的旅游价值的高低,包括旅游资源的美学特征、休闲康乐价值、历史文化价值、科学研究价值等。价值越高，对游客的吸引力就越大，旅游市场就越广阔，游客也就越多，旅游业就会得到快速发展。①一个国家或地区旅游资源的数量、多样性及其可进入性也是影响旅游业发展的重要因素。

即学即用

请你列举海南岛与云南省的旅游资源，并进行对比分析，试说明哪一个省更具有旅游发展潜力。

8.2.4 旅游资源的分类

旅游资源的种类从自然风光到人文文化、从有形到无形、从宗教到民俗、从古代遗址遗迹到现代的摩天大厦，凡是能够吸引游客前来参观体验的事物都是旅游资源。如此种类繁多的旅游资源应进行科学分类，使繁杂的旅游资源条理化、系统化，为进一步开发利用、科学研究提供方便。旅游资源的分类是根据其相似性和差异性进行归并或划分出具有一定从属关系的不同等级类别的工作过程。

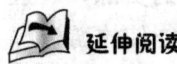延伸阅读

国外旅游资源分类方法

美国学者克劳森（Clawson）等以资源特性和游客体验依据，将旅游资源分为三大类，即旅游者导向型旅游资源、资源基础型旅游资源、中间型旅游资源，各种类型距离旅游者居住地远近不同，能满足旅游者的不同需求。加拿大的邓金阳（Jinyang Deng）等在对澳大利亚国家公园研究时将旅游资源分为人文（宗教、历史、建筑）和自然（环境、物质）两大类，并进一步划分自然类旅游资源，环境体系包括卫生系统、安全系统、舒适性，物质类则划分为气候现象、水、山、动物、植物。史蒂芬·L. J. 史密斯（Stephen L J Smith）在分析乡村旅游资源时从区域角度出发，以游客体验为依据，将旅游资源分为城市旅游、户外休闲旅游、近郊旅游、乡村旅游四大类型。

国家标准方面，西班牙的旅游资源普查与分类系统影响较大，将旅游资源划分为3个一级类型（自然景观、建筑人文景观和传统习俗）、7个二级类型（自然风貌、风俗、文学历史等）和44个三级类型（山色、瀑布、古堡、酿酒、捕鱼等）。由于分类的目的是建立全方位的旅游资源信息系统，并为旅游业发展提供详细的背景资料，它在具体分类中十分突出民族特色，文化气息浓厚。

国外旅游资源分类研究多结合具体案例，在分类的基础上予以评价，涉及旅游资源分类的理论研究较少，其突出特点是多从旅游者角度出发结合资源的特性，注重游客体验。相比国内，旅游资源的内涵更为广泛，划分方法也有所不同。

（资料来源：吴惠智，凌善金. 旅游资源分类方法及其应用研究[J]. 云南地理环境研究，2010，(6).)

1. 按旅游资源的属性分类

按照旅游吸引物的属性分类，可将旅游资源分为自然旅游资源和人文旅游资源两类。

---

① 甘枝茂，马耀峰. 旅游资源与开发[M]. 天津：南开大学出版社，2000.

自然旅游资源是天然赋予的、能使人们产生美感的自然环境或物象的地域组合，如地貌、水文、气候、生物等，以及其相互结合而成的自然环境；人文旅游吸引物是古今人类社会活动、文化、艺术和科技创造的载体和轨迹，如文物古迹、文化艺术活动、科技与建筑成就等。

1) 自然旅游资源

自然旅游资源是指以大自然造物为吸引力本源的旅游资源。在由各种自然要素、自然物质和自然现象所生成的自然环境或自然景观中，凡是具有观赏、游览、疗养、科学考察或借以开展其他活动的价值，从而能够引起旅游者来访兴趣的，都属于自然旅游资源的范畴。① 自然旅游资源可按照其形成的自然要素分为以下四种。

(1) 地文景观，包括综合自然旅游地、沉积与构造、地质地貌过程形迹、自然变动遗迹、岛礁。

(2) 水域风光，包括河段、天然湖泊与池沼、瀑布、泉、河口与海面、冰雪地。

(3) 生物景观，包括树木、草原与草地、花卉地、野生动物栖息地。

(4) 天象与气候景观，包括光现象、天气与气候现象。

2) 人文旅游资源

所谓人文旅游资源是古今人类各种社会文化活动的结果，其形成与分布不仅受历史、民族、意识形态等方面的因素的制约，还受到自然环境的深刻影响，并形成了明显的地域特征。这种特征使一个地区的人文因素成为吸引旅游者前来观光的旅游资源。② 人文旅游资源可分为以下四种。

(1) 遗址遗迹，包括史前人类活动场所、社会经济文化活动遗址遗迹。

(2) 建筑与设施，包括综合人文旅游地、单体活动场馆、景观建筑与附属性建筑、居住地与社区、归葬地、交通建筑、水工建筑。

(3) 旅游商品，指地方旅游商品，如菜品饮食、水产制品等。

(4) 人文活动，包括人事记录、艺术、民间习俗、现代节庆。

即学即用

请你按以上分类列举你所在城市各五个具有代表性的自然旅游资源和人文旅游资源。

2. 按旅游资源的功能分类

按照旅游吸引物的功能分类，可将旅游资源分为观赏型旅游资源、运动型旅游资源、疗养型旅游资源、娱乐型旅游资源和特殊型旅游资源等。

1) 观赏型旅游资源

观赏型旅游资源是指游客的体验方式以参观、观光为主的旅游资源，一般历史遗留下来的文物、历史遗迹等都属于典型的观光型旅游资源。不管是自然旅游资源，还是人文旅游资源，开发初期都只能供游客参观、观赏，属于观赏型旅游资源。

---

① 李天元. 旅游学概论[M]. 天津：南开大学出版社，2005.
② 谢彦君. 基础旅游学[M]. 北京：中国旅游出版社，2011.

2）运动型旅游资源

运动型旅游资源是指可供游客开展运动项目的旅游资源，包括专门为运动型游客开发的运动型旅游资源和可提供运动项目的运动型旅游资源两种。阿尔卑斯山脉是享誉全球的滑雪胜地，珠穆朗玛峰是登山爱好者的胜地，这些旅游资源是专门提供运动项目的旅游资源。另外，有些旅游资源也有运动这一附带价值，位于我国青海省的青海湖就是一个典型的例子。青海湖每年都有众多游客进行自行车环湖游，背上帐篷，骑上租来的自行车，绕着美丽的青海湖边，观看大自然赠予人类的美景，享受自行车运动带给我们的快乐。

3）疗养型旅游资源

疗养型旅游资源是指能够让游客疗养身体、舒缓身心，有益于游客身心健康的旅游资源。传统的疗养型旅游资源有特质矿物温泉旅游资源，现在也包括被称为天然氧吧的森林公园、新兴的养生旅游资源等。其实，旅游活动本身就有一个使命——让游客放松疲惫的身心，因此，一般的旅游资源都有一定的疗养作用，但是，狭义上的疗养型旅游资源是指对游客身体健康有一定功效的旅游资源。

4）娱乐型旅游资源

目前，基本上所有的旅游景区都有一些体验性的娱乐项目，如4D电影、缆车、索道、滑翔机等，但游客到达这些景区旅游，并不是以体验这些娱乐项目为主要旅游目标，所以不能称之为娱乐型旅游资源，所谓的娱乐型旅游资源是指以为游客提供娱乐项目为主的旅游资源。江苏省常州市的中华恐龙园就是一个以恐龙为主题的现代游乐园，园内除中华恐龙馆是观光型的恐龙化石博物馆之外，其他景点全部为恐龙主题的娱乐项目，如疯狂火龙钻、雷龙过山车、热舞恐龙车、穿梭侏罗纪、翼龙穿梭、迷幻魔窟等。

5）特殊型旅游资源

特殊型的旅游资源是指游客因除旅游之外的其他目的而去参观的旅游资源，包括朝圣旅游、经商旅游、探亲旅游、科学考察旅游等。例如，布达拉宫就是西藏有名的朝圣旅游目的地，这里每天都有各地的藏传佛教的信徒前来朝拜。甘肃天水一年一度的伏羲文化节是为了祭奠华夏始祖伏羲而举办，每年这里都要接待来自中国台湾等地的众多华人华侨，他们不远万里，来到羲皇故里寻根祭祖。

 特别提示

按照旅游资源功能的不同分为以上5类旅游资源，但是这些旅游资源不是独立存在的，不同的旅游资源类型组合共同构成旅游景区。旅游资源的功能也不是独立存在的，一种旅游资源在不同的时间、不同的地点，从不同的角度认识，具有不同的旅游功能。例如，迪斯尼乐园既具有娱乐功能，也具有观赏功能。

8.2.5 旅游资源的容量

旅游地的旅游资源容量是指在保持旅游活动质量的前提下，旅游资源所能容纳的最大旅游者人数或者旅游活动量，也是旅游资源可持续利用的最大边界。对旅游资源的测算，一般是对旅游地已经开发的旅游景区的容量测算,其具体方法有面积算法和线路算法两种。[①]

1. 面积法

根据旅游景区可供游览的空间面积、游客周转率和人均游览空间标准进行测算。不同类型的旅游地游览空间标准是不同的,可根据世界旅游组织提供的标准进行计算。计算公式为

$$N_{area}=\frac{S_A}{S_B}\times R$$

式中,N_{area}——旅游景区面积日容量(人次/日);
S_A——旅游景区可供游览的空间面积(平方米);
S_B——旅游景区人均游览空间标准(平方米/人);
R——游客周转率(每天开放时间÷每个游客平均滞留时间)。

2. 线路法

根据旅游景区的游览线路总长度、游客周转率和游览线路间距标准来进行测算。计算公式为

$$N_{line}=\frac{2L}{B}\times R$$

式中,N_{line}——旅游景区线路日容量(人次/日);
L——旅游景区游览线路总长度(米);
B——旅游景区游览线路间距标准(米/人);
R——游客周转率(每天开放时间/每个游客平均滞留时间)。

特别提示

旅游资源容量不仅是环境承载力的重要指标,也是保证旅游满意度的重要因素。旅游活动不能超过旅游资源的容量,否则将影响旅游环境,并影响旅游活动的质量。

8.3 旅游信息和标识

8.3.1 旅游信息和标识

1. 旅游信息

旅游作为一种与信息传播密切相关的活动和产业,对信息有天然的依赖性。旅游产品的购买、消费在空间上的异地性和时间上的异步性特点使得旅游者与旅游产品之间形成了巨大的信息鸿沟,旅游者的决策行为、目的地的形象塑造、旅游企业的产品推广都有赖于

---

① 张卫红. 旅游管理[M]. 北京:中国金融出版社,2006.

有效的旅游信息传播。

冈恩（Gunn）从旅游者认知角度将旅游目的地形象划分为两种："原始形象"（organic image）——旅游信息传播与接受行为都是无导向和无意识的行为；"诱导形象"（induced image）——旅游目的地企业有意识地通过广告等促销宣传形式传播旅游信息。可见，旅游信息及其传播对旅游者了解旅游目的地，以及其消费行为都会产生重要影响。

一般情况下，旅游者在没有旅游经验的前提下，出游之前主要是通过旅游目的地的各种宣传资料了解当地的旅游信息，这些信息是在旅游者心目中形成目的地形象的主要依据，旅游者通过这些信息判断旅游目的地对他们是否具有吸引力，从而决定是否购买旅游目的地的产品。因此，在出游之前，旅游目的地提供的信息成为影响游客出游决策的重要因素之一。

在你出游之前，你需要查找目的地哪些旅游信息？你是通过什么样的渠道获得这些信息的？

2. 旅游标识

旅游标识是旅游信息的载体，指各种提示人们前往某地旅游的旅游信息。这些信息的功能主要是唤起人们去某地旅游的欲望。① 从"标识"的字面上看，他们是有两个动态的字组成，标就是做出某个标准，识则是受动客体在施动主体"引导"下完成识别和了解的行为过程。据此，我们将旅游标识定义为：由图形、色彩、文字等元素通过创意性的表现形式和手法构成，传递旅游地形象信息的载体。

旅游标识是一种具有特殊交际功能的公示语，是旅游地信息的浓缩载体，是旅游地的"名片"。旅游标识是旅游公共空间活动的重要角色，它能反映心态（权威或礼仪）、描述活动内容（旅游活动或节事活动）、暗示旅游价值高低（昂贵或便宜）。在旅游系统中，旅游标识对旅游者前往旅游目的地产生拉动作用，尤其是对那些未曾到达过该目的地的游客更是如此。良好的、清晰的（正面的）旅游标识可以增强旅游目的地的吸引力；相反，制作质量差、不能准确传达旅游目的地信息的（负面的）旅游标识将减弱旅游目的地的吸引力。

 特别提示

让标识"会说故事"，这个理念最早是华特·迪斯尼提出的，他的概念是"当游客在娱乐、休闲和用餐的同时，一定要告诉他们一个故事"，这种概念可以让游玩的过程更尽兴、更有趣，就如众所皆知的迪斯尼乐园内的夸张标识系统，是老少皆宜的旅游标识。

你能想象美国时代广场上没有标识物吗？或者你能想象成都大熊猫繁育基地没有大熊猫标识吗？以你所在城市旅游景区为例，试分析旅游标识对潜在旅游者和景区旅游者产生的吸引作用。

---

① 陈才，王海利，贾鸿．对旅游吸引物、旅游资源和旅游产品关系的思考［J］．桂林旅游高等专科学校学报，2007，（2）．

8.3.2 旅游信息传播的手段

随着科技的革新和电子计算机的快速发展，旅游目的地的营销手段已经从纸质版报纸杂志到电视版视频短片，再到今天的网络营销、文化传媒整合营销，旅游目的地信息和旅游标识传达到旅游者的手段越来越多，速度越来越快。旅游者可以通过各种渠道接收旅游信息，而旅游标识承载的信息和传播方式也在发生变化。

（1）传统的旅游信息传播方式，包括人员促销、宣传图册、海报、报纸、杂志、电视短片等。

（2）新兴的旅游信息传播方式，包括网络媒体、交通工具移动媒体、影视媒体、旅游形象大使、节庆赛事等。

（3）整合的旅游信息传播方式，即整合多种传播渠道，同时进行旅游目的地旅游信息的传播。

 即学即用

以一旅游景区为例，列举该景区采取的旅游信息传播方式，并分析不同信息传播方式对旅游目的地产生的吸引力。

8.3.3 旅游信息传播的原则

1. 市场导向性原则

旅游信息的传播和旅游标识的制作最终的目的是吸引旅游者。旅游者喜欢什么类型的信息、排斥哪些信息、对什么样的信息更感兴趣，掌握这些信息对旅游目的地市场营销非常重要。因此，充分调查目标客源市场的消费需求、消费习惯、消费偏好等信息，是旅游目的地旅游信息发布和旅游标识制作的前提条件。此外，旅游者容易以什么样的方式接受、通过哪些途径接受旅游信息，也是旅游目的地旅游信息的传播和旅游标识制作时需要注意的问题。

2. 实时性原则

旅游信息的传播和旅游标识的制作不能一劳永逸，要根据目标市场需求和目的地现实条件的变化，与时俱进，推陈出新，旅游形象标识和主题口号更应如此。例如，北京在2008年提出的"新北京、新奥运"的口号，就很好地传递了2008年北京市举办奥林匹克运动盛会的事实，让游客很容易就记住了北京当年及随后一段时间内最鲜明的旅游主题——奥运会场馆体验游。

 延伸阅读

实时性城市旅游宣传口号

2008年，北京举办第29届奥林匹克运动会——新北京、新奥运。

2010年，上海举办第41届世界博览会——中国上海，发现更多，体验更多。
2012年，伦敦举办第30届奥林匹克运动会——游伦敦、看世界。
2013年，成都举办财富论坛——财富之城，成功之都。

3. 真实性原则

旅游信息的传播和旅游标识的制作要充分尊重目的地现有的自然存在和人文要素，不能凭空幻想或臆造。在网络信息如此便捷的时代，信息的传递都是非常迅速和广泛的，任何虚假信息都有可能在短时间内被发现。旅游目的地一旦传播虚假信息，不但不能吸引潜在的旅游者，反而会给旅游者留下不良印象，破坏旅游目的地的吸引力。另一方面，如果虚假信息在旅游者出游之前没有暴露，虽然该信息或标识对旅游者会产生吸引力，但当旅游者到目的地旅游以后发现受骗上当，会严重影响旅游者的满意度，造成负面的口碑传播，对旅游企业和旅游目的地的信誉造成不良影响。

 案例故事

游船公司虚假宣传，承诺不兑现，再游一遍

"五一"黄金周期间，安徽省的张先生等13名旅游者乘坐武汉某游船公司的游轮游览长江三峡。该公司重庆售票点在销售宣传时说：在重庆—武汉段可安排游览丰都鬼城、张飞庙、白帝城、大小三峡、岳阳楼等7个旅游景点，船上住宿三等舱为6～8人间，配有空调和彩色电视机。然而，实际上游客住的是10人间，没有空调和彩色电视机，仅有的两台电扇还是坏的，且安全、卫生条件很差。整个旅途过程只游览了丰都鬼城和小三峡，其余的景点均没有组织游客游览或观看。当得知最后一个景点（岳阳楼）也不能游览时，整个游轮上的游客表示强烈不满，纷纷要求船长出面说明情况。而船方仅派出一名服务人员出来稍作解释，答应给每位游客退还25元人民币的景点门票费作为补偿。

旅游者一致认为在"五一"期间挤出宝贵时间，并每人花费570元，慕名而来，游览长江三峡，实际却在船上熬过了三天四夜，除了吃饭和睡觉就是看江水，由此造成的时间和精神上的损失是25元钱远远不能弥补的。游船公司虚假宣传是对消费者的欺骗行为，故联名对此进行投诉。

处理结果如下。

旅游质量监督管理所经调查核实，被诉方游船公司售票人员在宣传中夸大其词、误导旅客，虚假宣传，致使游客享受不到应有的服务，合法权益受到了侵害。因此，旅游质量监督管理所要求该公司对其内部各项经营行为和服务质量进行整改。责成公司领导亲自带队前往淮北市向张先生及所在单位赔礼道歉，以求得游客谅解。根据双方协商，达成了如下补偿协议：①游船公司免费安排投诉人乘坐游船再次游览三峡。②船费及武汉—淮北返程硬座火车票由游船公司承担，其他费用由投诉人自行负担。投诉人对处理结果表示满意。

（资料来源：典型旅游投诉案例分析：游船公司虚假宣传，承诺不现，再游一遍. 雅虎网[EB/OL]. (2011-3-9). http://travel.cn.yahoo.com/ypen/20110309/249783.html.）

8.4 旅游目的地环境

旅游目的地的政治稳定程度、经济发展程度、自然环境、与客源地文化差异程度等构成旅游目的地的整体环境。在旅游吸引物系统中，旅游目的地的环境不仅影响当地居民的

生活,在很大程度上也影响着旅游目的地的吸引力。作为旅游吸引物系统的一部分,旅游目的地的社会环境良好,旅游者并不会被此所吸引,从而到目的地出游。然而,旅游目的地的社会环境差,旅游吸引力减弱,则对旅游需求产生抑制作用。

8.4.1 政治环境

旅游目的地内部的政治环境稳定、社会治安情况良好,能够给身居异乡的旅游者以安全感;相反,旅游目的地治安情况差,甚至有暴乱、恐怖袭击、战争等发生,旅游者出于安全考虑,一般不会选择去这样的国家或地区旅游。"9·11"恐怖袭击使得美国的旅游业受到重创,人们在为那些受害者悲伤的同时,也庆幸自己当时没有在场,这种巨大的阴影在很长一段时间笼罩着美国旅游市场,使得很多人对去美国旅游望而却步。因此旅游目的地的政治环境的稳定可以增加旅游吸引物的吸引力,否则,将减弱旅游目的地的吸引力。

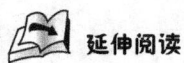 延伸阅读

美国"9.11"事件打击了全球旅游经济增长

2001年是世界旅游业在近20年发展中遭受最严重挫折的一年。根据世界旅游组织和世界旅游及旅行理事会的报告分析,由于美国"9.11"事件的影响,2001年全球国际旅游入境人数仅为6.89亿人次。与2000年的6.98亿人次相比下降了1.3%,是近20年来国际旅游发展的最低潮,比1982年由于世界经济危机影响下降0.4%和1991年海湾战争影响仅增长1.2%的水平还要分别低0.9%和2.5%,严重打击了全球旅游经济的发展。

(资料来源:罗明义.旅游经济学原理[M].上海:复旦大学出版社,2004.)

8.4.2 经济环境

旅游的经济环境对旅游吸引力的影响应当从两个方面进行分析:一是旅游客源地的经济环境;二是旅游目的地的经济环境。如果旅游客源地的经济环境好,旅游者的可支配收入高,旅游者出行的意愿就强。相反,如果旅游客源地经济危机发生,失业率上升,旅游者的可支配收入降低,即使旅游目的地有更好的旅游产品,也会减少旅游者的出行意愿。旅游目的地的经济环境是旅游系统中的拉力因素。如果旅游目的地物价低,意味着旅游者在旅游目的地的消费成本低。在服务品质相同的情况下,旅游者更愿意购买旅游目的地价格低的旅游产品。反之,如果旅游目的地消费价格高,意味旅游者的旅游成本增加,就会减少旅游目的地的吸引力,游客可能转向其他消费水平低的旅游目的地国家或地区。

 案例故事

去海南不如去东南亚

记者了解到,不仅泰国游火爆,春节期间出境游市场普遍看涨。截至2013年1月17日数据显示,

武汉地区市民预订出境游的人数占总出游人数的84.09%，较2012年同期同比上升近30%，几大旅行社数据显示，报名境外游的人数超过6%。

"长假期间在国内挤景点太不幸福了。"专家称，2012年春节期间，一家三口到海南自助旅游，在经过了飞机晚点、吃海鲜被"宰"、景区堵人等诸多烦恼后，疲惫地回到武汉。最后算了一笔账，住一晚四星级的酒店就要2 000多元，吃一顿海鲜近2 000元，待了6天花了27 000多元，用这笔钱出国旅游都绰绰有余，实在不划算。

记者发现，春节期间，国内机票、酒店等确实是高位运行，往返交通费上涨，加之旅游目的地的住宿、交通成本居高不下，整体拉高了国内长线游价格，而出境短线，如东南亚方向，虽然比自身往常价格有所增长，但以同样的星级酒店、同样海鲜大餐计算，总花销还是低于海南游，出现价格"倒挂现象"。不少旅游者表示，"与其花贵得多的钱到海南凑热闹，不如花同样的钱到东南亚国家转一转"。

(资料来源：春节旅游选择出境游游客多 去海南不如去东南亚[EB/OL]. 中国国旅(上海)网(2013-1-23). http://www.sh51766.com/view/view_15031.htm.)

人民币升值以后，中国公民出境旅游是增加了还是减少了？试分析其原因。

8.4.3 文化环境

文化差异程度与旅游吸引物的吸引力关系较为复杂，与旅游者的心理类型有关。根据普罗格心理类型分析，多中心型的旅游者思想开朗，兴趣广泛多变，行为上表现为喜新奇、好冒险、活动量大、不愿随大流、喜欢与不同文化背景的人打交道。与之相反，自我中心型的人思想上谨小慎微，多忧多虑，不爱冒险，行为上表现为喜安乐、好轻松、活动量小、喜欢熟悉的气氛和活动。① 首先，对于多中心型的旅游者而言，喜欢比较新奇、陌生的环境，文化差异越大，该类旅游者的好奇心越强，旅游吸引物的吸引力也就越大；与之相反，文化差异太小，该类旅游者认为没什么新奇的，也就对旅游吸引物失去了参观的兴趣。其次，对于自我中心型的旅游者，喜欢比较熟悉的文化背景，喜欢文化差异较小的旅游目的地。文化差异太大，会让该类旅游者缺乏安全感，因而放弃去不熟悉的旅游目的地。

你认为东道主文化与游客的文化背景差异性大更吸引游客，还是差异性小更吸引游客？为什么？

8.4.4 自然环境

自然环境是旅游目的地环境的组成部分，也是吸引旅游者出行旅游的重要因素。旅游目的地自然环境与客源地的差异更能够激发旅游者的旅游动机。美好的自然环境是世俗体验的载体，也是审美体验的基础。自然环境的多样性、独特性往往吸引大批旅游客前往旅

---

① 李天元. 旅游学概论[M]. 天津：南开大学出版社，2005.

游目的地旅游、观赏、体验，如四川的九寨沟、安徽的黄山、广西的桂林成为旅游胜地。最近全球自然灾害频发，导致自然环境发生变化，如 2008 年 5 月 12 日我国汶川地震，2011 年 3 月 11 日日本福岛发生 9 级地震，以及近年来欧美地区的极寒天气等，对旅游目的地吸引力都产生了重大影响。此外，自然环境的变化还会导致某些旅游景区的吸引力产生季节性变化，出现旅游者出行集中的情况。

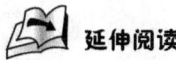 **延伸阅读**

五岳归来不看山，黄山归来不看岳

黄山以变取胜，一年四季景各异，山上山下不同天，而且朝夕有别。初春：繁花似锦，五彩缤纷，漫山杜鹃，争奇斗艳，十里桃花，姹紫嫣红；盛夏：涌泉池清，峭壁飞瀑，层峦叠翠，绿荫遍地，奇花异草，芳香诱人；金秋：丹枫如火，山花流芳，层林尽染，凝紫飞红，绚丽璀璨；严冬：银装素裹，玉树琼楼，雾凇冰挂，晶莹雅洁。黄山独特的花岗岩峰林，遍布的峰壑，千姿百态的黄山松，惟妙惟肖的怪石，变幻莫测的云海，构成了黄山静中有动、动中有静的巨幅画卷，赋予了黄山的艺术魅力，塑造了黄山永恒的灵性、神奇的风采。无峰不石，无石不松，无松不奇，黄山以奇松、怪石、云海、温泉四绝著称于世，吸引八方游客。

（资料来源：安徽黄山风景区简介[EB/OL]．黄山旅游导航网．(2007-3-30)．http://www.hstrip.com/s2007330111031.html．）

本 章 小 结

旅游吸引物系统由旅游资源、旅游产品、旅游信息标识和旅游目的地环境构成。本章辨析了旅游吸引物的概念和内涵，分析了旅游吸引物系统的构成因素及对旅游系统吸引力大小的影响情况，介绍了旅游资源的概念、特点、价值、分类和旅游资源容量。其中旅游产品的相关内容将在第 9 章详细探讨。本章还阐述了旅游信息标识物的概念、分类和制作，其传播手段对旅游吸引力将产生不同效果，从而影响旅游者的旅游活动。旅游目的地环境是旅游吸引物系统的重要组成部分，目的地良好的自然和社会环境会吸引游客出游，反之，不良的目的地形象将会阻碍旅游者前往，转向其他旅游目的地。

 关键术语

旅游吸引物(tourist attraction)：在现实条件下，任何能够激发人们的旅游动机，吸引旅游者进行旅游活动的一切自然客体与人文因素的总和。

旅游资源(tourism resource)：客观地存在于一定地域空间并因其所具有的愉悦价值而使旅游者为之向往的自然存在、历史文化遗产或社会现象。

自然环境(natural environment)：环绕人们周围的各种自然因素的总和，如大气、水、植物、动物、土壤、岩石矿物、太阳辐射等，是人类赖以生存的物质基础。

旅游标识(tourism logo)：由图形、色彩、文字等元素通过创意性的表现形式和手法构成，传递旅游地形象信息的载体。

课 后 练 习

一、选择题

1. 在以下选项中，旅游吸引物系统中吸引力的本源是（　　）。
   A. 旅游资源　　　　　　　　　　B. 旅游产品
   C. 旅游信息标识　　　　　　　　D. 旅游目的地环境
2. 在以下选项中，旅游吸引物系统吸引力的限制性因素是（　　）。
   A. 旅游资源　　　　　　　　　　B. 旅游产品
   C. 旅游信息标识　　　　　　　　D. 旅游目的地环境
3. 为了辨析旅游产品与旅游资源的关系，可将旅游资源划分为资源产品（　　）。
   A. 共生型　　B. 提升型　　C. 伴生型　　D. 以上全部选项
4. 旅游产品与旅游吸引物系统的关系是（　　）。
   A. 旅游产品包含旅游吸引物　　　B. 旅游产品没有旅游吸引物
   C. 旅游吸引物包含旅游产品　　　D. 旅游吸引物没有旅游产品
5. 旅游资源对某些旅游者吸引力很强，而对另外一些旅游者无多大的吸引力，这体现了旅游资源吸引力的（　　）。
   A. 定向性　　B. 综合性　　C. 多样性　　D. 垄断性
6. 按照旅游资源的属性分类，旅游资源可被分为自然旅游资源和（　　）。
   A. 观赏型旅游资源　　　　　　　B. 人文旅游资源
   C. 运动型旅游资源　　　　　　　D. 疗养型旅游资源
7. 旅游资源不管是以单体或复合体的形式存在，都依托于一定的地域空间，是不能（　　）的。
   A. 开发　　B. 利用　　C. 保护　　D. 移动
8. 旅游标识是一种具有特殊交际功能的公示语，是旅游地信息的（　　）。
   A. 介体　　B. 本体　　C. 载体　　D. 物体
9. 目的地环境影响旅游的吸引力。在其他条件不变的情况下，目的地的货币相对客源地货币升值，会导致入境旅游人数的（　　）。
   A. 增加　　B. 减少　　C. 不变　　D. 不确定
10. 一般来讲，对于多中心型的旅游者而言，文化差异越大，吸引力就（　　）。
    A. 越大　　B. 越小　　C. 不变　　D. 不确定

二、填空题

1. 旅游吸引物包括已经开发为景区的旅游资源，该资源已成为_____。
2. 在旅游吸引物系统的四个构成要素中，影响吸引力程度的因素是旅游产品和_____。

3. 旅游资源划分为资源产品共生型、提升型和_____三种类型。
4. 自然景观和_____对于旅游资源的依存度高，而草本花卉、水体、动物依存度不高。
5. 人文旅游资源可分为以下四种遗址遗迹、建筑与设施、旅游商品和_____四种。
6. 旅游资源的质量是指旅游资源所具有的旅游价值的高低，包括旅游资源的美学特征、休闲康乐价值、_____、科学研究价值等。
7. 对旅游资源的测算，一般是对旅游地已经开发的旅游景区的容量测算，其具体方法有面积算法和_____两种。
8. 旅游信息标识的制作要遵守目的地旅游资源的实际情况，不能盲目创造设想，即遵循_____原则。
9. 2013年财富论坛召开期间，成都提出的旅游信息标识"财富之城，成功之都"体现了_____原则。
10. 旅游的经济环境对旅游吸引力的影响应有两个方面，一是_____的经济环境，二是旅游目的地的经济环境。

三、判断题

1. 在雷柏尔的旅游系统模型中，旅游吸引物一般位于旅游目的地，对旅游者产生推力作用。（ ）
2. 旅游资源完全因他目的而生产或存在，只是由于人们价值观的缘故而在一定历史时期成为旅游资源。（ ）
3. 人们看见的光现象、天气和气候现象不是旅游资源，也不是旅游吸引物。（ ）
4. 旅游标识能描述活动内容（旅游活动或节事活动），暗示旅游价值高低（昂贵或便宜）。（ ）
5. 在一定条件下，旅游者的旅游活动可以不需要旅游资源或旅游吸引物。（ ）
6. 一个旅游目的地旅游形象标识和主题口号应当固定，以便旅游者留下永久的记忆。（ ）
7. 旅游资源是一种再生资源，可以反复开发使用，创造良好的经济效益。（ ）
8. 旅游目的地自然环境与客源地的差异越大，旅游者的旅游愿望就会越强。（ ）
9. 吸引旅游者到旅游目的地去旅游的环境因素主要是优美的自然环境。（ ）
10. 一个国家的经济环境越好，旅游吸引力就越大，去该国旅游的人就会越多。（ ）

四、问答题

1. 旅游吸引物的概念是什么？
2. 与一般资源相比，旅游资源有哪些特点？
3. 按照旅游资源的功能，可将其分为哪几类？
4. 按照线路法测算旅游资源的容量的公式，其公式中的符号分别代表什么含义？
5. 旅游信息标识的制作应当遵循什么原则？

五、论述题

1. 阐述旅游吸引物系统的构成及其各要素对其旅游吸引力的影响。
2. 分析旅游目的地政治环境与旅游吸引力的关系,举一例说明。

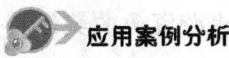 应用案例分析

中国香港和新加坡的旅游吸引物

中国香港和新加坡都是成功的国际旅游目的地,这两个地方的战略目标都是成为亚洲重要的城市旅游目的地。要实现这个目标,必须巩固现有力量,设计创新产品,通过吸引物的建立和升级增加市场吸引力。遗产对目标的实现意义重大,中国香港旅游委员会对这一点尤为重要,历史建筑物和古遗址都得到了认定,新成立的遗产旅游组织鼓励多样化传统的保存。新加坡同样重视遗产和传统文化的吸引力,目前的旅游计划打算在合适的开发区建立一系列遗产和文化吸引物,以唐人街为主题的种族区正在施工阶段。然而,由于项目缺乏当地居民的参与,试图通过生活社区来取代主题公园,因此产生了不少的争议。

对中国香港遗产旅游的结论是"以产品的提高和简化实现制度化",这一结论可能也适用于新加坡。两个目的地的旅游当局都意识到遗产作为市场化商品的卖点,并进行了全力营销,从而成为遗产开发保护的支持者。中国香港的旅游文献提供了从古代中国、英国殖民时期,到历史景点、遗产踪迹、传统民俗的一系列遗产建筑物。新加坡也为纪念碑、建筑物和景点等物质遗产做了广告,这些遗产大多起源于殖民时代,但本土的建筑和民族文化遗产的表现也非常有特色。两地都具有各式各样的纪念历史和文化的博物馆和艺术长廊。

新加坡是由殖民地发展而来的,存在的历史比较短,所以这些政策反映了政府对遗产保护的态度。城市化和产业化的迅速发展使得小岛发生了极大的变化,但几乎无人关心古建筑的保护,并认为古建筑的保护是对稀有土地资源的不合理应用,是城市发展的障碍。后来,遗产经过重新界定,被公认为是国家建筑和旅游发展的积极推动力,增强了统一的新加坡的理念和特征,完全超越了其他的忠诚,因为"只有拥有历史和回忆的国家……才有凝聚力、连续性和形象特征……才能使来自地球各个角落的人们走到一起,创造一段共同的历史"。因此,文化遗产吸引物的出现是新加坡呈现了一幅各族人民和平共处的景象,使得种族之间的矛盾得到了一定程度的缓和。保护的纪念碑也呈现出了均衡发展的景象,中国和印度的佛教寺庙、穆斯林清真寺、基督教堂等各种宗教场所都各有所长。起源于19世纪的唐人街、小印度、格兰村被纳入到了保护计划中,得到新的发展和合理的在开发利用。官方旅游通过对食品、传统、节庆和文化事件的宣传,进一步塑造新加坡多元文化的特征。

中国香港和新加坡都既有遗产吸引物,又有现代吸引物。在宣传促销中,都致力于塑造迷人的东西方交融的城市形象,与遗产吸引物相提并论,现代化的城市设施如现代化酒店、购物中心、会议场地和交通设施,受到高度重视。中国香港和新加坡都打出了体验购物、美食及享受艺术和世界级节事的广告。海洋公园和杜莎夫人蜡像馆是中国香港的另外两个卖点,而新加坡将圣淘沙定位于假期游乐场,形成了特殊类型的旅游吸引物。

中国香港市场营销活动的目的是建立中国香港动感之都的形象,使中国香港传统和现代完美结合的品牌理念更加丰富。新加坡旅游局也通过"新亚洲——新加坡"品牌描绘了现代化的、发展的国际大都市形象,"新亚洲——新加坡"品牌计划于1996年开始实行。品牌个性化的趋势是世界性、年轻化、活跃性、现代化、信任感和舒适感,中国香港和新加坡在内容和实施过程中存在明显的雷同。

放眼未来，现代吸引物是中国香港和新加坡战略计划的核心，从实际和计划投资的角度来衡量，远远超过了遗产。但这种东方与西方、古老的和现代的令人兴奋的融合同样存在危险，如果过度地强调国际化模式的吸引物，将会丧失感知的和现实的独特性，二者发展的道路也都是通过构思的吸引物建立统一的旅游景点，营销方式也很相似。如何维持历史和现在的平衡，并且确保一些遗产，如建筑环境和文化传统，不被现代化和全球化的过度发展和竞争所淹没，成为一个重要问题。因此，遗产被认为是一剂良药，遗产的保护可以使地方保持特色、内在品质和商业吸引力，遗产是对抗竞争者的良好方式。

讨论：

(1) 请列举本案例中香港和新加坡吸引物，并根据旅游吸引物的定义进行分类。

(2) 怎样处理好开发遗产吸引物与现代吸引物二者之间的关系？你认为香港和新加坡在旅游目的地吸引物的开发和营销方面有何得失？

（资料来源：[英]艾伦·法伊奥，[英]布莱恩·加洛德，[英]安娜·利斯克. 旅游吸引物管理新的方向[M]. 大连：东北财经大学，2005.）

第 9 章　旅游产品

教学目标

通过本章的学习，掌握旅游产品的概念，重点学习旅游产品的层次、构成，以及与一般消费品不同的特征。了解旅游产品设计与开发的原则、程序，熟悉旅游产品组合的标准。掌握旅游消费的内涵，重点理解什么是旅游体验及两种不同体验对旅游者的意义。

教学要求

教学内容	重点☆、难点＊	教学提示
认识旅游产品	(1) 旅游产品的概念 (2) 旅游产品的构成☆＊ (3) 旅游产品的层次 (4) 旅游产品的特点☆	本章主要与第1章、第2章、第4章、第6章、第7章、第8章、第12章等内容相关联，教学时可前后对应，以便掌握各章节教学内容的内在联系
旅游产品的设计与开发	(1) 旅游产品的设计与开发原则 (2) 旅游产品组合☆	
旅游消费与体验	(1) 旅游消费☆ (2) 旅游体验☆＊	

> 旅游是获得愉悦感和浪漫性的最好媒介。
>
> ——麦金托什

基本概念

旅游产品　旅游产品组合　旅游消费　旅游体验

第 9 章 旅游产品

导入案例

两日古迹寻踪——意大利罗马

古老的罗马,散落在城市里和角落间的每一处遗迹都让人振奋不已。古色古香的建筑,精美绝伦的雕塑,美丽多彩的壁画,伟大的文化和历史,成就了古罗马帝国的经典。在城市里穿行,仿佛时光倒流,感知历史,追寻文化,扑面的全是这个城市带来的古老的信息。

1. 线路

第一天:梵蒂冈博物馆、圣彼得广场、圣彼得教堂、西斯廷教堂、圣天使堡。

早餐后,喝上一杯浓浓的咖啡,随后前往著名的梵蒂冈。这座特别的小城里,美丽得让人心醉。参观梵蒂冈博物馆后,前往圣彼得广场,遥想当年艺术家们在这里的工作场面。登上圣彼得教堂,俯视这广场上的景色,更加让人感叹。教堂中的大圆顶出自米开朗基罗之手,青铜华盖和宝座是贝尼尼的杰作。下午来到西斯廷教堂,《最后的审判》是这里的特色。最后,来到圣天使堡,走在圣天使桥上,12 尊天使塑像映入眼帘。

第二天:万神殿、威尼斯广场、古罗马广场、罗马斗兽场、君士坦丁凯旋门、金宫。

上午先去著名的万神殿去观仰万神,然后前往威尼斯广场游览,穿过古罗马广场,来到圆形竞技场,感受古时的人兽战斗的壮烈场面。下午来到君士坦丁凯旋门,这里曾是巴黎凯旋门的模板。最后,到金碧辉煌的金宫,感受气派的皇家建筑。

2. 交通

地铁有 A 和 B 两条线路,均经过中央火车站。Linea A 线车主要经过 Piazza di Spagna 广场(西班牙广场)、梵蒂冈(Ottaviano)站,Linea B 线车则主要前往罗马圆形大剧场、大竞技场和 Piramide 等地。

3. 住宿

罗马作为世界著名的旅游城市,在住宿方面提供的选择也是颇多的,在中央火车站、梵蒂冈及台伯河岸区的住宿选择更多。罗马可以提供多种层次的住宿,满足不同层次游客的住宿需求,且服务周到。

4. 美食

罗马的饮食文化具有相当的多样性,从世界顶尖水平的厨艺,到典型的罗马餐饮,有犹太人的贝壳水产、拉齐奥的特产和美味的鱼宴。更多的美食只能在深入接触意大利菜后才能得以体验。

5. 购物

提到去意大利购物,十个人有九个半会兴奋得眉飞色舞,因为意大利的皮件、流行服饰、K 金饰品及许多个性商品可都是世界顶尖级的,如 Prada、Gucci、Fendi 等。

(资料来源:目的地指南—意大利罗马[EB/OL]. 百度旅游. http://lvyou.baidu.com/luoma/.)

点评:

旅游者的综合感受是旅游产品的核心。罗马的景点、交通、住宿、美食、物品、娱乐,包括旅游线路都属于旅游产品,但是游客购买的不是每一个单项旅游产品,获得的是单项产品组合所带来的综合感受,是罗马二日游"感知历史,追寻文化"的经历和体验。

9.1 认识旅游产品

旅游者离开常住地,通过旅游路径到达旅游目的地,再从目的地回到常住地的全过

程，也是旅游者消费旅游产品的过程。在雷柏尔旅游系统中，旅游者的空间移动过程其实也是旅游者消费旅游产品的全过程。在旅游系统客源地、旅游通道、旅游目的地每一个环节中，旅游企业为旅游者都提供了吃、住、行、游、购、娱等综合服务。应当注意的是，旅游者消费的产品不应该片面地理解为每一个单一的有形旅游产品，而应当是旅游企业提供的综合服务，获得的是旅游的综合感受，是一次经历、体验和回忆。

9.1.1 旅游产品的概念

从旅游需求方——旅游者的角度出发，旅游产品是指游客花费了一定的时间、费用和精力所换取的一次旅游经历。这个经历包括旅游者从离开常住地开始，到旅游结束归来的全部过程中，对所接触的事物、事件和所享受的服务的综合感受。[①]

从旅游产品的供给方来看，旅游产品是指旅游经营者凭借着旅游吸引物、交通和旅游设施，向旅游者提供的用以满足其旅游活动需求的全部服务和产品，包括旅游服务、旅游体验、旅游节事、旅游信息、旅游创意、美食购物等。[②]

中国著名旅游学专家谢彦君认为，从本质上来讲，旅游产品是指为满足旅游者的愉悦性休闲体验需要而在一定地域上被生产或开发出来以供销售的物象与劳务的总和。

综上所述，本书认为旅游产品是指旅游经营者为了满足旅游者的旅游需求，为其提供愉悦性体验并能从其销售中获利而生产或开发出来的，有形的物质产品和无形的服务产品的总和。

9.1.2 旅游产品的内涵

1. 旅游产品的构成

旅游产品从构成上可以分成两种：一种是核心旅游产品（core product of tourism），另一种是组合旅游产品（package product of tourism）。

（1）核心旅游产品（原初形态）：具有能满足旅游者审美愉悦需要的效用和价值。

（2）组合旅游产品（终极形态）：旅游企业或旅游相关企业围绕旅游产品的核心价值而做的多重价值追加，这种追加具有几乎满足旅游者旅游期间一切需要的效用与价值。

最典型的旅游产品是已经被开发出来的旅游地，它是指出于交换目的而开发出来的能够向旅游者提供审美和愉悦的客观凭借的空间单元，而旅游批发商或零售商在销售旅游产品时，通过其他服务产品围绕旅游产品进行适当组合，可大幅度地增加旅游产品的利益成分，甚至使旅游产品扩展成为对应于旅游者旅游全过程的一种整体产品。[③]因此，将旅游产品作为一种整体产品看待，旅游利益构成及相互关系就会展现在我们眼前。旅游利益构成模型如图9.1所示。

[①] 石长波. 旅游学概论[M]. 哈尔滨：哈尔滨工业大学出版社，2004.
[②] 朱玉槐. 旅游学概论[M]. 西安：西北大学出版社，1993.
[③] 谢彦君. 基础旅游学[M]. 2版. 北京：中国旅游出版社，2004.

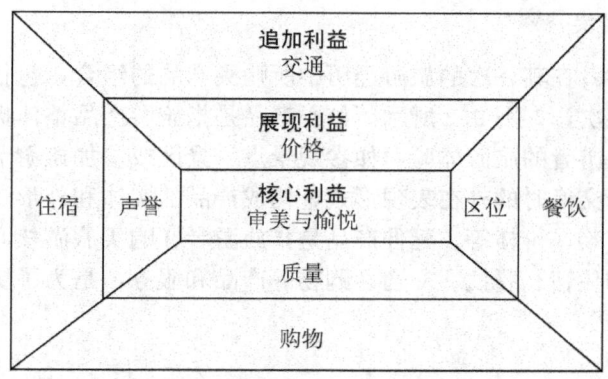

图 9.1　旅游利益构成模型

（资料来源：谢彦君．基础旅游学[M]．2版．北京：中国旅游出版社，2004.）

 **特别提示**

当旅游产品的多种利益（主要追加利益）分别由不同的企业所提供时，尤其当旅游产品本身就是以这种多家联合的整体形象诉诸消费者时，如何确保企业间的协调及产品质量和服务质量上的协调统一，就成为十分重要并且也相当难以处理的问题。需要一种有效率的市场中间组织形态来解决这些问题，完善旅游产品，保障旅游产品的整体形象，同时保障消费者的体验价值和品质。

旅游产品除了从利益构成及效用价值分析外，还可以考察其物质上的构成。作为旅游产品，既有物质形态的成分，也有非物质形态的成分。有些旅游产品完全是由物质要素构成，如山水、建筑等，而有些旅游产品是弥漫于一定空间，没有可感知的实物形态的人文或社会要素构成，如一些非物质文化遗产。从旅游产品与旅游资源的依存度来区分，旅游产品可以分为资源依托型旅游产品（resource-based tourist product）和资源脱离型旅游产品（resource-freed tourist product）。前者是从旅游资源开发生产出来的，后者是凭借拥有的人、财、物仿造或创造出来的旅游产品。①

 知识链接

效用和价值

效用（utility）是用来衡量消费者从一组商品和服务之中获得的幸福或者满足的尺度。价值（value）泛指客体对于主体表现出来的积极意义和有用性，是能够公正且适当反映商品、服务或金钱等值的总额。价值既是客观存在的，又有主观的反映形式。

 即学即用

请列举5个资源依托型旅游产品和5个资源脱离型旅游产品。旅游经营商是如何追加旅游产品的利益成分从中获利的？

---

① 谢彦君．基础旅游学[M]．2版．北京：中国旅游出版社，2004.

2. 旅游产品的层次

旅游产品是旅游者在其一次的旅游经历中所购买产品的组合,包括核心产品、形式产品、延伸产品三个层次,如图 9.2 所示。核心产品是指旅游产品整体提供给旅游者的最直接利益和效用,即旅游者的旅游体验,如参观景点、景区或参加旅游节事活动。形式产品是指旅游产品在用于交换时的外在表现形式,构成产品的实体和外形,包括旅游产品的品质、商标、特色、包装、价格等。延伸产品是指旅游者在购买旅游核心产品时,所得到的附带服务或利益,如住宿、餐饮、交通、购物等产品和服务,是为了更好地满足旅游者体验而提供的设施和服务。

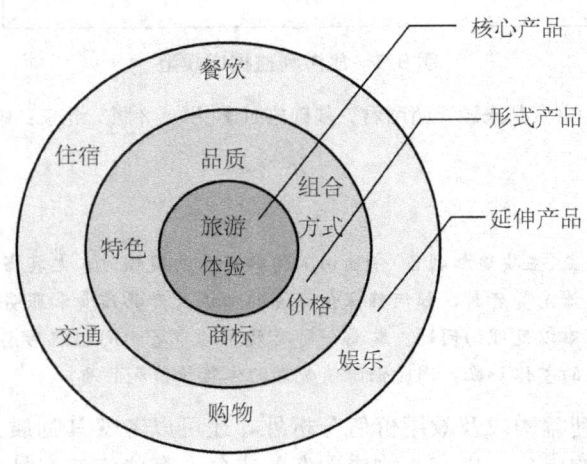

图 9.2 旅游产品的构成层次

 特别提示

旅游产品的核心是旅游体验。形式产品和延伸产品都是为旅游者提供最佳的旅游体验而生产设计的,旅游体验是旅游产品的核心产品。

 即学即用

以美国奥兰多迪斯尼主题公园为例,判断以下哪些是旅游核心产品,哪些是形式产品,哪些是延伸产品。

(1) 主题公园刺激和梦幻般的氛围。
(2) 中央大街、小世界、明日世界、拓荒之地和自由广场;米老鼠、唐老鸭、白雪公主和 7 个小矮人。
(3) 停车场、主题酒店、餐馆、礼品店、高尔夫俱乐部。

9.1.3 旅游产品的特点

旅游产品是满足旅游者一次旅游行程需要的所有单项旅游产品的组合,旅游产品与其他产品一样,都具有相同的基本属性——价值和使用价值,但旅游产品是一项复杂的产品,也具有一般商品不拥有的特征。

第9章 旅游产品

1. 产品构成的综合性

消费者在购买商品时,通常是单项购买以满足其某方面的需要。例如,购买衣服以保暖、购买饰品以装扮、购买饮料以解渴,即使是去超市购买一次性购买多个日用品,也是为了满足其各单项需求的简单叠加。

旅游是一种综合性的活动,包含食、住、行、游、购、娱等多项内容。传统旅游学理论一直以来把食、住、行、游、购、娱这6个环节作为旅游六要素,这六要素涵盖了旅游者从出行到归家完成旅游活动所需经历的各个环节,并通过这些环节满足旅游者出游的基本需求。由于旅游产品和服务由上述各要素共同构成,形成了旅游产品的综合性,而非制造业产品的单一性。①

从旅游产品的构成来分析,旅游产品不仅包含了审美愉悦需要的效用和价值,也包括了旅游批发商或零售商围绕旅游产品进行组合,增加的旅游产品的利益成分,因此它不是单一产品。从产品的层次分析来看,形式产品和延伸产品都是围绕核心产品——旅游体验生产设计的,销售旅游产品的目的是为旅游者提供最佳的旅游体验。事实上,旅游者购买的不仅仅是一个单项的旅游产品,更是多个单项产品组合为旅游者带来的整体感受,是旅游者的体验、经历和记忆。

头脑风暴

> 小李到云南丽江旅游。她通过河南青年旅行社预订了往返机票、3天的住宿,其他在丽江的活动自己安排。小李的这种购买行为是购买消费单项旅游产品。你认为这一说法是否正确,为什么?

2. 所有权的不可转移性

旅游产品与物质产品、与其他服务性产品的明显区别在于它的不可转移性。旅游产品的不可转移性表现在两个方面。

第一,物质产品和一般服务性产品的消费,供应商需要将其产品通过各种销售渠道发送到消费者所在地。而旅游产品和旅游服务所凭借的旅游资源和设施的位置是相对固定的。旅游消费不是把旅游产品运送给旅游者消费,而是旅游者凭借各种交通工具去到旅游目的地进行消费,即发生运动的不是旅游产品,而是旅游者。旅游产品一般在旅游目的地,位置不发生转移,但是关于旅游产品的信息需要从目的地向客源地流动。

第二,物质产品的交换,其所有权随着交换行为的产生发生转移,从产品供应商转移到了消费者手中,消费者可充分行使其所有权和使用权。旅游产品在交换时,旅游景区、酒店、餐饮和线路等产品的所有权均不发生转移。旅游者购买的是旅游产品在特定地点、特定时间段内的使用权,所有权并没有发生转移。例如,旅游者在旅游的过程中,目的地的自然景观、人文景观、民俗文化的所有权并不能因为旅游者购买了本次旅游产品发生转移。另外,旅游产品在特定时间、地点内有限的使用权是众多人共享,不具有排他性。例如,一个景区内同时有很多游客一起游览,一条旅游线路同时有很多人一起体验。

---

① 赵书虹. 试论旅游产业的形态、结构、集群特征和比较优势[J]. 思想战线. 2010,36(02).

 知识链接

所有权和使用权

所有权(Proprietary Right)是所有人依法对自己财产所享有的占有、使用、收益和处分的权利。它是一种财产权,所以又称财产所有权。

使用权(Use Right)是指不改变财产的本质而依法加以利用的权利。使用权是所有权的必要条件,但不是充分条件,即拥有一件物品的所有权就一定拥有其使用权,拥有一件物品的使用权并不表示拥有其所有权。

(资料来源:百度百科[EB/OL]http://baike.baidu.com/)

 头脑风暴

批量生产的旅游纪念品能够被直接发送到客源地出售。有人据此认为旅游产品是可以移动的。你认为这种说法是否正确,为什么?

3. 生产与消费时空上的同步性

一般物质产品的交换和消费是两个独立的环节,但就旅游消费而言,服务的提供必须以旅游者的存在,即旅游者的实际购买和消费为前提。为此,旅游消费和旅游交换在时间和空间上是统一的。旅游产品和消费通常发生在同一时空背景下,旅游产品一开始生产即是旅游消费的启动。在旅游产品的生产过程中,旅游者的角色十分特殊。他既是旅游产品的生产者,也是旅游产品的消费者,因此如何鼓励和引导旅游者参与旅游产品的生产过程(即旅游的体验过程)对于旅游企业保证产品的品质十分重要。①

在旅游消费中,由于旅游产品的固定性和生产消费的同一性,旅游产品消费是通过流通环节,将旅游者吸引到生产地进行消费。旅游者必须离开自己的惯常居住地,到旅游目的地去,在异地进行旅游消费。② 在此之前,虽然旅游者通过预订等形式对其旅游产品进行了交换,但预定并不是异地消费,旅游的体验过程并没有完成。因为在预订之后,游客可以由于某些原因撤销预定,只要付出一定的手续费,购买行为即可宣告结束,产品生产过程终止。旅游服务和旅游消费在空间上和时间上同时发生又同时结束表现为旅游产品生产和消费不可分割的特征。

 头脑风暴

你是怎样理解旅游者既是旅游产品的生产者,又是旅游产品的消费者的?在旅游者消费的时空过程中,旅游企业服务人员的行为是如何影响旅游产品的质量的?

---

① 谢彦君. 基础旅游学[M]. 2版. 北京:中国旅游出版社. 2004.
② 赵书虹. 试论旅游产业的形态、结构、集群特征和比较优势[J]. 思想战线. 2010, 36(02).

第9章 旅游产品

4. 不可储存性

旅游产品是一种服务性产品,具有易消失性,即不能像有形物品一样储存起来,供日后销售或者使用。服务作为一种非实体的产品,不管在时间上还是在空间上,都是不可存储的。首先,服务不能在生产后储存待售,即服务提供者不能像工厂那样生产一堆产品放在仓库里等待随时发货。我们到工厂或者商店去购买产品,付完钱就可以从仓库里将产品拎走。其次,旅游者也不能购后将产品进行储存,如旅游者到酒店去消费,离开酒店以后,酒店提供的接待、餐饮、娱乐、健身等服务也就随着客人的离开不复存在。①

旅游产品作为服务性产品,具有生产与消费的同步性,决定了旅游产品具有不可储存性。旅游产品不存在独立于消费之外的生产过程,生产的结果不是表现为一个个具体的物品,而是通过服务直接满足旅游者的某种精神需要。因此,旅游产品是不可储存的,只有旅游者购买它并在现场消费时,旅游吸引物、旅游服务设施与活生生的服务等的结合才表现为旅游产品。如果没有旅游者的购买与消费,旅游吸引物、旅游设施与服务就不能实现这种结合,也就谈不上有什么旅游产品了。

由于旅游产品具有不可储存性,旅游企业不能提前生产旅游产品以备不时之需,服务的能力是否能够满足实际需求就无法掌控。一旦遇到旅游需求的激增,旅游企业若不采取相应措施,造成的后果将无法掌控。例如,我国"黄金周"期间,全国公众的旅游需求集中释放,导致全国各地旅游景区人满为患。因此,在旅游业的经营中,旅游企业应该充分重视旅游产品的不可存储性,采取各种应对措施,防止供需失衡。

特别提示

必要的场所、设备可以事先准备以便为旅游者提供服务,但这些仅仅代表服务能力,而不是服务本身,因此不是旅游产品。只有当这些场所、设备被旅游者使用,使旅游者获得综合性的感受和旅游体验才能成为旅游产品,否则它们仅仅是旅游产品中的延伸产品。

5. 对公共设施的依赖性

旅游产品对社会公共设施具有较强的依赖性。首先是旅游产品构成中的旅游吸引物,如自然旅游资源和人文旅游资源,大多属于公共资源。其次是旅游产品构成中的基础设施,如飞机和轮船,其存在主要是为了服务于社会公众,并不是单独为旅游者而存在。旅游产品再组合只是将其暂时地、部分地加以利用,但这些交工运输工具作为社会公共设施的属性仍然没有改变。另外,旅游者在进行旅游活动的同时,也需要一些社会公共设施的支撑。例如,旅游者在目的地生病,需要借助当地医疗卫生机构的服务;若在目的地遭遇盗窃,需要当地派出所或公安机关的帮助。虽然这些公共机构及设施并不完全属于旅游产品,但是没有它们提供的便利,旅游产品的生产、供给和消费就会十分困难。旅游产品对社会公共设施、机构具有较强的依赖性,如图9.3所示。

---

① 苏朝晖. 服务的不可储存性对服务业营销的影响及对策研究[J]. 经济问题探索. 2012,(02).

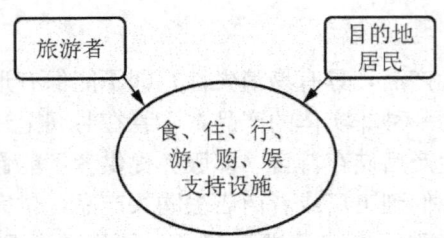

图9.3 旅游产品对目的地公共设施的依赖性

在食、住、行、游、购、娱旅游六要素中，旅游产品对哪些公共设施的依赖性程度高？怎样处理好当地居民与旅游企业共用公共设施的关系？

9.2 旅游产品的设计与开发

产品的设计是把一种计划、规划、设想通过视觉的形式传达出来的活动过程。产品的开发是指产品从需求分析到产品最终定型的全过程，包括产品的初步设计、评测、设计修改、制造和装配等阶段。[①]但是，旅游产品的设计与开发比一般普通商品的设计与开发复杂得多。主要原因有以下三个。

（1）旅游产品是综合性的产品，产品层次复杂，有核心产品、形式产品和延伸产品，既有无形部分也有有形部分，产品的核心是为旅游者提供综合性的感受和体验。

（2）旅游者既是旅游产品的消费者，也是旅游产品的生产者，旅游产品的设计与开发也是不同旅游企业追加利益的过程，参与的人和企业多。

（3）旅游消费是一种时空移动过程。旅游消费在空间上和时间上同时发生又同时结束，生产和消费在时空上是统一的。不可控制因素多。

由此可见，旅游产品的设计与开发有产品形式多、参与者多、不可预见因素多等各种因素的考量。开发与设计应当结合旅游资源特色本身，充分考虑旅游产品的特殊性，设计生产出既符合旅游主题和形象，又能满足旅游者旅游需求的产品。旅游产品的设计和开发是一个综合性强、参与部门多、受各种因素影响大的系统性工程。

9.2.1 旅游产品设计与开发的原则

当前，旅游市场已经进入了充分竞争的阶段，市场经济由卖方市场进入买方市场。因此，旅游产品的设计与开发需要尊重目标客源市场的需求，在充分分析与预测市场需求的基础上进行。与一般工业产品不同，旅游市场需求复杂、灵活、易变，且旅游者必须从旅游者常住地，经过旅游通道去到目的地进行消费，这就决定了旅游产品的设计与开发在充分考虑市场需求的同时，也要遵守目的地旅游资源、旅游设施、文化真实性等现实条件。旅游产品的设计与开发需要遵守以下几条原则。

---

① 冯卫红. 旅游产品设计与开发[M]. 北京：中国科学技术出版社，2006.

第9章 旅游产品

1. 核心与形式相统一原则

旅游产品是建立在目的地旅游资源基础之上的，它决定着该地区旅游产品的主题和特色，是旅游产品的灵魂与核心，也是衡量旅游产品性质与价值的重要因素。然而不同于其他一般的工业商品，旅游产品在旅游消费之前，无法被旅游者"试用"，需要借助宣传口号、形象主题、广告、宣传画册等手法进行形象推广，在游客脑海中形成产品的感知形象。形象是表现旅游产品核心内容的重要体现，在旅游者还未有真实的旅游体验时，旅游产品形象是激发旅游购买行为的重要诱因。

形式产品对整体的旅游产品品质的影响有两方面。一方面，如果形式产品设计效果太差，没能将旅游产品的核心价值真实地表现出来，就不能对潜在的旅游者形成强烈的吸引力，影响当地的旅游收入；另一方面，如果形式产品对旅游产品的形象表现太过夸张，或与其真实主题不符，即使吸引众多游客的到访，也会给游客留下"夸大其词"、"言过其实"、"挂羊头卖狗肉"等不良印象，影响游客满意度。此外，作为延伸产品的酒店、餐饮、交通、纪念品等是为了更好地满足游客旅游体验的需求而设立，因此旅游延伸产品也应该与景区、景点的文化内涵等特性保持一致。

因此，旅游产品的设计与开发要讲求"原汁原味"，尊重核心旅游产品的类型、属性、文化内涵，真实地用形式表现核心，做到核心与形式相统一。

 案例故事

锦里的"核心与形式"

锦里是位于我国四川省成都市武侯祠大街中段的一条古街。于2004年10月31日建成的锦里一期，作为旅游景区正式对外开放，是集中展示把书民风民俗和三国蜀汉文化的民俗风情街。到现在，锦里古街被誉为成都版"清明上河图"，街区内茶馆、戏楼、酒肆、手工作坊、工艺品摊点、美食小铺云集，热闹亲切，令人流连。

锦里是西蜀历史上最古老、最具商业气息的街道之一，早在秦汉、三国时期便闻名全国。锦里古街依托成都武侯祠，北邻锦江，东望彩虹桥，以秦汉、三国精神为灵魂，明清风貌作外表，川西民风、民俗作内容，历史与现代有机结合，扩大了三国文化的外延，古老的街道又注入新的活力。

目前，锦里街区共有87个商家、5个行会，包括小吃、民间表演、工艺品、酒吧等。全部采用清末民初的四川古镇建筑风格，与武侯祠博物馆主体风格一致。装饰上用大量木材和小青瓦，青砖铺地，更加古朴、真实。街区以川西古镇的建筑风格为特色，经营以四川当地特色的风俗小店遍布街区，边走边看，仿佛置身于古街民巷之中，现代与古典融合，让游客在原汁原味的川西民俗文化氛围中享受最惬意的休闲娱乐方式。经营方定期举办经典川戏节目、民俗小摊，如皮影、糖人、剪纸等。锦里的餐厅内，服务员身着汉服，经营着老成都的各色小吃，如三大炮、甜水面、张飞牛肉、黄醪糟等。一些国外的连锁餐饮店在锦里也披上了三国的外衣，融入了这个古典老街。

（资料来源：锦里志[EB/OL]. 锦里官网. http://www.cdjinli.com/jinlizhi/.）

  即学即用

分组讨论：哪些是锦里的核心产品，哪些是形式产品，哪些是追加产品，形式产品和追加产品是怎样围绕核心产品提炼锦里的三国文化主题形象的？

2. 审美原则

从本质上来讲，旅游需求是人类在物质需求得到满足之后升华出的一种精神需求，旅游者进行旅游活动在一定意义上说是一种寻觅美、欣赏美、享受美的审美活动。旅游产品的设计与开发需要尊重旅游者的旅游需求，满足旅游者追求审美的需求，因此，旅游产品的开发要突出审美的原则，在旅游资源、自然与人文环境的调查中发现美，根据目的地的旅游主题形象深刻挖掘文化内涵，在各项旅游产品的设计过程中充分发挥创造性，使得在保证旅游产品功能的基础上，给游客以美的享受。旅游产品审美原则的实现可通过浓缩提炼目的地原有的美学元素、人工想象创造或修复保护破损的旅游资源等途径来实现。

 知识链接

旅 游 审 美

旅游审美（Tourist Aesthetics）可分为自然美、社会美和艺术美3个层次。自然美主要作用于审美主体感官，通常以"悦耳悦目"等生理快感、直觉性初级审美判断为其基本特征，是不假思索便可在瞬间感受到的一种美，同时也感受到感官的满足和心理的喜悦。社会美是使审美主体在客体的状、姿中领悟到较为深刻的意蕴，获得精神愉悦和情感升华，是以知觉领悟"悦心悦意"为基本特征的审美感受。艺术美反应社会生活，但比之自然的更典型、更集中，因而更生动，对审美主体的心理和精神作用也更强烈。

（资料来源：顾维舟．旅游资源价值分类初探[J]．旅游学刊，1992，(07)．）

 即学即用

在旅游活动中，参观游览自然、人文景观、体验美食等最容易产生生理快感，而参与式的旅游体验活动更能使旅游者获得精神的愉悦和情感的升华。请你根据旅游产品设计与开发中的审美原则，设计一个体现"西藏美"的民族风情旅游线路。

3. 创新原则

旅游产品的创新是指在遵守目的地的生态环境和人文资源内涵的基础上，分析旅游市场需求动向，创造新的旅游产品，或者对原来的旅游产品进行适应市场的调整、补充，形成新的旅游形象和旅游主题。创新是目的地旅游产品区别于其他地区旅游产品的必要条件。当该目的地的旅游产品被目标客户接纳后，方便培养顾客的消费习惯和品牌忠诚，在保护自身品牌的同时，提高目的地旅游经济的软实力。但是创新并不是毫无根据的凭空想象，天马行空。不论是自然旅游资源还是人文旅游资源，都具有很强的地域性，这就决定了旅游产品也应保持其鲜明的地域特性。

旅游产品的设计与开发不是一蹴而就的。随着时间的流逝，旅游产品本身所在的目的地各项环境和资源在发生变化，外部市场上的游客需求也在改变，因此旅游产品的也应做出相应调整，以适应市场需求。同时，旅游产品的质量也要有所保证，否则将会影响游客的满意度，从而造成低重游率或不良口碑。

第9章 旅游产品

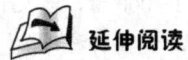 延伸阅读

"东郊记忆"

2009年,成都市发布了《成都市文化创意产业发展规划(2009—2012)》。为推进文化创意产业发展,成都市确定利用东郊老工业区中的原成都红光电子管厂旧址,将部分工业特色鲜明的厂区作为工业文明遗址予以保留,并与文化创意产业结合,打造成音乐产业基地。2012年11月1日起,位于成都市成华区建设南支路的"成都东区音乐公园"正式更名为"东郊记忆"。"东郊记忆"从以前由音乐为主题的"音乐产业聚集园和音乐文化体验园"定位,调整为"一基地、多名片"。未来,"东郊记忆"将成为集合音乐、美术、戏剧、摄影等文化形态的多元文化园区,成为对接现代化、国际化的成都文化创意产业高地。

(资料来源:全国首个音乐主题商业街区成都东区音乐公园9月29日开园[N].成都商报,2011-9-15(2).)

 头脑风暴

你认为成都"东郊记忆"工业遗产的开发和产品创新是否能够成功?为什么?

4. 兼顾生态、经济和社会利益原则

旅游业通过自身的发展及对相关产业的带动能够为目的地带来经济效益,从而帮助提高当地居民的收入水平,改善其生活环境。因此,很多国家或地区非常注重旅游产品开发指出的经济效益的评估,而忽略旅游业的发展对当地生态环境及社会环境造成的影响或危害。然而,众所周知,旅游业的发展需要以当地良好的自然环境、气候环境等生态环境为基础,以当地居民所构成的社会环境为保障,因此,设计与开发目的地旅游产品时应以可持续发展为理念,充分重视经济、生态、社会三种利益的平衡。

在开发设计之初,应对该项目有可能导致的生态和社会影响做出评估,以指导项目的进一步设计、规划、开发和实施。旅游产品的设计开发,生态和社会利益是基础,经济利益是目标。在设计开发的过程中,需要测算投资回报率、环境容量、游客密度和饱和度、环境保护的措施、标语、排污去污的设施等,以保证旅游真正成为一种可持续发展的绿色产业。

头脑风暴

分组讨论:请从土地利用、环境保护、经济和社会效益统筹兼顾的角度分析西安大唐芙蓉园、成都三圣花乡、美国拉斯维加斯3个旅游目的地,哪一个更加遵循了"兼顾生态、经济和社会利益原则"?

1. 大唐芙蓉园位于陕西省西安市曲江新区,占地1 000亩,其中水面300亩,总投资13亿元,是西北地区最大的文化主题公园,建于原唐代芙蓉园遗址以北,是中国第一个全方位展示盛唐风貌的大型皇家园林式文化主题公园。包括紫云楼、仕女馆、御宴宫、芳林苑、凤鸣九天剧院、杏园、陆羽茶社、唐市、曲江流饮等众多景点。

点评:

旅游占用城市近郊土地,与工业、农业等在土地利用上形成竞争,机会成本较大。

2. 三圣花乡坐落于素有"中国花木之乡"之称的四川成都市锦江区三圣乡，总面积15 000亩，涉及5个村（红砂村、幸福村、驸马村、万福村、江家堰村）。三圣花乡是一个以观光休闲农业和乡村旅游为主题，集休闲度假、观光旅游、餐饮娱乐、商务会议等于一身的城市近郊生态休闲度假胜地。2004年被评为"全国首批农业旅游示范点"；2006年4月被国家旅游总局评为"国家AAAA级旅游区"。

点评：

忙时做农业，闲时做旅游，"农"、"游"结合，没有替代性竞争体现了乡村旅游的特点。

3. 拉斯维加斯地处美国内华达州被荒凉的沙漠和戈壁地带包围的山谷地区，雨量很少，夏季炎热，冬季寒冷多风沙，经过100多年的开发和经营，昔日不毛之地的戈壁沙漠小村庄已经成为世界著名的旅游目的地。拉斯维加斯以旅游、购物、度假产业而著名，拥有50家以上的高级饭店与不计其数的汽车旅馆，每年可容纳3 000多万的观光旅客，是"世界赌城"、"娱乐之都"。

点评：

不毛之地的戈壁沙漠变成旅游胜地，经济繁荣，但每年不少人因为赌输绝望而在这里自杀。

9.2.2 旅游产品的组合

1. 旅游产品组合的概念

旅游产品组合是指旅游企业根据目的地旅游资源的主题特色和潜在旅游者的需求，按一定的顺序排列组合各旅游企业生产的单项旅游产品，最终形成各具特色的旅游景区或旅游线路产品的过程。按照不同的生产者，组合旅游产品可分为刚性组合旅游产品和柔性组合旅游产品。

1) 刚性组合旅游产品

刚性组合旅游产品是指景区通过在一个有限的物理空间提供完备的、可以综合满足旅游者食、住、行、游、购、娱等各种需要的产品形式，向旅游者提供的是一个实体型组合旅游产品。

2) 柔性组合旅游产品

作为旅游批发商或旅游零售商的旅行社，在销售旅游产品时通过将其他服务产品围绕旅游产品进行适当组合而大幅度地增加旅游产品的利益成分，甚至使旅游产品扩展为对应于旅游者旅游全过程的一种整体产品。这种产品称为柔性组合旅游产品。①

两类组合旅游产品的异同见表9-1。

表9-1 两类组合旅游产品的异同

组合旅游产品类别	不同点				相同点	
	生产者	组合依据	产品名称	产品形式	均包含食、住、行、游、购、娱等六要素	遵从目的地旅游资源特色和潜在旅游者需求
刚性组合旅游产品	景区经营者	物理空间	旅游景区	有形实体		
柔性组合旅游产品	旅行社	时间顺序	旅游线路	无形信息		

---

① 谢彦君. 基础旅游学[M]. 3版. 北京：中国旅游出版社，2011.

由表 9-1 可知,无论是刚性组合旅游产品的景区还是柔性组合旅游产品的旅游线路,都是以目的地旅游资源的特色和主题形象为基础,囊括了旅游活动的食、住、行、游、购、娱等六要素,这是两者相同的地方。然而,这两类组合旅游产品的生产者、组合依据不同,最终形成的产品形式也是有区别的。

刚性组合旅游产品的生产者是景区的经营者,遵守的是物理空间的组合依据,最终形成有形的实体型组合旅游产品——旅游景区;柔性组合旅游产品的生产者是作为旅游批发商或旅游零售商的旅行社,是将各单项旅游产品按照时间顺序进行排列,最终形成无形的服务产品——旅游线路产品。

另外,景区内的各单项旅游产品有自营也有他营(如招商引资),而旅行社的线路产品中所涉及的单项旅游产品一般都是他营(第三方实体经营者),旅行社只是作为这些旅游企业的销售代理商存在,是酒店、交通运输等旅游产品的一种分销渠道。

头脑风暴

除旅行社以外,哪些旅游企业也可以为旅游者提供柔性组合旅游产品?请举例说明。

特别提示

刚性组合旅游产品的景区和柔性组合旅游产品的旅游线路都应当充分考虑旅游者的游览空间或间距标准。为了保证游客的舒适和满意,应按照合理的标准来测算,而这个合理标准通常可根据问卷测试或经验估计而获得,当然也可以直接采用表 9-2 中的国际标准。

表 9-2　世界旅游组织旅游活动基本空间标准

旅游活动及场所	基本空间标准/(平方米/人)
森林公园	667
郊区公园	143～667
乡村休闲地	50～125
高密度野营地	16～33
低密度野营地	50～167
高尔夫球场	677～1 000
滑雪场	100
滑水	677～2 000
野外露营	33

2. 旅游产品组合的三个层面

1) 旅游产品组合的广度

旅游产品组合的广度是指旅游企业为了满足不同旅游者的需求,以旅游资源的特色和主题形象为基础,组合不同类别旅游产品的过程。在刚性组合旅游产品的旅游景区中,除了旅游景点之外，可组合相关的餐饮、住宿、娱乐、购物等延伸旅游产品，如3D电影、民俗歌舞表演、民俗节事活动、旅游纪念品、游乐设施等。在柔性组合旅游产品的旅游线路产品中，旅行社可针对不同旅游者的消费习惯和消费偏好，组合各种不同类别的单项旅游产品。例如，银发市场的老年旅游者普遍体力状况欠佳，每天安排的景点不能太多，运动体验类项目应相对少一些；而青年旅游者体力相对较好，在旅游线路的设计中可包含较多的运动体验类旅游产品。

 案例故事

敦煌旅游线路产品的不同广度

敦煌地处河西走廊的最西端，在古代是中原通往西域，乃至欧洲的唯一通道，是古丝绸之路的咽喉要地。素以"敦煌石窟"、"敦煌壁画"闻名天下，是世界遗产莫高窟和汉长城边陲玉门关、阳关的所在地。除此之外，敦煌还有品位极高的敦煌历史博览园、榆林窟、雅丹地貌、鸣沙山、月牙泉、阿克塞县民族风情园、苏干湖候鸟自然保护区、敦煌民俗博物馆、阳关沙漠森林公园、白马塔、雷音寺、古老的军需仓库——河仓城、敦煌故城等众多景区景点，每年接待大量海内外游客的到访。

要去敦煌旅游的游客，可根据旅游者的自身情况，选择不同的景区景点，安排适当的旅游组合产品的广度。下面是两条不同广度组合的敦煌旅游线路产品。

1. 敦煌一日游行程

接火车或飞机早餐后参观莫高窟、石窟艺术陈列中心、藏经洞文物陈列馆；中餐后游鸣沙山、月牙泉、雷音寺，后送敦煌火车站或飞机场。

2. 敦煌二日游行程

第一天：敦煌站接火车或飞机，早餐后参观莫高窟、石窟艺术陈列中心、藏经洞文物陈列馆；下午游鸣沙山、月牙泉、雷音寺；晚餐后游敦煌夜市，宿敦煌。

第二天：早餐后参观雅丹地貌、玉门关、阳关、农家葡萄园、汉长城；晚送火车站或飞机场。

第一条线路产品共安排了6个景点，但前3个景点都属于莫高窟景区，而午餐后的3个景点距离比较近，因此该行程中景区景点的安排不需耗费太多体力，比较适合中老年旅游市场或时间比较紧急的游客。

第二条的行程为两天，第二天的行程需要徒步参观雅丹地貌、汉长城、玉门关等较大的景区，因此耗费的体力较多，比较适合青年旅游市场和时间比较宽裕的游客。

（资料来源：敦煌旅游[EB/OL]. 敦煌莫高窟（2013-3-5）. http://www.mogaoku.net/dhtour/xuzhi.html.）

 特别提示

旅游产品组合的广度也取决于旅游企业本身各方面的实力。一般而言，规模大、经济实力强、管理水平高、以多元化为经营目标的旅游企业提供的产品种类比较多；反之，经营的旅游产品种类就较少。

2）旅游产品组合的深度

旅游产品组合的深度是指旅游企业根据不同细分市场的需求、偏好、习惯，组合不同价值层次的旅游产品的过程。旅游者的受教育程度不同，对旅游产品的需求也不尽相同。受教育程度越高，在旅游活动中，对旅游产品的价值要求越高。例如，在杭州西湖景区内，普通旅游者只是游走在西湖的桥堤之间，欣赏这个"人间天堂"的自然美景，站在断桥上面回忆许仙与白素贞相会的桥段；而考古学家或史学家可能对位于西子湖畔的浙江省博物馆内的藏品更感兴趣。因此，一个景区的经营者想要成功地经营一个景区，开拓不同的细分市场，就不仅要关注旅游产品的广度，更应该在同类旅游产品中开拓不同深度的产品。旅游线路产品的组合也同样要针对不同旅游者的需求，组合不同深度的旅游产品线路。

 知识链接

深度旅游

深度旅游在国外称为"in-depth travel"，西方旅游界把一次外出只选择一个地方，而不是在一个相对有限的时段内跑数个景点的旅游，叫"深度旅游"。深度旅游，也称深度游，与观光游、印象游相对而言，它不是走马观花，也不是留影到此一游。当然，深度旅游不只是时间长短的问题，而是旅游者通过旅游触碰文化、感悟历史、探寻神秘、增长阅历、调养性情、提升境界。旅游者可以细细品味旅游地的历史及风情，有更多的时间和机会涉猎当地的风土人情与日常生活，体验到当地的人文、自然特色、生活习俗等。旅游者在深度旅游中，不仅能放松心情，还有新的观察、新的体验。

（资料来源：百度百科[EB/OL]http://baike.baidu.com/）

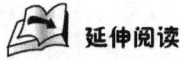 延伸阅读

武当山推出新精品旅游线路吸引游客深度体验

2013年4月7日悉，武当山2013年旅游精品新线路已正式推出。新线路产品以二日游和三日游为主，包括武当武术鉴赏游、武当影视实景游、武当道教养生游、武当建筑古迹游、武当问道寻梦游、武当自然风光游等。新线路重在吸引游客深度体验武当魅力，感受武当文化，增加了武当新区游览点，成为新亮点。随着武当山项目建设和配套不断完善，武当新区俨然已成为一幅中国式"日内瓦湖"山水画卷，尤其夜景被称为"秒杀了鄂西北所有建筑艺术"，吸引了大批游客及婚纱拍摄、摄影爱好者。为此，新的线路将武当新区纳入线路产品，与太极湖水上游一起构成武当山"游山玩水"的旅游格局，形成全新的武当新区精华游。

（资料来源：武当山推出新精品旅游线路吸引游客深度体验[EB/OL].湖北日报（2013-4-8）.http://www.hubei.gov.cn/zwgk/rdgz/rdgzqb/201304/t20130408_442026.shtml.）

3) 旅游产品组合的关联度

旅游产品组合的关联度是指旅游企业组织的产品在主题、特色、文化内涵等方面的一致性程度。旅游产品的主题形象由其核心产品——旅游景区决定，在一个景区内，所有景点、基础设施、服务设施等都应表现出统一的主题特色，由其核心的旅游资源的特色决定。因此，景区经营者不论开发哪种类别的旅游产品，都应与其旅游资源的主题特色保持一致。例如，历史遗迹类旅游景区内，就不能开发过山车、KTV等现代休闲娱乐产品。同样，不同的旅游线路产品也有自己的主题特色，在组合一条旅游产品时应该安排主题内涵一致的食、住、行、游、购、娱等产品。例如，一条以三国文化为主题的线路，就不应该包含有红色文化为主要特色的景区（点）。另外，在组合旅游产品时，应考虑旅游企业自

身的实力。一般而言，规模小、实力弱的旅游企业适合生产关联度大的旅游产品，这样能更好地利用资源，使旅游企业在现有资源的基础上获取最大的利益；规模大、实力强的旅游企业则可尝试生产关联度小的产品，这样能向旅游者提供多种多样的旅游产品，以获得更大的市场份额。

 案例故事

琴台路为何这般冷清

成都琴台路早已不复汉代卓文君时的青石小巷，传说中卓文君当垆卖酒的旧址。文君楼所在之处也不复彼时竹篱泥墙的旧观，取而代之的是横亘东南，近一公里长的通衢大道和高达敞亮的楼宇。琴台路现在是成都有名的珠宝一条街，市内较大的珠宝店均在此经营多年，如天和银楼、珍宝阁等高档珠宝店。老琴台路改建后，增加了许多酒楼，如曾紫云亭、狮子楼、皇城老妈等。当你到达琴台路时，听到的是酒楼服务员的吆喝，看到的是众多珠宝店的招牌，唯独看不见多少游人在此一游，与一街之隔、熙熙攘攘、来自八方游客的宽窄巷子，形成了鲜明的对比。

（资料来源：百度百科[EB/OL]http://baike.baidu.com/）

试分析成都琴台路旅游产品组合的关联度，说明成都琴台路旅游开发失败的原因。

9.3 旅游消费与体验

9.3.1 旅游消费

1. 旅游消费的概念

消费通常指个人消费，是人们消耗物质资料以满足生活需要的过程。世界旅游组织将旅游消费定义为："由旅游单位（游客）使用或为他们而生产的产品和服务的价值。"旅游者的消费是为了满足其旅游需求而购买、使用、消耗旅游产品和相关产品的过程。旅游产品的消费是核心旅游产品的消费和旅游媒介性产品的消费；相关产品消费是指旅游特殊商品的消费和一般产品的消费。

 延伸阅读

旅游消费类型

核心旅游产品消费。指旅游者对旅游景区、景点等的消费。这种消费主要是为了满足旅游者出游的根本需求——旅游体验、寻求愉悦而购买的旅游产品。

旅游媒介性产品消费。指对与旅游相关产品和服务的购买。这些产品和服务有助于旅游活动的进行，但这些产品和服务是作为核心旅游产品的附加价值而存在。

旅游特殊商品消费。指旅游者购买纪念品、土特产品、艺术品、特殊家庭生活用品等的行为。这些商品的购买不是为了满足旅游者审美、放松身心、追求愉悦等旅游需求，而是为了满足馈赠亲友、珍藏纪念、经济购物附带需求。

一般产品消费。旅游者购买的一般产品是作为满足旅游过程中的基本生活需要的一般消费品。这部分消费品的使用者可以是任何人，并可以在生活的任何时间和空间使用，旅游者购买他们的目的也是为了满足其日常性的需要。

 特别提示

旅游者在一次旅游活动中不一定有以上四种类型的全部消费，可能只是对核心旅游产品的消费，也可能是前两种旅游消费的组合，但是旅游者消费一定会包含核心旅游产品的消费。

 即学即用

请你指出小王以下旅游消费属于哪一类型？哪一类是旅游活动不可或缺的旅游消费？

（1）小王参加旅行社组织的泰山二日游，从济南坐火车抵达泰安，入住玉液泉宾馆，品尝泰山豆腐宴。

（2）在中天门购买手巾、手电筒、矿泉水。

（3）过中天门，经十八盘，抵玉皇顶。俯瞰泰山全景，品味什么是"登泰山而小天下"。

（4）在天街购买泰山墨玉石雕、汉画拓片、仿古壁画、燕子石砚。

2. 旅游消费的组成

从不同的角度分析旅游者消费的构成和内涵，旅游者消费既是有形产品和无形服务的综合性消费，也是生存性消费、享受性消费和发展性消费的综合，在食、住、行、游、购、娱六要素中，消费有明显的指向性。

1）有形产品和无形服务

旅游者在目的地一次完整的旅游活动中，购买的旅游产品既有有形的实物产品，也有无形的服务产品，以满足旅游者不同的消费需求。例如，旅游者在目的地餐厅享用美食能够满足其对食物的需求，而目的地餐厅区别于客源地的文化氛围、饮食习惯等能够满足旅游者对文化体验的需求，是有形的美味佳肴和无形的愉悦体验的综合。因此，一个旅游者的消费是有形产品与无形服务的综合感受，如图9.4所示。

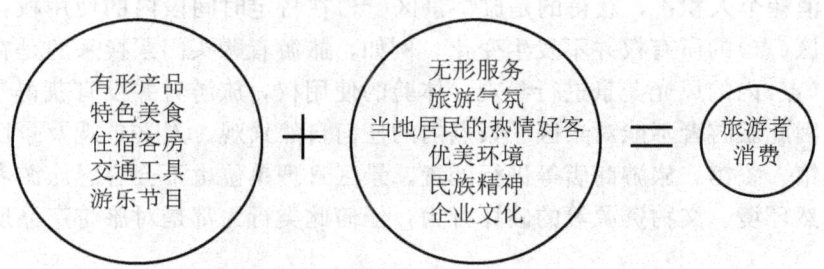

图9.4 旅游消费的组成

2) 生存性消费、享受性消费和发展性消费

旅游者的旅游活动是其离开常住的客源地到目的地进行短期居住、体验目的地生活的过程。与其在客源地的居住相比较，旅游者在目的地的活动更加注重身心的放松、异地文化的体验、享受大自然的奇妙等心理和精神层次的享受。此外，一些旅游者到目的地旅游是以学习、研讨、实验等自身各方面知识的拓展为目的，属于发展性层次的需求。虽然将旅游者消费按照需求层次不同可划分为生存性、享受性和发展性消费三类，但是这三者在具体的旅游活动中是浑然一体、不可分割的，尤其是后两者断不能与生存性消费分开，任何需求的旅游者消费一定要在满足其基本的生存需要的基础之上才能完成。因此，旅游者的消费通常是各种类型消费的组合。

 延伸阅读

旅游消费结构的指向性

旅游者出行一般需要食、住、行、游、购、娱6个方面的旅游产品，但不是每一次旅游都会涉及以上6个要素。其中，游览和娱乐是旅游产品的核心形式，可单独构成一次旅游经历；其他几个类别属于这两个核心形式的追加利益，是旅游者可选择的消费项目，因此旅游者的消费行为具有指向性。

另外，在目的地的旅游数据统计中，通常是按照以上6个项目来评价目的地旅游业的发展业绩和状况。旅游产品的延伸项目能够为目的地带来相当可观的经济收益。然而，不同旅游者有自己的消费偏好和指向性，因此旅游目的地应该根据客源市场的旅游者的消费习惯设计、开发旅游产品。

（资料来源：智库百科［EB/OL］http://wiki.mbalib.com/wiki/.）

3. 旅游消费的特点

1) 旅游消费是一种心理体验过程

旅游者出行的主要目的是为了放松疲惫的身心、追求心理愉悦的感受、体验异乡文化，旅游消费主要就是满足旅游者这些心理体验，旅游者买到的不是客观的实物产品，而是一种心理感受。在这里，旅游消费成为实现旅游者寻求愉悦性休闲体验的手段。旅游者为了看到美丽的风景，尤其是为了身临其境仔细揣摩，就不得不花钱购买被开发成旅游产品的旅游景区（点）。

2) 旅游消费者仅有产品有限使用权

旅游者消耗个人积蓄，获得的是旅游景区（点）在特定时间段内的使用权，在此过程中，旅游景区（点）的所有权并不发生变化。例如，旅游者购买门票换来的是在一定时间段内对景区（点）内的风光美景进行参观、体验的使用权，旅游者并没有获得景区、景点的所有权，因此旅游者不能对景区、景点内的任何自然景观、人文景观及景区内的附属产品，如宾馆、餐馆、旅游商店等进行处置。景区管理单位也不会容忍旅游者对区内公共财物、自然环境、文物资源等的破坏行为，任何此类行为都是对旅游产品所有者所有权的侵犯。

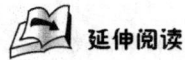 延伸阅读

麦积山石窟为何有那么多"严禁"

麦积山位于甘肃省天水市火车站东南约35千米处。"麦积山者,北跨清渭,南渐两当,五百里岗峦,麦积处其半,崛起一块石,高百万寻,望之团团,如农家积麦之状,故有此名"。山中的麦积山石窟是我国著名的石窟寺之一。由于山高险峻,栈道凌空,为保证游客人身和文物的安全,景区特作如下规定。

(1) 凡参观者,一律购票方可参观,上栈道后,请勿拥挤和乱跑,不得大声喧哗。
(2) 严禁将照相机、提包带入窟区,窟内文物严禁拍照。
(3) 严禁在洞窟内吸烟、点蜡和烧香,更不得燃放鞭炮。
(4) 严禁翻越栏杆和扭锁撕窗。
(5) 严禁在文物上题字刻画,不得手摸塑像和壁画。
(6) 严禁将硬印等重物掷向雕塑和壁画。

(资料来源:石窟概述·旅游信息[EB/OL]. 麦积山石窟(2013-3-8). http://www.maijishan.com.cn/Templets/NewsClass/lyxx.htm.)

3) 旅游消费的个体差异性

对于一般的实体性商品而言,由于其功能、外观在购买之初都已确定,消费者在购买后的使用过程中,商品的功能、使用评价对于大部分消费者而言具有同一性。然而,在同样的景区(点),不同游客的体验效果更多地取决于旅游者个人情感、人生经历、学历背景和人生态度等个人因素。明代祝允明曾说过,"身与事接而境生,境与身接而情生",因此,不同人生经历、性别不同、受教育程度、个性差异等因素使得旅游者的个体差异很大,在面对同一景观时所产生的感受也不相同。

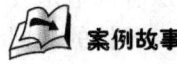 案例故事

游客们眼中的九寨沟之旅

同程网创立于2004年,是国内最大的旅游电子商务平台之一,也是目前中国唯一拥有B2B旅游企业间平台和B2C大众旅游平台的旅游电子商务网站。在它的门户网站的攻略栏目中,有一个网友在线交流心得的平台——"点评"板块。"1 000个读者就有1 000个哈姆雷特",同样,九寨沟同样也拥有"1 000"个版本。下面我们来看一下不同游客对九寨沟之旅给出的不同评价。

网友150tqrfj217:景区就一个字:美!但是进藏家,吃藏餐就需要悠着点!!!

网友huijinfang_wppwc:不愧为最美的人间天堂,是我去过旅游,仍想和家人一起去旅游的地方!九寨的美,美在天然去雕琢;九寨的美,美在自然纯净;九寨的美,美在绚烂妖娆;九寨的美让我久久不能相忘⋯⋯

网友gost98_oafygxtnn:前两天,本人去了一趟九寨沟,在红宝石大酒店吃住了一天两夜。生活特差不说,离开退房时说我把马桶水箱弄烂了,要赔偿150元(因本人进驻时,水箱能用我也没在意仔细查看,结果退房时服务员说水箱上有一条"丝",叫我去看。我去看了,是事实,但也和往常一样:能用呀!)。人在旅途,身不由己,我只得认宰。

网友江州司马:风景的确不错,就是从成都到那儿的路太差了,要坐车8个小时,一路上还险象环

生，以后要坐飞机去才好。

网友唧唧：自然朴素的美，陶冶人们的心灵和情操，唤起了人们对大自然对生命对生活的热爱。

（资料来源：九寨沟点评[EB/OL]．同程网（2013-4-11）．http：//www.17u.cn/trip/scenery-jiuzhaigou-3850/ianping.html.）

4）旅游消费存在共时性

与一般商品的消费相比，旅游消费不存在排他性。一般商品的消费，不论是所有权的转移还是使用权的转移，产品供应商在同一时间段内，只能将其产品的所有权或使用权转移给一位消费者，而旅游消费能够保证众多游客可在同一时间段内在同一景区（点）进行参观、体验。

特别提示

虽然不同旅游者的旅游消费存在共时性，众多游客可在同一时间段内对同一景区（点）进行体验消费，但是同一时间段内，一个景区（点）能够接待的游客数量是有限的，要特别注意旅游环境的承载力，否则将影响旅游者消费的质量。

9.3.2 旅游体验

旅游体验是旅游产品的核心形式，旅游者离开其常住地在目的地进行的旅游活动，主要是为了摆脱原有环境带给他的压力、放松身心，在与目的地的居民、文化环境、自然环境的交流和互动中获得心理上的愉悦感受。对于旅游者而言，其旅游需求中最核心的就是追求愉悦、轻松、知识等的旅游体验，也是旅游者在目的地的旅游活动中的主体内容。因此，旅游体验的质量决定了旅游者对目的地旅游产品的满意程度。

在雷伯尔旅游系统中，旅游者的旅游体验存在于整个旅游活动中，包括从客源地出发到目的地途中的感受，旅游者在目的地游玩、参观、娱乐等的感受，也包括离开目的地回到客源地途中的体验。客源地、旅游通道和目的地三个环节中，任一环节给旅游者的活动带来困难或心理困扰，都会影响旅游者对本次旅游活动整体的心理感知，即旅游体验的满意程度，但这三者对旅游体验的影响程度不同，其中旅游者对目的地的旅游的体验最为重要。

1. 旅游体验的概念

旅游体验是指处于旅游世界中的旅游者在与其当下情境深度融合时所获得的一种身心一体的"畅爽"感受。这种感受是旅游者的内在心理活动与旅游客体所呈现的表面形态和深刻含义之间相互交流或相互作用后的结果，是借助于观赏、交往、模仿和消费等活动方式实现的一个序时过程。

从旅游体验的描述我们可以得知以下两点内容：

（1）旅游体验是一种心理现象，与旅游情境有关，是个体集中地以情感或情绪表现出来的快感（愉悦）经验。

（2）旅游体验是一个互动过程，体验深度与旅游者的融入程度相关，从而形成深度体验和浅度体验的差异。

旅游产品 第9章

头脑风暴

请你以自己的一次旅游经历，列举五个你这次旅游体验所获得的"畅爽"感受，并试分析是精神层面上的"畅爽"，还是感官上的"畅爽"。

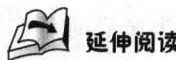
延伸阅读

体验式旅游

所谓体验式旅游，是指"为游客提供参与性和亲历性活动，使游客从中感悟快乐"。体验式旅游追求一种独有的、有内涵的行程，终极目的是实现梦想，拓展心灵空间。与传统观光旅游相比，体验旅游注重的是游客对旅游产品的感受、体验、享受的过程，而不是一味追求"到此一游"的旅游结果，从某种程度上更强调心理感知和理解。20世纪80年代中后期，在中国一度兴起的城里人到农村"住农房、吃农饭、干农活"就是体验式旅游的雏形。传统的观光旅游，仅仅依赖一些自然资源或者历史遗产为游客提供一种游览的满足感；而后兴起的探险式旅游则更多的是追求感官或者感受的刺激，如漂流、攀山等，但是也有体验式旅游的雏形。体验式旅游更着重的是给游客带来一种异于其本身生活的体验，如为城市人提供乡村生活的体验；为游客带来不同地域，或者是不同年代生活的体验等。

（资料来源：百度百科[EB/OL]http://baike.baidu.com/）

2. 旅游体验的层次

通过对感知对象需求的功利性与否，可以将旅游体验分为审美体验和世俗体验两种层次和类别。在旅游活动的过程中，表现出旅游者对某一旅游产品在心理和精神愉悦层面的感知，这种被称为非功利性的认识，它所对应的旅游体验被称为审美体验。与此相对的，旅游者对某一旅游产品的消费是为了满足其生理的或感官上的需要，是功利性的感知，它所对应的旅游体验被称为世俗体验。

1）旅游审美体验

旅游体验的美感何在？源于否定，终在超越。对于惯常生活的否定，对于惯常行为的否定，对于惯常思维方式的否定，而正是在这样的否定中，旅游者获得了审美体验，生命得以绽放，生存得以呈现，不断去追寻休闲之人生境界。旅游体验中所体现的审美精神是彰显的、独立的、本真的人性；旅游体验所追寻的审美境界是自由的、升华的、解放的审美人生。[1]

审美愉悦是对美的欣赏和愉悦，是一种没有利害关系的、自由的愉悦，既没有感官方面的利害感，也没有理性方面的利害感来强迫我们去赞许。这里面的"无利害关系"表明审美愉悦是情感的自然流露，不带有任何功利色彩："自由"表明审美愉悦是纯粹的。审美愉悦的途径来自崇高体验与优美体验。崇高体验缘于旅游者对自然之壮美而产生的震惊、崇敬、叹服的激情心理，优美体验则缘于旅游对象本身的美学特性及其与旅游者之间在心理上的某种契合与呼应。

---

[1] 潘海颖.旅游体验审美精神论[J].旅游学刊，2012，27(05).

在一个人的旅游活动中，旅游者从旅游产品的消费、享用中获得心理上、精神上愉悦的感受，这种感受一般在他们常住的地方是体会不到的特殊的快乐，是对目的地自然旅游资源和人文旅游资源在精神层面的美好感知，是对目的地品质、商标、特色、包装、价格等形式产品的情感反应，是对目的地餐饮、住宿、交通等旅游延伸产品背后所蕴含的文化、理念等产生的心理体验。

综上所述，旅游审美体验是指旅游者在欣赏美的自然、艺术品和其他人类产品时所产生的一种心理体验，是一种在没有利害感的观照中所得到的享受。这种体验在本质上是一项集自然美、艺术美和社会生活美之大成的综合性审美实践活动。①它是旅游体验的高级层次。

 知识链接

亚里士多德描述的"审美体验"的特征

（1）这是一种在观看和倾听中获得的极其愉快的体验。这种愉快是如此强烈，以至于使人忘却一切而专注于眼前的对象。

（2）这种经验可以使意志中断，不起作用，人似乎觉得自己像是在海妖的美色中陶醉了。

（3）这种经验有种种不同的强烈程度，即使它过于强烈或过量，也不会使人感觉到厌烦（其他的愉快过多时，人会厌烦）。

（4）这种愉快的经验是人独有的。虽然其他生物也有自己的快乐，但那些快乐是来自于对气味的嗅觉或味觉。而人的审美快乐则是源自于视觉和听觉感受到的和谐。

（5）虽然这种经验源自于感官，但不能仅归因于感官的敏锐。动物的感官也许比人敏锐得多，但动物却不具有这种经验。

（6）这种愉快直接来自于对对象的感觉本身，而不是来自它引起的联想。对此亚里士多德解释说，感觉，有的可以因自身而愉快，有的是因为他使人联想到其他东西而愉快，如食物和饮料的气味就是因为它使人联想到吃喝的愉快而变得愉快，看和听到的愉快大都是因为其自身而得。

（资料来源：谢彦君．旅游体验研究：一种现象学的视角[M]．天津：南开大学出版社，2006．）

2）旅游世俗体验

旅游体验是一个复杂过程，由于旅游者个性不同，旅游对象丰富多彩，旅游需求多种多样，因此每个人的旅游体验都是不一样的。在旅游过程中，并非每一位旅游者都能够用心去体会旅游景物的超然之美，更多的是关注于对感知对象的功利性认识上，如品尝一顿美餐、沉浸在某种游戏或运动的快感等，这些感官感受是建立在"占有"理念基础上的，主要表现为对感官刺激的追求。旅游世俗体验是旅游者在旅游活动中表现出的一种功利性的身心感知，是对身体健康、心情愉悦、安全幸福这些"快乐"的追求。旅游世俗体验是旅游体验的初级层次，有以下特点。

（1）旅游世俗体验是直观地身心愉悦。

旅游世俗体验是旅游者在旅游活动中，除旅游审美体验这种精神体验之外的一切旅游

---

① 谢彦君．基础旅游学[M]．北京：中国旅游出版社，2011．

体验，即更多的是感官上、认知上的满足，是一种功利性的体验需求。在旅游活动中，体验满足身心舒适的直接快乐，这种愉悦是人类感官可以触及到的"美"的享受。

（2）旅游世俗体验更易培养客户忠诚。

旅游审美体验通常是种"一次性"消费。因为即使再美好的精神审美体验，旅游者们通常也会感到审美疲劳。然而与旅游审美体验不同的是，旅游世俗体验是旅游者从旅游产品得到的感官上的舒适、感知上的快乐。一旦对产品实现世俗体验感觉美好，就有可能重复体验。如对美食的体验会形成重复购买。

（3）旅游世俗体验的本质是一种动物性感知。

世俗体验是人作为动物本身，对生存、安全等基本生理需求的满足，这一点与其他动物是相通的，而旅游世俗体验只是将人类的对这种基本需要的满足过程放在旅游这个范畴中，让它蒙上旅游的"面纱"、戴上旅游的"帽子"，是人们在旅游这种特定的活动过程中实现生存需要的过程。撇开旅游不谈，这种功利性的体验是人类社会与动物世界都存在的一个表现。

特别提示

旅游体验中的旅游世俗体验是建立在人性的感性欲望层面上的。以感性欲望为人的自然本性，以感性欲望的充分满足和自由表现也是旅游消费不可缺少的，它在促进人的审美解放方面有着积极的作用。旅游体验的世俗愉悦要求旅游经营者把握好旅游产品开发设计各个环节，满足旅游者的生理和感官需求，如听觉、视觉、嗅觉等需求，但也要避免为了过度满足旅游者的感官需求而使旅游产品媚俗化和庸俗化。

本 章 小 结

本章介绍了旅游产品的基本概念、构成、特点，旅游产品设计开发的原则和程序，旅游产品组合的概念和维度，旅游产品的消费和体验。其中，旅游产品的特性包括产品构成的综合性、所有权不可转移性、生产与消费的同步性、不可存储性、对公共设施的依赖性；旅游产品的设计与开发需要遵守核心与形式相统一原则，审美原则，创新原则，兼顾生态、经济和社会利益原则等五项原则，旅游产品的设计开发包括实地调查、主题与形象定位、设计构思、项目评价、项目实施等五个步骤；旅游产品的组合要重视产品组合的广度、深度和关联度三个方面的问题；旅游消费有不同的结构和特点，这与旅游产品的特殊性和旅游者购买行为有很大关联；根据旅游者消费目的的功利性与否，旅游体验可分为旅游审美体验和旅游世俗体验两类。

关键术语

旅游产品(tourist product)：旅游经营者为了满足旅游者的旅游需求，为其提供愉悦性体验并能从其销售中获利而生产或开发出来的，有形的物质产品和无形的服务产品的总和。

旅游产品组合(tourist product package)：旅游企业根据目的地旅游资源的主题特色和潜在旅游者的需求，按一定的顺序排列组合各旅游企业生产的单项旅游产品，最终形成各具特色的旅游景区或旅游线路产品的过程。

旅游体验(tourism experience)：处于旅游世界中的旅游者在与其当下情境深度融合时所获得的一种身心一体的畅爽感受。这种感受是旅游者的内在心理活动与旅游客体所呈现的表面形态和深刻含义之间相互交流或相互作用后的结果，是借助于观赏、交往、模仿和消费等活动方式实现的一个序时过程。

旅游审美体验(tourist aesthetic experience)：旅游者在欣赏美的自然、艺术品和其他人类产品时所产生的一种心理体验，是一种在没有利害感的观照中所得到的享受。这种体验在本质上是一项集自然美、艺术美和社会生活美之大成的综合性审美实践活动。

旅游世俗体验(tourist physical experience)：旅游者在旅游过程中所获得的审美体验之外的一切体验都称为旅游世俗体验。相对而言，这种体验通常建立在对感知对象的某种功利性认识的基础上，因此一般以伦理意义上的"善"和认知意义上的"真"的形式表现出来，也是人生体验的重要内容和通常愉悦形式。

课 后 练 习

一、选择题

1. 旅游体验是旅游产品构成中的（　　）。
   A 核心产品　　　　B．形式产品　　　　C．延伸产品　　　　D．包价产品
2. 饭店的客房只要有一天闲置，所造成的损失永远无法补救。其原因是旅游产品（　　）的特点所致。
   A．综合性　　　　B．不可转移性　　　　C．无形性　　　　D．不可储存性
3. 旅游产品一开始生产即是旅游消费的启动，这说明旅游产品消费具有（　　）特征。
   A．无形性　　　　B．依赖性　　　　C．同步性　　　　D．综合性
4. 旅游者在其一次的旅游经历中所购买产品的组合层次有三个层次，但不包括（　　）。
   A．核心产品　　　　B．形式产品　　　　C．延伸产品　　　　D．日常用品
5. 旅游线路的组合需要包括"食、住、行、游、购、娱"等六要素，这是因为旅游产品的组合需要注意产品的（　　）。
   A．广度　　　　B．深度　　　　C．关联度　　　　D．高度
6. 旅游消费能够保证众多游客可在同一时间段内对同一景区（点）进行参观、体验，这说明旅游产品消费有（　　）的特点。
   A．排他性　　　　B．非排他性　　　　C．异地性　　　　D．同步性
7. 旅游者在旅游景区的消费购买的是旅游景区的（　　）。
   A．租赁权　　　　B．居住权　　　　C．物权　　　　D．有限使用权
8. 刚性组合旅游产品遵守物理空间的组合依据，最终形成的产品是（　　）旅游产品。
   A．实体组合　　　　B．柔性组合　　　　C．隐性组合　　　　D．服务组合
9. 从旅游体验的角度分析，参观艺术家的画展或影展对于一个旅游者来讲属于（　　）。
   A．旅游审美体验　　　　　　　　B．旅游生活体验
   C．自我审美体验　　　　　　　　D．个性修养体验
10. 旅游世俗体验是旅游者在旅游活动中更多地是感官上、认知上的满足，是一种（　　）的体验需求。
    A．功利性　　　　B．非功利性　　　　C．排他性　　　　D．包容性

二、填空题

1. 旅游产品组合的终极形态是旅游企业围绕旅游产品的核心价值而做的多重价值追加,这种追加具有几乎满足旅游者旅游期间一切需要的_____和价值。

2. 形式产品是指旅游产品在用于交换时的外在表现形式,构成产品的实体和_____。

3. 旅游产品的不可转移性表现在产品地理位置和产品_____的不可转移性两个方面。

4. 旅游延伸产品是指旅游者在购买旅游核心产品时,所得到的_____服务或利益。

5. 旅游者的消费可分为生存性消费、享受性消费和_____。

6. 旅游产品的构思必须有形象和主题,不管是旅游的核心产品、形式产品还是延伸产品,应当保持_____一致。

7. 旅游者的活动离不开公共设施的支持,旅游产品对社会公共设施、机构具有较强的_____。

8. 设计与开发目的地旅游产品时应以可持续发展为理念,充分重视经济、社会、_____三种利益的平衡。

9. 刚性组合旅游产品的景区和柔性组合旅游产品的旅游线路都应当充分考虑旅游者的游览空间或_____。

10. 虽然将旅游者消费按照需求层次不同可划分为生存性、享受性和发展性消费三类,但是这三者在具体的旅游活动中是浑然一体、_____。

三、判断题

1. 同其他商品一样,一个旅游者购买了一个旅游产品之后就获得了产品的所有权和使用权。   (   )

2. 旅游者购买的是多个单项产品组合为旅游者带来的整体感受,是旅游者的体验、经历和记忆。   (   )

3. 从旅游产品与旅游资源的依存度来区分,旅游产品可以分为资源依托型旅游产品和资源脱离型旅游产品。   (   )

4. 为了应付旅游旺季日益增多的旅游需求,旅游企业应当提前生产旅游产品以备不时之需。   (   )

5. 旅游产品的追加利益是交通、住宿、购物等,旅游产品的设计与开发也是不同旅游企业追加利益的过程。   (   )

6. 柔性组合旅游产品是将各单项旅游产品按照物理空间进行排列,最终形成无形的服务产品。   (   )

7. 相比较与旅游审美体验,旅游世俗体验的消费更易培养客户忠诚。   (   )

8. 规模大、实力强的旅游企业可尝试生产关联度大的产品,这样能向旅游者提供多种多样的旅游产品。   (   )

9. 航空公司不可能将昨天航班的空余座位留待今天消费,这是由服务产品的无形性决定的。   (   )

10. 旅游者对某一旅游产品在心理和精神愉悦上的感知是旅游者的审美体验，是旅游体验的高级层次。（　　）

四、问答题

1. 什么是旅游的延伸产品？有什么作用？
2. 与一般普通商品相比，旅游产品有哪些特点？
3. 怎样理解旅游产品生产与消费在时空上的同步性？
4. 旅游产品的组合有哪几种形式？产品形态是什么？
5. 从旅游者消费的构成来看，旅游消费分哪几个部分？有什么特点？

五、论述题

1. 简要分析旅游产品的构成和形态，不同产品的效用和价值。
2. 你是如何理解旅游体验的？有什么感受？

 应用案例分析

大理白族歌谣文化旅游产品开发

　　白族歌谣是白族文化的重要组成部分，涵盖了白族地区的山川景物、劳动生产、生活习俗、人生礼仪、家庭婚恋、阶级矛盾、人际关系等白族生活的各方面，是反映白族生活的百科全书。通过白族歌谣，旅游者可以全面了解白族人民的民族共同心理素质，了解白族文化的特点和审美特征中最为典型的部分。

　　从形式上，白族歌谣有劳动歌、时政歌、仪式歌、情歌、苦歌、儿歌、寓意歌、咏物歌、风俗歌、劝世歌等之分。例如，劳动歌中包含了种包谷、种小麦、犁田、栽秧等农业生产的各项活动，乐观自信的白族人会在劳动中通过歌唱表达劳动的价值与生活情趣。风俗仪式歌谣中的盲情、咏物，全面表现了白族的生产生活习俗、节庆活动、人生礼仪、婚嫁习俗、建房习俗和丧葬习俗；情歌对唱，至今在白族人民的日常生活中依然发挥着重要的谈情说爱、联络感情、伦理教化的特殊功能。在一年一度的"绕三灵"、"蝴蝶会"、剑川"石宝山歌会"上，白族地区成为一片歌的海洋。白族人民以歌传情达意，以歌感受瞬息万变的社会。以歌迎接八方来客。

　　旅游者的感知包括视觉感知和听觉感知，以往对区域旅游形象的设计基本限于理念和视觉形象，而忽视了听觉形象的重要性，如果在旅游形象中加入听觉要素必定会使旅游者产生更加深刻的印象。美国现代旅游歌曲《MIAMI》以一个美国工薪族自述的形式，描述自己从繁忙的工作中解脱出来，来到风光美丽的迈阿密。在碧海沙滩嬉戏，夜晚歌舞狂欢，得到彻底放松的心情。《MIAMI》推出后，给迈阿密的旅游业带来了巨大的效益，成为迈阿密旅游形象的独特组成部分。因此，深入挖掘白族歌谣文化中适于旅游者吟唱，音乐个性鲜明，充分表达和展现白族人民生产生活文化的部分，对于塑造大理旅游目的地的形象是非常重要的。目前，大理旅游产品中歌谣文化的开发现状如下。

　　1. 大理旅游市场中的白族歌谣文化旅游产品

　　为大理地区独具文化魅力的文化事项之一的白族歌谣，在大理旅游的发展中也发挥了重要的作用。目前主要有以下几种开发形式。

　　（1）迎宾仪式。主要活动是唱迎宾歌，奏迎宾曲，在大理港口、码头、游船上，表达对远道来客的热烈欢迎，表现了白族人民热情好客的性格特征。

　　（2）景区演出。演出主要是白族调，演出人员是当地居民。

　　（3）游客参与项目。主要是让游客参与一些"三道茶"、白族婚俗的演出等。

(4) 古城洋人街、南门外等地的民间艺人表演。

(5) 节庆活动中的表演。目前的歌谣文化旅游产品主要是针对团队游客开发的，散客能够体验的主要是节庆活动中的歌谣文化。

2. 白族歌谣文化旅游产品开发的系统运作

第一，关于"大理"的品牌策略分析，"大理"作为一个旅游目的地品牌仍有一定的优势。当然，现有的品牌形象成因是从20世纪60年代开始，通过电影等传媒树立起来的，而且由于旅游地开发早，使之成为了旅游界，尤其是国内旅游一个知名度较高的旅游目的地品牌。目前，也有已拍摄和待拍摄的10部影视剧作品在大理诞生，这对于形成大理旅游的外部环境是很好的促进。但与此对应的是，对云南省其他几个"新生旅游地"的有关传媒报道增长势头很猛，如丽江——东巴文化、迪庆——香格里拉，这些地区，已有或将采取更强的营销战略，大理如果不能有效应对，其目的地的品牌效应就会有减弱的危险。

第二，游客和潜在旅游者对于"大理"旅游地形象的联想，通常是定位在"苍洱风光、蝴蝶泉、三塔、民族风情"，这些形象目前依然具有相当的优势，要保留和强化，但"民族风情"以及所有这些外在形象的文化内涵要进一步强化，这个内涵就是白族文化，而白族歌谣是集中展现白族文化的一条重要渠道，可以使旅游者在欣赏自然景观的同时，领略到大理特有的氛围和气质。

第三，建议将白族歌谣文化的宣传纳入对大理的宣传。从旅游消费心理和行为的分析出发，并非单纯全新塑造一个"白族歌谣文化"的新品牌，而是着重于通过白族歌谣文化来加强"大理"这一品牌的内涵和吸引力，强调大理独特民族文化的底蕴，使大理产生新的号召力和吸引力。同时，从长远来看，通过大理的知名度来提升白族歌谣文化的知名度，由此促进白族歌谣文化的保护、弘扬。

讨论：

(1) 白族歌谣文化的核心、形式是什么？怎样做到歌谣文化旅游核心产品与形式产品的统一？

(2) 从旅游产品层次和旅游体验角度分析，如何将白族歌谣的五种表演形式整合成统一的歌谣文化旅游产品进一步提升大理旅游目的地的形象？

(资料来源：殷群．大理白族歌谣文化旅游产品开发初探[J]．大理学院学报，2007，(01)．)

第10章 旅游影响

教学目标

通过本章的学习，了解旅游业的发展给目的地社区带来的经济影响、环境影响和社会文化影响。掌握旅游乘数理论、旅游卫星账户和旅游漏损。了解旅游飞地、示范效应和旅游商品化等相关概念。

教学要求

教学内容	重点☆、难点*	教学提示
旅游对经济的影响	(1) 旅游对经济的促进作用☆ 旅游乘数效应、货币回笼* (2) 旅游对经济的阻碍作用☆ 旅游漏损、示范效应、旅游飞地* (3) 旅游经济影响的测量☆ 旅游卫星账户*	本章主要与第1章、第2章、第4章、第8章、第9章、第11章和第14章等内容相关联，教学时可前后对应，以便掌握各章节教学内容的内在联系
旅游对环境的影响	(1) 旅游对环境的保护 (2) 旅游对环境的破坏☆*	
旅游对社会文化的影响	(1) 旅游对社会文化的积极影响 (2) 旅游对社会文化的消极影响☆	

> 谁出门远游既有补于自己又有益于他人，谁就堪称哲人；然而谁只是受着好奇心的驱使而在外一个国家一个国家地游玩，那和流浪又有何二致。
>
> ——哥尔德史密斯

基本概念

旅游乘数　旅游漏损　旅游飞地　回笼货币　环境容量　示范效应　旅游商品化　旅游真实性

第10章 旅游影响

 **导入案例**

旅游对南澳海岛县居民的影响

南澳是广东省唯一的海岛县,处于高雄、厦门、香港三大港口的中心点,是对台和海上贸易的重要通道,素有"潮汕屏障,闽粤咽喉"和"海上互市之地"之称。南澳地处亚热带,气候宜人,年平均气温21.5℃,是南中国海上的天然"氧吧"。南澳海岸线曲折,可供开发沙滩面积200万平方千米,其中青澳湾更享有"东方夏威夷"之美称,岛上保留的历史文物古迹,如青澳的丞相石,云澳的太子楼、宋井等具有历史神秘色彩,吸引了越来越多的游客。2008年全县实现生产总值7.12亿元,经济增长速度达到11.8%,接待旅游人次61.5万,旅游收入1.98亿元。旅游业虽然已成为南澳经济发展的重要推动力,对当地的文化和环境产生了积极影响,但同时,当地的经济发展、社会文化、自然环境都受到旅游业的发展负面冲击。

1. 经济影响

旅游带给当地居民的经济影响是显著的。多于75%的居民认为旅游吸引了更多的外资,有了更多的工作的机会,促进了海岛县经济发展。近年来南澳县引进各种招商项目,包括酒店、迎宾馆的投入建设,给部分居民创造了就业机会。交通状况的改善,供水、排污管网的整顿给居民生活带来了便利。而对个人经济影响方面,有51%的居民认为旅游仅使少数人的收入增加,更有一部分人认为钱都让外来投资者赚走了。究其原因,居民实际参与旅游业的程度不高,仅占18.4%,而且集中在收入低的小零售业。

2. 文化影响

有80%左右的人认为旅游提高了海岛县的知名度,获得学习外来文化的机会,促进了精神文明建设,有利于保护海岛特色民俗文化。同时,大多数居民认为旅游业的发展没有冲击本土文化和民风,也没有影响居民之间的融洽关系,并且对"旅游破坏了安全和谐的社会秩序,使得犯罪率增加"这一社会问题也不表示强烈认同。总之,居民的回答具有一定的不确定性,持"不知道"、"不清楚"意见的人较多。可见,旅游的负面影响没有得到居民的关注。

3. 生活环境影响

有66%的居民认为旅游使居民生活热闹起来,加快了生活节奏,有79.2%的居民认为旅游提高了政府对海岛县的重视程度,并促进政府加大了环保力度。负面影响中,除持"旅游使物价上涨,房价升高"的观点比较突出外,其余3项——"扰乱了我们的生活"、"使海岛环境质量下降"、"生态遭到破坏"都没有受到居民的认同,反对率分别为65.8%、48.8%和68.6%。经调查,一些距离景点较近的居民反映沙滩质量明显不及以前,游客乱丢垃圾,鸟类减少。从调查结果来看,部分居民关注发展旅游所付出的代价,但感知并不强烈。总体来讲,居民的环保意识薄弱,大部分人并没有意识到旅游带来的环境问题。

(资料来源:陈娟杜、彦荣南.澳海岛县居民旅游影响感知研究[J].产业观察,2011,(02).)

 **点评:**

在一个地区旅游业发展初期,旅游的正面影响大于负面影响,东道主对旅游产生的经济、社会、文化负面影响感知不明显,也不知道发展旅游可能要付出的代价。实际上,旅游业是一把双刃剑。

10.1 旅游对经济的影响

旅游者到目的地旅游,为当地的旅游景区、酒店、餐馆、旅游购物店、交通运输公司等旅游企业带来了经济收益，旅游企业的生产和经营带动了当地其他行业的经济发展，许多地方政府都将旅游产业作为地方经济发展的支柱产业。然而在某些情况下，旅游业的发展也会给目的地带来较大的经济成本和负面效应。在雷伯尔旅游系统框架下研究旅游的经济影响，我们可以看到旅游经济影响是双向的。旅游业既影响了目的地的经济，同时也影响了客源地的经济。旅游经济的影响既有积极方面，也有消极方面。

10.1.1 旅游对经济的促进作用

1. 增加外汇收入

入境旅游者在目的地的消费，是将其在客源国所挣的收入带到目的地消费，对于目的地商家来说是旅游收入，能够为旅游目的地国家增加外汇收入。我国旅游业在发展之初，以接待入境游客为主，就是为了创汇。

创汇是一个国家发展经济的一个重要目标。一般而言，增加外汇收入有两种途径：对外贸易的外汇收入和非贸易外汇收入。其中，对外贸易的外汇收入是指物质商品出口所带来的外汇收入；非贸易外汇收入是指国际间有关保险、运输、旅游、居民汇款、外交人员费用等方面带来的外汇收入。

普通商品出口是由国内企业将加工制造好的商品运输到目标消费者所在的其他国家或地区，在当地销售获得收入，再通过银行汇回国内，从而形成外汇收入，如图10.1所示，属于对外贸易的创汇类型。与此相对，旅游出口则是旅游者从客源地到目的地进行旅游消费，在入境时即兑换其所持外币，在目的地消费为当地旅游企业创造销售收入，增加目的地国家的外汇收入，如图10.2所示，属于非贸易外汇收入。

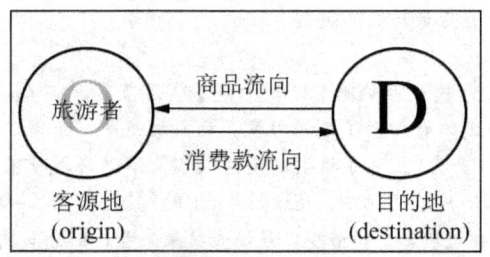

图 10.1 普通商品出口的流动项目和流向

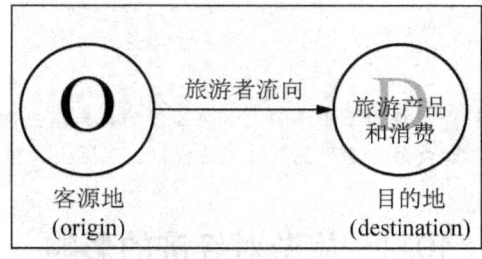

图 10.2 旅游产品的出口的流动项目和流向

比较图 10.1 和图 10.2，以雷柏尔旅游系统"O-D 对"为视角，我们可以观察和分析普通商品和旅游产品进出口所涉及的流动项目和流动方向两个问题。

（1）普通商品的出口中需要在目的地和客源地之间发生流动的项目有两个：商品和消费款项。商品从旅游目的地运输到旅游客源地，消费款项从旅游客源地再汇回旅游目的地，商品和消费款两项的流动都由旅游目的地的部门承担。

（2）旅游产品的出口是旅游者从客源地移动到目的地，从客源地和目的地空间移动上来看，产生移动的只有旅游者这一个项目，即旅游者从客源地到目的地的移动。旅游者直接去到旅游产品的供给方所在地——旅游目的地进行旅游产品（包括有形的物质产品和无形的服务产品）的消费。

与普通商品相比，旅游产品出口创汇有以下几点优越性。

（1）换汇成本低，包括时间成本和交易成本。

（2）旅游创汇是就地出口，不受一般的贸易保护限制。

（3）旅游创汇是现汇收入，资金可马上投入周转使用。

（4）旅游创汇是无形贸易，提供的是服务产品，能源消耗相对较低。

特别提示

从外汇的意义上看，接待国际入境旅游者同向海外出口商品一样也是一种出口。

头脑风暴

2013 年 5 月小王到泰国旅游，共花费 3 600 元人民币，折合 576 美元。你认为小王到泰国的旅游消费对中国而言是出口还是进口？为什么？

2. 促进货币回笼

货币回笼是指国民经济各部门向银行存入现金的过程及其结果。当一个国家市面上流通的货币量高于商品数量时，商品的供应量将低于人民的需求量，容易造成通货膨胀等经济问题。2010 年我国物价全面上涨，从"逗你玩"、"蒜你狠"、"姜你军"、"糖高宗"，老百姓生活的豆类、大蒜、生姜及蔗糖，全线上涨，通货膨胀情况引发百姓担忧。为了降低通货膨胀，控制经济发展，回笼货币是国家政府通常采取的调控手段之一。

货币回笼的途径之一是向市场投放相应数量的商品，再则是供应商业性的服务消费品。在商业投放能力有限，难以及时扩大市场所需商品投放量或市场需求不足、消费欲望下降的情况下，转移人们的购买倾向，鼓励人们多消费服务产品，就成为必要的货币回笼手段。在这个意义上，通过发展国内旅游来促进货币回笼不仅意义重大，而且现实可行。

旅游业属于服务业，向旅游者提供所需的旅游产品和服务，产业涉及餐饮、酒店、交通运输、旅游景区、休闲娱乐、商场购物等各部门，覆盖面广。旅游消费有助于政府快速回笼货币。旅游服务的消费不同于一般商品的消费，可以多次消费，通常是集体消费，且每次消费金额较大，是国家进行货币回笼重要的渠道。

 **知识链接**

货 币 回 笼

货币回笼(Currency Return)跟货币投放是相对而言的。回笼是指银行现金收入，银行现金收入主要由商品销售收入、财政税收收入、农村信用社收入、储蓄存款收入等项构成，反映了现金由市场流回银行(即现金归行)；投放则表示银行的现金支出，银行现金支出主要由工资及对个人其他支出、农副产品采购支出、行政事业单位管理费支出、储蓄存款支出等项构成，反映了现金由银行流入市场。货币的投放和回笼是中央通过实施货币政策，有计划地控制、调节市场上货币的流通数量，适时掌握调控力度，进行宏观调控的重要措施。

(资料来源：百度百科[EB/OL]http://baike.baidu.com/)

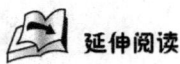 **延伸阅读**

中国经济的"三驾马车"一个也不能少

从支出角度看，GDP是最终需求——投资、消费、净出口这3种需求之和，因此经济学上常把投资、消费、出口比喻为拉动GDP增长的"三驾马车"，这是对经济增长原理最生动形象的表述。消费、投资、出口是拉动经济增长的"三驾马车"，消费是最主要的马车，是GDP增长的主导因素。消费占GDP的贡献率中国通常占50%~60%，国外消费占GDP的贡献率一般高达70%~80%，美国、英国甚至高达85%以上。中国社会还存在巨大的地区水平差别、公共服务差别，存在着明显的基本建设、社会建设空白的情况下，存在着巨大的发展需求、整个社会需要协调均衡发展的情况下，投资是扩大内需、协调地区经济发展的重要措施。中国被称为"世界工厂"、生产大国，同样与日益扩大的海外贸易有关。如果没有前30年的外向型经济，就不可能有现在的财富积累，不可能有现在的加工体系，不可能有经济的高速发展。现在，中国经济要继续保持强劲竞争力，仍要通过扩大国际贸易来实现、来完善自己。

(资料来源：中国经济的三驾马车一个也不能少[EB/OL]. 第一财经日报(2012-8-14). http://finance.jrj.com.cn/opinion/2012/08/14042314124140.shtml.)

 **头脑风暴**

从旅游创汇和消费的角度来讲，旅游产业在中国经济的"三驾马车"中发挥了什么作用？

3. 带动相关行业的发展

旅游活动包括吃、住、行、游、购、娱六要素，旅游业是以旅游者为对象，为其旅游活动创造便利条件并提供其所需商品和服务的综合性产业。①旅游的产业链很长，旅游业的每个分支行业都需要其他相关行业的支持、消费其产品和服务。因此，旅游业的发展带动相关各行业的发展。例如，酒店业需要与建筑公司合作建造酒店，餐厅需要向食品供应商采购原材料，员工需要向服装行业定制工作服，客房需要家居日用品，顾客刷卡需要与

---

① 李天元. 旅游学概论[M]. 天津：南开大学出版社，2005.

银行合作，酒店内部需要与软件公司合作创建管理系统等，因此酒店业的发展能够为以上行业创造收益。酒店相关作业图如图10.3所示。其他行业的消费者，能够凭借其自身的发展为相关各行业带来销售收入。

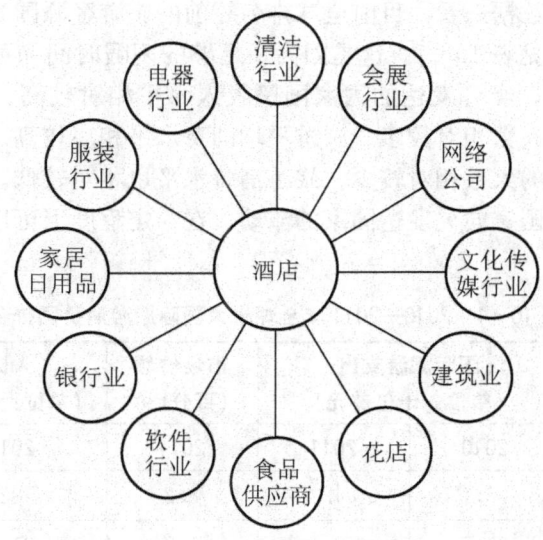

图 10.3　酒店相关行业图

旅游产业链

旅游产业链(Tourism Industry Chain)是为了获得经济、社会、生态效益，旅游产业内部的不同企业承担不同的价值创造职能，共同向消费者提供产品和服务时形成的分工合作关系。旅游消费者从获得旅游信息并决定进行某次旅行，经过空间移动，到最终实现旅游体验这一系列的活动过程中，因吃、住、行、游、购、娱等旅游消费涉及的企业分属不同的产业类型而形成的一种产业链接关系。从整个旅游过程来看，提供旅游产品的不同行业组成了一个链状结构，游客从旅游过程的始端到终端，需要众多的产业部门向其提供产品和服务来满足他的各种需求。其中，不仅包括旅行社、交通部门、餐饮、酒店、景区景点、旅游商店、旅游车船及休闲娱乐设施等旅游核心企业，还关联到农业、园林、建筑、金融、保险、通信、广告媒体，以及政府和协会组织等辅助产业和部门。前者构成了产业链的链上要素，后者为产业链的动态链接与正常运营提供必要的保障和支持。

(资料来源：百度百科[EB/OL]http://baike.baidu.com/)

4. 平衡地区经济发展

经济的平衡发展有益于世界保持和平，有益于一个国家保持政治稳定，因此，经济的平衡发展是各个国家和政府重大责任之一，旅游业作为"奢侈型"消费能够在一定程度上帮助财富在国际间、地区间进行再分配，促进各方经济平衡发展。为目的地带来旅游收入的旅游者可分为入境旅游者和国内旅游者两类，入境旅游者的旅游消费形成货币财富在国际上流通，促进了发达国家(或地区)和欠发达国家(或地区)的经济平衡发展；国内旅游者的旅游消费则是实现了货币财富在一国内的重新分配，促进了发达地区和落后地区的经济平衡发展。

1）国际间经济的平衡发展

从全球的旅游统计数据来看，目前全球排名靠前的旅游客源国和旅游目的国一般都是经济发达国家和地区，见表10-1。这是因为，足够的闲暇时间和可支配收入是旅游者进行旅游活动的先决条件，经济发达的国家国民收入水平相对较高、带薪休假制度较为完善，因此出境旅游者的人数相对较多、旅游平均消费水平相对较高。相反的，经济欠发达的国家或地区出境旅游的人数相对较少、旅游消费水平也相对较低。旅游者出境旅游形成了旅游消费资金从发达国家向欠发达国家的流动，在一定程度上可以平衡国际间的不均衡发展。

表10-1 2010—2011年全球十大国际旅游消费国排名

排名	国别	国际旅游支出（单位：十亿美元）		市场份额（百分比）	人口（单位：百万）	人均消费（单位：美元）
		2010	2011	2011	2010	2011
1	德国	78.1	84.3	8.2	82	1 031
2	美国	75.5	79.1	7.7	312	254
3	中国	54.9	72.6	7.0	1 348	54
4	英国	50.0	50.6	4.9	63	807
5	法国	38.5	41.7	4.0	63	660
6	加拿大	29.6	33.0	3.2	34	958
7	俄罗斯联邦	26.6	32.5	3.2	142	228
8	意大利	27.1	28.7	2.8	61	473
9	日本	27.9	27.2	2.6	128	213
10	澳大利亚	22.2	26.9	2.6	23	1 184
	全世界总计	927	1 030	100	6 946	148

资料来源：世界旅游组织（UNWTO Tourism Highlights，2012 Edition）

头脑风暴

什么是国际旅游的"北南流"（north-south flow）？是什么原因造成国际旅游市场中的"北南流"这种现象的？你认为旅游能否实现国际区域经济的平衡发展？

2）国内地区间的经济平衡发展

同样，对于一个国家而言，经济较发达地区居民可支配收入较高、休假制度相对完善，然而多数情况下经济发展的同时带来了环境的污染，再加上紧张的工作给人带来的心理压抑，使得此类地区的居民更喜欢外出亲近大自然，呼吸新鲜空气，放松身心。与此相对,经济落后地区的发展起步晚,对生态环境的污染相对较小,对外交流相比发达地区相对较少,自然旅游资源和文化旅游资源保存相对完善,吸引着发达地区的旅游者前来。由此,游客从发达地区流向落后地区的数量远大于从落后地区流向发达地区的数量,落后地区的旅游经济实现顺差,实现了国民收入在一国内地区间再次分配,促进地区间经济的平衡发展。旅游通常作为扶贫手段被各国政府和地方政府使用。

知识链接

扶 贫 旅 游

扶贫旅游(pro-poor tourism)指通过开发贫困地区丰富的旅游资源,兴办旅游经济实体,使旅游业形成区域支柱产业,实现贫困地区居民和地方财政的脱贫致富。扶贫旅游与一般旅游的不同。在一般旅游开发中,投资者、经营者(旅游企业、旅游景区)的经济利益是被放置在第一位的,旅游开发一切都围绕着投资者、经营者的利益运转。而在扶贫旅游的规划与开发中,旅游项目是使贫困人口的经济利益达到最大化,并且注重贫困地区的经济发展机会。扶贫旅游规划和开发的目的在于改变贫困地区落后的现状。

(资料来源:百度百科[EB/OL]http://baike.baidu.com/)

5. 增加就业机会

就业是衡量一个国家或政府政绩的主要标准。高失业率会带来许多社会问题,甚至会引起社会动荡。因此,如何提高就业率、增加就业机会是一国政府和每个公民都非常关心的问题。

随着旅游活动的普及,旅游业的发展成为国家或政府解决社会就业问题的手段之一。因为旅游业是一项劳动密集型产业,需要为旅游者的吃、住、行、游、购、娱提供相关服务,且许多服务需要手工操作、面对面提供,这就需要大量基础劳动力。另外,旅游业的就业岗位层次众多,特别是旅游业中的很多服务岗位的工作并不需要很高的技术,所以可为广大家庭妇女和尚不具备技术专长的青年提供就业机会。当然旅游服务也是需要相关技术和知识,但是相比于其他技术程度要求较高的工业、制造业等,旅游服务的知识和技术比较容易掌握。

旅游业提供就业机会的方式有两种:直接就业机会和间接就业机会。直接就业机会是指国民经济中直接为旅游活动提供服务的从业人员,也即目前国家旅游局所统计的从业人员。主要涉及旅行社、住宿接待业、旅游景区(点)、旅游车船公司和其他旅游企事业单位的从业人员。间接就业机会是指由旅游业的发展相应引起其他行业的发展而产生的就业机会,如网络行业、银行业、服装制造业、家居行业、食品行业、文化传媒行业等,产生就业乘数效应。此外,由于旅游行业的发展具有季节性的特征,还可以为需要暂时性就业和季节性就业的人们(如学生、下岗职工等)提供就业机会。①

---

① 傅云新,蔡晓梅.旅游学[M].广州:中山大学出版社,2007.

 知识链接

乘 数 公 式

乘数原理的公式为：$\Delta Y: A^*[(1/1-MPC)]$。式中，ΔY 表示一笔自发性支出 A 所能新增加的国民收入，MPC 表示边际消费倾向。

从以上公式中可以看出，一笔自发性支出 A 如果是用于投资的话，ΔY 的大小只与 A 和 MPC 值的大小有关，与投资方式（劳动密集型投资或资本技术密集型投资）的选择无关。如果一个国家存在失业，同时也存在其他闲置资源，则采用劳动密集型投资方式最有利于就业问题的解决。旅游乘数有两种计算方法：①表示某一特定数量的旅游消费所创造的就业人数；②表示由某一特定数量的旅游消费所带来的直接就业人数与继发就业人数之和同直接就业人数之比。

（资料来源：智库百科[EB/OL]http://wiki.mbalib.com/wiki/）

10.1.2 旅游对经济的阻碍作用

旅游业能够在很大程度上促进国民经济的发展，但是旅游业的发展一定要在合理规划、科学控制的前提下进行，才能保证旅游业的正常发展，旅游业才能对一国经济产生如上所述的正面效应。然而，片面地追求旅游经济的增长而忽视科学的产业结构规划、忽视旅游业对目的地自然和社会环境造成的影响，也会给目的地经济带来负面影响。

1. 有可能引起物价上涨

旅游者的大量来访，能够抬高目的地物价水平，这是因为外来旅游者的收入水平一般较高，或者是旅游者为出游计划而长期积蓄，在目的地旅游期间能够接受相对较高的价格购买食品、交通、住宿、娱乐项目和旅游纪念品等，旅游者的来访使得以上商品的供给方提高售价，如果旅游者长期持续来访，这样会导致目的地的物价水平一直居高不下。这样一来，当地居民的日常生活成本增加，包括衣、食、住、行等生活必需品。

我国传统的"穷家富路"的思想认为，平时在家生活可以节约，出门在外就不能拮据，尤其是旅游者去目的地旅游，要品尝当地最好吃的美食，要参观当地最好看的景观，要购买当地最特色的纪念品、土特产品，因此，旅游消费一般要高于当地居民日常水平。此外，大量的旅游者来访对农副产品的需求增多，造成农副产品供求之间的结构性矛盾，引起农副产品的价格上涨，带动其他各类物品价格上涨。从供给的角度来讲，目的地的商家认为旅游者对当地的物价水平、商品行情不是很了解，因此趁机哄抬物价。在那些季节性比较明显的地区，物价在旅游淡季会有所回落，但是在那些旅游资源比较丰富、季节性不强的地区，物价就会长期维持在较高水平。

 案例故事

关注三亚高物价

"这里的物价太高了，蔬菜几乎都进入了 3 元时代，我们有点吃不消。" 2013 年 2 月 26 日，海南省三

亚市民陈小姐对第三市场的菜价直摇头。

"三亚的物价普遍高于国内同等城市，甚至超过一些二线的旅游城市。"三亚市政协常委孙冬随机抽取了2012年12月10日三亚、青岛和杭州等旅游城市一些商品的物价情况举例，西红柿在三地的价格分别为3.1元、1.4元、1.6元，菜地租金每亩分别为1 600元、1 000元、1 000元，一室一厅的房租分别为3 500元、2 300元和2 000元。

"三亚物价高的原因主要是三亚人口流量大，冬季大量的'候鸟'、游客，极大地刺激了商品的物价上涨；三亚的生活用品、电子产品等大多从省外进货，物流成本较高；三亚房地产业的迅速发展，导致住房、商场和店铺的租金提高。"孙冬说。

高物价不仅对市民的日常生活造成影响，也关系着游客对于三亚的印象。孙冬说，三亚给一些游客留下"三亚是有钱人度假和养老天堂"的印象与该地区高物价是有一定关系的，如花蟹，同品种的在市场上可能每斤才30元，到酒店就得卖到每斤120元，使得游客对高物价的感受更为强烈。

（资料来源：政协委员关注三亚高物价建议加大物价补贴[EB/OL]. 海南日报（2013-2-27）. http://www.hq.xinhuanet.com/news/2013-02/27/c_114820559.htm.）

2. 有可能影响产业结构发生不利变化

经济发展相对落后的地区旅游资源相对丰富，因为现代化的工业设施进驻较少，对环境污染相对较小，经济发展以农（副）业为主。然而当越来越多的旅游者来到当地进行参观，更多的居民将会放弃农田，选择从事旅游接待业，因为后者能够为其带来更高的收益。加之政府为了促进当地国民经济的发展，大力支持旅游业的发展，导致大量劳动力从农（副）业流向旅游业。一方面，大批耕地被开发成旅游景区、酒店、停车场、餐馆等旅游者进行旅游活动的地方，严重缩小当地农业生产用地；另一方面，地方政府认为旅游业的发展能够带动当地相关产业的发展，如一些地方政府热衷于旅游地产开发，希望通过旅游地产带动当地经济的发展，因此更多的耕地被占用，尤其加重了上述影响。

3. 过重依赖旅游业有可能影响国民经济的稳定

随着经济的发展，旅游成为人们生活的必需品，但是与传统的日常生活必需品相比，旅游的需求弹性高，旅游业的发展具有季节性和脆弱性，受政治、经济、环境等因素影响大。如果一个国家或地区的国民经济以旅游业为支柱产业，在某些情况下，该国或该地区的经济将遭到重大打击。旅游影响国民经济稳定的主要原因有以下两个。

1) 季节性

从需求和供给两个方面分析，旅游业具有季节性。一方面，从需求的角度来讲，旅游者以休闲为目的的旅游活动，需要具备连续的闲暇时间，即带薪休假。目前全球各国带薪休假制度各不相同，但是都有一定的日期和时间限制，因此旅游者的出行时间具有季节性。另一方面，从供给的角度出发，旅游目的地的气候和地理条件随着季节的变化而不同，其中一些目的地在某些时间段气候环境比较恶劣，限制了游客的到访。相反，一些目的地在某个特定的时间段，也会因其异常美好的自然景观或特殊的人文节事活动，吸引大量游客到来。不论是限制性条件阻碍游客的到访，还是吸引性条件拉动旅游需求，都决定着旅游业的季节性。旅游业的淡季不可避免地会出现大量劳动力和生产资料的闲置，旅游从业者收入降低甚至为零。2007—2011年四川省入境旅游统计表明，四川入境旅游的季节性非常明显,如图10.4所示。同样,受以上因素影响,我国其他地区的旅游季节性也十分明显。

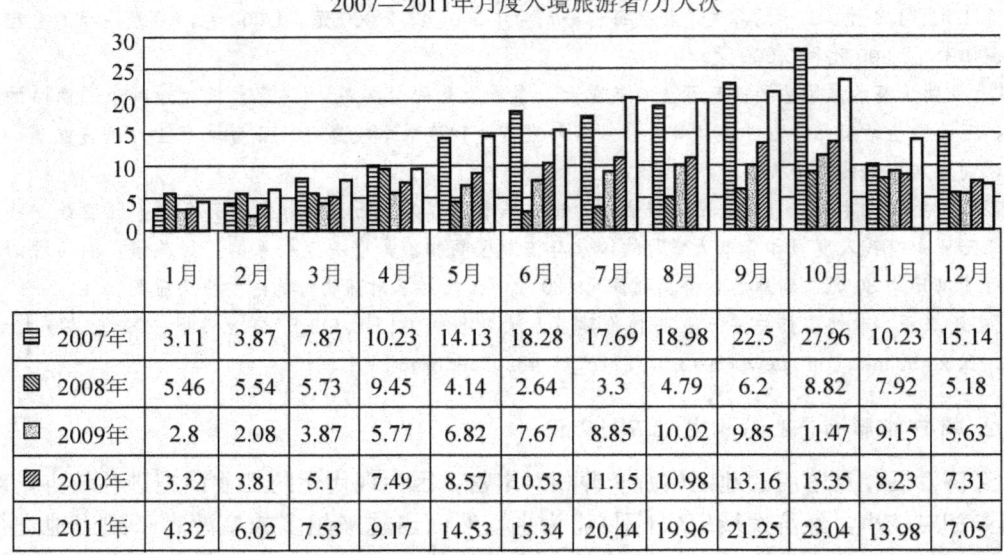

	1月	2月	3月	4月	5月	6月	7月	8月	9月	10月	11月	12月
2007年	3.11	3.87	7.87	10.23	14.13	18.28	17.69	18.98	22.5	27.96	10.23	15.14
2008年	5.46	5.54	5.73	9.45	4.14	2.64	3.3	4.79	6.2	8.82	7.92	5.18
2009年	2.8	2.08	3.87	5.77	6.82	7.67	8.85	10.02	9.85	11.47	9.15	5.63
2010年	3.32	3.81	5.1	7.49	8.57	10.53	11.15	10.98	13.16	13.35	8.23	7.31
2011年	4.32	6.02	7.53	9.17	14.53	15.34	20.44	19.96	21.25	23.04	13.98	7.05

图10.4 四川省2007—2011年月度入境旅游者人次数

(资料来源:2011年四川省旅游业统计公报[EB/OL]. 四川旅游政务网(2012-5-25). http://www.scta.gov.cn/sclyj.html.)

2)脆弱性

旅游业具有脆弱性,受外界政治、经济、自然、卫生健康等多方面不可控条件的限制和影响。政治方面,双边关系的恶化、国内政治动乱、政府的政策变化与战争等;经济方面,世界性的经济危机、汇率的浮动等;自然因素方面,地震、海啸、泥石流、洪水等自然灾害,冻雨、干旱、极寒、极热等异常天气;卫生健康方面,流行性疾病这些因素都会导致旅游需求下降或旅游者改变目的地,旅游业大幅受挫,连带影响其他各产业经济的发展。

 延伸阅读

非典重创北京旅游业

北京大学中国经济研究中心和北京大学卫生政策与管理研究中心的学者海闻、赵忠、王健、侯振刚日前对北京市直接受非典(SARS)影响的酒店、旅行社、旅游景点、航空公司等九个行业进行了实地抽样调查。调查结果显示,从三月份开始,境外游客到北京的人数减少了80%左右,估计北京市全年的对外旅游收入将减少60%—70%,此项损失将达160亿元人民币。

由于"五一"黄金周的取消,北京市的国内旅游收入将至少减少30亿元。因此北京市全年的国内外旅游收入的损失至少为200亿元。如果疫情不能迅速得到控制,下半年北京市国内的旅游收入将继续下降,又会增加200亿元左右损失。悲观地估计,2003年北京市国内外的旅游收入将损失400亿元左右。

加上间接影响，对北京市整个经济的影响为 300—600 亿元。突发的公共卫生事件沉重地打击了北京市的旅游业。

（资料来源：文钊. 非典将使中国损失 2 100 亿，GDP 下降 1—2 个百分点[J]. 中国经济周刊. 2003，(17).）

10.1.3 旅游经济影响的测量

1. 旅游乘数

1) 旅游乘数的类型

旅游业的发展能够为旅游目的地创造直接收入、就业机会，并通过带动其他行业的经济发展，间接创造国民收入和就业机会等。旅游乘数是指单位旅游消费对旅游接待地区各种经济现象的影响程度的系数，等于旅游在经济系统中（国家或者地区）导致的直接效应、间接效应和诱导效应的总和与最初的直接变化本身的比率。旅游乘数可用于测评旅游业发展对旅游目的地国家或地区经济的推动作用，类型包括销售乘数、产出乘数、收入乘数、就业乘数 4 种。

（1）销售乘数（sales multiplier），也称营业额乘数或营业收入乘数，用以测定旅游消费对目的地国家或地区相关企业销售收入的影响程度，表示单位旅游消费所导致的目的地国家或地区相关企业营业收入的增长量。

（2）产出乘数（output multiplier），用以测定旅游消费对目的地国家或地区的相关企业的产出的影响程度，等于单位旅游消费所带来的目的地国家或地区相关企业经济产出的增长量。

（3）收入乘数（income multiplier），用以测定旅游消费对目的地国家或地区净收入的影响程度，表示单位旅游消费所导致的目的地国家或地区净收入的变化量。

（4）就业乘数（employment multiplier），就业乘数的表示方法有两种：第一种用以测量单位旅游消费所导致的就业量，等于旅游消费所导致的就业量与旅游消费之间的比；第二种用以测定单位直接就业所导致的直接就业、间接就业、诱导就业三者之和，等于旅游消费导致的直接就业、间接就业和诱导就业三者之和与直接就业的比例。

特别提示

世界旅游组织公布的资料显示，旅游业的经济乘数效应远远高于其他行业。旅游业每直接收入 1 元，相关行业收入就可增加 4.3 元；旅游业每增加一个直接就业人员，社会就能增加 5 个就业机会。①

2) 旅游乘数的影响因素

（1）旅游漏损。游客在旅游目的地的消费成为旅游企业的直接收入，旅游企业需要向外国公司购买原材料，或聘用外籍人员，或与外资企业进行其他合作，旅游公司的一部分旅游收入就会流向国外。旅游漏损就是指目的地国家、地区或旅游企业向国外进口商品、劳务、资金或由于其他原因而发生的外汇支出和流失。如果我们将范围缩小到一国之内，那么不同的地区之间也可以用漏损来测算旅游漏损对某个地区经济的影响。

---

① 洪帅. 旅游学概论[M]. 上海：上海交通大学出版社，2010.

 **知识链接**

旅游漏损途径

（1）旅游者所需物品及服务的进口。
（2）旅游设施建设所需要原材料的进口。
（3）支付给海外员工的工资、海外贷款利息、海外管理费及特许经营费、海外旅游中介机构费用及投资者利润汇出。
（4）海外促销与公共活动。
（5）海外旅游者通过非官方渠道进行外汇兑换产生的黑市漏损。

（资料来源：智库百科[EB/OL]http://wiki.mbalib.com/wiki/）

 特别提示

旅游漏损与旅游乘数呈负相关的关系，即旅游漏损越大，旅游者的旅游消费留在本国或本地区内的部分就越少，参与当地经济循环的比例也随之降低，旅游对当地经济的带动作用也就越小，旅游乘数越小。

 **头脑风暴**

一般认为，旅游漏损越高，对当地经济的刺激作用就越小，不利于当地经济的发展。推动地方经济发展主要应当大力开展生态旅游、自然旅游、探险旅游等低漏损项目。你是如何看这一观点的？

（2）接待国的产业结构。

通常情况下，接待国的产业结构合理、生产门类齐全，各个产业链均能够完全在国内进行，经济上自给的程度也就越高。旅游部门的向前和向后一体化都能在国内进行，与国内其他各行业联系紧密，则能够使旅游者的旅游消费更多地留在国内，旅游漏损相对较小。相反，如果一个国家或地区的产业结构呈现出某一行业独大、其他行业的经济规模很小甚至缺乏该行业的存在，那么其经济发展就不得不更多地依赖国外相关行业。旅游业综合性强，旅游企业更多地借助外来人才、资金或其他资源，就减少了与当地产业的向前或向后的联系，旅游收入的大部分漏损到国外或其他地区，甚至造成旅游飞地。因此，产业结构的合理程度影响着旅游乘数效应的大小。

 **头脑风暴**

美国和肯尼亚都是旅游资源丰富的国家，从产业结构和旅游产业链的角度分析，你认为哪一个国家的旅游收入多？为什么？

 **知识链接**

旅游飞地

旅游飞地（tourism enclave）指旅游依托目的地的土地和旅游资源，但其经济的带动作用与当地经济发展关联很小,旅游消费的物资和从事服务的中高层人员基本来自外地,或旅游者仅在旅游目的地从事游览活动,食、住、娱、购等均在目的地以外进行。旅游飞地降低了旅游乘数效应,增大了旅游漏损,减少了旅游业对目的地经济的积极影响。旅游飞地有两种形式:一是由包价旅游造成的,旅游者由旅游公司安排,从机场直接到达旅游目的地旅游,未与当地其他经济产生链接的旅游模式;二是偏远贫困地区发展旅游依赖外部经济,与当地经济没有链接甚至排斥出现的孤岛式的旅游模式。

(资料来源:百度百科[EB/OL]http://baike.baidu.com/)

(3) 接待国的人力储备。

一个国家的发展需要人才,旅游业的发展同样也需要人才的支撑。如果一个国家的人才完全能够满足旅游企业及相关部门的需要,旅游企业便不需要聘用外籍人员,那么旅游收入便能更多地留在国内,进行再次循环利用,产生乘数效应。相反,接待国或地区的旅游业发展更多的是聘用外籍员工,那该国或地区旅游业的乘数效应也相对越小。目前,全球经济欠发达地区的旅游业企业,很多高层管理人员和专业技术人员都从国外引进,而当地居民只能参与低技能、低薪资的服务工作,旅游业的发展虽然带动当地社区居民收入水平的提高,但是与旅游业导致的高消费水平相比,他们的实际购买力却是在下降的,因此,旅游接待国人力资源的教育质量、人力储备严重地影响着旅游乘数效应。

 知识链接

旅游人力资源

旅游人力资源(human resource of tourism)是旅游业在发展过程中不断投资与积累所形成的,从事与旅游业有直接关系并影响着旅游业发展的人员。按照社会需求部门的不同,旅游人力资源可划分为旅游行政管理部门、旅游协会、旅游教育培训部门、旅行社、旅游酒店、旅游景点景区、旅游交通7种部门的人力资源。按照所需的业务知识与旅游密切程度的不同,可将旅游企业的人力资源划分为专业性和普适性两种。其中,专业性的人力资源包括旅游产品的开发人员、旅游市场的开发人员、旅游产品的开发人员、旅游娱乐服务人员、旅游接待设施服务人员、旅游企业管理人员、旅游行政管理人员及地方上的特殊旅游从业人员。普适性的人力资源包括财务人员、后勤人员、保安人员、维修人员等。

(资料来源:智库百科[EB/OL]http://wiki.mbalib.com/wiki/.)

2. 旅游卫星账户

旅游是以提供服务为主,涉及众多行业和企业的具有较强综合性的经济部门。传统反映旅游业的诸种指标,如旅游综合收入、旅游外汇收入、旅游人数、海外旅游者人数等,统计覆盖范围过窄,难以反映旅游业在国民经济中的贡献,无法据以分析旅游业的构成、效益及发展的真实水平,不能满足政府制定合理的产业政策的需要。

1) 旅游卫星账户的概念

旅游卫星账户(tourism satellite account,TSA)又称旅游附属账户,是一种宏观统计方法。它是以国民经济核算为统计基础,按照国际统一的国民账户的概念和分类标准,在国民经济核算总账户下所单独设立的一个子系统。通过编制这一账户,可以把由于旅游消费而引发的国民经济各行业中的直接和间接的旅游产出,从相关行业中分离出来单独进行核算,从而达到在国际统一的统计框架下对旅游经济进行全面测量和分析比较的目的。

2) 旅游卫星账户的作用

旅游卫星账户作为一个国民经济核算的工具，除了提供国民经济核算中有关旅游业的准确内容与数据之外（如游客消费、旅游产业活动的供给等），它可以较全面地反映旅游活动的供需情况、供需的对应与平衡问题。

（1）游客消费是由哪些产业提供和满足的？满足程度如何（国内生产或进口比例情况）？

（2）可以较深入地了解和分析游客消费、旅游供给的总量和结构状况，从而了解旅游需求和产业的市场总体均衡状况。

（3）可以核算旅游业的产业规模（如旅游业的 GDP、旅游就业的总体情况），从而全面分析旅游业在国民经济中的产业地位。

此外，作为一个较全面的数据库，旅游卫星账户的基础数据还可以为政府的公共政策提供依据（如游客消费政策、旅游就业政策等）。①

 知识链接

旅游卫星账户表

旅游卫星账户是联合国和世界旅游组织等国际机构所积极推广的一种测度旅游业经济影响的方法体系，通过编制 10 张表格来综合全面地反映旅游的经济影响，见表 10-2。

表 10-2 旅游卫星账户表

序号	名 称
表 1	按产品和游客类别分列的入境旅游消费
表 2	按产品和游客类别分列的国内旅游消费
表 3	按产品和游客类别分列的出境旅游消费
表 4	按产品和游客类别分列的境内旅游消费
表 5	旅游企业和其他产业的生产账户
表 6	按产品分列的国内供给和境内旅游消费
表 7	旅游产业的就业情况
表 8	旅游产业和其他产业的旅游业固定资本形成总额
表 9	按政府职能和政府级别分列的旅游业公共消费
表 10	非货币指标

（资料来源：朱华．旅游学概论（双语）[M]．2 版．北京：北京大学出版社，2012．）

---

① 刘伟．旅游概论[M]．2 版．北京：高等教育出版社，2008．

10.2 旅游对环境的影响

目的地旅游业的发展对当地经济的巨大作用，越来越受到相关政府部门及当地居民们的重视。为了发展旅游业，吸引更多游客的到访，目的地政府改造当地的技术设施环境、重视城市保洁、重视景区景点的环境保护和规划，使得旅游目的地的环境得到了一定程度地改善。然而一些地区旅游景区缺乏合理的规划和管理，随着大量游客进入，不断消耗当地生活、环境资源，制造大量生活垃圾，旅游地环境容量严重超载，破坏了旅游地的自然环境和生活环境，影响了游客的旅游体验质量。

环境容量是指在一定条件下，一定时间、空间范围内所能容纳的游客数量和对旅游行为方式所容忍的程度，其内涵主要包括旅游生态容量、旅游空间容量以及旅游生活环境容量等。旅游目的地政府和景区管理者应当高度重视旅游地的环境容量，尤其是生态环境容量的变化。固然，旅游者进入任何一个旅游地后，食、住、行、游、购、娱等各种消费都会直接或间接地产生一定的废水、废气和固体垃圾，对环境造成一定的污染或破坏，但是通过综合测算旅游者所产生的污染物、旅游景区环境自净能力和人工治理污染的能力，可以测算出旅游景区的生态环境容量，并采取相应措施。旅游目的地通过控制旅游流量，提高东道主和游客的环境意识，加强环境的监测和保护，可以保持旅游地良好的生态环境和景观质量，使旅游目的地走上旅游可持续发展的道路。

 知识链接

旅游生态环境容量计算公式

$$N_{eco} = \frac{S\sum_{i=1}^{n}U_i + \sum_{i=1}^{n}V_i}{\sum_{i=1}^{n}W_i}$$

其中，N_{eco}——旅游地生态环境日容量(人次/日)；

　　　S——旅游地总面积；

　　　U_i——旅游地单位面积对 i 种污染物的日自净能力；

　　　V_i——旅游地每天人工处理 i 种污染物的能力；

　　　W_i——平均每个旅游者每天产生污染物的数量。

(资料来源：张卫红．旅游管理[M]．北京：中国金融出版社，2006．)

10.2.1 旅游对环境的保护

1. 助推目的地环保意识的提高

旅游业的发展依赖于目的地的自然和人文环境，旅游者到旅游目的地是追求美的享受，欣赏大自然鬼斧神工的妙笔，感叹人类文明的神奇。为了吸引更多游客来访，保证游客满意度，目的地政府部门和当地居民应当达成保护当地环境的共识。一方面，旅游目的地相关政府部门应当高度关注环境质量,加大环境保护的投资力度,严格管理,通过旅游项目保护或改善环境质量。另一方面,目的地居民、旅游从业人员应当自觉遵守政府出台的相关环境政策,自觉保护环境。

此外,旅游者是旅游活动的主体,是环境保护的重要参与者。旅游者在进行旅游活动的过程中,应当提高环境保护意识,通过旅游项目了解更多自然知识、生态知识、环境知识,进一步思考旅游与环境的关系,了解环境友好性对旅游长期发展的重要性。如今,越来越多的高科技被用于景区的规划建设,方便旅游者更加直观、立体、全面地了解各旅游景区各类信息,这其中也包括旅游景区的自然知识、生态知识和环境知识,加强了环境教育的效果,提高了公众旅游环境保护的意识。

 延伸阅读

成都大熊猫繁育研究基地的旅游环境意识

近年来,成都大熊猫基地按照国际一流景区的建设和接待标准,率先在国内众多旅游景区中引入了"教育旅游"理念,摒弃了传统说教式和新兴猎奇式的旅游方式,坚持让游客"体验"和游客"互动",让海内外游客通过大熊猫特色教育之旅,自觉培养起生物多样性保护和环保理念,更加关注大熊猫等濒危野生动物保护事业。围绕这一理念,基地提高旅游环境意识,加强生态环境教育,当游客在景区游览时,可以到处看到保护生态环境的提示。

(1) 请不要大声喧哗,不要随便发出异常、尖利的声音,这样会惊扰野生动物。大熊猫等动物们天生喜欢安静的环境,对喧闹敏感。

(2) 请保持园区环境,不要在园区的任何地方(包括岩石,树木,建筑物等)乱涂乱画。请不要在参观过程中随意离开道路,以免踩踏植被。

(3) 这里是无烟景区,请不要在园区内吸烟,同时园区内严禁鸣枪和燃放烟火,您的不小心很可能引起森林火灾。

(4) 请不要采摘花草,破坏树木;不要故意伤害任何小动物,包括蝴蝶、毛毛虫等。

(5) 请不要乱丢垃圾(包括烟头、糖果包装纸、食物的碎屑等),请按垃圾分类将垃圾放在正确的地方或将垃圾带走。除了大熊猫,基地里还放养有其他的野生动物,如果它们误食您留下的垃圾,可能会发生很严重的后果。

(6) 如果您在基地看到有游客不遵守这些规则,请给他们指出并帮助他们改正。一个好的环境需要我们大家共同来维护。

(资料来源:成都大熊猫繁育研究基地游览须知[EB/OL].成都大熊猫繁育研究基地(2013-1-7). http://www.panda.org.cn/china/visit/2013-01-07/16.html.)

2. 提高目的地的环境质量

目的地的自然环境是旅游业赖以生存的基础,为了发展当地旅游业,不少地方政府制定了环境保护法规,采取了相应的环境保护措施,改善了目的地的自然环境和社会生活环境。例如,加大基础设施建设(道路、交通运输、医疗卫生等)的投入力度,杜绝乱砍滥伐、保护珍稀动植物、保持城区良好的市容市貌,加强目的地历史建筑、古迹遗址、当地民居的保护、修复和装饰等。新加坡虽然没有世界一流的自然旅游资源和人文旅游资源,但当地政府为了发展旅游业,特别重视环境卫生和绿化工作。新加坡大街小巷,异常清洁,几乎一尘不染。所到之处,极目所望,到处种满了树,绿化程度达到世界领先水平,平均每人占有绿地 12 平方米、树木 2 株。到过新加坡的游客,无不对当地优良的环境留下深刻的印象。新加坡通过提高环境质量推动旅游业发展是旅游开发成功的范例。

头脑风暴

目的地旅游收入的提高能否有助于当地环境质量的改善?旅游收入与环境质量的改善是否成正比?为什么?

10.2.2 旅游对环境的破坏

旅游目的地对旅游业的合理规划、科学管理和有效的游客管理,能够在一定程度上提高当地居民和旅游者的环保意识,改善当地环境的质量。然而,由于旅游产品的层次不同,不同生产部门有自己的利益追加,各种利益主体有自己的利益诉求,环境保护并非易事。如果管理不当,旅游业对环境的负面影响将可能在旅游活动中的任何一个环节产生。在雷伯尔旅游系统中,旅游对环境的负面影响主要产生在旅游通道和旅游目的地,重点是在旅游景区。旅游对环境产生的负面影响可从以下两个角度进行分析。

1. 按照影响产生的来源分析

按照旅游发展对环境的负面影响产生来源,我们可将其分为规划影响、开发影响、经营管理影响、游客游玩影响等四类。

(1) 规划影响。指在旅游项目(旅游景区或旅游接待设施)的规划过程中,负责旅游规划的相关政府部门和旅游规划公司进行的规划理念、方法、设计的不科学性、不合理性,使得所规划旅游景区或接待设施对游客不具有吸引力或不能方便游客进行旅游活动,造成环境污染和破坏。

(2) 开发影响。指在旅游项目的开发过程中,负责的相关政府部门和建筑公司不能按规划方案执行或执行有误,如政府或运营公司的资金、人力等保障资源不到位,或与建筑公司沟通有误,或建筑公司的一线人员未按要求施工等,造成环境污染和破坏。

(3) 经营管理影响。在旅游业的日常经营中,旅游主管部门或旅游企业管理制度的不合理、管理措施执行有误、缺乏对员工和游客的环保教育等,从而导致辖区内旅游企业、旅游从业人员、旅游者行为得不到科学的约束限制,造成对当地环境的污染和破坏。

(4) 游玩影响。旅游者在其旅游过程中不当的旅游行为,如随地乱丢垃圾、在景区内乱刻乱画、破坏目的地公共财物、伤害目的地动植物等,从而造成对目的地自然旅游资源、人文旅游资源、旅游接待设施等的破坏,对自然环境和生态环境造成污染和破坏。

即学即用

2013 年 5 月 24 日晚 11 点,网友"空游无依"在其微博上发了一张埃及卢克索神庙的浮雕被人用中文刻上"丁锦昊到此一游"的照片和一段文字:"在埃及最难过的一刻。无地自容。我对埃及导游'亚瑟王'说:'实在对不起!'没想到吃惊得嘴里叨叨'怎么能这样怎么能这样'的'亚瑟王'安慰我说:'这不是你们的错,这一定是哪个导游的错,导游应该阻止。'我们试图用纸巾擦掉这羞耻,但很难擦干净,又不能用水,这是 3500 年前的文物呀。"

按照环境影响产生的来源分析,试分析造成埃及卢克索神庙浮雕文物破坏的主要原因是什么。

(资料来源:千年埃及卢克索神庙被中国游客刻上"到此一游"[EB/OL]. 东方财经(2013-5-26). http://finance.eastday.com/m/20130526/u1a7415644.html.)

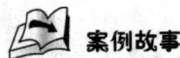 案例故事

2012 年国庆黄金周遍布全国的旅游垃圾

2012 年的国庆节与中秋节叠加,国家法定双节放假 8 天。双节期间,我国首次实行高速公路免费通行政策,导致全国各地旅游人数激增、旅游收入翻番。但是双节期间各旅游目的地的旅游垃圾急剧增加,严重污染了目的地的环境质量。

2012 年 9 月 30 日 13 时至 10 月 1 日 13 时,北京天安门地区共收运垃圾 7.9 吨,比上一年同期的 6.3 吨垃圾量增多约 25%。据了解,国庆当天,天安门地区清洁工作采取机械化清扫为主、人工保洁为辅的作业方式,460 余名环卫工人三班倒、24 小时环卫作业。

2012 年 10 月 1 日早晨,海南三亚大东海景区 3 千米海滩遍布 50 吨生活垃圾,有啤酒瓶、食品袋、卫生纸等。这些垃圾是市民及游客赏月时留下的,严重污染了海洋环境。三亚市共出动 600 多名工作人员对沙滩垃圾进行清理,用了两个多小时才清理完毕。

2012 年长假第一天,全国各大高速公路不同程度地出现拥堵现象。堵车时,游客便吃东西熬时间,垃圾袋、饮料瓶、饼干盒等"白色垃圾"不时从车窗飘出,红的、蓝的、白的等各色垃圾散落在原本干净的高速路面上,使得高速公路上到处都是垃圾,报纸在车流中飞舞,还有人在高速路边小便,让道路变成了"垃圾场+公厕"。

(资料来源:长假八日尴尬知多少[EB/OL]. 云信网(2012-10-8). http://news.ynxxb.com/content/2012-10/8/N99410526939.aspx.)

2. 按照造成危害的种类分析

按照造成危害的类型分析,我们将造成旅游对目的地环境负面影响分为对自然环境影响和对社会生活环境影响两大类。

1) 对自然环境的影响

首先,旅游业的开发本身就对目的地的自然环境造成一定的影响,如建筑垃圾的倾倒对植被系统的影响,自然景区内旅游设施的修建对动物活动的影响等。其次,旅游业的经营过程中,旅游交通运输工具和机动交通工具废气排放量的增加,旅游接待设施(酒店、娱乐设施、航空等)用电量的增大导致发电部门的废气排放量增大,对目的地空气造成污染。再次,随着旅游者的大量涌入,目的地旅游接待设施(酒店、交通运输等)规模扩展、数量增大,导致排污量的增加对目的地水质造成污染。

2) 对社会生活环境的影响

大量旅游者的涌入占据了相当一部分目的地空间,使得旅游目的地人口密度增大,交通堵塞,缩小了当地居民的生活空间。旅游业离不开目的地公共设施的支持,旅游产品对社会公共设施、机构具有较强的依赖性。生活必需品、水源、电能、公共交通、医疗卫生等是当地居民和旅游者的共享资源,但是由于旅游者的集中消费往往造成各类消费价格上

涨，从而引起当地居民不满。另外，一些目的地政府部门游客管理措施不当，旅游者损害或破坏当地公共财物的事件时有发生。旅游者在目的地短暂旅游却影响当地居民的正常生活，导致居民对旅游者产生埋怨、愤怒的情绪，愤怒指数不断上升。

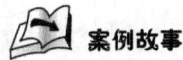 案例故事

黄山的"人字瀑"在哪里

　　黄山既是世界自然遗产，又是世界文化遗产，但是前几年因片面追求眼前利益，盲目兴建了大量娱乐设施致使其自然景观遭到严重破坏。在海拔1 000多米的黄山核心风景区内，楼堂馆所不仅数量众多，而且还在不断增建。经营者办起了休闲中心，开办了商场，甚至还有珠宝店。景区修建楼堂馆所，首先不可避免的是开山炸石、伐木毁林，原来的植被几乎被破坏殆尽。其次，由于景区内楼堂馆所的建设，紧随而来的是餐厅的油烟、宾馆的污水，还有遍地的生活垃圾。再次，生活用水和商业用水急剧增加。事实上，由于过度用水所造成的严重后果已经凸现出来了。以前，黄山观瀑楼对面的"人字瀑"非常壮观：一股瀑布飞流直下，在途中分为两段，像是在悬崖峭壁上写出的一个大大的"人"字。可如今，峭壁上只剩下了瀑布曾经冲刷过的痕迹。经专家研究发现，瀑布的消失，除上述原因外，还为上游修建水库，导致中下游植被严重缺水，很多珍贵的松树濒临死亡。

（资料来源：孙洪波，李广成．旅游概论新编[M]．武汉：华中科技大学出版社，2008．）

10.3　旅游对社会文化的影响

　　旅游活动已经成为人类活动中最普遍的社会现象之一，旅游业的发展为旅游目的地带来经济效益，对环境产生影响的同时，对目的地和客源地的社会文化也产生重要影响。从雷柏尔旅游系统模型观察来看，旅游者和旅游业的时空移动不仅对旅游目的地的社会文化产生重要影响，同时对客源地的社会文化也会产生影响，因此，旅游的社会文化影响并不是单向的，而是双向的，但影响的程度是有区别的。一般来说，旅游对目的地的社会文化影响要深远一些。应当注意的是，旅游的社会文化影响、经济影响和环境影响是互为联系、相互作用的。旅游对社会文化的影响既有积极方面的影响，也有消极方面的影响。本节重点阐述旅游活动对目的地社会文化所产生的影响。

10.3.1　旅游对社会文化的积极影响

1. 有助于增进国际间的相互了解

　　旅游者一般是通过政府发布的官方消息或媒体发布的图文来了解旅游目的地的，这是一种单向的信息传播，旅游者只是被动地接受这些官方信息的植入。信息的传播都带有发布者的主观思维和态度，这些信息将影响旅游者对东道主的态度和认识。旅游者想要真实、立体、全面地了解目的地的风土人情，只有踏上那片土地亲自去体会。作为民间外交的工具，旅游活动能够增进旅游者对目的地社区居民的了解和认识，在游客与目的地居民进行面对面地相互交往的过程中，信息能够更为准确地传达给对方，让彼此深切体会对方的生活习惯、民俗风情、宗教信仰等各种人文因素，克服信息不对称形成的刻板印象，增

进跨文化交流和相互理解。这种直接交流的方式，使得游客在体会异域风情的同时，感受到人类世界大同的真、善、美，加强彼此了解，促进国际间的友好和平。因此，与传统意义上的官方外交相比，旅游活动的影响面更广、影响度更深。

 知识链接

刻 板 印 象

刻板印象(stereotype)是指按照性别、种族、年龄或职业等进行社会分类形成的关于某类人的固定印象，是关于特定群体的特征、属性和行为的一组观念或者说是对与一个社会群体及其成员相联系的特征或属性的认知表征。刻板印象也叫定型化效应，是指个人受社会影响而对某些人或事持稳定不变的看法。

(资料来源：百度百科[EB/OL]. http://baike.baidu.com/)

2. 有助于促进民族文化的保护和发展

民族文化是区分各国、各地区、各民族最重要的遗产。然而随着经济全球化的推进，世界各地，尤其是大都市的居民衣着打扮、风俗习惯、生活方式、休闲娱乐等朝着趋同的方向发展，许多地方传统文化被遗弃。差异化的民族文化是吸引旅游者前去参观的一项重要旅游资源。为了发展旅游业，各地政府和当地居民重新重视自己的传统文化和民俗文化的价值，包括传统的民族服饰、民族语言和文字、民族宗教、民俗节日、民俗礼仪、民族艺术、民俗建筑等。此外，旅游业的发展为目的地提供了资金，使得保护和发扬传统民族文化有了资金上的保障。一些传统工艺受工业化产品和西方消费口味的冲击，正濒临绝迹，旅游业则帮助这些传统工艺起死回生；传统的音乐、舞蹈、戏剧等也受到重视和发掘，几近湮没的文物古迹得到维护和整修。① 更重要的是，大量到访游客对目的地文化具有强烈的好奇心，对当地居民传统文化的学习和赏识也能激发目的地居民的民族自信和文化自信。

 案例故事

旅游让巴厘岛传统文化更加璀璨

巴厘人每天生活中的"拜拜"及大大小小的各种祭祀活动现在都成了游客观光的对象。美国马萨诸塞大学麦基恩(McGuinn)教授在巴厘岛的田野调查显示，旅游业的发展实际上更有助于保护、改善和促进当地某些传统文化的健康发展。

事实上，来到巴厘岛的游客大都是冲着巴厘岛的文化而来的，他们对当地文化的推崇，其实巩固了巴厘岛原住民对自我身份的认可。现实的需求及经济上的鼓励，支持巴厘人去传承和发扬自己的雕刻、音乐和舞蹈。游客对巴厘岛艺术的推崇和喜欢，加快了民间艺术在巴厘岛村庄的传播。现在，这里的小学生要学习雷公舞、猴舞及音乐、雕刻等。

巴厘岛成功的文化旅游推广，似乎让巴厘人从生活到工作再到艺术，都成为一种观光的对象：每天的"拜拜"、传统的婚礼、火葬，以及雷公舞、木雕等艺术，这是否会让巴厘岛独特的文化"变味"？巴厘岛没有为了迎合游客而使文化"变味"，反而因为旅游的发展而促进了文化的提升。

(资料来源：杨春虹. 解析巴厘岛旅游发展模式·旅游与文化[N]. 海南日报，2011-11-21.)

---

① 朱华. 旅游学概论(双语)[M]. 2版. 北京：北京大学出版社，2012.

3. 有助于推动科技文明的交流和发展

旅游活动有助于推动科技文明的交流和进步。一方面旅游者作为推力因素，对目的地科学技术的水平起到推动作用，表现为一些专家、学者以学术交流为目的的旅游活动会给目的地带来先进的科学技术思想和成果；另一方面旅游者作为拉力因素，对目的地和客源地的科学技术水平起到拉动作用。这是因为，旅游发展过程不断对目的地和客源地的科学技术水平提出新的要求，要求与旅游活动有关的交通运输工具、通信，及旅游服务设施和设备等更加快速、便利、舒适和安全，如图10.5所示。当前，随着经济全球化的发展，国际间的学术交流会议越来越频繁。参加学术会议的学者、专家本身也是旅游者，去到一座陌生的城市，不仅是进行学术交流，也会在目的地进行旅游活动。一些旅游活动本身也是一种学术交流，通过相互交流、彼此借鉴提高了科技学术水平。

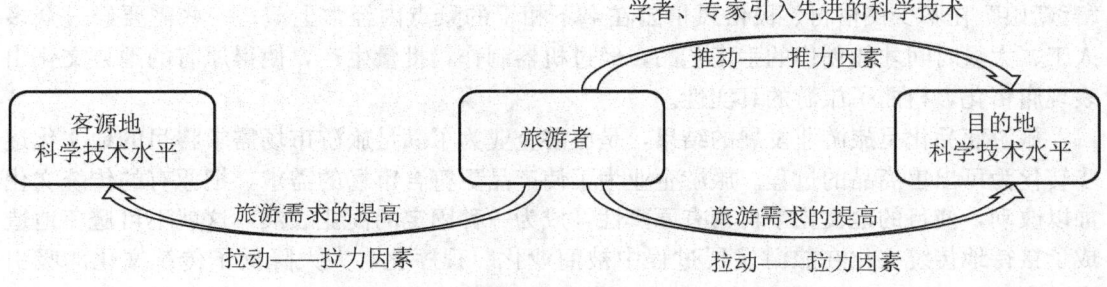

图 10.5　旅游活动对科学文明的推拉作用

10.3.2　旅游对社会文化的消极影响

1. 影响目的地居民的日常生活

旅游目的地居民受益于旅游业的发展，同时也是旅游业发展的受害者，最直观的表现就是大量旅游者的来访对目的地居民日常生活带来的干扰。大量旅游者的到访，使得目的地各种公用设施和设备变得紧张，公共活动空间相对缩小，各种资源供不应求，同时制造相应噪声污染，尤其是在旅游旺季，某些热门景区所在的城市到处充斥着大量游客，打乱了当地居民原本宁静的生活，使得他们感到烦躁、焦虑、紧张和不安。长此以往，当地居民对旅游者的态度就有可能从起初的友好热情转为不满甚至怨恨。

 案例故事

"背井离乡"的鼓浪屿居民

鼓浪屿是位于福建省厦门岛西南隅的一座离岛，与厦门市隔海相望。因岛上汇集保存完好的中外风格各异的建筑物，被称为"万国建筑博览"，另外，岛上钢琴拥有密度居全国之冠，音乐人才辈出，又被称为"钢琴之岛"、"音乐之乡"，是中国最美的五大城区之首。

鼓浪屿占地1.88平方千米，但实际上可供游客活动游览的空间仅0.6平方千米。根据测算，鼓浪屿岛上的最佳容量为1.9万人（舒适），较佳容量为2.5万人（较舒适），拥挤容量为5万人（超容量）。然而

2012年中秋、国庆8天长假，上岛总人数就高达72.14万人次，其中连续4天单日上岛人数超过10万人次，最多的一天达到12.38万人次，同时在岛游客最高峰时高达7.6万人次。

近年来，鼓浪屿岛上的原住居民渐渐搬离，据2010年的人口普查数据，岛上户籍居民6 800人，空挂户7 100人，外来人口7 300人。2013年，鼓浪屿准备申遗，试问没有了当地居民的鼓浪屿，改由谁去继承和发扬其先辈们流传下来的文化？鼓浪屿今后的旅游业发展如何实现可持续？

（资料来源：钟果. 鼓浪屿居民每逢佳节"大逃离"[EB/OL]. 凤凰网（2012-10-9）. http://news.ifeng.com/gundong/detail_2012_10/09/18097644_0.shtml.）

2. 当地文化旅游资源不正当地商品化

在旅游业的发展过程中，目的地旅游经营商为了获得更多的经济收益，将本地的人文旅游资源不正当地商品化包装。一些只有在固定节日才演出的特色民俗表演被频繁地搬上舞台，为随时到访的旅游者表演；甚至一些与当地习俗无关的表演也凭空出现。例如，"背新娘"在不少民俗村、民俗风情园在毫不相干的景点内经常上演；一些需要经过众多人工、大量时间才能创作的手工艺品，经过机器制作，批量生产，使得原有的地方文化出表现庸俗化，扭曲了旅游的真实性。

旅游商品化是旅游业发展的结果，是旅游企业为了满足旅游市场需求将目的地文化逐步转化为可出售商品的过程。旅游企业为了使产品更符合市场的需求，把原有的传统文化加以改动，使目的地文化不再具有原真性，成为一种固定的商业表演，这就不可避免地造成了接待地传统文化在旅游发展过程中被商业化、程序化，大大降低了传统文化的吸引力。①旅游的真实性是旅游者关注的重大问题，旅游资源过度商品化可能会影响旅游者的旅游体验，因为许多旅游者希望感受当地真实的生活状况，感受当地真实的民风民俗作为其一种异乡风情的旅游体验。

 知识链接

旅游真实性

商品化是相对于文化真实性（authenticity）的概念提出来的。社会学家迈肯尼尔（MacCannell）认为旅游业不仅是现代化的产物，也体现了现代生活与过去形成对照的某些具有价值的东西，如现代游客外出旅游，其目的是要去看"他人"和体验"他人"的生活、习俗、传统、仪式等，而这一切的前提必须是"真实"。万尼（Vally）认为，"真实性是游客渴望得到并积极追求的一种经历，这种经历被认为是反映真实的、不掺假的目的地的日常生活，或者能够让游客接触这种生活。"真实性即异域情调（exoticism）、地方特色、传统、独特性等，它要求旅游产品的出处、形式、风格、语言、象征等都源于一个假设的没被破坏的传统、传说或神话。

（资料来源：胡志毅，曹华盛. 西方旅游真实性研究综述[J]. 桂林旅游高等专科学校学报，2007，18（03）.）

 **特别提示**

旅游真实性是一个复杂的概念，分为客观主义真实性、建构主义真实性和存在主义真实性。客观主

---

① 朱华. 旅游学概论（双语）[M]. 2版. 北京：北京大学出版社，2012.

义真实性和传统文化、原先的、原创的、独特的等概念相联系,强调旅游客体的真实性。旅游者离开居住地寻找"原真",但看到的仅是"舞台化的真实"。建构主义者认为旅游场景并不是一种不动产,其真实性是观者赋予其上的一种价值评价。建构主义注重客体真实的基础上强调主体的差异性。存在主义真实性不关心旅游客体真实性,重视旅游者的主观体验,强调旅游主体本真的存在状态,自己认为是真实的就是真实的。

头脑风暴

分组讨论:你认为旅游产品越真实越好吗?请说明原因。

3. 加剧目的地的社会问题

旅游者在目的地表现出的各种言谈举止、衣着服饰、行为方式为当地居民所见、所识、所学,使得当地居民的思想潜移默化地产生变化,尤其在旅游者与目的地旅游从业者的关系中,旅游者处于被服务相对受尊重的地位,导致当地社区居民及旅游从业者对旅游者的模仿,包括动态的如言话、表情、手势等,静态的如衣着、仪表等,另外还有生活习惯和心理方面的模仿。这种现象被称为"示范效应"。

旅游者在经过长时间的工作生活之后,外出旅游主要是想要放松、愉快、休闲、享乐,因此容易产生一些相对放肆的行为。旅游者离开了工作地和居住地,就算做错某些事情,也少有熟人所知,易躲避舆论和道德监督。一些旅游者道德弱化,追求庸俗的愉悦,如色情旅游业就是由此发展而来。

旅游者大量来访,当地居民的行为慢慢受到游客行为的影响,潜移默化,不受道德和传统伦理约束。长此以往,旅游目的地出现严重的社会问题,如一些旅游目的地出现了赌博、吸毒、卖淫、离婚率攀升等不良社会现象,家庭生活方式改变,族群认同感减弱,影响社会和谐稳定。

特别提示

旅游者以自身的意识形态和生活方式介入旅游地社会中,引起旅游地居民的思想和行为变化,产生各种影响。示范效应是旅游对社会发生影响的主要途径之一。虽然旅游者和当地居民的行为是相互作用和相互影响的,但实际上,旅游者的行为对目的地的居民的影响更大。

本章小结

本章介绍了旅游业的发展对旅游目的地经济、环境和社会文化带来的积极和消极的影响。经济方面,旅游业的发展能够增加外汇收入、促进货币回笼、产生乘数效应、带动相关产业的发展、平衡地区经济发展、增加就业机会,同时也有可能引起物价上涨、产生收入漏损、影响产业结构发生不利变化;过分依赖旅游业,则会影响国民经济的稳定。环境反面,旅游业能够助推目的地环保意识的提高、提高目的地的环境质量,但是也有可能超越环境承载力,破坏生态系统,对自然环境、生活环境产生不利影响。社会文化方面,旅游业的发展有助于增进旅游者与东道主的相互了解、促进民族文化的保护、推动科技文明的交流和发展,但是也可能带来不良的示范效应,文化过度商品化,甚至是激化目的地的社会矛盾,影响社会和谐稳定。

关键术语

旅游乘数(multiplier effect)：单位旅游消费对旅游接待地区各种经济现象的影响程度的系数，等于旅游在经济系统中(国家或者地区)导致的直接效应、间接效应和诱导效应的总和与最初的直接变化本身的比率。

旅游漏损(tourism revenue leakage)：目的地国家、地区或旅游企业向国外进口商品、劳务、资金或由于其他原因而发生的外汇支出和流失。

旅游飞地(tourism enclave)：旅游休闲活动空间虽依托的是当地的土地和旅游资源，但与社区主要地域单元相分离，成为旅游直接经营者的特区。

旅游卫星账户(tourism satellite account)：又称旅游附属账户，以国民经济核算为统计基础，按照国际统一的国民账户的概念和分类标准，在国民经济核算总账户下所单独设立的一个子系统。

环境容量(environmental bearing capacity)：在一定条件下，一定时间、空间范围内所能容纳的游客数量和对旅游行为方式所容忍的程度，其内涵主要包括旅游生态容量、旅游空间容量及旅游生活环境容量等。

旅游示范效应(tourism demonstration effect)：游客数量的增加通常对目的地造成一定的社会、文化及经济影响，其中当地社区的一部分居民模仿游客的行为称为示范效应。示范效应是旅游对社会发生影响的主要途径之一。

旅游商品化(tourism commoditization)：旅游企业为了满足旅游市场需求将目的地文化逐步转化为可出售商品的过程。

课 后 练 习

一、选择题

1. 以下选项中旅游业对目的地经济的负面影响是(　　)。
   A. 增加就业机会　　　　　　　　B. 平衡国际收支
   C. 旅游乘数效应　　　　　　　　D. 旅游收入漏损

2. 旅游业能够促进国际间的交流，增进跨文化交流和相互理解，这是旅游对目的地的(　　)影响。
   A. 法律　　　　B. 经济　　　　C. 社会文化　　　　D. 自然环境

3. 提供服务产品，不需物资产品交易而创汇的行业是(　　)。
   A. 工业　　　　B. 农业　　　　C. 林业　　　　D. 旅游业

4. 用以测定单位旅游消费所导致的目的地国家或地区净收入变化量的旅游乘数是(　　)。
   A. 消费乘数　　　B. 收入乘数　　　C. 就业乘数　　　D. 产出乘数

5. 雇佣外国雇员的薪金及劳务费用产生的损失属于(　　)。
   A. 直接漏损　　　B. 间接漏损　　　C. 无形漏损　　　D. 黑市漏损

6. 欧美国家的(　　)带动了欠发达国家的经济消费，在一定程度上可以平衡国际间的不均衡发展。
   A. 入境旅游　　　B. 出境旅游　　　C. 国内旅游　　　D. 国际旅游

7. 旅游业不仅满足本行业的就业需要，还给其他相关行业或部门提供工作岗位，产生较大的（　　）。
   A. 就业需求　　　　B. 就业乘数　　　　C. 就业压力　　　　D. 就业竞争

8. 旅游业发展之初，旅游地居民以欢迎的态度对待蜂拥而至的游客，因为旅游业可以带来可观的（　　）。
   A. 社会效益　　　　B. 文化效益　　　　C. 经济效益　　　　D. 环境效应

9. 旅游发展对环境的负面影响按照产生来源分为规划、开发、经营管理和（　　）影响。
   A. 导游带团　　　　B. 饭店排污　　　　C. 交通污染　　　　D. 游客游玩

10. 在旅游活动中，大量的旅游者进入旅游地，使人口密度增大，交通阻塞，造成当地居民的生活空间（　　）。
    A. 相对缩小　　　　B. 相对扩大　　　　C. 不变　　　　　　D. 不确定

二、填空题

1. 旅游乘数是指单位旅游消费对旅游接待地区各种经济现象的影响程度的_____。

2. 目的地国家、地区或旅游企业向国外进口商品、劳务、资金或由于其他原因而发生的外汇支出和流失就是旅游_____。

3. 旅游出口同传统的商品出口所不同的是，旅游者与支付款项的流动方向是_____的。

4. 环境容量是指在一定条件下，一定时间、空间范围内所能容纳的_____和对旅游行为方式所容忍的程度。

5. 旅游飞地指旅游依托目的地的土地和旅游资源，但其经济的带动作用与当地_____关联很小。

6. 旅游企业为了满足旅游市场需求将目的地文化逐步转化为可出售商品的过程就是旅游_____的过程。

7. 旅游真实性是一个复杂的概念，可分为客观主义真实性、建构主义真实性和_____。

8. 旅游卫星账户可以较深入地了解和分析游客消费、旅游供给的总量和_____。

9. 旅游者在目的地影响当地居民的正常生活，导致居民对旅游者产生埋怨、愤怒的情绪，视其程度不同，可用_____指数加以判断。

10. 旅游者在目的地的言行、着装等能够潜移默化地影响当地居民，这种现象被称为_____。

三、判断题

1. 旅游者的时空移动对旅游目的地的社会文化产生重要影响，同时对客源地的社会文化也会产生影响。　　　　　　　　　　　　　　　　　　　　　　　　（　　）

2. 旅游的产业链长，能够带动相关各产业的发展，是我国各地政府的支柱性产业。
　　　　　　　　　　　　　　　　　　　　　　　　　　　　　　　　（　　）

3. 旅游换汇成本低于外贸商品的换汇成本，因而换汇率较高。　　　　（　　）

4. 实践证明，旅游业能帮助贫困地区居民，增加地方财政收入，是落后地区实现脱贫致富的首要选择。（　　）

5. 旅游漏损与旅游乘数呈正相关的关系，即旅游漏损越大，旅游的乘数效应也就越大。（　　）

6. 旅游消费一般要高于目的地居民日常水平，造成当地农副产品的价格上涨，引发通货膨胀。（　　）

7. 一个地方出现旅游飞地，说明旅游业与该地区的经济关系紧密，旅游的乘数效应很高。（　　）

8. 存在主义真实性不关心旅游客体真实性，只重视旅游者的主观体验，该理论不能指导旅游资源的开发和利用。（　　）

9. 主题公园的环境容量很高，可以容纳众多的旅游者，不会影响游客的旅游体验的质量。（　　）

10. 一些民俗被频繁地搬上舞台，为随时到访的旅游者表演，其实这只是"舞台化的真实"，是旅游商品化的表现。（　　）

四、问答题

1. 什么是旅游卫星账户？有什么作用？
2. 旅游业对目的地经济有哪些正面影响？
3. 为什么说过分依赖旅游业有可能影响国民经济的稳定？
4. 哪些情况会出现旅游漏损？如何应对？
5. 为什么会出现文化旅游资源商品化？旅游过度商品化的后果是什么？

五、论述题

1. 请认证是否引进外资越多，对地方经济发展就越有利。
2. 阐述在旅游资源开发的同时，如何防止文化旅游资源过度商品化。

应用案例分析

印度尼西亚巴厘岛的旅游

印度尼西亚巴厘统计局每年发布的报告显示，自1969年以来，这个省的地区国民生产总值持续升高。增长的比率超过了全国平均数——考虑物价因素后在第一计划期间为10%，第二计划期间为12%，第三计划期间为9%，第四计划期间为8%，第五计划期间为8.5%。在1994年地区国民生产总值超过20亿美元，人均收入达到900美元。这一期间，巴厘的经济经历了一个大的转变，农业的重要性迅速下降，工业、建筑和管理的重要性上升，最近贸易、交通和饭店业又大幅增长。

根据地方资本投资委员会的报告，在前5个地区发展报告中，私人投资于旅游相关设施占巴厘总投资的55%～95%。由联合国开发署为印尼政府做的研究表明，20世纪80年代巴厘经济的增长的一些指标——地区GDP大幅增长，失业率低，增长带来的收入在人口中广泛地分配，对该岛贸易平衡的调整——应归功于旅游业。

截至1980年，旅游业直接或间接地创造了78 500个工作。1980年旅游局估计旅游业直接创造了7 500个工作岗位，其中4 500个在饭店业。1987年，当旅游业开始高速发展时，估计有18 000个工作岗位，其中，饭店有11 000个，餐饮2 300个，旅行社和交通1 700个，其他300个。1994年，直接创造就业岗位为47 000个。其中，饭店32 000个，餐饮8 300个，旅行社1 800个，交通1 900个，导游3 000个。此外还要加上或多或少专门为游客或出口做手工艺品和服装的人。

在巴厘的语言中，没有艺术和舞蹈这两个词。舞蹈在巴厘是无处不在的，而且与它们的主题内容紧密联系。同时，巴厘的舞蹈，实际上包含着音乐、戏剧和宗教仪式。从前，巴厘人在庙宇定期举行仪式，邀请神明来到人间观看为他们表演的舞蹈。如今，巴厘舞蹈已经成为巴厘旅游业的一个主要卖点。现在为游客表演的舞蹈分为两种：一种是在舞蹈的发源地——各个村庄中传承的；一种是在游客的集中地——旅馆和旅游区表演的。现在旅游业支持了好几百家舞蹈队。这些舞蹈队如果要为游客表演，需要通过中介公司。这些中介公司有意让几家舞蹈队互相竞争，从而给他们设置各种条件。

巴厘的舞蹈形式多样，单为游客表演的却非常单一，总共可分为3类：另一类是现代新创的，专供游客娱乐；第二类是从驱邪仪式转化而来，为旅游表演而做了改变的；第三类是欢迎舞蹈，原本是作为对游客的一种欢迎仪式而创造，后来却出人意料地也被作为迎神的仪式而进入宗教领域。

以往巴厘人的世俗生活是很平淡的，因为不少居民家庭以渔业或农业为主要经济来源。现在的巴厘，由于大力进行基本建设，中心城镇已经达到了相当高的现代文明水平。在那些地方，人们的生活已经丰富得多了，生活节奏也变得比过去快。

在巴厘，造访者明显感到了巴厘人代际鸿沟的存在。年轻人要比年长者开放得多。从服饰穿着到饮食，年轻人很容易接受外来的观念。对于宗教，他们已经没有老人的忠诚和热忱。一批外语较好的年轻人因从事旅游服务而得到了较高的收入。他们的生活方式正在脱离传统。虽然他们中的一些人就是为旅游者表演宗教舞蹈的舞者，但他们并不都了解自己表演的舞蹈的文化渊源和内涵。

讨论：

(1) 旅游业对印度尼西亚巴厘的社会经济产生了什么样的影响？
(2) 以巴厘舞蹈为例，如何处理旅游商品化与文化传承和保护的关系？

（资料来源：张文．旅游影响：理论与实践[M]．北京：社会科学文献出版社，2007.）

第11章 政府与旅游组织

> **教学目标**
>
> 通过本章学习，了解政府在旅游业发展中的角色、旅游政策和旅游法规对旅游业的影响。了解旅游组织的构成、相关职能，熟悉国内外主要旅游组织和机构。了解国内外旅游教育的发展历史及状况，熟知国内外职业教育、旅游人才培养模式，旅游职业培训的类型和作用。

教学要求

教学内容	重点☆、难点＊	教学提示
政府管理与政策法规	（1）政府对准公共产品的管理☆ （2）旅游政策和法规对旅游业的影响 （3）政府营销的意义和作用☆	本章主要与第1章、第2章、第5章、第6章、第7章、第12章、第13章和第14章等内容相关联，教学时可前后对应，以便掌握各章节教学内容的内在联系
旅游组织	（1）旅游公共组织的概念☆ （2）国家旅游局的作用 （3）各级旅游组织的职能 （4）旅游行业组织的职能☆ （5）国际性旅游组织的作用	
旅游教育与职业培训	（1）国外旅游教育及其特点 （2）中国旅游教育及其特点 （3）中国旅游职业教育现状分析☆ （4）旅游职业培训的主要形式及作用	

> 对青年人来说，旅行是教育的一部分；对老年人来说，旅行是阅历的一部分。
>
> ——培根

基本概念

旅游组织　旅游政策　旅游法规　旅游教育

第11章 政府与旅游组织

导入案例

成都旅游"五朵金花"——谁是市场开发的主角

成都锦江区的三圣乡原是农业生产落后市郊锦江区的一个村——幸福村,在政府统筹规划、技术扶持和引导下,有效利用和发挥当地农民种植梅花的基础和传统,帮助农民拓展梅花种植面积,增加梅花种植品种,同时以乡、镇集体为主组建了经营公司,统一经营、管理,农民收入有"四金"(租金、股金、酬金、保障金)的保障,极大地促进了当地农民生活水平的提高,促进了乡村旅游的发展。

"五朵金花"是三圣乡的红砂村、幸福村、万福村、驸马村、江家堰5个村子,采取"政府主导、产业带动、公司运作、农户参与"发展模式。政府把旅游作为区域经济中的优势产业和支柱产业加以重点培养和扶持。在乡村旅游开发初期,政府以红砂村为试点首先打造"花乡农居",在资金、宣传、基础设施建设及规划等方面干预扶持,吸引了大批游客,取得良好成效。到旅游开发中期时,政府指导、农民主动参与,直至政府溢价退出让利农民,农民自发投入,三圣乡乡村旅游发展进入新的阶段。在整个三圣乡乡村旅游开发过程中,在政府的主导下,通过对其他四村规划设计,各种节庆项目的开展,不断提升了"五朵金花"乡村旅游品牌的知名度,建立了多渠道投融资机制,创造了新的经济增长点。

(资料来源:何艳琳、耿红莉.政府在乡村旅游产业组织模式中的作用[EB/OL].休闲中国网(2012-2-16).http://www.u7cn.net/News/Inv_view.asp?id=2210.)

点评:

政府主导下的社区参与是中国旅游发展的主要模式。三圣乡乡村旅游的开发将政府主导与市场经济的调节机制相结合,满足了政府、投资商、当地村民、旅游者等利益相关者的多种需求,促进乡村旅游发展和新农村的建设,政府在整个模式运行中起主导作用。

11.1 政府管理与政策法规

在雷柏尔旅游系统中,旅游客源地的"推力"和旅游目的地"推力"是激发旅游系统的内在因素,连接客源地与目的地的通道,其通达性和可进入性是影响旅游流的物理因素,而政府制定的政策、法规等是影响旅游系统的外部因素。一个国家或地区如果政府对旅游业采取支持政策,旅游业有可能快速发展;反之,旅游业就会受到阻碍。在一些国家,政府的旅游法律、政策会对其旅游市场的发展产生决定性作用。

旅游产业发展有两种模式:政府主导型和市场主导型。政府主导型发展模式是在以市场为基础资源配置的前提下,充分发挥政府的主导能力,通过产业政策等手段积极引导、规范旅游市场主体的行为,实现旅游产业健康、快速和持续的发展。市场主导型旅游产业发展模式则是坚持旅游产业的发展主要依靠市场调节机制来推动,在价格、供求、竞争等市场机制作用下,实现旅游产业资源的合理配置,推动旅游产业内部的自行调节和自行均衡。

我国旅游政府组织在旅游产业发展中处于主导型的地位。在当前旅游市场环境下,政府在旅游资源开发、旅游规划、旅游产业政策,以及旅游目的地形象建设和目的地市场营销发挥重要的主导作用,但也出现了一些问题。如何引导旅游产业持续、健康发展是旅游政府组织亟须解决的问题。

11.1.1 政府管理

政府部门管理着大多数的自然或人文遗产以及众多的活动场所，如公园、博物馆、体育馆等，还承担着地方游客信息中心的建设、地方旅游的整体促销等。旅游行政管理机构的职能就是依据国家有关法律、方针、政策，遵循旅游发展规律的特点，对国家或地区的旅游行业进行宏观的、总体的管理、控制、协调，并提供服务。从产品属性来看，旅游咨询、旅游集散和旅游标识是具有明显的"非排他性，但具有拥挤性"的准公共旅游产品特性。因此，政府部门要做好和强化准公共产品中的公共产品功能，并通过市场手段，努力提供和解决准公共产品中的非公共产品功能。①

 知识链接

准公共产品

准公共产品（quasi public goods）是指具有有限的非竞争性或有限的非排他性的公共产品，它介于纯公共产品和私人产品之间，如教育、政府兴建的公园、拥挤的公路等都属于准公共产品。对于准公共产品的供给，在理论上应采取政府和市场共同分担的原则。

 特别提示

准公共产品有两类。一类准公共产品是公共的或是可以共用的，一个人的使用不能够排斥其他人的使用。然而，出于私利，在消费上却可能存在着竞争。由于公共的性质，产品使用中可能存在着"拥挤效应"和"过度使用"的问题，如自然资源中的山、湖及人文资源中的文化遗产等。另一类准公共产品具有明显的排他性，由于消费"拥挤点"的存在，往往必须通过付费，才能消费，它包括有线电视频道和高速公路等。

11.1.2 旅游政策

旅游政策是国家或地方为促进旅游发展所制定和实施的有关方针政策、法律法规、规章制度和办法措施的总和，不仅是国家或地区促进旅游发展的重要措施和手段，也是国家或地区管理旅游行业的重要政策依据和准则。制定旅游政策既要从实际出发，又要高于实际，并能展望未来的发展趋势。

按照产业政策适用范围，可将旅游政策分为地方微观政策和国家宏观政策。地方微观旅游政策即通常所指的具体政策，是以发展旅游业具体部门、个别要素为目的而指定的政策，是为贯彻和执行基本方针而制定的规定、条例、办法等。国家宏观政策是国家和最高旅游行政组织提出和实施的国家级旅游政策，是从推动旅游事业发展的目标出发，为建立一定的旅游综合接待能力，实现旅游各要素的共同利益，明确旅游在社会经济发展中的地位和作用而制定的方针性政策。

---

① 王东如．政府在管理中的作用及制度创新［D］．上海：同济大学，2005．

地方旅游政策的内容一般包括：①确立地方旅游产业发展的指导思想、产业定位和发展目标，如不同省份分别将旅游产业定位为支柱产业、主导产业、重要产业等；②确定地方旅游发展的导向和重点，包括旅游发展规划、旅游产业结构、基础设施建设、旅游产品开发、旅游宣传促销等；③确定支持和促进旅游产业发展的具体政策，如财政政策、金融政策、税收政策、奖励政策和补贴政策等；④制定组织保障的具体措施，如组织协调机构、政策法规建设、人才引入政策和信息化建设等。

国家旅游政策的制定主要包括：①将旅游产业实践中一些行之有效的做法加以归纳和提炼，成为国家旅游产业发展的方针、原则和理论；②筹划一定时期内旅游产业发展的区域布局、发展导向；③明确国家支持发展旅游产业的思路和政策，如旅游消费政策和旅游产业促进政策等，制定与旅游产业发展相配套的相关保障政策和措施。①

 延伸阅读

国务院发布了《关于加快发展旅游业的意见》

2009年12月1日国务院发布了《关于加快发展旅游业的意见》，这是新时期我国旅游业发展的一个政策纲领性文件，它将我国旅游业发展的宏观政策与具体措施结合起来，对于指导我国旅游业的发展具有里程碑意义。

1. 将旅游业由政府主导型转变为市场主导型、效益型。强调推进国有旅游企业改制，积极引进外资，发挥市场机制在资源配置上的基础性调节作用，发挥市场主导作用，优化结构、提高效益、节约资源、保护环境，走质量型、效益型旅游发展之路。

2. 把我国旅游业培育成为国民经济的战略性支柱产业。随着我国旅游业高速持续的增长，成为支柱产业的潜质特征越来越明显，为加快我国旅游业的发展将其提升到国家层面上的战略性支柱产业是非常必要的。

3. 把我国旅游业培育成为人民群众更加满意的现代服务业。随着我国旅游消费已进入大众化发展阶段，必须转变旅游业的发展方式和提高服务质量，把"人民群众更加满意"作为行业评价标准，充分体现了旅游业是现代服务业的性质。

(资料来源：李文汇．朱华．旅游政策与法律法规[M]．北京：北京大学出版社，2014．)

11.1.3 旅游法规

旅游法规是指国家权力机关及其授权的有关机关根据宪法法律、行政法规和法定职权制定或起草的，调整旅游经营活动和管理工作中产生的各种社会关系的，具有普遍约束力的法律、行政法规、地方性法规、部门规章等规范性文件的总称。就约束力而言，旅游法律具有最大的强制性，而旅游政策相对来说具有较大灵活性。基本法的立法是以政策为指导的。政策可以成为立法的先导，如关于旅行社和导游管理的不少政策，经过实践检验，条件比较成熟，所以较早上升为法规。政策也可以直接纳入法规，特别是诸如旅游业的产

---

① 吴必虎，宋子千．旅游学概论[M]．北京：中国人民大学出版社，2009．

业定位、促进发展、可持续发展、资源保护和开发、历史文化名城保护、旅游规划、企业规范经营、消费者权益保护等，国家都有政策，可直接纳入法律。

我国国家层面的旅游立法已取得重大进展。2012年8月国内首部旅游法(草案)提交全国人大常委会审议。2013年4月25日，十二届全国人大常委会第2次会议通过《中华人民共和国旅游法》(以下简称《旅游法》)。2013年4月25日中华人民共和国主席令第3号公布，自2013年10月1日起施行。我国《旅游法》采用了综合立法模式，运用行政法、经济法和民事法律的基本原则和手段，对旅游业发展的重要领域进行规范。《旅游法》的颁布是我国旅游业发展史上的重要里程碑，它的实施是促进旅游业持续健康发展的重要制度基石。①

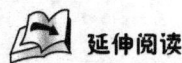 延伸阅读

中国《旅游法》十大焦点

焦点一："零负团费"，强迫购物、参加自费项目

条例：旅行社不得以不合理的低价组织旅游活动并通过安排购物或者另行付费旅游项目获取回扣、不得指定具体购物场所、不得安排另行付费旅游项目(经双方协商一致或者旅游者要求，且不影响其他旅游者行程安排的除外)。

焦点二：景区门票随意涨价

条例：严格控制价格上涨，公益性景区逐步免费开放、景区提高门票价格应当提前6个月公布，旅游者有权选择购买合并景区单项票，涨价应举行听证会(出席人员须含旅游者)。

焦点三：旅游旺季部分景区人满为患

条例：核心游览项目因故暂停应公示并减少收费，景区接待旅游者不超过最大承载量，制定和实施旅游者流量控制方案(可采取门票预约等方式)。

焦点四：导游无薪酬收回扣

条例：不得索要小费，不得以任何方式欺骗、诱导、强迫或变相强迫旅游者消费，被吊销导游证3年不得重新申请；旅行社应当与其聘用的导游订立劳动合同支付报酬，对临时聘用的导游，应当全额支付导游服务费用，不得要求导游垫付费用。

焦点五：不可抗力责任分担

条例：合同不能继续履行的，旅行社和旅游者均可以解除合同。合同解除的将余款退还旅游者；危及旅游者人身、财产安全的，旅行社应当采取相应的安全措施，因此支出的费用，由旅行社与旅游者分担。

(资料来源：解读中国首部旅游法．[EB/OL]人民网(2013-5-16)．http://travel.people.com.cn/GB/139035/362973/index.html.)

依法治旅是保障旅游产业稳定、健康发展的前提和基础，是旅游产业发展的法律制度保障。只有依法治旅，强化旅游法律意识，才能有效维护旅游市场健康有序，确保游客的合法权益神圣不可侵犯，推动旅游产业进一步发展壮大。

---

① 李文汇．朱华．旅游政策与法律法规[M]．北京：北京大学出版社，2014．

第11章 政府与旅游组织

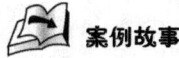 **案例故事**

旅行社部门承包带来的问题

黎某等人以北京某旅行社接待部的名义,租用北京某饭店203房间作为经营场所,并以该旅行社的名义发布广告,在收取旅游者大量旅游款和购票订金后携款潜逃,此案涉及旅游者355人,金额99万余元。此案由某旅行社内部管理混乱将部门随意承包所造成,北京市旅游局在认定责任后,依据有关规定对该社进行了停业整顿,并动用了服务质量保证金对旅游者进行补偿。

(资料来源:张琥. 旅游政策与法规[M]. 北京:高等教育出版社,2009.)

11.1.4 旅游规划

政府主导发展旅游业的国家和地区,应当由政府主导形成旅游业发展规划。这一规划也具有很强的层次性和补充性。规划包括三个层次:一是国家旅游业发展规划,即对国家发展旅游业的总体思路、总体布局、发展目标、主要措施进行宏观上的诠释;二是省级旅游发展规划,需要按照国家旅游业发展规划,根据本地实行予以科学制定,是国家旅游规划的深化、细化和补充;三是地方发展规划,这一层次的规划重点更为突出,目标更为具体,措施更为翔实。旅游业资源消耗低,带动系数大,就业机会多,综合效益好,被不少地方政府视为支柱性产业,因此各地兴起了一股旅游规划热潮。有人做过统计:全国每年各种形式的规划费用数千亿,但平庸之作不在少数,所谓"规划规划,纸上画画"的现象应当引起国家重视。

 **延伸阅读**

国家旅游局就旅游业"十二五"发展规划纲要答记者问

《中国旅游业"十二五"发展规划纲要》2011年6月正式发布。国家旅游局党组成员、规划财务司司长吴文学近日就"十二五"规划纲要编制的背景、"十二五"中国旅游业面临的发展环境、发展思路、目标及工作重点等接受了本报记者采访。吴文学指出,未来5年,围绕实现两大战略目标和建设世界旅游强国,我国旅游业将朝着产业化、市场化、现代化和国际化方向发展。

本次规划编制体系由规划纲要、专项规划和区域规划三部分组成。其中专项规划包括旅游基础设施建设规划、旅游公共服务建设规划、旅游人才建设规划、旅游信息化建设规划和第二期红色旅游发展规划。纲要是对"十二五"期间旅游业发展的总体要求和宏观指导,专项规划是对旅游业发展支撑保障和关键任务的深化,区域规划是对重点地域旅游业发展的统筹规划,它们一起对规划纲要形成重要支撑。

中国旅游业"十二五"发展规划纲要,是贯彻落实《国务院关于加快发展旅游业的意见》,面向以国民消费为主体的大众旅游市场,深化旅游资源,特别是都市和乡村休闲生活资源的开发力度,进一步扩大与第一、第二和第三产业的融合,把旅游业培育成国民经济的战略性支柱产业的重要文件。

(资料来源:国家旅游局就旅游业"十二五"发展规划纲要答记者问[EB/OL]. 中央政府门户网(2011-12-15). http://www.gov.cn/gzdt/2011-12/15/content_2020802.htm.)

11.1.5 公共投资

在旅游业的发展过程中,政府投入以启动职能为主,虽然不能替代旅游企业进行旅游开发,但至少可以产生以下几方面的积极影响[1]:

1. 提供公共产品

政府直接提供旅游业运行中的公共产品或准公共产品,以弥补市场失灵的缺陷。导致市场失灵的原因可能是一种或是多方面的,主要有以下五种:

(1) 公共财产:它是非排他性和非竞争性的产品,能够便宜地向一部分消费者提供,但是一旦提供就很难阻止其他人也消费它。

(2) 垄断:理想的自由市场并不能持续,政府的控制和自然垄断会导致市场失灵,其中包括 X 非效率(X-inefficiency)。

(3) 外部性:当某一种消费或生产活动对其他消费或生产活动产生了不反映在市场价格中的间接效应时,就存在外部性。外部负效应是指某一主体在生产和消费活动的过程中,对其他主体造成的损害。

(4) 信息不对称:它可能会给生产者一种刺激,使他们把某些东西生产得太多,而把另一些东西生产得太少。这都可能导致竞争性市场的无效率。

(5) 物权:对产品的占有、使用、收益、处分的不同会根本上导致市场资源的稀缺性等结果,其导致市场失灵。

 知识链接

市 场 失 灵

传统自由经济学者认为,一个社会中的供给与需求可以构成完全竞争市场。而完全竞争的经济状态,系指生产者追求利益极大化,而消费者追求效用极大化,而达到所谓"帕累托最优(Pareto efficiency)"的状态,即没有任何人的效用受损,资源分配获得最佳效率,价格像一双看不见的手,主导市场内经济活动。但在现实世界中,因受到许多因素,使市场无法达到完成竞争、供需理想状态。违反帕累托效率的经济市场原则称为市场失灵(market failure)。

2. 资助重大项目

美国经济学家阿斯乔(Aschauer)认为,政府公共投资每增加 1 美元,私人投资约增加 0.45 美元。打造旅游增长极,政府应当提供资金扶持。

 特别提示

增长极理论认为:一个国家或一个地区要实现平衡发展只是一种理想,在现实中是不可能的,经济增长通常是从一个或数个"增长中心"逐渐向其他部门或地区传导。因此,应选择特定的地理空间作为增长极,以带动周边地区经济的发展。

---

[1] 匡林. 旅游业政府主导型发展战略研究[M]. 北京:中国旅游出版社,2001.

11.1.6 政府营销

一个国家的各省、各市相互之间为了自己的区域利益进行竞争,这种竞争关系的存在,决定了各省、各市为取得自己的相对竞争优势进行区域营销。各级政府营销绩效的大小,影响当地经济发展的快慢和居民生活质量的优劣,也直接决定着企业发展的大环境。因此,旅游目的地各级政府都积极开展公共营销活动,以提升旅游目的地的整体竞争力。旅游目的地公共营销是随着旅游业发展而出现的整体性、公益性营销形式,它对于目的地整体形象的提升、旅游业联动效应的发挥具有战略意义。

旅游目的地公共营销产品可以分为两类:一类是纯公共产品,如整体形象产品;另一类是准公共产品,如大型旅游节事活动、代表性旅游景区等。旅游目的地整体形象营销一般具有规模大、成本高的特点,政府可以利用其拥有的各种无形和有形资源优势来进行目的地营销,如交由企业来做,不是交易成本太高就是技术上不可行。相对而言,准公共产品具有规模小、成本低等特点。此类产品涉及范围较小,受益企业数量有限,容易根据一致性同意原则,订立契约,自主通过市场方式来提供。①

 特别提示

旅游目的地公共营销与企业营销的本质区别在于,它所营销的产品并非属于单个旅游企业,而是具有公共性质的旅游目的地整体形象、重大旅游节事活动及代表性旅游景区等,因而营销受益群体具有广泛性和边界模糊性。在国外,许多旅游目的地的企业、行业协会,以及一些国际组织等都已参与到目的地整体营销中来,比较有效地解决了市场失灵和投入不足等问题。

11.2 旅游组织

11.2.1 旅游公共组织

1. 旅游公共组织的概念

旅游公共组织(tourism public organization)是指为了加强对旅游行业的引导和管理,适应旅游业的健康、稳定、迅速、持续发展而建立起来的具有行政管理职能和协调发展职能的专门机构。旅游公共组织包括政府与非营利组织。旅游公共组织中的非政府组织的主要形式为各行业的协会组织。旅游行业协会是会员制组织形式的组织机构,其功能是为会员提供服务,不以营利为目的。

 知识链接

非营利组织

非营利组织(Non-Profit Organization,NPO)是具有法人资格,以公共服务为使命,享有免税优待,不以营利为目的,组织盈余不分配给内部成员,并具有民间独立性质的组织。

---

① 目的地公共营销组织多元化发展趋势. 中国行业研究网[EB/OL].(2005-9-12) http://www.chinairn.com/doc/70300/41371.html.

特别提示

全球性的公共组织强劲发展的同时出现了公共组织私营化的趋势。波拉齐和塞雷诺（Porazzi and Sereno，1990）注意到了这个问题，他们对意大利汽车俱乐部、意大利国家奥委会、意大利登山俱乐部及意大利国家旅游组织4个公共组织的性质和功能进行了研究，发现出现了私营化的变化。随着旅游产品正由大众化的观光旅游向更高级的细分市场转变，公共政策理所当然地需要做出相应调整，但是在某些部门出现的政策计划的私有化趋势，并不符合可持续发展的目标。①

2. 旅游公共组织的分类

以旅游组织的职能范围为划分标准，旅游公共组织分为国际性旅游组织、国家级旅游组织和地方性旅游组织。以旅游组织的职能性质为划分标准，旅游公共组织分为旅游行政组织、旅游行业组织及旅游教育与学术组织。随着全球性的旅游发展及其产生的经济、社会文化和环境影响得到绝大多数人的关注和认识，专业性的政府或非政府旅游公共组织不断涌现。我国旅游产业快速发展，也出现了众多的旅游公共组织，其主要是由中国旅游协会、中国旅行社协会、中国旅游饭店业协会、中国旅游车船协会等构成的非政府公共组织。

11.2.2 中国旅游组织

1. 旅游行政管理机构

1) 中国国家旅游局

在旅游行政管理机构中分为三个层次，即国家旅游局、省（直辖市、自治区）旅游局和县（市）旅游局。国家旅游局是经国务院授权、对全国旅游产业进行统一行业管理的国务院直属机构。国家旅游局的主要职能有以下六个。

(1) 负责制定国家旅游发展总体规划。

(2) 研究拟定国际旅游市场开发战略，组织国家旅游整体形象的对外宣传和推广活动，组织指导重要旅游产品的开发工作。

(3) 培育和完善国内旅游市场，研究拟定发展国内旅游的战略措施并指导实施，监督、检查旅游市场秩序和服务质量。

(4) 确定需要国家重点支持的旅游开发地区，并负责国家财政资助的旅游开发项目的审批、监督与控制。

(5) 调查和研究旅游发展问题，并根据市场调研结果分析和预测未来的市场需求。

(6) 组织指导旅游教育、培训工作，制定旅游从业人员的职业资格制度和等级制度并监督。

 延伸阅读

"美丽中国之旅"正式确定为中国旅游整体形象

据国家旅游局官方网站2013年2月7日的消息，"美丽中国之旅"近期已正式确定为中国旅游整体

---

① 吴必虎，宋子千．旅游学概论[M]．北京：中国人民大学出版社，2009．

形象。国家旅游局于2013年2月5日印发《关于做好中国旅游整体形象"美丽中国之旅"推广工作的通知》,要求各旅游部门高度重视,认真谋划,抓好落实,切实做好中国旅游整体形象推广的各项工作,并及时上报落实方案。

"美丽中国之旅"形象标识以印章作为主体表现形式,如图11.2所示,以"美丽中国"和"Beautiful China"分别作为中英文表述,将中国的印章和书法艺术形式结合起来,并通过甲骨文的"旅"字来突出旅游特色。以蓝色为主的背景颜色,象征着美丽中国事业发展的朝气和生命力。中文字体"美丽中国"字样为红色,是国旗的颜色,代表中国文化,其中"中国"二字采用毛体书法风格,"美丽"二字力求简洁;英文字体为黑色,采用欧美手写形式,以体现流畅和自然,彰显了中国旅游国际化视野,象征着开放的、充满活力的、具有美好前景的中国旅游事业。

图11.1 "美丽中国之旅"形象标识

(资料来源:"美丽中国之旅"正式确定为中国旅游整体形象[EB/OL]. 人民网(2013-2-7)-http://travel-people-com-cn/n/2013/0207/c41570-20461894-html-)

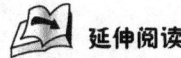延伸阅读

国家旅游管理机构

在发展旅游产业历程中,几乎所有国家都成立有专门机构,负责执行政府主体在本国旅游经济活动中的职能,而最为常见的专门机构是国家旅游管理机构。国家旅游管理机构作为一种组织形式,已有数十年的历史,在此期间,它所发挥的作用也始终处在不断动态变化与演进之中。据有关方面统计,全球至少已有175个国家设有国家旅游管理部门。国家旅游管理机构因不同国情而有不同的模式,一般有3种。

(1) 最高级的全国旅游决策与协调机构:如匈牙利直属部长会议领导下的全国旅游事业管理委员会、泰国总统府下设的旅游委员会、日本总理府中设立的观光对策联络会议等。

(2) 部(局)级旅游行政管理机构:如埃及、牙买加、印度、黎巴嫩、罗马尼亚、菲律宾等国家在其内阁中设有单独、完整的旅游部,中国国家旅游局为国务院直属机构,属副部级单位。

(3) 政府综合部门内设旅游管理机构,称作旅游局或旅游处:如哥伦比亚的经济部、荷兰的经济事务部、英国的国家遗产部、韩国的交通部、比利时的文化部、瑞典的外交部。

(资料来源:王如东. 政府在旅游管理中的作用及制度创新[D]. 上海:同济大学,2005.)

2）各级旅游组织职能

我国旅游管理体制具体实行的是国家、省、市、县级四级管理体系，与我国行政管理体制一致，采取的是政令统一、条线管理的方式，管理职权和范围从国家、省、市、县依次递减，国家和省级旅游组织主要职能是制定国家和省旅游产业发展政策和行业标准，而市和县两级旅游组织具体负责执行和实施。

省级旅游组织主要职能：①负责制定省级旅游产业发展政策；②负责制定省级以及跨市的旅游规划；③负责四星饭店、省级旅游度假区、国家级 4A、3A 旅游区（点）的评定。

市级、县级旅游组织主要职能：①负责执行上级旅游部门制定的各项政策和行业标准；②负责当地旅游市场的规范，确保游客的各项权益；③负责对当地旅游企业进行行业管理；④负责三星饭店、国家 2A、1A 级旅游区（点）的评定。

 延伸阅读

旅游区（点）质量等级的划分与评定

1. 范围

本标准规定了旅游区（点）质量等级划分的依据、条件及评定的基本要求。

本标准适用于接待海内外旅游者的各种类型的旅游区（点），包括以自然景观及人文景观为主的旅游区（点）。

2. 规范性引用文件

下列标准的条款通过本标准的引用而成为本标准的条款。凡是注日期的引用文件，其随后所有的修改单（不包括勘误的内容）或修订版均不适用于本标准，然而，鼓励根据本标准达成协议的各方研究是否可使用这些文件的最新版本。凡是不注日期的引用文件，其最新版本适用于本标准。

GB 3095—1996　环境空气质量标准

GB 3096—1993　城市区域环境噪声标准

GB 3838　地表水环境质量标准

GB 8978—污水综合排放标准

GB 9664—文化娱乐场所卫生标准

GB 9667—游泳场所卫生标准

GB/T 10001.1—2000　标志用公共信息图形符号　第一部分：通用符号（GB/T 10001.1—2000，neq ISO 7001：1990）

GB/T 15971—1995　导游服务质量

GB 16153—1996　饭馆（餐厅）卫生标准

GB/T 16767—1997　游乐园（场）安全和服务质量

3. 术语和定义

本标准采用下列定义。

3.1　旅游区（点）

旅游区是以旅游及其相关活动为主要功能或主要功能之一的空间或地域。本标准中旅游区（点）是指具有参观游览、休闲度假、康乐健身等功能，具备相应旅游服务设施并提供相应旅游服务的独立管理区。该管理区应有统一的经营管理机构和明确的地域范围。包括风景区、文博院馆、寺庙观堂、旅游度假区、自然保护区、主题公园、森林公园、地质公园、游乐园、动物园、植物园及工业、农业、经贸、科教、军事、体育、文化艺术等各类旅游区(点)。

3.2 旅游资源

自然界和人类社会凡能对旅游者产生吸引力,可以为旅游业开发利用,并可产生经济效益、社会效益和环境效益的各种事物和因素。

3.3 游客中心

旅游区(点)设立的为游客提供信息、咨询、游程安排、讲解、教育、休息等旅游设施和服务功能的专门场所。

4. 旅游区(点)质量等级及标志

4.1 旅游区(点)质量等级划分为五级,从高到低依次为 AAAAA、AAAA、AAA、AA、A 级旅游区(点)。

4.2 旅游区(点)质量等级的标志、标牌、证书由国家旅游行政主管部门统一规定。

(资料来源:http://www.jstour.gov.cn/art/2008/5/14/art_3140_48744.html.)

2. 旅游行业组织

旅游行业组织是指为加强行业间及旅游行业内部的沟通与协作,实现行业自律,保护消费者权益,同时促进旅游行业及行业内部各单位的发展而形成的各类组织。旅游行业组织通常是一种非官方组织,各成员采取自愿加入的原则,行业组织所制定的规章、制度和章程对于非会员单位不具有约束力。按地域划分,旅游行业组织可分为全球性旅游行业组织、世界区域性旅游组织、全国性旅游组织和国内区域组织等。按会员性质划分,旅游行业组织可分为旅游交通机构或企业组织、饭店与餐饮业组织、旅行社协会组织,以及由旅游专家和研究人员组成的旅游学会等。

我国的旅游行业组织主要有中国旅游协会、中国旅游饭店业协会、中国旅行社协会、中国旅游车船协会、中国烹饪协会、中国旅游文化协会、中国乡村旅游协会等。这些行业旅游组织是有由相关的旅游企业、与旅游业密切相关的业务部门,以及旅游科研部门和有关专家学者组成,在业务上接受国家旅游局的指导,挂靠在国家旅游局。

1) 中国旅游协会

中国旅游协会(China Tourism Association)于1986年1月经国务院批准正式成立,是我国第一个全国性的旅游行业组织。该协会由旅游部门、与旅游相关的部门、多年从事旅游工作及对旅游事业有研究的专家学者组成,是非营利性的社会组织,具有独立的社团法人资格。

2) 中国旅游饭店协会

中国旅游饭店协会(China Tourism Hotels Association)成立于1986年,是由经营接待国内外旅游者的饭店及其主管部门和相关部门组成的全国性行业组织,它是非营利性的社会组织,具有独立的社团法人资格。中国旅游饭店协会的主管单位为国家旅游局,社团登记管理机关为民政部。1986年2月25日正式成立,协会的会刊是《中国旅游饭店》。中国旅游饭店协会于1994年以国家会员资格加入国际饭店协会。

3) 中国旅行社协会

中国旅行社协会(China Association of Travel Services)是由中国境内的旅行社、各地

区性旅行社协会或其他同类协会等单位，按照平等自愿的原则组成的全国性的行业专业协会，具有独立的社团法人资格。中国旅行社协会成立于1997年10月，协会的会刊是《旅行社之友》（月刊）。

4）中国旅游车船协会

中国旅游车船协会（China Tourism Automobile And Cruise Association）是由中国境内的旅游汽车、游船企业和旅游客车及配件生产企业、汽车租赁、汽车救援等单位，在平等自愿基础上组成的全国性的行业专业协会，是非营利性的社会组织，具有独立的社团法人资格。中国旅游车船协会正式成立于1988年1月，协会的会刊是《中国旅游车船》。

5）中国烹饪协会

中国烹饪协会（China Cuisine Association）是由从事餐饮业经营、管理与烹饪技艺、餐厅服务、饮食文化、餐饮教育、烹饪理论、食品营养研究的企事业单位、各级行业组织、社会团体和餐饮经营管理者、专家、学者、厨师、服务人员等自愿组成的餐饮业全国性的跨部门、跨所有制的行业组织，是非营利性的社会组织，具有独立的社团法人资格。中国烹饪协会正式成立于1987年，协会的主要出版刊物有《餐饮世界》和《中国烹饪信息》。

11.2.3 国际性旅游组织

国际旅游组织的概念有狭义和广义之分。广义的国际旅游组织指成员来自多个国家并为多国利益工作和服务的全面性国际旅游组织。狭义的国际旅游组织则还包括那些其工作范围部分地涉及国际旅游事务的国际组织，以及专门涉及某一旅游行业的国际性旅游同业组织。

1. 世界旅游组织

世界旅游组织（World Tourism Organization，WTO）是当今世界上唯一全面涉及旅游事务的全球性政府间国际旅游组织，其前身是1947年成立的国际官方旅游组织联盟，总部设在西班牙的马德里。世界旅游组织的宗旨是促进旅游发展，推动各国经济、社会和文化发展。我国于1983年加入世界旅游组织，成为该组织的第106个正式成员。世界旅游组织在1979年第三届代表大会正式确定：每年的9月27日被定为世界旅游日（World Tourism Day）。

世界旅游组织的主要任务是围绕技术合作、信息、统计、教育培训、简化旅游手续、旅游者安全及旅游设施保护、旅游环境保护等方面进行，负责收集、分析旅游数据，定期向成员国提供统计资料、研究报告、制定国际性旅游公约、宣言、规划、范本，提供技术专家援助，组织研讨会、培训班、召集国际会议。

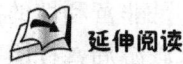
延伸阅读

世界旅游组织发展史

(1) 1925年5月4日～9日在荷兰海牙召开了国际官方旅游协会大会。

(2) 1934年在海牙正式成立国际官方旅游宣传组织联盟。

(3) 1946年10月1日～4日在伦敦召开了首届国家旅游组织国际大会。

(4) 1947年10月在巴黎举行的第二届国家旅游组织国际大会上决定正式成立国际官方旅游联盟,其总部设在伦敦,1951年迁至日内瓦。

(5) 1969年联合国大会批准将其改为政府间组织。1975年改为现名。

(6) 2003年11月成为联合国专门机构。

2. 世界旅行社协会

世界旅行社协会(World Association of Travel Agencies,WATA)经瑞士法律批准,于1949年正式成立,总部设在日内瓦。世界旅行社协会是一个由私人旅行社组织而成的世界性非营利组织,其宗旨是将各国可靠的旅行社建成一个世界性的协作网络。协会现有240多个会员,来自100多个国家和地区的230多个城市。凡财政机构健全、遵守本行业规定的旅行社均有资格成为其会员。超过300万人口的城市可有1名旅行社代表参加该组织,400万人口以上的城市可增加1名。会员旅行社必须同时经营出境和入境旅游业务,如果同一城市内没有同时经营入、出境旅游业务的旅行社,协会可以指定一家专营出境旅游业务和另一家专营入境旅游业务的旅行社为其会员。

3. 国际饭店协会

国际饭店协会(International Hotel Association,IHA)是旅馆和饭店业的国际性组织,于1947年在法国巴黎成立,总部设在巴黎。协会的会员分为正式会员和联系会员。正式会员是世界各国的全国性的旅馆协会或类似组织;联系会员是各国旅馆业的其他组织、旅馆院校、国际饭店集团、旅馆、饭店和个人。协会的主要任务是:通过与各国政府对话,促进各国政府实行有利于旅馆业发展的政策,并给予旅馆业支持;参与联合国跨国公司委员会有关国际旅馆跨国企业方面的工作;通过制定和不断修改来完善有关经济法律文件;协调旅馆与其他行业的关系;进行调研、汇集和传播市场信息,提供咨询服务;为各会员提供培训旅馆从业人员的条件和机会。

11.3 旅游教育与职业培训

现代旅游业竞争的高级形式是人才的竞争,培养造就一支德才兼备的旅游从业人员队伍是建设旅游强市的前提条件之一,也是提高旅游核心竞争力的基本要素之一。目前我国正处在旅游业转型升级的重要时期,急需一批旅游职业经理人以及旅游策划、景区管理、人力资源开发和管理、旅游外联营销、电子旅游商务、会展旅游、运动休闲等不同层次的经营管理人才和旅游专门人才。

11.3.1 国外旅游教育

1. 欧洲旅游教育

欧洲的旅游专业最早起源于服务接待管理。例如,瑞士洛桑酒店管理学院就十分重视培养学生的实践操作技能与知识,他们认为酒店经营管理者必须能胜任酒店或餐馆内任何一项具体的工作，这种教育理念影响了欧洲旅游专业教育整整一个世纪。

20世纪90年代以后，欧洲旅游专业教育接受美国旅游专业教育的"管理"理念，开始将旅游专业设置在接待管理专业之下。① 欧洲旅游专业教育课程主要集中在商业管理、地理、政治、经济等专业领域，英国还设有专门的旅游学院或服务接待系，但是研究者主要集中在人类学、食品、社会学等领域。②

2. 美国旅游教育

旅游研究及相关学科在美国大学系科大致可以归纳为两种方向：服务管理类和开发管理类。其中普渡大学旅游与酒店管理系、内华达大学宾馆管理学院是服务管理类的代表，而德州大学旅游公园与游憩学系和伊利诺斯大学休闲研究系是开发管理类的代表。各大学旅游专业设置包括旅游学、酒店管理、餐饮管理、交通管理（包括航空、海运、地面交通管理及国际交通）、旅行社管理、公园与游憩管理、营销学等。

3. 日本旅游教育

日本旅游专业教育进入大学教育阶段后，很多学科都开设旅游方面的课程。从总体来看，日本的旅游专业教育正在进入以旅游为研究对象的综合性、边缘性教育研究体制的完善阶段。除立教大学是以旅游学科（观光学）为学部（系）名称外，其余各大学均以"国际"、"产业"、"贸易"、"经济"等与旅游相结合的形式作为学科的名称。

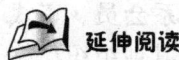
延伸阅读

国外的旅游课程设置

国外的旅游院校大都重视操作能力，因此，课程设置门类很细，课程设置与专业方向结合紧密，内容针对性较为突出。例如，澳大利亚的烹饪管理类课程包括饮食、文化和餐饮、营养、烹饪艺术、后勤采购、美食学、厨房管理、风险管理、策略领导和管理等课程，主要学习与烹饪直接相关的管理内容。再如，美国德州大学的游憩公园与旅游学系的本科专业课程在不同学期的安排各有侧重，在第一、第二学年主要以基础知识为主，课程有公园与旅游运营、游憩与公园概论、旅游基础、游憩与公园基础等；第三学年侧重于游憩研究与分析、游憩资源机构管理、公园与多样化人群、原野地区游憩管理、闲暇与户外游憩、游憩与旅游活动组织、环境解说法、旅游研究等以游憩行为为主要内容的课程；第四学年主要进行专题研究，内容涉及不同旅游区的规划设计、保护、管理及相关法律的研究。

（资料来源：孙淑英. 国外旅游经验对我国旅游人才培养的启示[J]. 中国科技教育·理论版，2011，(7).)

11.3.2 中国旅游教育

中国旅游教育的发展起始于1978年改革开放以后，中国第一所旅游中等专业学校南

---

① 吴必虎，蔡利平. 美国大学的旅游研究[J]. 旅游学刊，2001，16(4).
② Formica S. European hospitality and tourism education: differences with the American model and future trends[J]. Hospitality Management, 1996, 15(4).

京旅游学校、第一所旅游管理高等院校北京联合大学旅游学院于 1978 年创建,中国第一所旅游高等专科学校上海旅游高等专科学校于 1979 年诞生。从 1980 年起,国家旅游局先后与杭州大学、南开大学商学院等 8 所高等院校联合开办了旅游系或旅游专业,同年杭州大学招收了全国首届旅游专业本科生。

目前,我国高等教育已形成专科(含高职)、本科、研究生教育 3 个培养层次。1998 年教育部颁布的《普通高等学校本科专业目录》中,含有"旅游"字样的学科只有一个二级学科"旅游管理",放在"管理学"学科门类下的一级学科"工商管理"之下。但在旅游教育实践中,许多学校在其他专业,如经济、地理、外语、历史等开办旅游管理专业。实际上,旅游管理专业所涉及的教学内容远远超过了工商领域,不少课程属于公共管理领域,有的甚至超出了管理的范畴,越来越多的研究还涉及社会研究领域①。2012 年,教育部颁布了最新修订的《普通高等学校本科专业目录》,在管理学学科门类下单独设立旅游管理学科大类,下设旅游管理、酒店管理及会展经济与管理 3 个专业。这意味着,旅游管理不再是工商管理学科大类下的二级学科,而是与工商管理学科大类平级,升格为一级学科。

11.3.3 旅游职业教育模式

从 20 世纪 90 年代开始,我国旅游职业教育得到了较快的发展,成为推动我国旅游经济发展、旅游人才培养和教育发展不可缺少的重要力量。在旅游职业教育的发展中,最重要、最核心的是旅游人才培养模式。我国高等职业教育旅游人才培养模式主要是在借鉴北美的能力本位(competency based education,CBE)模式和德国的双元制(dual system)模式的基础上发展起来的。

1. 北美的能力本位模式

以职业能力作为教育的基础、以职业分析确定的综合能力作为学习的科目,CBE 的教学活动基本上都是在实训课堂完成的,实训课堂相当于实习车间,设备、设施是实际工作中最先进的,课程可以长短不一,随时招收学生,并按情况决定学习方式和时间,毕业时间也不一致,做到小批量、多品种、高质量。

2. 德国的双元制模式

双元制是德国社会的一种教育制度,指的是职业教育实行双元制,即职业学校理论学习和企业中的实践相结合,成人教育和业余教育普及。德国双元制是目前世界比较成功的职教办学模式之一,被誉为德国第二次世界大战后经济腾飞的"秘密武器"。所谓双元制,是学校和企业分工协作,共同完成培养人才全过程的一种职业教育办学模式:一是有明确的培养目标,即培养的是高素质的一线技术工人或技术农民;二是企业与学校相互协调配合,并以企业为主;三是理论与实践紧密结合,并以实践为主,实践课在整个培训中占到 60% 以上。

---

① 吴必虎,宋子千. 旅游学概论[M]. 北京:中国人民大学出版社,2009.

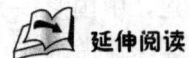延伸阅读

德国双元制教学模式

在德国职业院校中，主要以双元制为主。接受双元制的学生通过自己或者劳动局的介绍中心选择一家企业，按照有关的法律规定同企业签订培训合同，得到一个培训位置，同时到相关的职业学校登记取得理论资格。在学习过程中，学制一般为3年。第一学年主要进行职业基础教育，集中学习文化课和职业基础课，学生从职业类别中选择并确定学习内容。第二学年转入所选定的职业领域进行专业实践训练。第三学年则向特定职业深化。在整个过程中，学生具有双重身份：在学校是学生，在企业是学徒工。学生在企业接受培训和在学校进行学习的时间比例一般为4：1，目的是要通过加大培训时间的比例，培养合格的实用人才。

（资料来源：德国双元制教学模式及启示[EB/OL]. http://www.docin.com/p-628816402.html.）

旅游职业教育是实践性很强的教育体系，因此，旅游职业教育必须重视校内外实践教学基地建设，加强校企合作。以旅游行业需求设计实践教学，在借鉴国外先进教育理念的基础上，结合所设专业特点，开展"工作导向、同步协作式"实践课程教学模式。多年来，通过不断地深化教学改革，我国旅游职业人才培养模式的研究与实践取得了初步的成效，积累了一定的经验，得到许多令人满意的效果，特别是近几年，国家大力发展了一批高等职业院校，同时发展了高等职业旅游教育。

11.3.4　旅游职业培训

旅游人才培养是旅游职业院校的责任，但是旅游行业人才有实践性强、流动性大的特点，并受季节性影响，需要继续教育和企业培训的支持和补充。旅游院校是旅游人才开发培养的主力军，在人才开发中发挥着基础性作用。对于一线员工学历层次普遍较低的旅游行业来说，继续教育是旅游人才开发一个不可忽视的组成部分。企业培训是提升员工效率和减少员工流失的重要手段。旅游企业要结合员工职业发展的需要，将培训和职业生涯规划相结合，有利于培养人才对企业的忠诚度。院校教育、继续教育、企业培训是旅游人才培养3个互为补充的体系。

一套完整的旅游企业培训体系包括多种类型，归纳起来主要有4种：岗前培训、在岗培训、外派培训和职业生涯规划培训等。不论培训的形式如何，都是根据员工当前工作绩效与标准绩效的差距，或未来工作所需技能与现有技能的差距来确定培训需求。其根本目标就是要达到所期望的绩效标准。因此，这部分投入应要求以业绩的提高作为回报，最终目的都与提高工作绩效息息相关。

1. 岗前培训

对于一个新员工来说，进行岗前培训，对于提高其工作绩效是必要的和明显的，主要培训内容是企业文化和工作内容两个方面。新员工一旦走向工作岗位，仍要不定期地进行富有成效的在岗培训，使其提高工作效率。其间则可以通过绩效考核的方式决定他们是继续留用还是淘汰。

2. 在岗培训

由于企业内外环境和工作重点的变化影响，有时要对在岗员工进行转岗或晋升，同样需要进行培训。以员工的发展规划为目的进行在岗培训，是职前培训的延续与发展。通过在岗培训，可以提高员工工作的积极性，向个人传达企业对其前段时间工作绩效的肯定态度，同时通过在岗培训也有利于员工工作绩效的进一步提高。

3. 外派培训

外派培训是对员工学习更多技能而参加培训班、研讨会，甚至派到外国去考察学习，这些内容中有很多都属于长期培训，参训员工要在一定时间内离开工作岗位，这对于一些急功近利的企业来说，是不可能采用的。外派培训后的结果是能够带来更多先进知识和经验，有利于指导受训人的工作乃至整个企业的业务开展，对提高企业绩效来说具有长远意义。

4. 职业生涯规划培训

对于企业来说，提高企业整体绩效、增强市场竞争能力，离不开为员工做好职业发展规划，与员工建立双赢的培训体系。事实证明，只有注重员工职业生涯规划培训，才会留住优秀员工，降低员工流失率，才会在市场竞争中处于优势地位。企业到底是在为自己培养人才，还是在为竞争对手培养人才，关键在于它是不是真正从员工角度考虑问题，从企业发展战略角度来进行绩效管理。

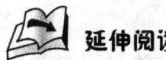 延伸阅读

酒店员工洞察力培训

1. 方法

将受训人员带到酒店大厅内，自由组合，让他们从顾客衣着、服饰、语言、行为、同伴等细节判断顾客的身份、价值取向和消费特点，提升受训人员的洞察力。

2. 评析

做过酒店的人大多"眼贼"，是因为酒店员工的服务工作是从"洞察"开始的。"眼观六路，耳听八方"，说的是酒店员工的基本功。酒店员工要知喜怒，看主从，识高下，定多寡，谈笑之间，一切了然于胸。

例如，有经验的餐厅服务员从顾客进门的第一眼中，就能判断出点取菜品的档次和品种，顺势推荐，恰到好处。不过，"洞察力"往往和受训人员的人生经历有关，讲究的是"悟性"。

3. 注意事项

反复练习分类归纳是提升洞察力的好方法

（资料来源：餐厅新服务员培训内容［EB/OL］职业餐饮网（2013-3-13）.http://www.canyin168.com/glyy/yg/ygpxjh/201303/51787.html.）

本 章 小 结

旅游活动涉及众多旅游部门,其发展模式分为政府主导的旅游发展模式和企业发展模式。本章主要介绍了政府对准公共产品的管理,旅游政策和旅游法规对旅游业的影响,阐述了政府在旅游规划和目的地营销中发挥的作用。旅游公共组织包括政府与非营利组织。本章还简明扼要地解释了旅游公共组织的定义和主要形式,各种旅游组织通过不同形式实现对旅游行业的规范和管理。旅游人才培养是旅游业发展的根本,旅游需求的增长、区域与城市旅游产业的发展、旅游研究成果的积累都与旅游人才培养密切相关,因此政府和旅游企业都应当重视旅游人才的储备、培养和培训。

 关键术语

旅游公共组织(tourism public organization):为不断增长的旅游活动引起的人类移动、资源保护与利用、旅游产品开发、目的地营销、公共节事组织管理、公共危机预防与控制等社会现象而提供的立法、执法、大众服务供给与保障的系统化设置。

旅游行政管理(tourism administration):旅游职能管理机构依据国家有关法律、方针、政策,遵循旅游发展规律的特点,对国家或地区的旅游行业进行宏观的、总体的管理、控制、协调和服务的一系列活动过程。

旅游政策(tourism policy):国家或地方为促进旅游发展所制定和实施的有关方针政策、法律法规、规章制度和办法措施的总和,是国家或地区管理旅游行业的重要政策依据和准则。

旅游法规(tourism law):国家权力机关及授权的有关机关根据宪法法律、行政法规和法定职权制定或起草的、调整旅游经营活动和管理工作中产生的各种社会关系的、具有普遍约束力的法律、行政法规、地方性法规、部门规章等规范性文件的总称。

课 后 练 习

一、选择题

1. 制定旅游政策必须从实际出发,又要高于实际,并能展望未来的发展趋势,这表现了旅游政策的(　　)。

A. 可行性　　　　　B. 协调性　　　　　C. 全面性　　　　　D. 预见性

2. 四星饭店、国家级 4A、3A 旅游区(点)主要由(　　)评定。

A. 国家旅游局　　　　　　　　B. 省级旅游局
C. 市级旅游局　　　　　　　　D. 县级旅游局

3. 政府部门要做好和强化准公共产品中的公共产品功能,努力提供和解决准公共产品中的(　　)功能。

A. 公共产品　　　　　　　　　B. 非公共产品
C. 私有产品　　　　　　　　　D. 集体所有产品

4. 政府直接提供旅游业运行中的公共产品或准公共产品，以弥补（　　）的缺陷。
   A. 市场需求　　　B. 市场供给　　　C. 市场经济　　　D. 市场失灵
5. 以职业能力作为教育的基础是（　　）人才培养模式的特点。
   A. 双元制(DualSystem)　　　　　B. 能力本位(CBE)
   C. 职业技能模式(MES)　　　　　D. 职业技术教育(TAFE)
6. 我国第一个全国性的旅游行业组织是（　　）。
   A. 中国旅游协会　　　　　　　　B. 中国旅游饭店业协会
   C. 中国旅游车船协会　　　　　　D. 中国国内旅游协会
7. 提出"政府主导型"旅游发展战略的国家是（　　）。
   A. 英国　　　B. 美国　　　C. 中国　　　D. 以色列和土耳其
8. 以旅游组织的职能范围为划分标准，旅游公共组织分为国际性旅游组织、国家级旅游组织和（　　）。
   A. 政府组织　　　　　　　　　　B. 地方性旅游组织
   C. 非营利组织　　　　　　　　　D. 非政府组织
9. 一套完整的旅游企业培训体系包括岗前培训、在岗培训、职业生涯规划培训和（　　）。
   A. 轮岗培训　　　B. 技校培训　　　C. 外派培训　　　D. 挂职培训
10. 旅游公共组织中的非政府组织的主要形式是各行业的（　　）。
    A. 工会组织　　　B. 协会组织　　　C. 教育组织　　　D. 旅游学会

二、填空题

1. 以市场为基础配置资源，充分发挥政府的主导能力，通过产业政策等手段引导、规范旅游市场主体行为的发展模式被称为_____发展模式。
2. 国家宏观政策是国家和最高旅游_____提出和实施的国家级旅游政策。
3. 旅游公共组织是具有行政管理职能和协调发展职能的专门机构，包括政府与_____。
4. 在我国，_____管理着大多数的自然或人文遗产，及众多的活动场所如公园、博物馆、体育馆等，还承担着地方游客信息中心的建设、地方旅游的整体促销等。
5. 政府可以通过各种手段调整旅游产品的供给，管理和_____旅游市场。
6. 按照产业政策适用范围可将旅游政策分为国家宏观政策和地方_____。
7. 中国第一所旅游高等专科学校上海旅游高等专科学校于_____年成立。
8. 我国《旅游法》运用行政法、经济法和民事法律的基本原则和手段，采用了_____模式，自2013年10月1日起施行。
9. 我国政府制定了长期旅游发展战略规划，推进旅游业由政府主导型向_____转变，走质量型、效益型旅游发展之路。
10. 控制土地用途、对建筑物进行管理、市场管制、实行特别征税、投资鼓励政策这主要是政府介入旅游业发展所采用的_____手段。

三、判断题

1. 从各国旅游发展的经验来看，旅游产业发展模式可分为政府主导型和市场主导型。（ ）

2. 非营利组织以公共服务为使命，不以盈利为目的，组织盈余不分配给内部成员。（ ）

3. 国家制定的旅游法具有最大的强制性，各地制定的旅游法规不具有强制性。（ ）

4. 政府可以利用其拥有的各种无形和有形的资源优势进行旅游目的地整体形象营销。（ ）

5. 按会员性质划分旅游行业组织可分为旅游交通机构或企业组织、饭店与餐饮业组织、旅行社协会组织等，但不包括旅游学会。（ ）

6. 旅游行业协会是会员制组织形式的组织机构，其功能是为会员提供服务，利润按会员交纳会费比例分配。（ ）

7. 我国于1983年加入世界旅游组织，成为该组织的第106个正式成员。（ ）

8. 目前，我国旅游高等教育已形成专科（含高职）、本科、研究生教育三个培养层次。（ ）

9. 中国旅游车船协会是全国性的行业专业协会，是非营利性的社会组织，但没有独立的社团法人资格。（ ）

10. 我国高等职业教育旅游人才培养模式主要是在借鉴澳大利亚职业技术教育模式的基础上发展起来的。（ ）

四、问答题

1. 国家旅游政策主要包括哪些内容？
2. 政府在旅游管理中有哪些职能？
3. 为什么政府要参与旅游目的地市场营销？
4. 我国有哪些旅游行业组织？有什么作用？
5. 导致市场失灵的原因有哪些？政府如何应对旅游市场失灵？

五、论述题

1. 简要分析政府干预旅游发展的必要性。
2. 论述《中国旅游业"十二五"发展规划纲要》的主要内容及其意义。

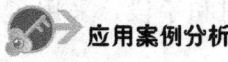
应用案例分析

千岛湖的经营管理模式

千岛湖风景区位于浙江省淳安县境内（部分位于安徽歙县），是1959年我国建造的第一座自行设计、自制设备的大型水力发电站——新安江水力发电站而拦坝蓄水形成的人工湖，是国家一级水体。千岛湖景区总面积982平方千米，其中湖区面积573平方千米，因湖内拥有星罗棋布的1 078个岛屿而得名。从1982年起步的千岛湖旅游，经历了从无到有、由小到大、从观光到休闲度假的转型几个阶段。从接待旅游者3 000人次起步到2010年接待500万人次，旅游总收入300多亿元。体制的创新是千岛湖旅游产业再次腾飞的前提。

千岛湖景区按照"政府引导、市场主导、企业主体"的要求，理顺了旅游发展关系，建立了高效的旅游行业管理体制，优化资源，组建较强竞争力的旅游集团公司，应对竞争激烈的旅游市场。

一是整合行政管理权，实行统一管理。千岛湖景区实行景区旅游管理局、旅游总公司、景区规划管理办公室和旅游度假区管理委员会4块牌子、一套人员。将景区规划、项目评审、建设用地和建设工程许可、旅游市场开发与管理、实业开发、市政建设和土地管理等职能一体化。

二是组建景区旅游专家咨询委员会，2006年，千岛湖组建风景旅游专家咨询委员会。来自国家和省市16名风景规划、建筑设计、旅游策划、市场营销、旅游经济、旅游管理等方面的知名、资深专家组成了千岛湖风景旅游事业发展的"智囊团"。

三是开展旅游行业信用监督。服务领域消费维权是整个消费者权益保护工作的重要组成部分，旅游和电信、餐饮、装饰、互联网、销售等行业是与群众生活关系密切，消费者投诉比较集中的重点服务行业。千岛湖景区在旅游行业中开展了信用监督等措施，对受到旅游者投诉的旅游企业给予严厉打击，努力维护了千岛湖旅游的品牌。

四是完善行业自律体系。千岛湖景区狠刹购物佣金不一和高回扣的不正之风，会同有关部门制定了《游客权益须知》、《千岛湖景点行业自律公约》，同时，加强对景区内旅游从业人员的教育和培训工作。

讨论：

试分析"千岛湖的经营管理模式"案例中不同职能部门和组织机构对千岛湖旅游景区发展所发挥的作用，对其他景区管理有何借鉴意义。

（资料来源：郑清.地方政府促进旅游产业发展的职能研究：以保山市政府为例[D].昆明：云南大学，2012.）

第 12 章 旅游市场营销

教学目标

通过本章的学习，了解旅游服务营销的特性，熟悉旅游分销的各种渠道，以及影响企业选择分销渠道的主要因素。理解目的地营销对旅游目的地发展的重要意义，掌握不同旅游组合营销策略，对旅游企业市场营销提出营销建议。

教学要求

教学内容	重点☆、难点*	教学提示
服务营销	(1) 服务营销的定义 (2) 服务营销的特点☆	本章主要与第1章、第4章、第6章、第7章、第8章、第9章、第11章和第13章等内容相关联，教学时可前后对应，以便掌握各章节教学内容的内在联系
旅游分销渠道	(1) 旅游分销渠道结构 (2) 直接分销渠道和间接分销渠道☆* (3) 互联网对旅游分销渠道中的影响	
旅游市场营销组合	(1) 旅游市场营销组合因素 (2) 旅游营销4Ps组合和7Ps组合☆* (3) 4Cs、4Rs营销理论*	
旅游目的地营销	(1) 旅游目的地形象建设* (2) 旅游目的地营销主体☆ (3) 旅游目的地营销理念	

人出门旅行并不是为了到达某地，而是为了旅游。

——歌德

基本概念

服务营销 旅游中间商 旅游分销渠道 旅游代理商 网络营销 目的地营销

 **导入案例**

张家界版江南 style

2012《张家界版江南 Style》在网络疯传,在炒热张家界旅游的同时也吸引了众多业内人士研究其后续影响力。2012 年 11 月,记者从张家界市旅游局市场科得到了首份《张家界版江南 Style》影响力报告,对该视频的影响力进行了数据调查。

报告显示,由张家界旅游宣传人士和视频爱好者组成的制作团队组织拍摄的《张家界版江南 Style》网络视频,仅头 3 天内视频点击量就超过 1 000 万,15 天内通过百度搜索"张家界版江南 Style"关键词相关网页为 280 万页,相关新闻为 1 200 篇,相关视频为 900 个,新浪原创微博 7 万多条,YOUTUBE 视频网站点击率超过 1 500 万次。除视频网站和门户网站外,传统媒体也对该视频进行了全面的报道。全国几乎所有电台和报纸对该视频均进行了报道。其中,中国之声、新华社、中国青年报、新浪微博等媒体围绕本视频进行了专访。

由于视频里植入了大量的张家界自然风光和人文民俗,有自己的民族服装及制作团队,巧借官员"稻草鸟叔"进行宣传,该视频首映之日便迅速被全国主要网站首页重点推荐。

(资料来源:张家界版江南 style 张家界又一旅游营销经典案例[EB/OL]. 张家界新闻网(2012-12-3). http://www.china-zhangjiajie.com/news/sd/2012/1203/13573.html.)

 **点评:**

风光好不如营销好。《张家界版江南 style》花 15 万元的成本,获得几千万元的回报,在全国旅游界开启了通过网络视频进行市场营销的新模式,并成为继穿越天门、卡通市长、阿凡达、翼装飞行等营销事件之后张家界又一新的旅游营销亮点。

12.1 服务营销

在雷柏尔旅游系统模型中,固然位于系统中首位的旅游者和位于系统末端的旅游目的地是旅游系统内最重要的内存因素,旅游系统的动力有赖于二者之间的"推-拉"作用,从而激发旅游系统,产生系统内的旅游流(市场)。但是旅游市场营销的有效性将直接影响系统内旅游流和旅游者对目的地的选择。旅游目的地之间的竞争不仅是旅游资源的竞争,也是旅游市场营销策略和服务理念的竞争。

旅游市场营销就是旅游经济个体(个人和组织)对思想、产品和服务的构思、定价、促销和分销的计划和执行过程,以实现达到经济个体(个人和组织)目的的交换过程。旅游产品是服务产品,旅游者购买的不是有形的实体产品,而是通过旅游企业提供的服务所获得的不同于居住地和工作地的感受和体验。因此要理解旅游市场营销,必先懂得服务营销。服务营销的思想起源于实体产品的销售,后将服务营销引入旅游产品的销售。由于服务产品自身不同于实体产品的特性,因此旅游市场营销也就不同于一般的实体产品市场营销。

随着社会的进步,人们可自由支配收入的提高,旅游者需要的并不是一个产品的所有权,更需要的是这种产品带来的特定或个性化的服务,从而有一种被尊重和自我价值实现的感觉,而这种感觉所带来的就是顾客的忠诚度。服务营销是旅游行业发展的一种新趋势,是社会进步的一种必然产物。

12.1.1 服务营销的定义

作为现代市场营销学基石的"服务"概念,营销学者一般是从区别于有形的实物产品的角度来进行研究和界定"服务"的。1960年,美国市场营销学会最先指出:"服务是用于出售或者随同产品连在一起进行出售的活动、利益或者满足感。"之后,又做出了补充:"服务是不可感知却可使欲望获得满足的活动,这种活动并不需要与其他的产品或服务的售出联系在一起。生产服务时可能不会利用到实物,而且即使需要借助某实物协助生产服务,也不涉及此实物的所有权转移问题。"

1995年,菲利普·科特勒(Philip Kotler)把服务定义为:"服务是一方能够向另一方提供的、基本上是非实体的任何活动或利益,并且不导致任何所有权的产生。"本书采取的定义:服务营销是指企业在分析消费者需求的前提下,为充分满足消费者需求而在营销过程中所采取的一系列市场活动。

 知识链接

服务概念形象化的解释

有人将服务概括为"SERVICE",这个单词的每一个字母所代表的含义是:S——smile(微笑,即服务是对每一位顾客提供微笑服务);E——excellent(出色,即服务提供者要将对每一项微小的工作都做得很出色);R——ready(准备好,即服务提供者要随时准备好为顾客服务);V——viewing(看待,即服务提供者要把每一位顾客都看做是需要提供特殊照顾的贵宾);I——inviting(邀请,即服务提供者在每一次服务结束时,都要邀请顾客下次再次光临);C——creating(创造,即每一位服务提供者要精心创造出使顾客能享受其热情服务的气氛);E——eye(眼光,即每一位服务提供者始终要用热情好客的眼光关注顾客,预测顾客需求,并及时提供服务,使顾客时刻感受到被关心)。很有趣的是在英语中"service"本身的意思就是"服务"。

12.1.2 服务营销的特点

从表面上看,服务是一件很平常的事,实际上服务是一种复杂的过程。美国服务营销方面的专家克里斯蒂·格鲁诺斯(Christian Gronroos)认为,服务一般是以无形的方式,在顾客与服务职员、有形资源商品或服务系统之间发生的可以解决顾客问题的一种或一系列行为。一般服务具有以下5个主要特征:无形性、差异性、同步性、互动性、易逝性。把服务当做一种产品来理解,是服务管理理论的基础。换句话说,服务管理模型把服务当做一种可以生产、营销、消费的对象。作为一种包含各种有形和无形服务的集合,人们称这种产品为"服务包"①。与有形产品营销相比,旅游服务营销有自己的特性,主要有以下几点。

---

① 饶菲.服务营销在现代酒店经营中的应用[J].商业经济文荟,2001,(4).

1. 服务营销的无形性

旅游产品不是有形产品，旅游服务具有无形性的特征，旅游者只能通过服务环境中有形事物的感知，来建立对旅游企业形象和服务质量的认识。顾客对有形产品可以凭视觉、听觉、触觉等直观地感知和识别，而在购买产品之前，对企业的服务往往是看不见、摸不着的。服务营销的无形性要求服务营销者必须把无形服务转化成具体利益和完美体验。服务的内涵表明，它是以非实物的形式来为他人或组织提供利益。当然，在许多情况下，无形的服务往往是通过有形的产品或与有形的产品结合来发生作用。利用服务过程中可传达服务特色及内涵的有形展示手段来辅助服务产品推广的方法，在服务营销管理中称"服务实体化策略"。

 小思考

以酒店为例，为了增加酒店服务的有形性，你认为可以采取哪些服务实体化措施取得理想的营销效果？

 特别提示

酒店产品由核心产品、形式产品和追加产品三个层次构成。美国营销专家菲利普·科特勒认为，每一行业中都渗透着服务，其区别只在于所包含的服务成分的多少。在由"纯粹有形产品"向"纯粹服务"过渡的产品分类模式中，酒店产品属于"有形产品与服务的混合"，即服务成分较高的产品范畴。

2. 服务营销的差异性

由于在同一时间、地点，不同的旅游者有不同的需求，而在不同时间、地点，同一旅游者的需求侧重点不同，服务产品与旅游者需求之间的关系也并不是一成不变的。因此，旅游服务仅靠严格管理和规范操作并不能获得旅游者的普遍满意。另外，不同的服务人员提供同样的服务存在质量的差异性。旅游企业中，服务人员的素质和技能，乃至心情都影响到服务的质量。因此，唯有针对性的个性服务才能打动旅游者的心。

 特别提示

个性化服务是满足旅游需求差异性的重要手段，但个性化服务意味着成本的增加。这就需要在旅游者满意和效益之间寻求一个最佳结合的服务模式：以满足多数旅游者的共同需求的规范服务为主，辅之以满足旅游者的个性化需求的非规范服务，从而显示旅游服务的特色。

 头脑风暴

以你的一次旅游经历为例，谈谈哪些人为你提供了服务。这些人当时的心情是如何影响了你的旅游体验的？

3. 服务营销的互动性

旅游服务的特有特征之一是旅游者主动参与服务生产过程。每一个关键时刻都涉及旅游者和服务提供者之间的相互作用。旅游者对服务过程的加入使服务效果不仅取决于服务者的素质、专业知识,以及服务者是否被赋予了足够的自主权,还与旅游者的个人行为特点密切相关。因此,服务者和旅游者成为旅游营销管理的两个主要目标。旅游者同服务者的互动是服务营销的本质特征之一,而且这种互动不是一时的,而应该是长期的。

头脑风暴

旅游者是旅游产品的生产者,也是旅游产品的消费者,在很大程度上,旅游者也是旅游产品的营销人员。你认为旅游企业应当如何与旅游者互动,在旅游消费过程中发挥营销作用?

4. 服务营销的同步性

一般来说,有形产品是"先买后用",但服务却"边买边用",甚至"先用后买"的。有形产品可以通过广告宣传等方式让顾客了解产品并达到尝试购买的目的,在顾客购买服务的过程中,甚至购买前便开始体验和消费。而在服务行业,服务的生产过程与服务的消费过程是同步发生的,服务人员提供服务之时也正是客户消费享用服务之时,这里用"同步性"来代替"不可分离性"。客户参与到服务生产与传递的过程之中,人们若不身临其境,很难想象和体会到服务带给人们的感受。由于服务产品的生产和销售同时进行,因此,这类产品的销售人员和服务人员同消费者的相互作用就直接影响到产品的质量。旅游服务营销贯穿整个旅游消费的整个过程,包括游前、游中、游后旅游消费过程。只有当旅游者返回自己的居住地,旅游消费才终止,服务营销才基本结束。

头脑风暴

小马等20人参加了康辉旅行社组织的甘肃敦煌文化一日游。从酒店前往阳关,途中首先参观敦煌古城,远观汉代烽火台,后参观莫高窟姊妹窟西千佛洞。中午在阳关葡萄沟的葡萄架下亲手采摘农家葡萄,品尝农家特色菜。下午游览敦煌玉门关、国家地质公园敦煌雅丹地貌(魔鬼城),观雅丹日落,体验罗布泊大自然奇观。游客从早上到下午游览过程中兴致都很高,但在回酒店的路上,导游一言不发,大巴在路途上颠簸而行,大家饥饿口干,小马等变得情绪低落,兴趣荡然,回店后投诉了旅行社。你认为康辉旅行社这次的营销不成功的原因是什么?

5. 服务营销的易逝性

服务是易逝性产品,如不使用将会永远失去。旅游景区的旅游设施、酒店床位等实体形态的存在,只能代表旅游服务供应能力而非旅游服务本身。旅游者对服务的需求受到旅游者的时间、收入、季节性等因素的影响差别很大,如何充分利用旅游服务能力,使波动的市场需求同供应相匹配并在时间上一致并非易事。服务的易逝性又被称为不可储存性,指的是服务作为一种非实体的产品,不管在时间上还是在空间上都是不可储存的。

首先,服务不能在生产后储存待售。酒店的床位和客房服务不能储存,今天没有客人住宿,客房就闲着,就是实实在在的损失。飞机上的座位同样不能储存,这趟航班剩下的座位是不可能保存到下一趟航班的。这些空房间、空座位及闲置的服务设施和人员，都是不可补偿的损失，其损失表现为赢利机会的丧失和折旧的发生。其次，服务也无法购买后储存。当旅游者购买或者消费服务结束后，服务也随即消失，不能在时间上或空间上将服务保存起来。例如，去酒店吃饭，酒店服务人员给旅游者提供接衣、挂帽、拉椅、斟茶、倒酒等服务，但是一旦旅游者离开酒店，酒店的服务也即消失，无法储存起来享受这样的服务。

特别提示

旅游产品具有易逝性的特征，这就注定了服务失误不可完全避免。只要有一次服务失误就可能导致顾客不满，并可能永远失去该顾客的信任。服务补救是服务营销不可忽视的方面，它可以提供一个机会去弥补易逝性缺陷所造成的损失，并提供一个让旅游者留下正面服务印象的机会。

案例故事

希尔顿酒店服务的补救措施

希尔顿酒店在服务补救方面的主要措施：酒店首先对员工进行客户关系管理入门培训，告知服务补救的重要性，使服务补救理念融入企业文化之中。酒店还制定严格统一的服务标准，设立顾客档案经理的职位，负责顾客信息的汇总并建立数据库，从而保障在每个顾客接触环节都可以识别某个顾客及其个人偏好。结合顾客反馈消息不断改良顾客信息库，这样在失误发生后，能根据客人的个人偏好、特殊要求及在各个接触点的过往的服务失误采取有针对性的补救措施。

在上述补救过程中，酒店积极开发顾客投诉渠道，为顾客建立了服务补救工具箱供顾客投诉和反馈消息，以保证服务补救的成效，消除客人因为服务失误造成的不快。在希尔顿酒店，员工被授权可以花费 2 000 美元为顾客解决问题。尽管这笔钱很少用到，但公司这一激励措施使员工行使其补救权力时不用担心受罚。

(资料来源：智库百科[EB/OL]http://wiki.mbalib.com/wiki/)

12.2 旅游分销渠道

12.2.1 旅游分销渠道类型

什么是分销渠道？分销渠道是商品流通的渠道。菲利普·科特勒则认为，分销渠道是指某种货物或劳务从生产者向消费者移动时，取得这种货物或劳务的所有权或帮助转移其所有权的所有企业和个人。因此，分销渠道主要包括商业中间商(因为他们取得所有权)和代理中间商(因为他们帮助转移所有权)。此外，它还包括处于分销渠道的起点和终点的生产者和消费者。但是，旅游产品具有非物质性和不可运输性，旅游产品的消费不会发生所有权的转移。与传统分销商品方向不同，通常是旅游者向产品方向移动，因此旅游产品的分销渠道有自己的特点。

一般来说，在旅游市场不断发展并逐渐成熟的条件下，大多数旅游产品并不是由旅游企业直接供应给旅游消费者,而是要经过或多或少的中介组织,即旅游中间商(travel intermediary)。与大多数工业部门不同,旅游业的分销难以依靠传统的从生产到市场的分销系统,如批发、仓储、运输、零售和其他活动,而旅游产品,无论是整体产品还是局部产品,都是在目的地同时生产和消费的,它更依赖于旅游中间商和旅游代理商,从这个角度来看,旅游中间商是旅游分销的主要承担者。旅游产品分销渠道结构图如图12.1所示。

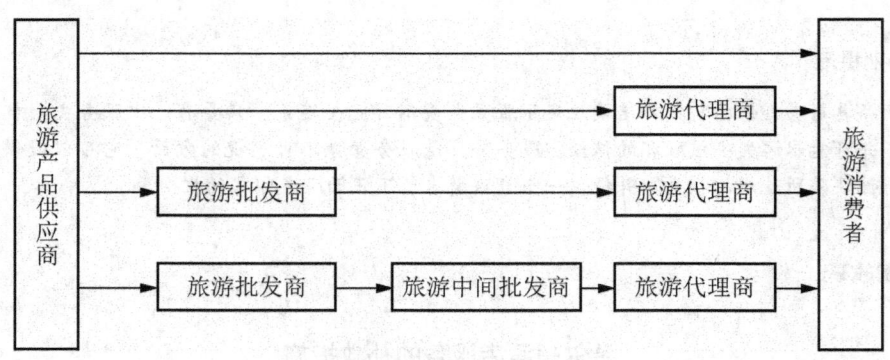

图 12.1 旅游产品分销渠道结构图

(资料来源:朱华. 旅游学概论(双语)[M]. 2 版. 北京:北京大学出版社,2012.)

头脑风暴

小刘参加北京康辉旅行社五日游后离开北京,自己预订了河南郑州中州皇冠假日酒店,在酒店商务服务中心办理了河南青年旅行社的"河南佛教文化一日游"。早7:30随团从郑州乘车赴登封,参观佛教禅宗祖庭少林寺;中餐后乘车赴洛阳(70千米高速,1个小时),参观世界文化遗产龙门石窟。同日下午从洛阳乘车返回郑州,次日飞回上海。

试分析:本案中小刘使用了哪些渠道购买旅游产品,哪些企业参加了旅游产品的营销,在旅游产品分销渠道结构图中属于什么样的企业?

在市场营销中,由于多种因素的影响,旅游分销渠道(tourism distribution channels)形成多种状态,旅游产品的分销渠道按照中间商的数量可分为直接分销渠道和间接分销渠道。

1. 直接分销渠道

直接分销渠道指旅游企业在其市场营销活动中不通过任何旅游中间商,而直接把旅游产品销售给消费者的分销渠道。通过这种分销渠道,旅游企业直接与旅游者交往,有利于提高旅游产品的质量,控制旅游产品的成熟过程和程度,强化旅游企业的形象。在旅游产品直接销售量大和旅游者购买力较稳定的情况下,旅游企业可以省去中间商的营销费用,以较小的成本获取较大的利润。

2. 间接分销渠道

间接分销渠道指旅游企业通过两个或两个以上的旅游中间商向旅游消费者推销旅游产品的分销渠道。间接分销渠道是目前主要的旅游产品的分销渠道,渠道越长,旅游产品市场扩展的可能性越大，但旅游企业对旅游产品销售的控制能力和信息反馈的清晰度就越差。在间接分销渠道中，按渠道的宽度可以分为密集分销、独家分销和选择性分销。

1）密集分销

密集分销指在渠道层次中选择尽可能多的中间商，使渠道尽可能加宽，充分与旅游产品的营销市场相接触。适用于在旅游消费者集中的地方，或者企业的主要目标市场所提供的大众旅游产品。密集分销的优点：可以扩大旅游产品生产者或提供者的销售面和销售量。密集分销的缺点：可能会造成旅游企业销售费用增大，对产品营销失去控制，因竞争激烈而跌价，渠道成员服务质量滑坡以致旅游企业形象受到损害。

主题公园产品应当采取什么样的分销渠道？

2）独家分销

独家分销指在一定的市场区域内仅选择一家经验丰富、信誉突出的中间商来推销旅游企业产品。独家分销是最极端的形式，是最窄的分销渠道。适用于旅游产品市场的开拓和信誉的提高及一些特殊的高价旅游产品。独家分销的优点：有利于控制中间商，提高他们的经营水平，也有利于加强产品形象，增加利润。独家分销的缺点：只与一家中间商合作，风险较大；另外，销售面窄，灵活性小，不利于旅游消费者的选择购买。

2013年6月《财富》全球论坛在成都举行，包括可口可乐、力拓集团、达美航空、强生、诺基亚等60余家顶尖跨国公司全球首席执行官和公司高管确认参会，会后有可能在成都旅游，你认为应当采取什么样的分销渠道做旅游产品营销？

3）选择性分销

选择性分销是介乎上述两种形式之间的分销形式，即有条件地精选几家中间商进行经营。这种形式对所有各类产品都适用，它比独家分销面宽，有利于扩大销路，开拓市场，展开竞争；比密集性分销又节省费用，较易于控制，不必分散太多的精力。适用于价格较高的旅游产品。

选择性分销的优点：有条件地选择中间商，可增强对渠道的控制，并有助于加强彼此之间的了解和联系，使被选中的中间商愿意努力提高推销水平。经过认真挑选的旅游中间商，一般都有较强的经营能力与良好的声誉，有利于提高绩效，维护旅游产品的声誉。

选择性分销的缺点：旅游企业和中间商的选择是双向的，如果旅游企业的规模不大，知名度不高，挑选满意的中间商就会受到一定限制。

某知名旅行社将在你所在的城市推出"欧洲五国十天深度文化游"，全包价35 000元，你建议旅行社采取什么样的分销方式？为什么？

12.2.2 旅游分销渠道与互联网

艾瑞咨询统计数据显示，2012年中国在线预订市场交易规模预计将达1 729.7亿元，较2011年的1 037.4亿元增长61.3%；在线旅游代理商(online travel agents, OTA)市场营业收入规模将达90.5亿元，相比10年同比增长33.9%；OTA市场格局方面，携程、艺龙、同程位居OTA市场前三。在这股互联网浪潮下，旅游目的地分销渠道正发生着深刻的变化。互联网对旅游分销渠道所带来的影响主要是去中间化(disintermediation)和再中间化(re-intermediation)两个方面。去中间化是指互联网对中间商(尤指传统的中间商)分销功能的替代影响。而再中间化就是指中间商利用互联网所提供的便利优势，将自己原有的功能和机制重新组合，继续在旅游分销渠道中发挥自己独特的优势。①

以互联网为主要分销平台的旅游电子分销渠道(如携程网、艺龙网、芒果网)在旅游分销体系中地位的重要性越来越明显，旅游电子分销渠道是今后旅游分销的重要渠道。调查显示，利用互联网向旅游者提供直接预定和购买最具成本优势的供应商首要是航空公司，其次是酒店，再次为旅游景点。功能单一或功能上容易数字化的旅游产品最能发挥互联网渠道的优势，机票和客房更适合网上销售，而旅游景点在使用互联网向旅游者提供直接预订和购买服务方面同样具有成本上的优势。

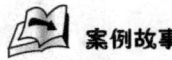 案例故事

互联网对黄山旅游分销渠道的影响

互联网使黄山旅行社的分销路径一分为三：路径一，旅游者通过组团社参团，组团社通过互联网联系黄山旅行社，由黄山旅行社订购酒店、景区产品并负责地接；路径二，旅游者通过互联网直接联系黄山旅行社参团，由黄山旅行社订购酒店、景区产品并负责地接；路径三，旅游者通过互联网委托黄山旅行社代订酒店，但自行安排线路行程。

从黄山在线预订网站发展的历程可以看出，在线预订网站发展使其分销渠道演变为两种路径：其一是旅游者通过在线预订网站预订酒店、景区门票等，由旅游者自行安排游览行程；其二是旅游者网上预订旅游线路产品，由网站所属实体旅行社或合作的旅行社进行接待服务。

在分销功能上，在线预订网站由单一的酒店或景区门票预订功能，逐渐向旅游线路预订延伸。而网络预订与实体旅行社结合的模式中，黄山旅游信息网成立的实体旅行社——黄山网络旅行社，黄山途马旅游电子商务网与股份公司下属旅行社合作，它们都通过传统分销渠道来实现网络分销渠道的功能延伸。

(资料来源：张朝枝，游旺.互联网对旅游目的地分销渠道影响：黄山案例研究[J].旅游学刊，2012，27(3).)

---

① 冯郑凭.互联网对我国旅游分销渠道的影响研究：从旅游业者视野的角度分析[J].北京第二外国语学院学报，2010，(3).

12.3 旅游市场营销组合

12.3.1 4Ps 与 7Ps 营销组合

所谓市场营销组合，是指企业针对目标市场的需要，综合考虑环境、能力、竞争状况，对自己可控制的各种营销因素（产品、价格、分销、促销等）进行优化组合和综合运用，使之协调配合，扬长避短，发挥优势，以取得更好的经济效益和社会效益。市场营销组合的出现，意味着市场经营观念完成了新旧观念的转变，即发展到了新观念——市场营销观念。市场营销观念的核心是以目标顾客的需要为中心，实行市场营销组合，着眼于总体市场，从而取得利润，实现企业营销目标。市场营销组合作为营销手段至关重要。

1. 4Ps 营销组合

20世纪60年代是市场营销学的兴旺发达时期，突出标志是市场态势和企业经营观念的变化，即市场态势完成了卖方市场向买方市场的转变，企业经营观念实现了由传统经营观念向新型经营观念的转变。与此相适应，营销手段也多种多样。1960年，美国市场营销专家E. J. 麦卡锡（E. J. Macarthy）教授在人们营销实践的基础上，提出了著名的 4Ps 营销策略组合理论，即产品（product）、渠道（place）、价格（price）、促销（promotion）。4Ps 的提出奠定了管理营销的基础理论框架，很快成为营销界和营销实践者普遍接受的一个营销组合方式。

1）产品

旅游产品的范围实际上很广，它是指一切可满足游客需求的有形产品和无形服务，也包括思想观念。旅游产品包括三个层次：核心产品、形式产品、附加产品。核心产品指旅游产品能满足游客特定需求的使用价值。形式产品指旅游产品向市场提供的实体和产品的外观。附加产品指旅游产品提供给游客的附加利益和优惠条件。

2）渠道

旅游营销渠道是指旅游产品从旅游生产企业向旅游消费者转移过程中所经过的各种独立组织的组合。营销渠道包括选择产品销售地点、选择合适的旅游中间商、维持有效的流通中心等。旅游企业能通过旅游营销渠道将旅游产品在"特定的时间"、"特定的地点"，以"特定的方式"提供给"特定的旅游消费者"。

3）价格

价格是旅游产品价值的反映形式。价格不仅与产品本身相关联，也与品牌的附加内涵和价值相关联，与市场的供求关系相关联。旅游产品的定价方法包括成本导向法、需求导向法和竞争导向法。

4）促销

促销关心的是如何将旅游产品信息有效地传递给潜在购买者，其作用包括：刺激旅游需求，扩大旅游产品销售；提供信息，沟通供需关系；突出旅游产品特点，强化竞争优势；树立旅游企业良好形象，提高抗风波能力。广告、营业推广、人员推销和公共关系是促销的四大工具。[①]

---

① 许刚. 旅游市场营销组合理论综述[J]，北方经贸. 2010，(5).

特别提示

尽管营销组合概念和4Ps观点被迅速和广泛传播开来,但同时也受到了一些批评。4Ps营销要素只从交易的一方卖方来考虑问题,而不是从顾客或整个社会利益来考虑,这实际上仍是生产导向观念的反映,而没有体现市场导向或顾客导向,对旅游产品这类服务产品来说,局限性较大。

2. 7Ps营销组合

传统的营销4Ps理论研究是从20世纪五六十年代的包装消费品发展起来的,虽然传统的营销组合中包含了重要的营销元素,但是后来市场的发展证明了它有较大的局限性。事实上,4Ps的结构在近年饱受挑战与批评。许多学者专家一致认为传统的4Ps营销组合结构过于简化,且有误导之嫌。在服务业中,营销并不只是营销部门的事,它要涉及整个组织,传统的营销模式即4Ps营销组合并不适用于服务业。培恩(Payne)和巴兰坦(Ballantyne)认为,在关系营销的组合里除了必须强化4Ps之外,还应加入人员(people)、过程(process)及顾客服务(customer service)等元素。布姆斯(Booms)和毕特那(Bitner)指出,服务营销不同于商品营销,应当有三项新的营销元素。具体来说,即在传统营销的4Ps策略上,应加上3Ps,即人员(participant)、过程(process)、有形展示(physical evidence),如图12.2所示。布姆斯和毕特那的7Ps是最具影响,是被广泛采用的营销组合理论,在旅游市场营销中被普遍使用。

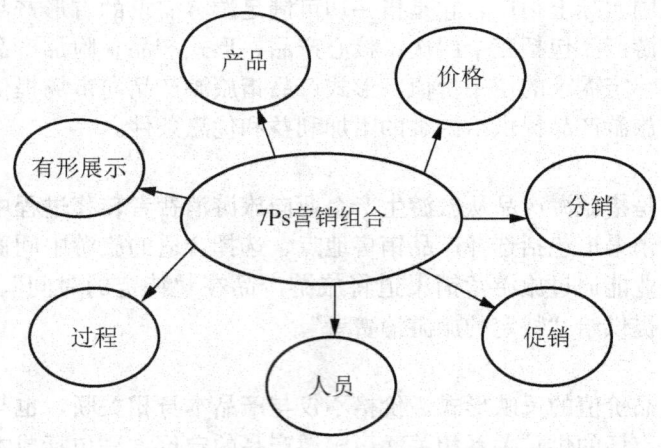

图12.2 布姆斯与毕特那7Ps组合

1) 人员

在旅游市场营销中,人扮演着传递与接受服务的角色。这里的"人"就是指旅游企业的服务人员和旅游者。旅游服务的特色之一是"服务的产生与旅游者消费同时进行",因此,旅游企业的服务人员极为关键,他们在很大程度上影响了旅游者对服务质量的认知与喜好。事实上,旅游服务人员与服务质量是"产品"不可分割的一部分。这里的"人员"也包括未购买和已购买服务的旅游者。营销人员不仅要处理旅游公司与已购旅游者之间的互动关系,还要兼顾未购顾客的行为与态度。对于旅游市场营销来说,"人员"不仅包括旅游服务的提供者——员工,还包括旅游服务的消费者——旅游消费者。

头脑风暴

以你的一次旅游为例,谈谈哪些人员为你提供了服务。为什么说他们都是旅游市场营销的重要部分,你认为旅游者在旅游过程中也在做市场营销吗,为什么?

特别提示

旅游企业营销涉及两组人群——客人(即游客)和主人(即旅游企业的所有员工)。处理好主客关系是本行业最关键的工作之一,主要涉及四个部分:员工的选择、管理和培养;全面质量管理(TQM)和服务质量(SERVQUAL)控制;关系营销(relationship marketing)及顾客组合(customer portfolios)。关系营销强调顾客忠诚度,保持老顾客比吸引新顾客更重要。旅游多为群体活动,顾客互相混合,并且彼此影响,不同的组合会产生不同的效果。不良的顾客言行可能会打扰或侵犯其他顾客,友好礼貌的顾客也会提高其他顾客的服务满意度。

2) 过程

过程即指旅游服务通过一定的程序、机制及活动得以实现的过程。由于旅游者参与服务产品的生产过程,旅游过程通常被认为是服务产品的组成部分。旅游者对服务的满意不仅来自于旅游产品的实物组成,同时也来源于服务的传递过程的感受。

旅游企业为提供旅游服务所进行的所有工作活动也是服务过程,如精心设计旅游线路,精确组织旅游活动,强化对整个旅游活动过程(包括售前和售后服务)的管理和控制。从旅游者的购前信息咨询,到旅程中的吃、住、交通、游览、娱乐、购物等各项服务,再到旅游结束后的客户关系服务,都是旅游过程要素的组成部分。①

特别提示

旅游市场营销涵盖旅游者从预订、离开常住地到旅游结束回家的全过程。服务过程的设计在一定程度上关系到一线服务人员提供服务的成本、效率、质量及难易程度。旅游过程的设计中,游客的参与度越高,服务人员提供满意服务的可能性就越高。

3) 有形展示

有形展示可以解释为"在一个购买环境里,服务得以传送,任何有形的产品通过服务传播及表现而更完整"。旅游环境的重要性,在于旅游者能从中得到可触及的线索,体验企业所提供的服务质量,最好的服务是将无法触及的东西变成有形的服务。旅游企业为了提高产品的吸引力,将自身的服务特色进行有效的实物化,并通过展示使产品更容易被旅

---

① 韩勇,丛庆.旅游市场营销学[M].北京:北京大学出版社,2006.

游者把握和感知,这就是旅游有形展示。①事实上,旅游环境本身是旅游者评估服务程度与质量的依据,特别是酒店、主题公园、旅游景区等更是如此。因此,旅游环境是旅游产品本身不可或缺的一部分。

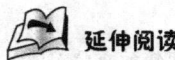

旅游有形要素

旅游环境、旅游信息及旅游结果所涉及的一切有形载体和设施都可以划归为旅游有形展示的范畴。旅游企业的有形展示可以分为两大类型:一类是服务场景,包括企业内部和外部所有的有形设施;另一类是有形物证,包括服务产品信息、服务承诺、服务人员和服务价目表等。

在服务场景中,旅游企业周围环境,服务场所的建筑风格、色彩及内部环境所营造的氛围是重要的旅游有形展示。旅游产品的形式产品和追加产品是旅游有形展示的重要内容,旅游者对核心产品(旅游体验)在很大程度上能通过旅游有形展示获得。

在有形物证中,有形化的服务产品信息是指将旅游服务产品的特色通过文字、图片、影像的方式进行展示;有形化的服务承诺包括旅游企业的产品内容、服务标准、服务传递方式,并以文字形式向消费者进行展示;服务人员可以通过自身的外在形象、服务态度向消费者展示和传达服务产品内涵的质量,这一点是旅游有形展示最重要的一部分;而有形的服务价目表是旅游产品价值展示的一个重要有形证,见表12-1。②

表12-1 旅游企业有形要素分类表

服务场景		其他有形物证			
外部特征	内部特征	服务信息	服务承诺	服务人员	服务价格
1. 周围环境(服务地点、氛围) 2. 设计风格(建筑、结构、色彩、名称) 3. 停车设施等	内部设计(色彩、装修、家具、布局)、服务工具(计算机、电话、宣传品)、内部环境(空气质量、噪音、气氛、光线、整洁度)	广告、手册、VCD、网站	流程、内容、合同、安全保障	员工风貌、服装、个人卫生、情绪	价目表

以一家酒店为例,谈谈酒店应当如何利用旅游有形要素进行旅游市场营销。

随着世界经济发展,市场竞争日益激烈,政治、社会等因素对市场营销的影响和制约越来越大。一般营销策略组合的4Ps是企业市场营销的可控因素,但企业外部不可控因素对其市场营销更大。为此,营销专家菲利普·科特勒提出了大市场营销策略(mega-marketing),在原4Ps组合的基础上增加两个P,即权力(power)和公共关系(public relations),简称6Ps。之后,菲利普·科特勒又提出了11Ps营销组合理念,即在大营销

---

① 中国管理传播网.7P营销组合的时代[EB/OL].[2001-12-19].http://manage.org.cn/Article/200407/7393.html.

② 韩勇,丛庆.旅游市场营销学[M].北京:北京大学出版社,2006.

6Ps 之外加上探查(probing，市场环境调查)、分割(partitioning，市场细分)、优先(prioritizing，市场目标)、定位(positioning，市场定位)和人(people)的因素，并将产品、定价、渠道、促销称为"战术 4Ps"，将探查、分割、优先、定位称为"战略 4Ps"。该理论认为，企业在"战术 4Ps"和"战略 4Ps"的支撑下，运用"权力"和"公共关系"这 2Ps，可以排除通往目标市场的各种障碍，取得最好的市场营销效果。

 案例故事

麦当劳经营中的营销组合

麦当劳秉承"品质、服务、清洁和物有所值"的经营原则，坚持在中国建立完善的食品供应网络系统和人力资源管理及培训系统的理念。为了适应中国市场的需求，麦当劳在发展的道路上为中国市场做出了异于美国市场的很大改变，使麦当劳成为当之无愧的国际快餐之王。

(1) 价格方面。努力做到物有所值或者物超所值。例如，现在推出的低价策略：6 元早餐、超值午餐，通过低价来吸引顾客。

(2) 场所。麦当劳为顾客提供最佳的场所，包括清洁舒适的环境等。

(3) 促销。促销是麦当劳需要 100% 执行的策略，每家餐厅的促销活动都是同时的，并且麦当劳几乎每月都会有新的促销活动，这样频繁的促销会让顾客对麦当劳不断有新鲜的感觉，从而吸引顾客不断地光临餐厅。

(4) 分销。企业没有直面消费者，在不同的环节有着不同的销售方式。在广告等各方面都做了比较充分的宣传，各个销售环节的成功，才使它取得这么好的结果。

(5) 品质方面。麦当劳重视品质的精神，在每一家餐厅开业前便可一见。首先是在当地建立生产、供应、运输等一系列严格的质量检查，仅牛肉饼，就有 40 多项质量控制的检查。很多顾客并不知道麦当劳控制程序如何复杂，但他们都深深体验过麦当劳高品质、美味和营养均衡的食品。

(6) 服务方面。快捷、友善、可靠的服务是麦当劳的标志。麦当劳从经验中懂得向顾客提供优质服务的重要性，因此每一位员工都会以顾客为先的原则，为顾客带来欢笑。

(7) 清洁方面。餐厅的每一个用具、位置和角落都体现出麦当劳对卫生清洁的重视。麦当劳为顾客提供了一个干净、舒适、愉快地用餐环境。

讨论：麦当劳经营中涉及哪些市场营销因素？为什么获得了成功？

(资料来源：麦当劳 VS 肯德基[EB/OL]. 牛津管理评论(2004-4-5). http://oxford.icxo.com/htmlnews/2004/04/05/164922.htm.)

 即学即用

请你根据菲利普·科特勒提出了 11Ps 营销组合理论，做一个旅游产品的营销方案，并提交全班同学讨论。

12.3.2　4Cs 与 4Rs 营销组合

第二次世界大战以后，资本主义国家经济进入了高速发展的战后"黄金阶段"。企业依靠大批量生产以降低成本，通过无差异化营销将产品售卖出去，市场完全处于卖方市场。1953 年，尼尔·鲍登(Neil Bordaen)首先提出了市场营销组合的概念，创造了"营销组合"这一术语。1960 年，麦卡锡提出了 4Ps 分类，全世界的市场营销者开始使用 4Ps 营

销组合做市场营销。4Ps 营销组合以市场为导向，但并未摆脱产品为导向的影子，它是实现企业营销战略目标的手段，属于企业营销的策略和战术层面。

20 世纪 90 年代初，企业营销环境发生了巨大的变化，市场已经完全成为买方市场。1990 年，罗伯特·劳特伯恩（Robert Lauterborn）教授提出了与传统营销的 4Ps 相对应的 4Cs 营销组合理论，即顾客（customer）、成本（cost）、便利（convenience）和沟通（communication）。唐·舒尔茨博士（Don E. Schultz）则提出了 4Rs 营销新理论，即关联（relevance）、反应（reaction）、关系（relation）、回报（reward）。4Cs 理论的思想基础是以消费者为中心，强调企业的营销活动应围绕消费者的所求、所欲、所能来进行；而 4Rs 理论以关系营销为核心，重在建立顾客忠诚。

从营销组合理念的演变来看，企业营销理念已从生产观念（production concept）、产品观念（product concept）、推销观念（selling concept）、市场营销观念（marketing concept），逐渐发展到社会营销观念（social marketing concept）。4Cs 营销组合和 4Rs 营销组合与以企业（产品）为中心、以市场为导向的 4Ps 营销组合在营销的理念上有很大区别。

1. 4Cs 营销组合理论

1）顾客

先暂时抛开产品不谈。旅游企业必须首先了解和研究旅游者，根据旅游者的需求来提供产品。企业提供的不仅仅是产品和服务，更重要的是由此产生的客户价值、旅游者的认同感和满意度。

2）成本

先暂不谈价格策略。旅游企业不仅要考虑企业的生产成本，还应当考虑旅游者为购买旅游产品而愿意支付的总成本。企业要想在竞争中战胜对手，就必须向旅游者提供比竞争对手具有更多顾客让渡价值的产品。

3）便利

便利是客户价值不可或缺的一部分。旅游企业在制定分销策略时，要更多地考虑旅游者的便利，而不是企业自己便利。要通过好的售前、售中和售后服务来让旅游者在旅游的同时，也享受到便利。

4）沟通

沟通取代 4Ps 中对应的促销。4Cs 营销理论认为，旅游企业不应再是企业单向的促销和劝导旅游者，而是应当同旅游者进行积极有效的双向沟通，在沟通中让旅游者对旅游企业、旅游产品理解和认同。

知识链接

顾客让渡价值

顾客让渡价值（Customer Delivered Value）是指企业转移的、顾客感受得到的实际价值。顾客让渡价值是菲利普·科特勒在《营销管理》一书中提出来的，他认为，"顾客让渡价值"是指顾客总价值（total customer value）与顾客总成本（total customer cost）之间的差额。顾客总价值是指顾客购买某一产品与服务所期望获得的一组利益，它包括产品价值、服务价值、人员价值和形象价值等。顾客总成本是指顾客为购买某一产品所耗费的时间成本、精神成本、体力成本、购买风险成本及所支付的货币资金等。由于顾客在购买产品时，总希望把有关成本包括货币、时间、精神和体力等降到最低限度，而同时又希望从中获得更多的实际利益，因此，顾客在选购产品时，往往从价值与成本两个方面进行比较分析，从中选择出价值最高、成本最低，即"顾客让渡价值"最大的产品作为优先选购的对象。

（资料来源：智库百科［EB/OL］http：//wiki.mbalib.com/wiki/）

特别提示

顾客购买旅游产品主要追求的是购买以后的真实享受价值。例如，入住旅游饭店的顾客，追求在客房里睡一个舒适的觉，在浴室里洗一个温暖的澡。这种真实享受价值可以用营销组合中4Cs中的2Cs——解决顾客问题的方案(customer solution)与顾客愿意支付的费用(customer costs)的组合来表示。更加准确地说，顾客让渡价值的构成因素可以用表示对旅游产品真实享受价值的管理要素。旅游产品的真实享受价值＝（旅游产品价值＋旅游服务价值＋旅游服务人员价值＋旅游形象价值）－（顾客货币支出＋顾客时间支出＋顾客精力支出＋顾客心理支出）。

2．4Rs营销组合理论

（1）关联(relevance)。在竞争性市场中，旅游者具有动态性。旅游者的忠诚度是变化的，他们随时有可能转移到其他旅游企业。要提高旅游者的忠诚度，最重要的是把旅游企业与旅游市场联系在一起，达到供给与需求的高度对应，形成一种互动、互求、互需的关系。

（2）反应(reaction)。在相互影响的旅游市场中，旅游企业需要提高市场反应的速度，以抢占先机。这就需要旅游企业站在游客的角度及时地倾听游客的需求，并及时对其进行答复和迅速做出反应，满足游客的需求。

（3）关系(relation)。随着旅游市场竞争日趋激烈，旅游企业争夺旅游市场的关键已转变为谁能与游客建立更加长期而稳固的关系。关系营销是通过不断改进旅游企业与游客的关系，实现游客固定化的一种重要营销手段。

（4）回报(reward)。对旅游企业来说，市场营销的真正价值在于其为企业带来短期和长期利润的能力，而对于游客来说，回报是旅游企业给游客带来的一定的旅游体验价值。一切营销活动都必须以给游客及企业创造价值为目的。

市场营销的4Rs模型如图12.3所示。

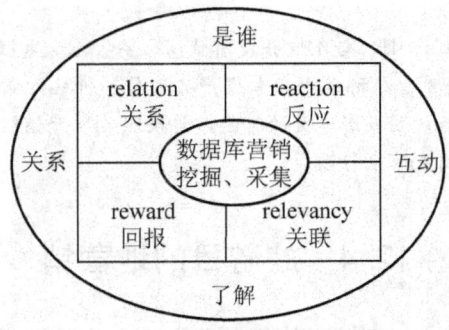

图12.3 市场营销的4Rs模型

（资料来源：［美］艾登伯格．4R营销：颠覆4P的营销新论［M］．2版．文武，穆蕊，蒋洁译．北京：企业管理出版社，2006．）

综上所述，4Ps、4Cs 和 4Rs 组合在营销理念上是有所不同的，但仍然有实质上的关联：从思考如何设计和研发"产品"到强调从"顾客"需求的角度思考如何设计和研发产品，再到强调从企业和顾客关联的角度设计和研发产品；从考虑如何制定产品的"价格"到强调从消费者"成本"的角度考虑如何制定最合理的价格，再到强调从为消费者和企业带来"回报"的角度制定价格；从"促销"到强调从与消费者如何实现"沟通"的角度思考促销的方式，再到强调从与消费者建立长期"关系"的角度思考促销；从建立营销"渠道"到强调从消费者购买的"便利性"的角度来确立营销渠道，再到强调从提高市场"反应"速度的角度来确立营销渠道。事实上，4Cs 和 4Rs 并没有完全脱离 4Ps 确立的营销框架，而是对 4Ps 的内涵进一步丰富和发展。① 4Ps、4Cs、4Rs 组合营销的对比见表 12-2。

表 12-2 4Ps、4Cs、4Rs 组合营销对比

项目	4Ps 组合	4Cs 组合	4Rs 组合
营销理念	生产者导向	消费者导向	竞争者导向
营销模式	推动型	拉动型	供应链
满足需求	相同或相近需求	个性化需求	感觉需求
营销方式	规模化营销	差异化营销	整合营销
营销目标	满足现实的具有相同或相近顾客需求，并获得目标利润最大化	满足现实的和潜在的个性化需求，培养顾客忠诚度	适应需求变化，并创造需求，追求各方互惠关系最大化
顾客沟通	一对一单向沟通	一对一双向沟通	一对一双向或单向沟通
投资成本	短期低、长期高	短期较短、长期较高	短期高、长期低

（资料来源：余晓钟，冯杉.4P、4C、4R 理论比较分析[J].生产力研究，2002，(3).)

特别提示

在旅游企业营销实践中，4Cs、4Rs 与 4Ps 并没有优劣之分。4Ps 更强调产品，4Cs 更关注顾客，而 4Rs 更强调与顾客长期稳定的关系。旅游企业在考虑产品定位、价格方案、渠道策略、促销活动的时候要有 4Cs 和 4Rs 的观念，在执行计划或者方案的时候，要按照 4Ps 营销组合策略进行调整。也就是旅游营销要用 4Cs 和 4Rs 来思考，用 4Ps 来行动。

12.4 旅游目的地营销

旅游目的地是指拥有特定性质旅游资源，具备了一定旅游吸引力，能够吸引一定规模数量的旅游者进行旅游活动的特定区域。它是融旅游资源、旅游活动项目、旅游地面设

---

① 许刚.旅游市场营销组合理论综述[J].北方经贸，2010，(5).

施、旅游交通和市场需求为一体的空间复合体。旅游目的地营销是指区域性旅游组织通过区分、确定旅游目的地产品的目标市场，建立本地产品与这些市场间的关联系统，并保持或增加目的地产品所占市场份额的活动。旅游目的地营销是一个经过归纳、整合后在整体形象统领下旅游产品群的营销，是把产品群优化整合后打造出独特卖点的、有核心产品拉动的、个性化包装的、对市场有特殊吸引力的营销过程。

世界旅游业已经进入高度竞争性的时代。一方面，可供旅游者选择的潜在旅游目的地的数量越来越多，另一方面信息技术的进步让旅游者对目的地迅速了解，影响人们对旅游目的地的选择。举个最简单的例子，10年前，由于信息不对称，旅游者在选择旅游目的地非常困难，但现在互联网上一搜索地名，目的地的信息便"一网打尽"。旅游目的地为吸引旅游者，占领市场份额展开了激烈的竞争，营销则成为目的地相互竞争中所选择的重要手段。营销的本质就是要使旅游目的地获得可持续发展的竞争优势。一个成功的旅游目的地离不开成功的营销，而成功的营销必须要建立起符合科学营销理念和营销手段。①

12.4.1 旅游目的地形象

1. 目的地形象的定义

旅游目的地不是单一的旅游产品，而是一个由吃、住、行、游、购、娱等不同部分组成的复合产品。旅游目的地营销是一种在地区层次上进行的旅游营销方式，在这种方式下，地区将代表区域内所有的旅游企业，以一个旅游目的地的形象作为营销主体加入旅游市场的竞争中。在目的地营销过程中，每一个旅游目的地都将是以总体旅游产品（total tourism product）形式出现，即以旅游地整体而非若干独立景点作为旅游吸引因素推动市场。②

那么什么是目的地形象？目的地形象是指一个人对一个目的地的信任（beliefs）、意见（ideas）及印象（impressions）的总和。而旅游形象是指旅游者对某一旅游接待国或地区旅游服务的总体看法。旅游目的地形象就是旅游者、潜在旅游者对旅游地的总体认识、评价，是对目的地社会、政治、经济、生活、文化、旅游业发展等各方面的认识和观念的综合，是旅游地在旅游者、潜在旅游者头脑中的总体印象。

特别提示

旅游行业中不懂得制造概念和 VI（visual identity，视觉识别系统）设计，旅游目的地不重视其品牌建设和形象营销，这些都是眼光短浅、缺乏营销意识的行为。旅游目的地形象营销可通过持续不断叠加宣传、定期举办大型活动、全方位媒体传播等方式"植入"游客脑中，从而最终赢得客源市场。

头脑风暴

如今，许多国家和城市的目的地营销都获得了巨大成功，如"花园国家"新加坡、"水城"威尼斯、

---

① 任春. 旅游目的地营销中存在的问题和对策[J]. 中国市场，2007，(26).
② 古诗韵，保继刚. 城市旅游研究进展[J]. 旅游学刊，1999，(2).

"音乐之都"维也纳、"会议之都"达沃斯,以及"滑雪胜地"瑞士和"圣诞老人故乡"芬兰等。我国许多省市目的地营销也获得了成功。请问:你对以下城市的目的地形象的感知是什么?请用一句话概括。

(1) 江苏苏州。

(2) 四川成都。

(3) 云南丽江。

2. 目的地形象形成过程

目的地形象可以分为三类,即初始形象、诱导形象和复合形象。初始形象(original image)指个体通过教育或非商业营销性质大众文化、公众传媒、文献等信息源形成的目的地印象,是内生的。诱导形象(induced image)指受目的地有意识的广告、促销、宣传推动影响产生的形象。复合形象(compound image)指旅游者到目的地实地旅行后,通过自己的经历,结合以往的知识所形成的一个更加综合的目的地形象。

人们心目中的旅游目的地形象的形成是一个复杂的过程。旅游目的地形象的形成过程也是人们对所有有关该旅游目的地的信息、脑海中对其的印象、感知进行加工、甄别、排列、整理的信息处理过程。按照旅游目的地形象与人们旅游行为之间的关系,旅游目的地形象的形成可以分成三个阶段,即旅游目的地初始印象阶段、深入印象阶段和实际印象阶段。

(1) 旅游目的地初始印象阶段。人们在日常生活中,通常对旅游目的地有一定的了解,该了解建立在所受教育、文化背景、日常交谈及报纸、电视、广播等大众传播、新闻媒介报道等非主动查找、被动接受的信息的基础上而对该旅游目的地产生的初始印象。这一印象往往是在相当长的一个时期内自发形成的,如一提到夏威夷,人们脑海中就会有沙滩、阳光、冲浪的度假地形象;提到肯尼亚,人们就会联想到非洲野生动物、撒哈拉沙漠、乞力马扎罗山等。

(2) 深入印象阶段。目的地广告、促销、宣传的影响激发人们的旅游动机。在出行前,旅游者会深入了解个考虑各旅游目的地,主动查阅有关的旅游宣传册、广告、图片,或去旅行社咨询,听取去过该地的亲朋好友的介绍,积极了解该旅游目的地风土人情、习俗、物价、住宿、饮食、交通等旅游设施情况,在此信息查找基础之上,形成一个比上一阶段更全面和深入的旅游目的地形象。

(3) 实际印象阶段。人们在实际游历、使用过该旅游地的各项设施、服务和产品之后,对旅游目的地形成一个完整、清晰的形象。①

特别提示

根据传播媒介的不同,也有人将目的地形象的形成过程分为八个阶段:①大众传媒传播阶段;②旅行中间商传播阶段;③形象代言人传播阶段;④知名人士传播阶段;⑤社会舆论影响阶段;⑥非正式传播阶段;⑦主动索取信息阶段;⑧实地旅游阶段。一般来说,一个新兴的旅游目的地,其形象的形成过程往往遵循着从第一阶段到第八阶段逐渐递进。但是,这种阶段的划分是就某一时期某一目的地的主导传播手段而言的,并不排斥其他的传播手段。目的地形象形成阶段的可信度、市场覆盖率

---

① 黎洁. 论旅游目的地形象及其市场营销意义[J]. 旅游论坛,1998,(1).

和目的地花费是不一样的,应根据旅游目的地的实际情况采取不同的营销策略。传播媒介对目的地形象形成过程的影响见表12-3。

表12-3 传播媒介对目的地形象形成过程的影响

目的地形象形成阶段			可信度	市场覆盖率	目的地花费
诱导阶段	公开引诱阶段	大众传媒传播阶段	低/中	高	高
		大众传媒传播阶段	中	中	间接
	隐藏引诱阶段	形象代言人传播阶段	低/中	高	高
		知名人士传播阶段	中	中	中
自生阶段		社会舆论影响阶段	高	中/高	间接
		非正式传播阶段	高	低	间接
		主动索取信息阶段	高	低	间接
		实地旅游阶段	高	—	间接

(资料来源:周年兴,沙润.旅游目的地形象的形成过程与生命周期初探[J].地理学与国土研究,2001,(1).)

3. 目的地形象营销策略

旅游市场营销是在旅游目的地产品供应者与旅游中介、潜在消费者之间进行信息的传递。旅游营销可以作用和影响旅游目的地形象的形成过程,产生预期的效应。旅游目的地形象的宣传和塑造也是旅游目的地市场宣传促销的内容。针对旅游目的地形象形成的三个阶段,旅游宣传促销也可以划分为三个层次,其内容和侧重点也是不同的。旅游目的地形象形成的三个阶段与市场营销策略的关系如图12.4所示。

第一阶段,即初始印象阶段。在此阶段里,人们可能已知或不知旅游目的地存在,市场宣传的重点应是进行广泛的宣传,树立旅游目的地形象,扩大旅游目的地知名度,提高美誉度,传递有关旅游目的地的整体信息,这样使他在做出对外旅游的选择时,即知晓该地,对该地存有良好印象,把该地旅游目的地作为他们的考虑范围之内,宜采用宣传报道、广告为主的渗透式大众化信息传递的促销方法。

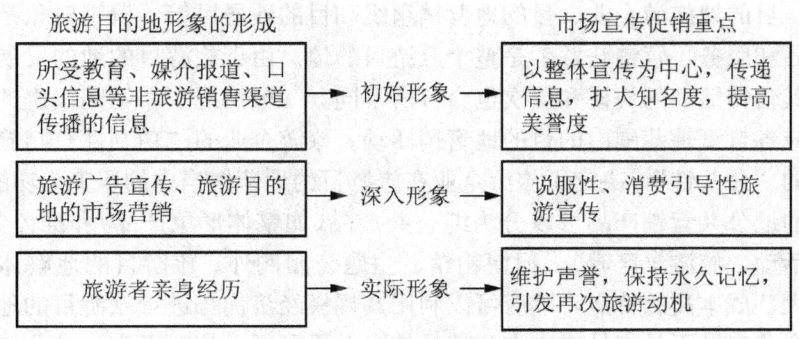

图12.4 旅游目的地形象形成阶段与宣传促销

(资料来源:黎洁.论旅游目的地形象及其市场营销意义[J].旅游论坛,1998,(1).)

第二阶段,即深入印象阶段。此阶段的市场促销为说服性、消费引导型的旅游宣传,旅游目的地应在了解潜在旅游者的消费需求基础之上,广泛介绍旅游目的地的各项旅游产品。住宿、饮食、交通等各项设施和服务,在旅游者心目中建立一个较全面的旅游目的地形象,也即提供相关的旅游信息,引起注意和兴趣,引发旅游动机,改变旧有的消费选择或习惯,甚至信任和购买的宣传促销策略。

第三阶段,实际印象阶段。旅游者已经去过了该旅游地,如果他旅行愉快,获得身心各方面的满足,必然产生一个深刻、清晰、持有良好态度的旅游目的地形象。对该类旅行者,旅游目的地宣传的重点是不断提醒他们有关旅游地的新信息、新内容,保持长久记忆,维护旅游者心目中的形象,使他们考虑重游的可能性,吸引回头客,或传播有利于旅游目的地的口头信息。

特别提示

在打造旅游目的地形象,开展目的地形象营销的过程中,应注意考虑以下几点因素。①

(1) 现有形象的测定与把握。旅游地形象开发既包括新兴旅游地的形象塑造,也包括传统旅游地的形象延伸(修正/强化/重塑),必须同时考虑市场需求和所依托有形资源的实际属性双方面因素。我们无法想象让上海塑造海滨度假胜地的形象,亦不大可能让北戴河选择"购物天堂"作为形象卖点。因此,进行形象资源开发之前,有必要先了解旅游地的有形资源优势,和在旅游者心目中的已有印象。

(2) 特定时空和社会、文化背景下的旅游地形象。在形象塑造过程中不能忽略时代发展对旅游地的影响。一些旅游目的地在进入衰退期后,形象日趋老化,仅能对特定人群产生吸引(如老年旅游者的怀旧旅游)。如果要改善形象,就必须注入富有时代气息的新鲜要素。形象塑造时也必须考虑特定地域背景的影响。

(3) 以形象为主导的宣传推广。旅游地的形象塑造与形象表述是一体化的过程,以形象为主导的宣传推广不同于旧有的产品宣传。在营销策略应强调由 4Ps 向 4Cs 观念的转变,即消费者的需求和欲望,消费者为满足需求所愿意付出的成本,为消费者提供方便和与消费者沟通为引导的营销理念。

12.4.2 目的地营销主体

旅游目的地营销主体是指在旅游目的地营销过程中,占主导地位的组织和个人,包括目的地政府、目的地旅游企业、目的地营销组织和目的地居民等。营销对象是目的地内所有的旅游产品和服务,营销获益者是整个旅游目的地。由于旅游目的地的发展水平和大小范围不同,其营销活动的规模和层次也会有所不同。一般情况下,不同级次的政府、旅游组织分别对应各自管辖范围内的目的地营销活动。旅游企业的"功利性"与旅游形象及旅游基础设施的"公共性",决定了旅游企业在旅游目的地营销当中的职责与功能不同。

旅游目的地公共营销产品可以分为纯公共产品(如整体形象产品)和准公共产品(如大型旅游节事活动、旅游景区等),但博物馆、主题公园例外。旅游目的地整体形象营销一般具有规模大、成本高的特点,政府可以利用其规模经济优势进行旅游目的地形象整体营销,如交由企业来做不是交易成本太高就是技术上不可行。相对而言,准公共产品具有规

---

① 李想,黄震方. 旅游地形象资源的理论认知与开发对策[J]. 人文地理,2002,(4).

模较小、成本较低等特点,私人企业一般具备提供此类公共产品的能力。同时,此类产品涉及范围较小,受益企业数量有限,容易根据一致性同意原则,订立契约,自主通过市场方式进行营销。

英国学者维克多·密德尔敦认为:"旅游目的地的营销具有两个层面。第一个层面所关注的是整个目的地及其旅游产品,这是国家旅游组织的重点。第二个层面涵盖的是促销单个旅游产品的旅游企业的活动。"密德尔敦所说的第一个层面被归纳为目的地公共营销,第二个层面被归纳为产品营销。作为营销内容的分工,有人曾经概括为"政府营销形象,企业营销产品"。这种概括较为简要地说明了政府旅游营销与企业旅游营销各自的侧重点,也在一定程度上说明了目前国内旅游目的地营销的状况。①

1. 目的地政府

旅游目的地营销所营销的客体并非单个旅游企业的旅游产品,如一个景区、一座旅游饭店或一条旅游线路等,而是具有公共产品性质的旅游目的地整体形象。因此,旅游目的地的营销不完全是旅游产品层次的营销,而首先是目的地整体形象的营销。由于旅游目的地由于存在的不同利益主体,各自的追加利益不同,企业市场营销通常会产生市场失灵的情况,需要政府或政府组织协调,因此政府是目的地营销重要的主体。

在政府主导型旅游发展模式的地区(或国家),政府旅游行政管理机构承担旅游目的地营销组织的职责。政府主导战略是指导许多国家旅游发展战略。政府主导的表现形式多样,其中最主要、最直观地表现为旅游基础设施的建设、旅游目的地形象的树立和传播等。政府旅游组织作为旅游营销主体之一,在整个旅游经济中的作用和地位日显重要和突出。②

旅游目的地政府营销是随着旅游业发展而出现的整体性、公益性营销形式,它对于目的地整体形象的提升、旅游业联动效应的发挥具有战略意义。旅游目的地公共营销与企业营销的本质区别在于,它所营销的产品并非属于单个旅游企业,而是具有公共性质的旅游目的地整体形象、重大旅游节事活动及代表性旅游景区等,因而营销受益群体具有广泛性和边界模糊性。

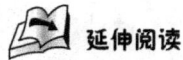

海岛型旅游目的地营销模式

印尼的巴厘岛、马来西亚的蓝卡威、马尔代夫和泰国的普吉岛四地的政府都拨出专项资金,政府亲自搞旅游宣传,包括编印地图、小册子,参加交易会,组织或承办大型国际性娱乐康体活动。旅游宣传推广是政府重要的日常工作。每到一个新的地方,还没有出机场,游客就会被大量旅游信息所包围:从建筑式样、装饰壁画,到电视和灯箱广告、唾手可得的精美旅游小册子,还有热情洋溢的旅游咨询人员。这都是政府对目的地营销的功劳。

(资料来源:魏成元.海岛型旅游目的地营销模式探讨[C].区域旅游:创新与转型——第十四届全国区域旅游开发学术研讨会暨第二届海南国际旅游岛大论坛论文集,2009.)

① 高静,章勇刚.旅游目的地营销主体研究:多元化视角[J].北京第二外国语学院学报,2007,(3).
② 匡林.旅游业政府主导型旅游发展战略研究[M].北京:中国旅游出版社,2001.

2. 目的地旅游企业

目前,我国的旅游目的地公共营销活动大都由政府或其职能部门担当,营销主体呈单一化形式,公共投入不足、投资效益低下等现象相当普遍。国际知名营销专家米尔顿·科特勒(Milton Kotler)先生曾就中国的旅游营销问题发表过自己的一些看法,认为中国用于旅游促销方面的费用与世界其他国家相比存在很大差距。按照他所提供的一些国家促销费用额度,中国全年的旅游促销经费不及夏威夷的5%,东南亚的新加坡和菲律宾每年用于国际旅游促销方面的经费则是中国旅游业在此方面投入的数十倍。政府营销经费不足已成为我国各地旅游营销工作所面临的一个难题。

众所周知,旅游企业是旅游产品和服务的主要提供者,也是旅游目的地营销的直接受益者,因此旅游企业是旅游目的地营销主体之一,理所当然应当参与旅游目的地的营销活动。除旅游目的地整体形象宣传由政府负责外,旅游企业可以出资参与其他一切类似准公共产品的公共营销,通过公共营销平台实现企业产品及自身形象的宣传,如通过事件营销宣传旅游企业和旅游目的地。一方面,旅游企业通过各种营销渠道,向潜在的旅游者传递与目的地总体旅游形象相协调的信息,如传递目的地的独特的饮食、精品旅游景点、个性化的旅游体验和人性化旅游服务等旅游要素。另一方面,在旅游者的旅游活动过程中,旅游企业应当开展CS(customer satisfaction,顾客满意)经营战略,提供人性化服务,通过旅游者的口碑传播,树立良好的旅游目的地形象。

特别提示

企业参与旅游目的地公共营销必须有两个前提条件。首先,在旅游目的地产品营销效果上必须存在排他性技术。对于代表性旅游景区而言,旅游企业可以使用"限制准入"的办法将使用纯公共产品的"免费搭车者"有效排除在外,降低营销的外部性。其次,政府必须保证企业对目的地产品的使用权利,即产权必须明晰,才能激励旅游企业进行旅游目的地营销活动。这是保障企业成功进行目的地产品营销的基本条件。

3. 目的地营销组织

与一般产品不同的是,目的地旅游产品由公共部门(目的地政府)及私营部门(旅游企业)共同提供。目的地利益相关者之间的复杂关系及相互依赖性为目的地协作营销提供了基础,高效的目的地营销组织(destination marketing organization,DMO)为目的地营销的实施提供了组织保障,公、私部门组建的协作型目的地营销组织正是目的地不同利益主体开展目的地整体营销的努力和体现。政府部门与私营部门共同作为旅游目的地营销主体,可以解决政府营销经费不足的问题,通过各种渠道筹集营销经费。以公私合作发展较为成熟的美国为例,其国家营销组织——会议与游客管理局现有的经费来源就来自不同渠道,主要有饭店客房税(72%)、成员资格费(7%)、政府补助金(6%)、地方税收(3%)、合作计划(2%)、饭店交纳的税收(2%)及其他(8%)。

目的地营销组织对旅游目的地营销发挥了一般组织不可代替的作用。其一,目的地营销组织在组织体制和运行方式上具有很大的弹性和适应性,可以根据不同情况及时调整旅游目的地的整体营销战略与战术。其二,目的地营销组织人员来自不同旅游行业,更具专业性和权威性。对于复杂的营销活动,需要更具专业知识的组织机构来运作。其三,目的地营销组织代表不同的利益相关者,能够更好地协调不同的利益主体,比一般政府行政手段采取的营销活动更能体现旅游目的地不同利益的诉求。其四,目的地营销组织更能有效地开展旅游目的地整体营销,在追求共同利益(目的地整体形象)的基础上去实现各自的利益目标(不同利益主体的追加利益)。

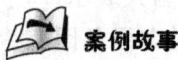 案例故事

温哥华旅游目的地营销组织

温哥华位于不列颠哥伦比亚省的西南部,是加拿大 10 个省份中最西边的一个城市。它同时也是由 21 个自治城市组成的大温地区的一部分,其人口有 200 万。因为依山傍海,温哥华是全加气候最温和的地方,每年吸引全世界成千上万的游客来此观光旅游。2006 年,大温地区接待了 860 万过夜游客。其中,58.6%来自加拿大本土,25.8%来自美国,9%来自亚太地区,其余 5%来自欧洲。2005 年,这些观光客估计在此消费了超过了 40 亿加元。由此,带动和创造了数以千计的就业和商业机会。

温哥华之所以能够吸引在数量上持续增长的观光游客,这要归功于一些旅游组织共同致力于使温哥华成为旅游目的地的营销联动。这些旅游组织包括 4 个层面:温哥华旅游局、大温地区旅游协会(含温哥华沿海及山区)、省旅游营销组织(不列颠哥伦比亚省旅游局)及国家旅游委员会。这些组织作为协作伙伴共同致力于城市营销,以提升温哥华作为旅游目的地的知名度。在所有营销活动中,温哥华旅游目的地营销组织的关键举措,是在服务过程中给游客提供意外的价值期待。这项承诺使温哥华作为国际旅游目的地的竞争力倍增。"超出期望",已成为温哥华旅游业品牌的核心价值内涵。让游客尽情体验温哥华,是所有工作自始至终的服务内容。

(资料来源:Jennifer Houiellebecq,郑泽国. 超出期望——温哥华旅游目的地营销的核心理念[EB/OL]. 新浪网(2007-7-9). http://city.sina.com.cn/city/2007-07-09/88125.html.)

4. 目的地居民

旅游是一种异地的体验活动,旅游者追求的是与其日常生活环境有较大差异的生活方式。旅游目的地当地居民的外表、服饰、行为举止及思想观念构成了旅游目的地人文环境的内核。[①] 从旅游资源或旅游吸引物的角度来看,旅游目的地居民的生活方式、语言、服饰、行为举止等在旅游者眼中成为旅游吸引物的一部分,甚至是比景区、景点等风景更具有观赏和体验的意义。因此,在目的地营销中要充分挖掘旅游目的地"本土性"的文化内涵。这需要目的地居民作为旅游目的地营销的主体,以主人翁的态度介入营销当中,真诚、友善地向旅游者展现其"地方性"或"民族性",而不是以客体的身份被动地被当地旅游组织或旅游企业安排到旅游活动中。当然这涉及旅游目的地利益分配的问题,应在旅游业发展的过程中重视当地居民的利益,或至少应尊重当地居民的既得利益,不对当地居民的生活构成较大的影响。[②]

---

① [美]亚伯拉罕·匹赞姆. 旅游消费者行为研究[M]. 舒伯阳,冯玮译. 大连:东北财经大学出版社,2005.

② 刘志红. 旅游目的地营销主体研究[J]. 现代经济信息,2010,(5).

12.4.3 目的地营销理念

1. 绿色营销

随着人类进入环保新时代，人们的消费观念也发生了重大变化，更加注重保健、环保，崇尚回归自然、追求健康的绿色消费之风蔚然兴起。据统计，77%的美国人表示，企业的绿色形象会影响他们的购买欲，94%的意大利人表示在选购商品时会考虑绿色因素。在欧洲市场上40%的人更喜欢购买绿色商品，那些贴有绿色标志的商品在市场上更受青睐。欧共体的一项调查显示，德国82%的消费者和荷兰67%的消费者在超级市场购物时，会考虑环保问题。随着人们环境保护意识的提高，旅游者也开始自觉地寻求"绿色旅游"和对环境友好的旅游服务，旅游目的地的绿色营销已经成为中外旅游目的地竞争的重要手段。国外绿色营销观点见表12-4。

表 12-4 国外绿色营销观点

绿色营销同质概念	作者	发表年限	主要观点
责任营销	西蒙·哈德森（Simon Hudson）	2005	以加拿大山区假日目的地为例，从利益相关者角度强调旅游营销要充分考虑环境
绿色产品营销	埃玛·雷克斯（Emma Rex）等	2007	由于绿色产品的特殊性质，推销要注意其环境，提出引入"生态标识"概念
选择性营销	萨拉·多尔尼卡（Sara DoInicar）等	2008	针对旅游目的地环境污染问题，提出管理者应针对游客需要进行选择性管理，主要营销重点是缺乏环保意识的游客

（资料来源：林艳，等．国内外旅游目的地营销研究比较及展望[J]．旅游论坛，2010，(1)．)

目的地绿色营销是在绿色消费的驱动下产生的，最先起源于欧洲。早期的旅游目的地绿色营销主要与乡村旅游结合在一起。英国威尔斯大学肯·毕提（Ken Peattie）教授在其所著的《绿色营销——化危机为商机的经营趋势》一书中指出："绿色营销是一种能辨识、预期及符合消费的社会需求，并且可带来利润及永续经营的管理过程。"旅游目的地绿色营销要求企业在目的地营销活动中，顺应时代可持续发展战略的要求，注重目的地生态环境保护，促进经济与生态环境协调发展，以实现旅游企业、旅游者、社会及生态环境利益的协调统一。旅游绿色营销要求旅游目的地提供旅游产品时遵循以下原则：节约原料和能源、减少非再生资源的消耗、低污染或没污染（包括物质污染和精神污染）、不对旅游者身心健康造成损害、尽可能多地以服务的形式体现。

头脑风暴

小田入住一家酒店，看见客房内放了这样一张卡片："如果你不需要更换被单，请把卡片放到你的枕头上"。小田想：我付了钱，不管我住多少天，一次性用品每天应该换，床单、毛巾每天也得换。你们推行"绿色饭店"还不是图个省钱？你认为小田的这种想法是否正确？酒店应当采取什么样的措施加强旅游绿色营销？

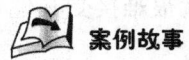 **案例故事**

火车旅游——成功的绿色营销计划

一家经营滑雪和自行车假期旅游的英国客栈旅行社（Inn-Travel）表示2007年参与火车旅行的游客上升了50%，火车公司也很快做出反应，对外宣传乘坐火车旅游对环境保护的积极作用。位于西班牙马德里世界旅游者组织（World Tourist Organization）的官员约翰·凯斯特（John Kester）说："慢游好像是去买天然的食物，你这样做可能出于意识形态的原因，但是它的确味道要好得多。"

坐上火车，耳边听着车轮与铁轨碰撞发出的"咣当、咣当"声，心里憧憬着旅游地优美的景色……现在，越来越多的沈阳市民喜爱上这种乘火车旅行的"慢游"。沈阳市铁路局提供的一组数字显示，2008年已经有3.3万人选择乘旅游专列外出旅行，享受那种"人在旅途"的感觉。

火车旅游绿色营销在国内外旅游市场营销中取得了成功，尤其在中、老年人旅游市场占有较大份额。老年人阅历丰富，很容易身体力行绿色消费，从而带动社会绿色需求。交广传媒旅游策划营销机构认为：绿色旅游的形式在于它有效地去除了游客们因一次性旅游而产生的环境污染等短期行为，而且开创了"慢游"这一新的旅游市场。

（资料来源：谭小芳.旅游绿色营销如何满足商业目标［EB/OL］.中国广告人网（2008-11-10）.http://www.chinaadren.com/html/file/2008-11-10/20081110112359.html.）

2. 品牌营销

据统计，发达国家每人每天平均要遭遇1 500次广告，远远超过了一个人正常人的接受能力。因此，如何通过整合营销建设一个顾客记得住、感觉好的旅游目的地品牌来吸引他们的注意力，就具有战略意义。旅游目的地已经进入品牌营销时代，旅游者对品牌的满意度是旅游目的地建设与发展的重要因素。品牌营销（brand marketing）就是通过市场营销使客户形成对企业品牌和产品的认知过程。高级的旅游目的地营销不是建立什么庞大的营销网络，而是利用品牌符号，提高目的地的知名度和号召力。由于旅游目的地产品的无形性、综合性、复杂性，旅游者拥有的资讯不充分，正是这种资讯不对称的现象使得一部分旅游者愿意为那些拥有好的信誉的品牌付出更多的代价，以减少不确定性带来的损失。这样有良好声誉的旅游目的地能够获得较好的品牌溢价（brand premium）。在目的地相互激烈竞争的今天，唯有实施品牌战略才能提高目的地产品的赢利空间，实现目的地不同利益主体的共赢，在激烈的目的地竞争中获得长期的竞争优势。

旅游目的地品牌是包括旅游产品商标在内的所有塑造或影响旅游形象的活动。它具体可以分为三个层次：第一个层次仅指旅游目的地产品商标，如海南岛的椰风海韵之旅的商标；第二个层次不仅指旅游产品商标，而且指由一系列旅游经营活动包括公关活动创造的旅游产品在目标顾客心目中的一种联想与象征，一种承诺与保证，最好的旅游目的地品牌会传递一种强有力的有关该旅游产品特色、利益、服务的始终如一的质量承诺与保证，像苏州园林、水乡周庄、云南香格里拉等旅游目的地品牌就具有这样的显著作用；第三个层次不仅包括上述两者，而且旅游品牌也可能是一项重要的资产，品牌本身也具有市场价值，如1989年，美国假日公司将假日品牌卖给英国巴斯公司，卖了19.8亿美元。旅游目的地品牌具有高知名度、高的质量认同性、强有力的品牌联想和忠诚性。当旅游者满意时，就会对目的地品牌产品保持长时间的忠诚度，这种忠诚度一旦形成，就很难接受其他品牌的产品。[①]

 特别提示

旅游目的地品牌产品一般具有三个特点：①目标顾客对该品牌旅游产品的评价很高，该品牌旅游产品拥有许多忠诚的回头客；②该品牌旅游产品的销售额或利润额（率）或它们的增长率位于该类旅游产品的前列；③该品牌旅游产品具有高的品牌正向权益（brand equity）。

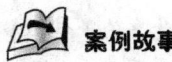 **案例故事**

"好客山东"——山东省的旅游品牌战略

"好客山东"是对山东旅游最生动、最直接的信息传递，如图12.5所示。旅游者会通过这种标志，对山东的旅游情况产生美好的想象。"好客山东"是一个旅游品牌，也是一种礼仪的象征，而且丰富了旅游礼仪的内涵。"好客山东"不仅体现了管仲的"以人为本"，又体现了孔子的"仁者爱人"和"有朋自远方来，不亦乐乎"的理念，而且成为旅游礼仪的指导思想。

图12.5 "好客山东"标志

旅游业经过30年的积累和发展，开始进入由观光向休闲度假转变的时期，区域旅游随之呈现出由单个景区、单个城市之间的竞争，上升为区域旅游目的地综合竞争。以省为单元，打造区域旅游品牌，不仅成为旅游业发展的现实要求，而且具有可能性。从山东旅游的实际看，已经形成了完善的区域旅游功能和产品体系，形成了包括滨海旅游、观光旅游、休闲度假旅游等产品或产品组合构成的3日、5日、7日不等的旅游产品体系和线路。这些个性化产品在地域上集中在山东十几万平方千米的土地上，要集中营销，就必须有一个统一的品牌来引领。

基于上述认识，2007年山东省旅游局聘请国内知名旅游策划公司在深入调研的基础上，突出文化内涵和"服务"这个旅游的本质，创意推出了"好客山东"旅游品牌形象。山东省旅游局创新性地采取了"联合推介，捆绑营销"模式，整合省、市、县、旅游企业的资源和宣传促销资金，在央视、凤凰卫视、山东卫视、香港翡翠台、台湾东森台等主流媒体集中采购宣传板块和时段，集中开展了"好客山东"宣传推介，开启了"好客山东"旅游营销新模式。同时，将"好客山东"旅游形象标识广泛使用于机场、车站、旅游景区、旅游星级饭店、旅行社等企业和场所，争取全省性重大经贸、文化、体育活动使用"好客山东"标识，"好客山东"迅速叫响全国。

---

① 何建民. 旅游品牌建设研究. 中国旅游信息网[EB/OL]. (2001-12-19). http://experts.cthy.com/Article/71.html.

目前,全省初步形成了完善的地域品牌体系、节事活动品牌体系、旅游要素品牌体系和旅游景区品牌体系,以"好客山东"为统领。山东大学管理学院品牌管理研究中心通过调研方法获取"好客山东"品牌价值评估成本数据,通过专家判断与相关品牌比较,确定好客山东的品牌强度系数,按品牌价值国际通用计算方法得到"好客山东"区域旅游品牌2011年市值已达到115亿元。

(资料来源:李西香.旅游目的地品牌建设研究:以"好客山东"旅游品牌为例[J].经济研究导刊.2009,(17).)

本章小结

本章介绍了市场营销学中的服务营销的基本概念及特点,即无形性、差异性、互动性、同步性和易逝性。旅游产品的营销必须建立适当的分销渠道,可以是直接分销渠道,也可以是间接分销渠道。旅游中间商是旅游分销的主体,如果采用间接分销渠道,可根据旅游产品和市场环境采取密集分销、选择性分销或独家分销手段。在旅游市场进入买方市场的今天,旅游企业已经开始运用7Ps营销组合代替传统的4Ps营销组合,营销理念已经发展到4Cs和4Rs,即以顾客为中心、关系为中心取代以产品为中心的营销理念。旅游目的地提供的公共营销产品有两类:一类是纯公共产品,另一类是准公共产品。目的政府组织主要负责纯公共产品,如旅游目的地形象的策划和营销;旅游企业主要参与准公共产品,如代表性旅游景区、大型节事活动的营销活动。目的地营销主体有政府组织、旅游企业、目的地组织、目的地居民等,旅游者对旅游目的地营销也发挥重要作用。绿色营销、品牌营销是旅游目的地可持续发展的重要营销策略。

 关键术语

服务营销(service marketing):服务营销是指企业在分析消费者需求的前提下,为充分满足消费者需求而在营销过程中所采取的一系列市场活动。

分销渠道(distribution channel):分销渠道是指某种货物或劳务从生产者向消费者移动时,取得这种货物或劳务的所有权或帮助转移其所有权的所有企业和个人。

营销组合(marketing mix):企业针对目标市场的需要,综合考虑环境、能力、竞争状况,对自己可控制的各种营销因素(产品、价格、分销、促销等)进行优化组合和综合运用,使之协调配合,扬长避短,发挥优势,以取得更好的经济效益和社会效益。

旅游市场营销(tourism marketing):旅游经济个体(个人和组织)对思想、产品和服务的构思、定价、促销和分销的计划和执行过程,以实现达到经济个体(个人和组织)目的的交换。

课后练习

一、选择题

1. 旅游服务营销贯穿整个旅游消费的整个过程,包括(　　)。
   A. 游前　　　　B. 游中　　　　C. 游后　　　　D. 以上全部选项
2. 下列不属于服务营销"7P"策略因素的是(　　)
   A. 价格　　　　B. 人员　　　　C. 成本　　　　D. 过程

3. 分销渠道主要包括商业中间商（取得所有权）和（　　）（帮助转移所有权）。
   A. 旅游开发商　　　B. 代理中间商　　　C. 旅游批发商　　　D. 旅游经营商
4. 4Cs 理论的思想基础是以（　　）为中心，强调企业的营销活动应围绕其所求、所欲、所能来进行。
   A. 生产者　　　B. 供应商　　　C. 消费者　　　D. 经营商
5. 旅游产品的分销渠道按照中间商的数量可分为直接渠道和（　　）。
   A. 短渠道　　　B. 长渠道　　　C. 宽渠道　　　D. 间接渠道
6. 某饭店服务员在客人用餐完毕后，热情地递上一两只方便袋，建议客人将剩余的菜肴带走。这种做法体现的营销观念属于（　　）。
   A. 生产　　　B. 推销　　　C. 市场营销　　　D. 社会营销
7. 那些经营时间长，在行业中处于领先地位且名声极好的旅游企业，比较适合采取（　　）策略。
   A. 声望定价　　　B. 价格定价　　　C. 渗透定价　　　D. 取脂定价
8. 按品牌忠诚程度划分，同时喜欢两种或两种以上旅游品牌的旅游者可称之（　　）
   A. 专一的忠诚者　　　　　　　B. 动摇的忠诚者
   C. 转移的忠诚者　　　　　　　D. 犹豫不定的人
9. 品牌营销让旅游者愿意为良好信誉的品牌付出更多的代价，从而使旅游企业能够获得较好的（　　）。
   A. 品牌价值　　　B. 品牌效应　　　C. 品牌溢价　　　D. 品牌代价
10. 旅游企业在旅游产品处于成熟期时，通过反复做广告使消费者经常想到本企业的产品，这类广告通常属于（　　）广告目标。
    A. 告知性　　　B. 说服性　　　C. 提示性　　　D. 诱导性

二、填空题

1. 美国学者罗伯特·劳特伯恩提出了与传统营销的 4P 相对应的 4Cs 营销组合，即顾客、成本、便利和_____。
2. 一般来说，大多数旅游产品并不是由旅游企业直接供应给旅游消费者，而是要经过或多或少的中介组织，即_____。
3. 菲利普·科特勒提出了大市场营销策略，在原 4Ps 组合的基础上增加两个 P，即权力和_____，简称 6Ps。
4. 4Rs 营销组合与以关系营销为核心，营销理念与 4Ps 不同，重点是建立_____。
5. 利用服务过程中可传达服务特色及内涵的_____手段来辅助服务产品推广的方法，在服务营销管理中称"服务实体化策略"。
6. 在旅游间接分销渠道中，按渠道的宽度可以分为密集分销、选择分销和_____。
7. 互联网对旅游分销渠道所带来的影响主要是去中间化和_____两个方面。
8. 旅游目的地营销是一个经过归纳、整合后在_____统领下旅游产品群的营销。
9. 一般营销策略组合的 4Ps 是旅游企业市场营销的可控因素，但旅游企业外部_____因素对其市场营销更大。

10. 旅游绿色营销要求在营销活动中实现旅游企业、旅游者、社会及_____利益的协调统一。

三、判断题

1. 旅游产品的分销渠道有自己的特点。与传统分销商品方向不同，通常是旅游者向产品方向移动。（   ）
2. 密集分销适用于价格较高的旅游产品，独家分销适用于价格较低的旅游产品。（   ）
3. 间接营销渠道分销渠道较长，对旅游产品销售的控制能力和信息反馈的清晰度较差。（   ）
4. 在旅游市场营销中，人扮演着传递与接受服务的角色。这里的"人"就是指旅游企业的服务人员，但不包括旅游者。（   ）
5. 4Ps 更强调产品，4Cs 更关注顾客，而 4Rs 更强调与顾客长期稳定的关系。（   ）
6. 旅游企业提供的产品是服务产品，不可能将自身的服务特色进行有效的实物化，进行有形展示。（   ）
7. 4Ps 营销组合与以企业（产品）为中心，市场为导向，营销观念已经过时，现在人们常用 4Rs 代替 4Ps 进行旅游市场营销。（   ）
8. 旅游目的地公共营销产品可分为纯公共产品（如整体形象产品）和准公共产品（如大型旅游节事活动、旅游景区等），但博物馆、主题公园例外。（   ）
9. 目的地营销组织是公、私部门组建的协作型目的地营销组织，不如政府营销更有效。（   ）
10. 除旅游目的地整体形象宣传由政府负责外，旅游企业可以出资参与其他一切类似准公共产品的公共营销。（   ）

四、问答题

1. 与一般普通商品的营销相比，旅游服务营销有哪些特点？
2. 什么是间接分销渠道？利用间接分销渠道分销旅游产品有什么优点？
3. 4Ps、4Cs 和 4Rs 的营销理念有何不同？试分析它们相互之间的关系。
4. 为什么说目的地营销组织发挥的作用是其他旅游组织无法替代的？
5. 根据目的地形象形成的过程，如何有效地进行旅游目的地市场营销？

五、论述题

1. 论述旅游产品销售渠道的类型及其主要模式。
2. 分析旅游目的地或企业在制定旅游促销组合策略时应当考虑的因素。

 应用案例分析

严谨国度，激情整合——从世界杯看旅游目的地"事件营销"

德国旅游业成为 2006 年世界杯足球赛真正的大赢家。世界杯期间游客数量较预测翻了一番，达到了

200万人次，直接为德国带来了30亿～35亿欧元消费额。这一切的取得似乎出人意料，但又在情理之中。多年来，德国植根于世界各地的旅游推广体系，假之以"世界杯"事件，诉诸整合营销手段，德国旅游井喷时刻的到来自是水到渠成。

事件旅游，一直是旅游目的地营销的重要手段。目的地的重大活动，就如同一趟可以搭乘的快车，机会绝对不容错过，尤其是像世界杯这样的体育盛事、"全球事件"，未来10年德国都不会再碰到。紧抓这一机遇，创造性地"借题发挥"，并以整合营销活动加以推广，令旅游目的地德国迅速"走红"。由于世界杯的效应，德累斯顿银行专家指出，德国旅游2006年全年的收入将增加7%，达250亿欧元。更难能可贵的是，91%的游客表示愿意向朋友推荐德国作为旅游目的地，此举将令德国的旅游业长期受益。

一、"罗马非一日建成"

旅游目的地宣传和形象打造，不是一朝一夕、一蹴而就的事情。"功夫在诗外"，2006年世界杯德国旅游地营销策划推广活动，远远始于2006年之前。

早在1994年前，德国国家旅游局与德国联邦足协开始合作，为德国赢得了世界杯的举办权。自此之后，德国国家旅游局通过1 000个展会、5 000个考察团和2 500万本宣传册来推广德国的"足球盛宴"和"旅游大餐"。德国国家旅游局的官方网站：www.deutschland-tourismus.de的访问量也高达7 500万人次。

作为一家创新性的市场推广服务机构，德国国家旅游局在推动德国旅游目的地营销方面经验丰富。经过数年发展，它已经在境外设立了30个代表机构，以此在国际上展示其旅游资源，提升自身形象，促进德国境内外的旅游业发展。此外，庞大的旅游推广销售体系也遍布全球，构成了其旅游营销价值链上重要的一环。由此看来，借世界杯事件旅游展开的推广活动仅是其规划严谨、执行有效的无数次旅游推广活动之一，只不过这次规模更大、力度更强、时间更长而已。

二、整合营销，推广手段多样化

德国世界杯足球赛第一声哨音还未响起，"2006年德国世界杯足球赛"早就被作为年度旅游主题放在市场推广活动的核心位置。德国国家旅游局将这一主题纳入在全世界的所有推广和交流计划中，通过大量营销推广工作，引起全世界对旅游之邦德国的兴趣。其宣传推广手段可谓花样翻新，从印刷品、网络、展览会，囊括了整个营销的方方面面。

一本名为"祝大赛圆满成功"的德国旅游形象手册，为世界展示了一个热情好客的旅游之邦——德国。44页的内容分别介绍了世界杯体育馆、旅游景点、赛事主办城市及其周边地区文化名胜的情况。在这一重大足球赛事开场之前，详尽的度假项目报价已经激发了人们来德国旅游的兴趣，手册以超过10种的语言在世界范围内发行。

另外，德国国家旅游局同2006年德国世界杯足球赛住宿服务机构一起，在柏林国际旅游博览会上推出了一份新的酒店目录，详细介绍了世界杯期间可以通过世界杯足球赛住宿服务机构预订的500家酒店情况，共计208页。

针对不同客源市场，德国国家旅游局设计的不同网站成为介绍世界杯，推广德国旅游目的地形象的另一个重要途径，其内容还包括旅游博览会、研讨会、旅游考察及与旅行社合作。网站还专门为游客设计了"世界杯举办城市包价游项目"，可以下载到各种各样的综合服务报价和信息。对在德国购物感兴趣的人们，可以在"50大城市"的在线专栏中查询到2006主题年的相关信息。

世界杯与德国旅游事实上是一种密切相连、共生共荣的关系。世界杯推广到位，旅游目的地形象塑造成功，相应地2006年来德国旅游乃至今后故地重游的游客数量自然都不在话下。深谙此道的德国在世界杯广告推广、形象树立方面可谓不遗余力。柏林自2003年起，就开始张贴世界杯海报、广告与彩旗。2003年9月，在距离世界杯开幕还有1 000天，15米高的世界杯标志球在勃兰登堡门前"亮相"。就连2005年的柏林国际电影节，也以"射球门、摄电影"为主题，进行了短片比赛。

德国非常希望能够通过本届世界杯在全球提升德国的形象，为此特别提出了"创意之国"的口号。

2006年新年前晚的勃兰登堡门前,"欢迎来德国,这片充满创意的大地"这部电影宣传片令各方嘉宾眼前为之一亮,其独到的创意,以及德国名模克劳迪娅·希弗(Claudia Schiffer)和德国队领队比埃尔霍夫(Bierhoof)联袂出演,达到了印象深刻、过目不忘的推广效果。

随着世界杯的临近,德国还邀请世界各地的记者来德国12个世界杯承办城市进行采访,其中仅汉堡就邀请了约1 000多名记者,其他11个世界杯赛承办城市也同时开展推介活动。德国国内世界杯赛的各种纪念品在各地销售,电台、电视台、报纸杂志都在连篇累牍地介绍世界杯赛的组织情况。

三、世界杯公益公关

公益公关活动一向是形象塑造的有效手段。世界杯开始之前,德国发起了一个全球射门慈善活动。在2005年的柏林国际旅游博览会上,弗朗茨·贝肯鲍尔(Franz Beckenbauer)为这一项目开出了第一个球。球门将在德国旅游相关的重要旅游博览会上、旅游研讨会和公关活动上使用一年。由此获得的全部收入用于资助SOS儿童村建设其"2006年的6个国际儿童村"项目,俨然成了世界杯的"形象大使"。开赛之前,本届世界杯组委会主席贝肯鲍尔游走公关于各参赛国之间。德国的"大力神杯"巡回展更是深入到全球的各个角落。

德国这几年来推动的"全国服务与友善运动",终于在世界杯期间开花结果。外国球迷和旅游者在德国有种宾至如归的感觉,甚至连德国出租车司机也都会主动开门和打开行李箱,用英文祝乘客"美好的一天"。每一个德国人都似乎成为了"公关大使",90%的游客都愿意推荐朋友来德旅游。

如此成熟的推广体系,如此严谨的整合营销传播计划,又借势于世界杯这一历史性事件,占尽天时、地利与人和的德国旅游业今年的强劲表现毫无悬念。"2006世界杯远远超出了我们的期待。我们所进行的各类强有力的市场推广活动获得了非常好的回报"。德国国家旅游局董事会主席何佩雅(Hedorfer)非常满意世界杯为德国旅游业所带来的收益,这包括2006年德国旅游市场7%的增长,也包括德国品牌、声誉等无形资产的增值。

讨论:

(1) 本案中德国运用了哪些营销策略提升德国国家旅游形象?

(2) 哪些人或组织参加了德国旅游目的地营销活动?效果如何?

(资料来源:周蕊.严谨国度,激情整合:从世界杯看旅游目的地"事件营销"[J].成功营销.2006,(8).)

第13章　旅游信息化

教学目标

通过本章的学习，分析信息技术给旅游业带来的深刻变化，对旅行社、旅游经营商、旅游饭店、旅游交通、旅游景区等产生的全面影响。了解和熟悉全球分销系统在航空、饭店等行业中的运用情况，电子商务在旅游业的运用及发展趋势。

教学要求

教学内容	重点☆、难点*	教学提示
信息技术与旅游业	（1）信息技术对航空公司的运用 （2）信息技术对旅行社的运用☆ （3）信息技术对饭店的运用☆	本章主要与第1章、第4章、第5章、第6章、第7章、第12章和第14章等内容相关联，教学时可前后对应，以便掌握各章节教学内容的内在联系
旅游电子商务	（1）旅游电子商务的主要功能 （2）旅游电子商务的主要类型 （3）旅游电子商务的交易模式☆*	
旅游目的地系统	（1）旅游目的地管理系统 （2）旅游目的地电子商务☆	

> 信息就是我们在适应外部世界和控制外部世界的过程中，同外部世界进行交换的内容的名称。
> ——维纳

信息技术　中央预订系统　全球分销系统　旅游电子商务　旅游目的地系统

第13章 旅游信息化

导入案例

没有信息技术的"盲游"

2012年10月2日一大早,Hedy就坐上最早的一班高铁从西安到了华山北站。还没出火车站,她就花了10元钱,买到一张直达华山景区的汽车票。在她看来,"十一"假期来得便捷而又惬意。

到达景区是上午9:30,自古华山一条路,进山大门和售票厅也只有一个。围在售票厅外的人群惊住了Hedy,S形的队伍蜿蜒了七八排,黑压压的全是人头。等到她排队进入售票厅,已近中午12点。

当20分钟后,Hedy买到门票挤出售票厅时,身后的队伍还像她刚来时一样,黑压压的全是人头。整个"黄金周",华山究竟上来了多少人?据人民网报道,9月30日~10月7日,华山累计上山游客20.1万人,到华山游客近百万人。

Hedy在花了几个小时排队后买到的门票里,包含了两张在景区内盘山路上往返的车票。这段路程很顺利,车次很多,没有超载,也没有堵车。可是Hedy下了观光车,开始排队等待坐缆车上山,足足等了1个多小时,却几乎原地不动,Hedy无奈放弃缆车,选择步行爬山,可爬到一半队伍也不动了。

下午1:30,Hedy没有折服于华山的险峻,而是屈服于停滞的人群,放弃登山折返了。等回到酒店,她才在电视上看到,当天滞留的游客可以退票,但她已没有力气再赴华山。Hedy想,要是能提供即时的旅游信息,就不受这样的罪了。

(资料来源:宋江云.王峰.超载:华山旅游容量调查[EB/OL].21世纪经济报道(2012-10-11). http://www.21cbh.com/HTML/2012-10-11/4MNjUxXzUzNjE4Mg.html.)

点评:

本案例说明信息技术对旅游者和旅游经营者两方面的旅游活动都产生了重大影响。旅游者要获得高品质的旅游体验,旅游企业要获得稳定的客源和收益都离不开信息技术。

(1) Hedy出行之前,应当通过电视媒体等收听假日信息预报系统,了解华山售票、床位数、车位数、景区最佳接待量等情况,以便安排自己的出行。

(2) Hedy在乘坐大巴到华山的途中,可利用微博等新媒体,及时了解华山景区的客流情况,如果华山景区出现拥挤,她可以选择去华山周围景区,避开人流。

(3) Hedy到达华山景区以后,应当通过景区电视屏等了解华山景区当天人流情况,是否能够登山,不应该在人山人海的情况乘坐缆车或徒步登山。

(4) 华山旅游景区是造成旅游景区人满为患的主要责任人。华山旅游景区应当通过其官方网站、目的地管理系统、微博和手机短信等及时发布旅游信息,如果发生拥堵,应当及时分流,以保证最佳旅游接待量。

13.1 信息技术与旅游业

在雷柏尔旅游系统模型中,旅游者从客源地到旅游目的地的空间移动是"N-S对"相互作用的结果,也是信息技术等外力作用的结果。在现代旅游业中,旅游者的空间移动离不开信息技术。无论是客源地的旅游者,还是旅游目的地的旅游供应商,或是连接二者之间的旅游交通,都将借助于信息技术开展旅游活动。特别是近来兴起的新的旅游形式,如自助游、自驾游、特种旅游等,更离不开信息技术。

信息技术(information technology，IT)，一般意义上讲，是指以微电子技术为基础，以计算机技术、通信技术和控制技术三者的综合体为核心的技术群体。从更广义的角度说，它包括了各种用于创建、存储、交换和使用信息的技术。其中最重要的包括感测技术、通信技术、计算机技术、控制技术以及它们的综合技术。① 信息技术在旅游行业，主要是被用于信息交换和辅助经营，大部分集中于旅游分销渠道，帮助分销商与消费者进行信息、合同、预定和支付的交换。

13.1.1 信息技术在航空公司的运用

信息技术在航空公司的应用很广泛，从战略角度看，航空公司可以利用技术管理其商业模型进行收入分析和预测，实施产出管理，监测竞争情况，保存历史数据，预测需求，设计产品和线路。从经营层面看，信息技术在容量管理、预订管理和票务方面的作用都非常关键，电子票务促进了无纸化交易，节省了航空公司的成本。信息技术能帮助航空公司实现很多经营管理方面的功能，包括登机手续、座位安排及生成各种报表和订单。信息技术还能支持电子采购和供应商及合作伙伴定期管理以实现运行效率的最大化。另外，航空公司一般在全球各地都有办事机构、分销商，因此利用信息技术有效地与运营站点、分支机构、分销商和顾客的联系和沟通也是非常重要的。

你乘飞机去南宁旅游，前往机场去乘坐CA6635航班，从机票预订到登机，你可以使用什么信息技术？

中 航 信

中国民航订座系统始建于1986年，采用UNISYS的整体解决方案，其中包含主机、系统软件、通信网络系统、USAS应用系统(含订座、离港、货运)。1999年，国家批准建设全球分销系统，总投资16.9亿元，主要完成了因特网连接共享和计算机预订系统的系统功能完善，里程银行、网络开放化改造、电子客票等。2001年，以原中国民航计算机信息中心为基础，国内全部20家航空公司共同发起设立了中国民航信息网络股份有限公司(以下简称中航信)，并在香港创业板挂牌上市，筹集资金11.08亿港元，顺利完成了国有企业的股份制改造。

中航信(Travelsky)具有高增长率、系统整合、开放及跨行业行为等特点。其功能包括：第一，使任意一个经过授权的代理商均可通过系统实时预订、销售国内外超过400家航空公司的机票、航空意外保险、部分酒店产品等；第二，其自动清票功能增加了防火墙，使代理人不能随时更改时限，更有效地减少了代理人虚订座对航空公司造成的不利影响；第三，提供电子客票的结算等功能。

(资料来源：浅谈全球GDS分销系统[EB/OL]．乐途网(2012-5-30)．http://www.letoing.net/shownews.aspx? newsid=25)

---

① 张亚明．信息技术与战略关系的演变[J]．经济管理·新管理，2002，(10)．

 知识链接

全球分销系统

全球分销系统(GDS)是由航空公司、旅游产品供应商等形成联盟,集运输、旅游相关服务于一体,由中央预订系统演变而来的全球范围内的分销系统。简单地说,全球分销系统为旅游供应商提供了一个网络平台,由旅游产品供应者通过后台设定产品销售,让全球的旅游代理商或旅游网站可以直接利用此平台进行交易。从分销广度来看,全球分销系统能够在世界范围内,提供交通、住宿、餐饮、娱乐以及支付等"一站式"旅行分销服务;从分销深度来看,全球分销系统给旅客提供专业的旅行建议,给供应商提供信息管理咨询服务,这些增值服务为客户和全球分销系统自身都带来了巨大利益;从分销形式来看,全球分销系统可以通过互联网、电子客票、自动售货亭、电子商务等多种方式为客户提供服务。

13.1.2 信息技术在旅行社的运用

信息技术提高了旅行社的工作效率和管理水平,无论是预订、线路设计、计调、结算以及游客管理都离不开信息技术。信息技术对于旅行社包价产品的分销起到的作用尤其重要。传统上,旅行社的产品分销方式是印刷介绍旅游产品的小册子放在旅游代理商的货架上,旅行社一般会事先印好一些预定表放在旅游代理商处由代理商根据销售情况填写,并反馈给旅行社完成预订。而如今,信息技术使旅行社能在网站上分发电子小册子和电子预订表给旅游代理商和消费者,而且可以实现多媒体展示旅游目的地和旅游包价等情况。

但是,信息技术对旅行社也是一把"双刃剑"。传统的旅行社是旅游产品构成要素的中间商,旅游者则无法通过旅行社以外的其他途径获取这些综合信息。基于对这种综合信息的垄断,旅行社确立了其对旅游产品销售渠道的控制权。在旅游产品的购买和消费过程中,旅游消费者只能通过旅行社购买"旅游成品"。而信息技术打破了这种生产者和消费者之间的传统关系。通过互联网,大量详尽的信息资源可以共享,旅游者查询各种自己感兴趣的旅游产品要素信息,并根据自己的情况进行组合,从而设计适合自身的旅游产品。旅行社设计、推销旅游产品和游客被动购买旅游产品的关系将受到游客在电脑网络上主动设计旅游线路的挑战。

 头脑风暴

中易旅游网提供国内游、出境游、自驾游等旅游团购服务,如果你要前往海南岛旅游,你还可以上哪些旅游网站?

13.1.3 信息技术在饭店的运用

现代饭店是旅游行业中使用信息技术较成熟的企业类型。信息技术协调饭店各部门工作,做到高效、准确,同时又能减少员工的工作量,节省人力、物力,使组织机构扁平化、反应更灵活、迅速,在现代饭店活动中起着举足轻重的作用。网络信息咨询提供各种实时、详尽的参考资料,帮助决策者及时了解市场,准确把握形式,迅速做出准确判断,做到知己知彼。

饭店网络预订系统是信息技术在饭店业广泛运用的典型,它有效地解决传统预订方式的种种弊端。首先,中央预订系统(central reservation system,CRS)是饭店集团为控制客源而采用的集团内部计算机客房预定网络。最早的中央预订系统由假日集团于1965年建立,称为假日电讯网。随后,喜来登、希尔顿、雅高等大的国际饭店集团都建立了自己的中央预订系统,并凭借这个系统实现了集团内部客源的相互介绍和集团整体在控制客源市场上的领先地位。

目前,中央预订系统的范围在不断扩大,包括订票、行程安排、预订饭店、租用汽车、设计线路、航空保险、为客人订花、提供汇率变动信息、旅游目的地的包价等。随着信息技术的飞速发展,全球分销系统应运而生,它是一个开放的系统,加入这个系统,意味着饭店与大部分潜在市场联为一体。散客或旅行社代理商可以在家中、办公室或附近的服务点利用互联网了解任何地区一家饭店的设施水平、客房价格、房务状态以及其他相关信息,并可完成对饭店客房的预订。①

 知识链接

中央预订系统

中央预订系统主要是指饭店集团或联合体应用的、由其成员共享的内部预订系统②。它使酒店集团利用中央资料库管理旗下酒店的房源、房价、促销等信息,并通过同其他各旅游分销系统,如全球分销系统、互联网分销商与酒店官方网站预定引擎连接,使成员酒店能在全球范围实现即时预订。一套完整的中央预订系统同时还应具备与酒店的前台预订界面及时更新的房间库存资料,使酒店的所有销售需求统一在集团的销售资料库内作管理,真正实现互联网、企业内部网路、企业内部网路三网合一的中央资料库统一库存。

(资料来源:迈点百科[EB/OL]. http://baike.meadin.com/.)

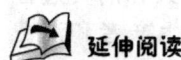 延伸阅读

智能酒店:感受小房间里的大智慧

1. 一张门卡——智能导航功能,指引房客找到房间

每次走出酒店电梯,面对至少4位数字的房间号,往往有着向左走还是向右走的困惑。刚迈出电梯门,一道幽黄色的荧光吸引了我的目光,指示牌上清晰地显示出了房间号码,沿着3道发亮的箭头,我仿佛被上帝之光牵引着便走到了自己的房间……恍然间,我才明白,自己手里拿的不仅仅是一张房卡,而是一张名副其实的"智能卡"。

2. 电视门禁系统——让房间外的情形一目了然

门铃声响起,门外的景象已经清晰地跳在了电视屏幕上:一位笑容甜美的服务员正端着精美的茶点静静等候……服务员告诉你,这是全世界第一套电视门禁系统,门上的猫眼其实也是个摄像头。而我的全部个人信息都已经记录在智能系统中,包括口味的偏好和饮食习惯,因此酒店的工作人员准确地为我安排了低因咖啡。

---

① 朱华. 旅游学概论(双语)[M]. 2版. 北京:北京大学出版社,2012.
② Kasavana M L,[美]CahiII J J. 饭店业计算机系统[M]. 3版. 王宏星译. 北京:中国旅游出版社,2002.

3. 智能马桶——听你指挥做不同动作

智能马桶侧面的墙上布满了整排的按钮，可以指挥马桶做出不同的动作，如加温马桶边缘、冲水、前后喷水、吹干、调整马桶盖位置等。宽敞的按摩浴缸同样功能强大，按下标有"水疗"的按键，整个浴室的灯光随即转成了柔和的色调，同时播放起悠扬的乐曲。

4. 多功能数字化电视机——轻松办理退房手续，实现绿色环保

通过特定的笔记本电脑，工作人员可以在酒店任何角落为客人办理电子化入住登记，退房的手续还可以通过客房内的电视进行，并且酒店可以将账单及资料发送至你的电子邮箱，在最大程度简化了手续的同时，也实现了无纸化办公。可以说摒弃了一切不必要的浪费和花销，是名副其实的"绿色酒店"。

(资料来源：智能酒店：感受小房间里的大智慧[EB/OL]．第一旅游网(2012-11-2)．http://www.toptour.cn/special/znjd/)

13.2 旅游电子商务

自互联网成为一种革命性的大众媒体以来，其发展速度之快令人惊叹。而作为世界最大朝阳产业的旅游，当它与电子商务这一新兴模式相结合时，其潜藏的商业价值表露无遗。根据CNN(Cable News Network，美国有线电视新闻网)公布的数据，全球旅游电子商务已连续5年以超过350%的速度发展。《2011中国旅游电子商务研究报告》显示，2010年我国旅游电子商务产业规模达到390亿元，2012年携程、去哪儿、艺龙、芒果、驴妈妈等一大批旅游电子商务公司已经在旅游市场占据一席之地，中国电子商务研究中心数据显示，2012年中国在线旅游市场交易规模达到1 729.7亿元，较2011年增长31.6%。

旅游电子商务是在电子商务的基础上发展起来的，是采用数字化电子方式进行旅游信息数据交换和开展旅游商务活动。它是在互联网的广阔联系和现代信息技术的丰富资源相互结合的背景下应运而生的一种相互关联的动态旅游商务活动。旅游业被认为是利用电子商务最成功的行业之一。如果将"现代信息技术"看成一个集合，"旅游商务活动"看成另一个集合，"旅游电子商务"无疑是这两个集合的交集，是现代信息技术与旅游商务过程的结合，是旅游商务流程的信息化和电子化。随着互联网的普及和飞速发展，移动网络、多媒体终端、语音电子商务等新技术的发展不断丰富和扩展着旅游电子商务形式和应用领域，如图13.1所示。

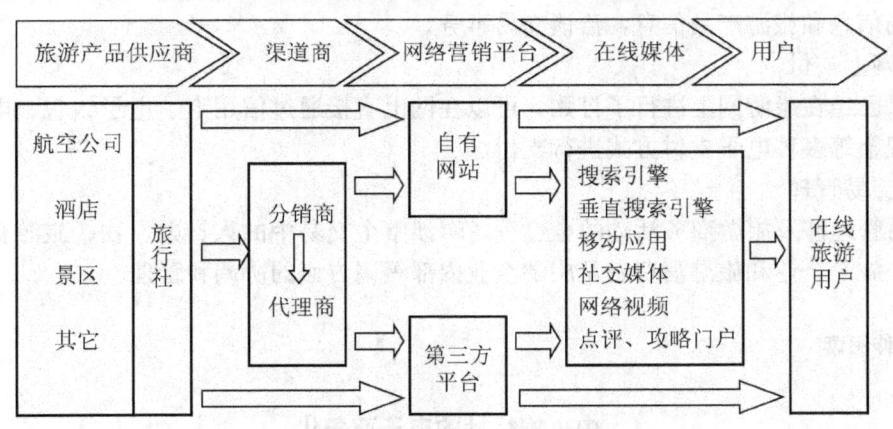

图13.1 全球在线旅游产业链

(资料来源：http://wenku.baidu.com/view/22bf9762561252d380eb6e5b.html.)

13.2.1 旅游电子商务的功能

1. 旅游电子商务的定义

世界旅游组织对旅游电子商务的定义是:"旅游电子商务就是通过先进的信息技术手段改进旅游机构内部和对外的连通性(connectivity),即改进旅游企业之间、旅游企业与供应商之间、旅游企业与旅游者之间的交流与交易,改进企业内部流程,增进知识共享。"国内学者巫宁、杨路明指出:旅游电子商务是通过先进的网络信息技术手段——网络发布、电子手段、网络查询等实现旅游商务活动各环节的电子化,包括通过网络发布、交流旅游基本信息和旅游电子商务信息,以电子手段进行旅游宣传促销、开展旅游售前售后服务;通过网络查询、预订旅游产品并进行支付;也包括旅游企业内部流程的电子化及管理信息系统的应用等。

2. 旅游电子商务的功能

1) 网上促销

旅游电子商务正在改变传统的旅游商务活动方式,Web的广泛应用为旅游业提供了一个全新的信息传播媒体和市场分销渠道。利用网上促销渠道,将特色旅游线路、旅游饭店、旅行社、旅游汽车公司、旅游景点、旅游纪念品等配备风光照片或音频、视频图像,生动地表现各旅游目的地自然风光和人文风情,发布在旅游专用网站或世界范围内有影响力的网站上,吸引潜在游客,以达到旅游产品促销的目的。

2) 网上订购

网上订购是旅游电子商务的主要功能之一。旅游企业和旅游消费者个人的网上订购通常都是由订购网页提供十分友好的订购提示信息和订购交互格式框。当客户填完订购单后,系统会以电子邮件等形式回复订购信息确认单。

3) 咨询洽谈

旅游电子商务可以使旅游消费者通过非实时的电子邮件、新闻组和实时讨论组来了解旅游市场信息和旅游产品信息,洽谈交易事务。

4) 网上支付

如果已经在旅游网上进行了订购,可以在网上直接通过信用卡、电子钱包、电子支票和电子现金等多种电子支付方式进行支付。

5) 交易管理

交易管理涉及旅游商务活动的全过程,牵涉整个交易中的人、财、物、旅游企业和旅游企业、旅游企业和旅游消费者及旅游企业内部等诸方面的协调和管理。

延伸阅读

中小旅行社的电子商务化

旅行社要想在当前电子中间商发展迅速的情况下,保住自己的业务优势,就必须要实施电子商务,而目前许多大的旅行社已经建造自己独立的电子商务平台,进行了传统旅行社的信息化转型,使电子商务与自己的传统专业优势进行无缝对接，提升自己在网络市场上的竞争力。中小旅行社实施电子商务会带来以下几点好处。

1. 拓宽中小旅行社销售渠道

中小旅行社传统的销售主要通过在报纸报刊等媒体上刊登广告、销售员发放传单、客人直接到店咨询等方式进行。传统销售渠道所能接触的销售受众数量是有限的，而产品信息能够真正到达的潜在旅游者数量就更是有限了。中小旅行社通过电子商务，利用强大的互联网，把产品信息发布到世界各地，大大地拓宽了销售渠道，也使产品信息能够更有效地抵达潜在旅游者。

2. 拓宽中小旅行社采购渠道

中小旅行社包括规模较小的单纯组团社和单纯的地接社，这些小旅行社在整个价值链中的角色是旅游零售商和旅游接待方，组团社从旅游批发商那里采购旅游产品，接待社从各个旅游供应商那里采购各种旅游产品要素（酒店、机票、景点门票等）。原来由于成本有限，中小旅行社只能接触到几家的供应信息，而且购买量小，不具备压低价格的优势，通过电子商务，中小旅行社可以低成本地接触到更多的供应方，更多地掌握价格等信息，还能联系到更多的有同样采购需求的同业，通过拼团采购，能够通过增加购买量压低采购价格。

3. 提高中小旅行社交易成交率

中小旅行社在网上贴出自己的旅游线路等产品，通过专业的产品描述，把信息传递到潜在旅游者那里，然后通过电子商务的在线支付业务，旅游者可以直接在网上购买，然后直接参团。通过网上大量的产品信息的介绍，旅游者可以找到自己所需要的产品，省去了很多销售成本，也大大方便了旅游者。随着当前网民数量的迅速增加，网上支付系统的逐渐完善，网上预订旅游产品已经成为普遍的现象。

4. 利于中小旅行社客户关系管理

旅行社的客户关系传统上是通过纸制的本子来记录客户信息的，搜索查找客户信息相对困难，如果实施了电子商务，就可以安装相应的客户关系管理系统，把客户信息包括（姓名、年龄、工作单位、何时参团、参团种类、客人需求偏好等）输入到系统中，旅行社可以方便地、有针对性地和目标客户进行联系。

（资料来源：张晓红. 中小旅行社电子商务模式研究［D］. 哈尔滨：哈尔滨商业大学，2012.）

13.2.2 旅游电子商务的类型

1. 网站电子商务

用户通过与网络相连的个人电脑访问网站实现电子商务，是目前最通用的一种形式。互联网是一个全球性媒体，平均成本和边际成本极为低廉。一个网站，无论是 10 000 人还是 1 000 人访问，其制作和维护的成本都是一样的。互联网与地理因素毫无关系，在全球宣传、销售的成本与在本地销售的成本并无差别。互联网用户以年轻、高收入人群居多，是有潜力的旅游市场。在 ICP（internet content provide，网络内容服务商）门户网站中，几乎所有的网站都不同程度地涉及了旅游内容，如新浪网生活空间的旅游频道、搜狐和网易的旅游栏目、中华网的旅游网站等，显示出网上旅游的巨大生命力和市场空间。

头脑风暴

你参加过旅游团购吗？如果还没有，请你登录一家国内旅游团购网，试比较购买旅行社门市部销售的旅游产品与团购网的旅游产品在预订、支付和消费等方面有什么不同。

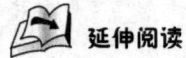 **延伸阅读**

旅游网站面面观

（1）由旅游产品（服务）的直接供应商所建，如北京昆仑饭店、上海青年会宾馆、上海龙柏饭店等所建的网站就属于此类型。

（2）由旅游中介服务提供商，又叫在线预订服务代理商所建。大致又可分为两类：一类由传统的旅行社所建，如云南丽江南方之旅（www.lijiansouth.com）、休闲中华（www.leisurechina.com）；另一类是综合性旅游网站，如中国旅游资讯网（www.chinaholiday.com）、携程旅行（www.ctrip.com）等。

（3）旅游信息网站。它们为消费者提供大量丰富的、专业性旅游信息资源，有时也提供少量的旅游预订中介服务，如中华旅游报价（www.china—traveller.com）、网上旅游（www.travelcn.com）等。

（4）政府背景类网站，如政府旅游信息中心，面向旅游者，旅游目的地管理或旅游营销组织。一方面，政府旅游信息中心收集当地的、区域的或国内的旅游产品信息；另一方面也为当地的旅游企业提供信息，让旅游企业了解当前旅游业发展形势。

（资料来源：搜搜百科[EB/OL]http://baike.soso.com/）

2. 语音电子商务

所谓语音电子商务，是指人们可以利用声音识别和语音合成软件，通过任何固定或移动电话来获取信息和进行交易。电子商务语音应用技术实现了对移动设备、网络应用服务器、呼叫中心及 Linux 的全面支持。这些产品以低廉的网络事务处理成本将自然讲话的易用性和移动互联网的便利性结合到一起，使用户实现了随时随地的语音信息访问。语音电子商务速度快，还能使电话用户享受互联网的低廉费用服务。

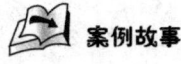 **案例故事**

IBM 语音电子商务平台

"您好，这里是××航空公司的电话语音自动订票系统，欢迎您选择东方航空公司的服务。本系统对于单个词汇识别率较高，请您在回答提问时尽量用一个词汇表达。请问您需要飞往哪里的航班？"

"上海。谢谢！"李成中回答。

"请问您需要哪一天的航班？"

"6月25号。"

"××航空公司飞往上海的航班是上午9:30起飞的D238次，还有上午11:00起飞的D650次、下午2:30的D873次和下午5:00起飞的N998次。请问您想选择哪个航班？"

"我需要下午2:30的航班。"

"整体票价包括人身保险费用是1 200元人民币整，您确认吗？"

"我确认需要这个航班。"

"先生，请问您的姓名。""请您输入您的信用卡号码和密码。""请报出您的身份证号码。"……

"感谢您选择××航空，谢谢您的合作，本自动对话系统采用了IBM（international bussiness machines corporation，国际商业机器公司）的语音识别技术。如有不方便的地方，请与我们服务部联系。再见！"

一系列对话结束后，李成中踏实了，他只需等待传真机把票样传真过来。这一切很神奇，使用者也很神气,完全是因为有了 IBM Via voice 语音识别产品。这套系统还不能说是尽善尽美的,它主要是判断关键词的意思来识别。不过,对于像订票、问路、查询邮政编码、电话号码这些具体的比较模式化的应用场合来说,这种自动系统已经足够使用了。它不仅可以给最终用户带来快捷,也给安装使用的企业带来形象上的革命,更主要的是它大大提高了效率并节省了成本。

(资料来源:IBM 语音电子商务平台[EB/OL].赛迪网(1999-10-21).http://media.ccidnet.com/media/ciw/868/c0502.htm.)

3. 移动电子商务

所谓移动电子商务,是指利用移动通信网和互联网的有机结合进行的一种电子商务活动。网站电子商务以个人电脑为主要界面,是"有线的电子商务";而移动电子商务,则是通过手机、PDA(personal digital asistant,个人数字助理)这些可以装在口袋里的终端来完成商务活动的。随着移动通信、数据通信和互联网技术的发展,三者的融合也越来越紧密。全球移动电话用户已经数 10 亿,其中 60% 的客户有能力使用无线互联网服务。

特别提示

旅游者是流动的,移动电子商务在旅游业中将会有广泛的应用。通过智能手机,移动电子商务会告诉你附近哪里有游乐场、哪里有景点、哪里有你喜欢吃的菜,去机场会不会晚点,如果已经晚了,那么下一班是几点。这些完全是由移动电子商务带来的,固定互联网服务不是这样的。

4. 多媒体电子商务

多媒体电子商务一般由网络中心、呼叫处理中心、运营中心和多媒体终端组成,它将遍布全城的多媒体终端通过高速数据通道与网络信息中心和呼叫处理中心相接,通过具备声音、图像、文字功能的电子触摸屏计算机、票据打印机、POS 机、电话机及网络通信模块等,向范围广泛的用户群提供动态、24 小时不间断的多种商业和公众信息,可以通过POS 机实现基于现有金融网络的电子交易,可以提供交易后票据打印工作,还可以接自动售货机、大型广告显示屏等。

头脑风暴

你在火车站、飞机场、饭店大厅、购物中心、重要的景区景点、旅游咨询中心等场所是否看见过多媒体电脑显示屏?通过多媒体电脑显示屏你能查询到什么信息?

13.3 旅游电子商务交易模式

从全球旅游市场的发展趋势来看,在线旅游市场的发展非常迅速,已经逐步成为一个新兴产业。近年来我国的在线旅游市场发展也十分迅猛,已经形成了上下游产业链,产生了很多创新的商业模式,如 B2B 交易模式、B2E 交易模式、B2C、C2B 交易模式等。在线旅游服务为旅游者提供了丰富的旅游信息产品,在线旅游预订服务已经成为了旅游者出行的主要消费方式之一。在线旅游已经成为提高旅游服务效率,增加旅游服务收入和促进旅游行业信息化建设的重要手段。

13.3.1 B2B 交易模式

在旅游电子商务中，B2B 交易形式主要包括以下几种情况。

（1）旅游企业之间的产品代理，如旅行社代订机票与饭店客房，旅游代理商代售旅游批发商组织的旅游线路产品。

（2）组团社之间相互拼团，也就是当两家或多家组团旅行社经营同一条旅游线路，并且出团时间相近，而每家旅行社只拉到为数较少的客人。这时，旅行社征得游客同意后可将客源合并，交给其中一家旅行社操作，以实现规模运作的成本降低。

（3）旅游地接社批量订购当地旅游饭店客房、景区门票。

（4）客源地组团社与目的地地接社之间的委托、支付关系。

特别提示

B2B 的电子商务又分为两种形式。一是非特定企业间的电子商务，它是在开放的网络中对每笔交易寻找最佳的合作伙伴。一些专业旅游网站的同业交易平台就提供了各类旅游企业之间查询、报价、询价直至交易的虚拟市场空间。二是特定企业之间的电子商务，它是在过去一直有交易关系或者今后一定要继续进行交易的旅游企业之间，为了共同经济利益，共同进行设计、开发或全面进行市场和存量管理的信息网络。例如，航空公司的计算机预订系统就是一个旅游业内的机票分销系统，它连接航空公司与机票代理商（如航空售票处、旅行社、旅游饭店等）。机票代理商的服务器与航空公司的服务器是在线实时链接在一起的，当机票的优惠和折扣信息有变化时会实时地反映到代理商的数据库中。机票代理商每售出一张机票，航空公司数据库中的机票存量就会发生变化。

13.3.2 B2E 交易模式

B2E（business to enterprise）中的 E，指旅游企业与之有频繁业务联系，或为之提供商务旅行管理服务的非旅游类企业、机构、机关。大型企业经常需要处理大量的公务出差、会议展览、奖励旅游事务。他们常会选择和专业的旅行社合作，由旅行社提供专业的商务旅行预算和旅行方案咨询，开展商务旅行全程代理，从而节省时间和财务的成本。另一些企业则与特定机票代理商、旅游饭店保持比较固定的业务关系，由此享受优惠价格。旅游 B2E 电子商务较先进的解决方案是企业商务旅行管理系统（travel management system，TMS）。

知识链接

商务旅行管理系统

商务旅行管理系统（Business Tourism Management System，TMS）是一种安装在企业客户端的具有网络功能的应用软件系统，通过网络与旅行社电子商务系统相连。在客户端，企业差旅负责人可将企业特殊的出差政策、出差时间和目的地、结算方式、服务要求等输入 TMS，系统将这些要求传送到旅行社。旅行社通过电脑自动匹配或人工操作为企业客户设计最优的出差行程方案，并为企业预订机票及酒店，并将预订结果反馈给企业客户。通过 TMS 与旅行社建立长期业务关系的企业客户能享受到旅行社提供的便利服务和众多优惠，节省差旅成本。同时，TMS还提供统计报表功能。用户企业的管理人员可以通过系统实时获得整个公司全面详细的出差费用报告，并可进行相应的财务分析，从而有效的控制成本，加强管理。

(资料来源：搜搜百科[EB/OL]http://baike.soso.com/)

13.3.3　B2C 交易模式

B2C旅游电子商务交易模式，也就是电子旅游零售。交易时，旅游散客先通过网络获取旅游目的地信息，然后在网上自主设计旅游活动日程表，预订旅游饭店客房、车船机票等，或报名参加旅行团。对旅游业这样一个旅客高度地域分散的行业来说，旅游B2C电子商务方便旅游者远程搜寻、预订旅游产品，克服距离带来的信息不对称。通过旅游电子商务网站订房、订票，是当今世界应用最为广泛的电子商务形式之一。另外，旅游B2C电子商务还包括旅游企业对旅游者拍卖旅游产品，由旅游电子商务网站提供中介服务等。B2C大大降低了旅游企业的店铺租赁费用、广告费、人工费等，继而降低了旅游企业的营运成本。游客不必上门了解旅游行程，在线可以了解，并可以在线支付，节约了游客的时间成本。

特别提示

电子商务的作用还体现在(online to offline，O2O)的交易行为，即线上营销、线上购买带动线下经营和线下消费，又称为"离线商务模式"。O2O通过提供信息、服务预订、打折促销等方式，把线下实体店的消息推送给互联网用户，从而将他们转换为自己的线下客户，这就特别适合必须到店消费和异地消费的商品和服务，比如旅游、餐饮、健身、观看演出等。

头脑风暴

请你以一个游客的身份登录某一旅游企业网站，购买一项旅游产品，具体分析B2C旅游电子商务交易模式的利与弊。

13.3.4　C2B 交易模式

C2B交易模式是由旅游者提出需求，然后由企业通过竞争满足旅游者的需求，或者是由旅游者通过网络接成群体与旅游企业讨价还价。旅游C2B电子商务主要通过电子中间商(专业旅游网站、门户网站旅游频道)进行。这类电子中间商提供一个虚拟开放的网上中介市场，提供一个信息交互的平台。上网的旅游者可以直接发布需求信息，旅游企业查询后双方通过交流自愿达成交易。

C2B电子商务利用了信息技术带来的信息沟通面广和成本低廉的特点，特别是网上成团的运作模式，使传统条件下难以兼得的个性旅游需求满足与规模化组团降低成本有了很好的结合点。旅游C2B电子商务是一种需求方主导型的交易模式，它体现了旅游者在市场交易中的主体地位，对帮助旅游企业更加准确和及时地了解客户的需求，对实现旅游业向产品丰富和个性满足的方向发展起到了促进作用。

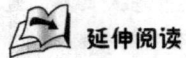 延伸阅读

C2B 在电子商务中的运用

随着 B2C 领域竞争进入白热化阶段，C2B 模式慢慢为更多人所知。C2B 将产品的主导权和先发权，由企业交给了旅游者。C2B 的概念比较泛化，形式也是比较多样化，常见的 C2B 模式有：聚合需求形式（反向团购、预售）、要约形式（逆向拍卖，客户出价，商家选择是否接受）、服务认领形式（企业发布所需服务，个人认领，类似威客）、商家认购形式（个人提供作品、服务，等待企业认领）和植入形式（软文）等。目前看来，电子商务的 C2B 模式主要依靠的形式还是聚合需求形式和要约形式，同时个性化定制也是一个重要的模式。

（资料来源：C2B 电商三种主要模式的分析［EB/OL］. 虎嗅网（2013-1-17）. http: //www.huxiu.com/article/9140/1.html）

13.4 旅游目的地管理系统

旅游目的地管理系统是为区域旅游目的地主管机构量身定制的一整套整合旅游目的地的旅游资源、资讯及旅游供应商的管理系统，促进了旅游目的地信息化建设和发展。旅游目的地管理系统包括目的地营销系统、电子商务系统、供应商软件 ASP（application service provider，应用服务供应商）服务系统、旅游咨询系统。目的地管理系统提供了必要的技术，协调目的地管理中各方的商业活动，为旅游企业，如旅行社、酒店、旅游景区等提供了一个强大的信息平台。另一方面，通过目的地管理系统技术，旅行者了解到目的地的设施和服务，可以按照自己的喜好和条件设计旅行计划。吴必虎认为：目的地系统主要是指为已经到达出行终点的游客提供游览、娱乐、食宿、购物、享受、体验或某些特殊服务等旅游需求的多种因素的综合体。①

13.4.1 旅游目的地管理的优势和价值

（1）整合价值：系统从横向和纵向全面整合目的地的吃、住、行、游、购、娱、会展等相关旅游信息。

（2）权益价值：旅游目的地主管机构对系统有较大的主导权和监督权，确保系统信息的公正性和准确性，从而更好地保护旅游者权益。

（3）分销价值：系统可与 DHotelier 酒店网络营销系统及 DAgency 旅行社网络营销系统等旅游系统实现对接，成为酒店开拓市场的又一有效途径。

（4）共享价值：所有目的地管理系统用户可根据一定规则共享目的地管理系统内信息。酒店等在维护目的地管理系统内信息的同时，也维护了自己系统网站的信息，无需二次录入。

（5）附加价值：设有景点查询、特色美食、电子地图、天气预报、公交查询等功能，

---

① 吴必虎. 区域旅游规划原理［M］. 北京：中国旅游出版社，2001.

全面覆盖旅游目的地相关信息,真正做到信息服务落到细微实处。①

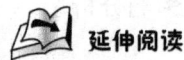 延伸阅读

温州入选"国家智慧旅游城市"

2012年5月21日,温州已被国家旅游局确定为"国家智慧旅游试点城市"。据介绍,此次获批"国家智慧旅游试点城市"的18个城市,包括北京、武汉、成都等地,温州是浙江省内唯一入选的城市。

不出家门,就可预订温州各条经典线路;游玩时,手机上不时会收到景区服务信息;景区信息亭内的互动触摸屏上,各类服务信息应有尽有……如此便利的"智慧旅游",如今在温州你就可以体验得到。近年来,在打造"智慧旅游城市"的道路上,温州一路加速"快跑",抢占先机。

2011年,温州先后与中国电信、中国移动、中国联通等运营商签署旅游信息化战略合作协议,开通了114旅游服务热线;开发了"乐游游"温州智慧导游软件,"温旅通"移动旅游信息服务平台。此外,温州各景区、涉旅企业也积极响应,加入打造"智慧旅游"的队列中。江心屿景区全范围覆盖上了无线网络,并首次尝试应用了"挥客"技术,实现手机和景区旅游信息触摸信息屏的互动。

"往后,游客只需挥挥手机,就可搞定在温州的吃、喝、玩、乐。"吴高宏表示,继江心屿之后,年内将继续在洞头、楠溪江景区以及室内重点旅游休闲区域实现wifi网络覆盖,并在市区范围设置智慧旅游互动终端100台,还将开展二维码旅游应用、旅游云数据库建设等智慧旅游工作。

(资料来源:温州入选"国家智慧旅游城市"[EB/OL]. 魅力浙江网(2012-5-22). http://mlzj.zjol.com.cn/mlzj/system/2012/05/22/015054474.shtml)

13.4.2 旅游目的地电子商务

旅游目的地电子商务是旅游目的地营销组织为了提升旅游目的地形象、提高旅游目的地竞争力,通过网络和信息技术实现旅游服务的商务体系。信息技术在目的地的运用使得包括旅游呼叫中心搭建、旅游目的地移动互联网解决方案、景区电子支付和电子门票方案等都不再是实验室产品,而是在一些旅游目的地和景区实际应用的新技术。

旅游目的地的电子商务是旅游目的地为了应对在线旅游市场的发展而自发产生的一种新的经营模式。在过去的传统产业链中,旅游目的地的经营模式多是以单向的同行渠道为主。也就是说,绝大多数的旅游目的地都会选择直接与旅行社企业进行合作作为最重要的经营模式。但随着在线旅游市场的快速发展,旅行社在整个旅游市场中所占的份额比例迅速萎缩,而与此同时,旅游目的地的直客比例却在急剧上升,这就对传统的目的地经营模式发生了重大影响。

旅游目的地电子商务能为旅游系统建立起一个信息空间,使每一个旅游企业及其信息基础设施在其中运行。通过目的地电子商务平台,行业成员与供应商、中间商等企业发展合作伙伴关系以共同开发和生产旅游产品。旅游目的地电子商务通常包括产品数据库、顾客数据库和连接两者的运行机制。产品数据库包括目的地基本信息、顾客自行安排行程、图库和给媒体的公关材料、数据编辑和管理、电子和传统出版物。顾客数据库包括顾客联

---

① 旅游目的地管理系统[EB/OL]http://www.derbysoft.com/cn/product_dms.html.

系方式数据库管理、客户关系管理功能、市场调查和分析。运行机制包括预订、节事活动规划和管理、营销和产出管理、财务管理、信息系统管理和业绩评估、经济影响分析。

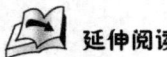 **延伸阅读**

澳大利亚中心海岸度假区的电子商务

澳大利亚中心海岸度假区是靠近悉尼市区的一个综合性海滩旅游度假胜地,被宣传为距离悉尼只有"一步之遥"。度假区重要的旅游资源包括风光优美而绵延的海岸线,以及森林茂密、山谷、溪流和瀑布交错的国家公园。度假区内有众多的旅游饭店、餐馆、旅游纪念品商店,以及提供骑马、游船、租车、会议组织、水上运动等的旅游服务机构。整个中心海岸旅游度假区有一个类似度假区管理委员会的综合性协调管理机构,度假区内的全体旅游企业都作为会员参与这个管理委员会。

管理委员会建设了电子商务网站和接受来自全球范围预订的旅游预订系统,并在度假区入口处建设了旅游者信息中心,通过网络向旅游者提供信息。中心海岸度假区的电子商务预订系统是一个信息化技术和旅游运行特点充分结合的应用系统。它所开发的"面向不同客户区别报价"和"优惠产品组合"功能非常符合旅游业的特点和旅游企业的切实需要。澳大利亚工业技术和资源部在国家网上旅游策略报告中,将中心海岸度假区电子商务预订系统赞誉为"网上旅游的最佳实践"。

(资料来源:王毅.提高我国旅游目的地电子商务管理水平的思考[D].成都:西南财经大学,2006.)

本 章 小 结

本章分析了信息技术给旅游业带来的深刻变化,以及信息技术化对旅行社、旅游经营商、旅游饭店、旅游交通、旅游景区等产生的全面影响。介绍了旅游电子商务的基本形式和主要功能,它们对旅游者提供了目的地丰富的旅游信息和产品,对旅游者选择旅游目的地的决策产生了重要影响。旅游目的地电子商务是旅游目的地营销组织为了提升旅游目的地形象、提高旅游目的地竞争力,通过网络和信息技术实现旅游服务的商务体系,全球分销系统的出现为旅游企业提供了分销旅游产品的最佳方案,也大大降低了旅游产品的交易成本。本章还着重介绍了旅游电子商务的交易模式,它们从很大程度上改变了旅游企业的经营方式和旅游者的消费行为。

 关键术语

电子商务(electronic commerce):在互联网开放的网络环境下,基于浏览器/服务器应用方式,买卖双方不谋面地进行各种商贸活动,实现消费者的网上购物、商户之间的网上交易和在线电子支付以及各种商务活动、交易活动、金融活动和相关的综合服务活动的一种新型的商业运营模式。

中央预订系统(central reservation system,CRS):主要是指饭店集团或联合体应用的、由其成员共享的内部预订系统。

全球分销系统(global distribution system,GDS):又称代理商交易平台,是为代理商提供航空和旅游产品分销服务的大型网络服务系统的统称。

第13章 旅游信息化

课 后 练 习

一、选择题

1. 由于旅行社旅游中介的地位，过去旅游消费者只能通过旅行社购买"旅游成品"，但（ ）打破了这种垄断。
   A. 航空技术　　　　B. 信息技术　　　　C. 工业旅游　　　　D. 会展旅游

2. 旅游电子商务的功能有（ ）
   A. 网上促销　　　　B. 网上订购　　　　C. 交易管理　　　　D. 以上全部选项

3. 在现代旅游业中，无论是预订、计调、结算、线路设计以及游客管理，（ ）都离不开信息技术。
   A. 饭店　　　　　　B. 旅行社　　　　　C. 商店　　　　　　D. 旅游协会

4. 旅游者的消费具有时空移动性的特征，因此（ ）在旅游业中将会广泛应用。
   A. 互联网　　　　　B. 短距离通信　　　C. 微信　　　　　　D. 移动电子商务

5. 旅游C2B电子商务是一种需求方（ ）的交易模式，它体现了旅游者在市场交易中的主体地位。
   A. 主导型　　　　　B. 诱导性　　　　　C. 接受形　　　　　D. 强迫式

6. 为旅游目的地专门提供公共产品和准公共产品信息和咨询服务的网站的是（ ）。
   A. 门户网　　　　　B. 旅游企业网站　　C. 专业旅游网站　　D. 政府信息中心网站

7. 全球分销系统为供应商提供了一个网络平台，由旅游产品供应者通过（ ）设定产品销售。
   A. 前台　　　　　　B. 后台　　　　　　C. 人员　　　　　　D. 邮件

8. O2O通过提供信息、服务预订、打折促销等方式，把线下实体店的消息推送给互联网用户，从而将他们转换为自己的（ ）客户。
   A. 线上　　　　　　B. 线下　　　　　　C. 高级　　　　　　D. 低级

9. 中央预订系统在分销范围、分销力度、产品丰富程度等方面远不如（ ）。
   A. 民航预订系统　　　　　　　　　　　B. 饭店预订系统
   C. 目的地营销系统　　　　　　　　　　D. 全球分销系统

10. 旅游者提供一个价格范围，求购某一旅游服务产品，旅游者选择认为质量和价格合适的旅游产品进行交易的模式是（ ）。
    A. B2B　　　　　　B. B2E　　　　　　C. B2C　　　　　　D. C2B

二、填空题

1. 信息技术在旅游行业帮助旅游企业和旅游消费者进行_____、合同、预定和支付的交换。

2. 信息技术在民航的容量管理、预订管理和票务方面的作用非常关键，_____促进了无纸化交易。

3. 旅游B2C电子商务方便了旅游者远程搜寻、预订旅游产品，克服距离带来的信息_____。

4. 电子商务的作用还体现在(Online To Offline，即 O2O)的交易行为，即线上营销、线上购买带动线下经营和线下消费，又称为_____。

5. 人们利用声音识别和语音合成软件，通过固定或移动电话来获取信息和进行交易的方式是_____。

6. 通过手机、PDA(个人数字助理)等这些可以装在口袋里的终端来完成旅游商务活动的是旅游_____商务。

7. 旅游电子商务中旅行社代订机票和饭店客房，旅游代理商代售旅游批发商组织的旅游线路产品是典型的_____交易形式。

8. 中央预订系统是饭店集团为控制客源而采用的集团内部计算机_____网络。

9. 全球分销系统实质上是_____系统在分销广度、分销深度、信息质量及分销形式等方面的一次飞跃。

10. 旅游目的地电子商务通常包括产品数据库、_____和连接两者的运行机制。

三、判断题

1. 中央预订系统主要是订票业务，不包括行程安排、租用汽车、设计线路、航空保险、提供汇率变动信息等业务。（   ）

2. 全球分销系统能够在世界范围内，提供交通、住宿、餐饮、娱乐以及支付等"一站式"旅行分销服务。（   ）

3. 网上订购、网上促销、网上咨询是旅游电子商务的业务，但网上交易管理不是电子商务的业务。（   ）

4. 旅游电子商务的 C2B 可采用聚合需求形式(反向团购、预售)和要约形式(逆向拍卖，客户出价，商家选择是否接受)。（   ）

5. 在线旅游服务为旅游者提供了丰富的旅游信息产品，成为每一位旅游者出行的消费方式。（   ）

6. B2E 使传统条件下难以兼得的个性旅游需求满足与规模化组团降低成本有了很好的结合点。（   ）

7. 对于旅游产品等无形产品而言，网上直接传递和消费是快捷有效的方式，深受年轻人的喜爱。（   ）

8. 目的地管理系统从横向和纵向全面整合目的地的吃、住、行、游、购、娱、会展等相关旅游信息。（   ）

9. B2B 交易形式有组团社之间相互拼团，但不包括旅游地接社批量订购当地旅游饭店客房、景区门票。（   ）

10. 智慧旅游是以云计算为基础，以移动终端应用为核心的，以感知互动等高效信息服务为特征的旅游信息化发展新模式。（   ）

四、问答题

1. 信息技术在旅游系统中发挥什么作用？
2. 为什么说信息技术提高了航空公司的效率和收益？
3. 什么是全球分销系统？对旅游业有什么作用？
4. 旅游目的地管理系统的价值有哪些？

5. 旅游电子商务有哪些交易模式？C2B电子商务有什么特点？

五、论述题

1. 简要分析电子商务广泛运用于旅游产业的原因。
2. 我国智慧旅游发展的前景如何？信息技术对旅游业的未来会产生什么样的革命性影响？

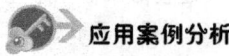
应用案例分析

大型旅行社开展旅游电子商务的成功案例分析

春秋国旅在国内是较早实现企业信息化的旅行社，1994年就建立了当时在全国较有影响的电脑实时预订系统，由于这种电脑实时预订系统在内部运作中很快显示出了准确、迅速、方便的规模化统一操作的优势，从而迅速扩展，内部网络成员不断增加，形成了一个比较完善的代理商预订系统。目前春秋国旅在上海拥有50家全资门店，境内31家全资分公司（分社），境外7家全资分公司，全球1 500家代理商。在全球互联网热潮时期，春秋也不失时机地推出了自己的春秋旅游网（www.china-sss.com）。

春秋旅游网依靠春秋国际旅行社产品、品牌、服务上的优势，走上一条"信息—访问人流—电子商务—资金—整合发展"的道路，为此，规划建立与之相适应的网站结构和网页形式，以随时更新价格、开班日期、游程安排、供应标准等上网游客所能直接进行商务预订的数据，并推出了商务订房订票及自助旅游等产品，力求"化整为零"的服务。

一、全新的旅游预订方式——旅游电子票

一直以来，传统的旅游信息咨询、旅游线路查找及旅游合同签订等旅行前的准备工作都让人感到既琐碎，又费时费力。目前，春秋旅游网正式推出了"旅游电子票"概念，为人们出行提供了一个省心、省时、方便快捷的新型旅游预订方式，也为旅行社的经营带来了全新的理念。春秋国旅大胆尝试推出"旅游电子票"的全新运作模式，意欲凭借在全国31个分社和近2 000个网络成员组成的接待网络，以及每月上千航次的包机线路，向游客提供"贵宾纯玩团"、"自由人"、"爸妈之旅"、"度假产品"、"中外宾客同车游"等国内和出境旅游产品，探索为游客提供网上优质服务、降低旅游产品价格的新途径。

春秋旅游电子票区别于门市旅游预订和航空电子客票的形式，具体来说，它并不是"票"，而是一种新型的旅游预订方式，将现在传统模式中从下订单、到付款、再到签合同等过程全部都在网上"一站搞定"。省心、省时、方便快捷是它最大的特点，正是这些优点使它成为了工作繁忙的白领消费阶层钟爱的时尚方式。

春秋为了推行这种方式所采取的主要鼓励方式是加大旅游电子票的优惠额度，比如以前在网上预订，游客可享受十几块、几十块钱的优惠，而现在，旅游电子票可以把国内长线旅游线路优惠到300元的额度，短线的1～2日游也能优惠30元左右，价格较高的出境旅游的线路将最多能优惠500元。这在平时的门市销售中，是颇具诱惑力的价格。

二、支付方式

对于春秋旅游网提供的产品，顾客可以选择网上支付，也可以选择网上浏览、电话确定、离线交易的办法，同时还可以到春秋国旅的各分社进行购买。但就目前的经营状况而言，后两种支付方式仍然是顾客的主要选择。

为了推进网上销售，春秋旅游与招商银行和环迅公司合作，开通了20多家国内银行人民币信用卡的网上支付平台，外币卡主要支持了使用最广泛的Visa信用卡和Master Card。

对于网上电子支付的方式，很多游客还是处于观望状态，安全性受到怀疑是很大的障碍。网上支付走的是银行系统，中国的银行网上安全保护措施做得很多，系统在不断地调整升级，只是还需要对已采取的安全措施进行宣传，让广大游客相信春秋，相信银行。相信随着电子商务平台实现技术日趋完善，网上电子支付的方式会为广大游客所接受。

三、虚实结合的网络

春秋旅游网利用春秋旅行社在北京、西安、广州、郑州、沈阳、杭州、南京、桂林、三亚等主要旅游城市均有分社的优势，形成了以以上城市为中心的网络服务系统，在旅游网的主页上设立了在线服务城市，发布该地区的产品内容和服务范围，同时又以这些地方分社为基点，将春秋旅游网的服务辐射到全国这种网上预订服务触角的延伸使游客感受到春秋旅游网不仅仅是用电脑和电话线连接起来的一个虚拟空间，而且是实实在在的服务网络。同时，企业规模化运作和互联网跨地区经营相互利用，互相促进，优劣互补，相得益彰，对于春秋旅游网的服务品质活力起到保障催化作用，也使春秋旅游网在整合企业优势中发挥出独到的合力作用。可以预言，在雨后春笋般建立起来的旅游网站中，只有能够保持旅游网内容可靠、信息宽泛、品质优良的网站才能真正得到游客的认可和信赖。目前携程、艺龙等网站力图在全国各个主要城市设立网站服务机构，也是基于以上考虑。春秋旅游网有春秋旅行社批发商在产品、价格、服务优势的支持，又有各分社运作的紧密结合，所以在人力、物力、财力的应用上更能统筹兼顾，而不至于"投入大于产出"，也更适合在"互联"上大展拳脚。

四、春秋旅游网的盈利模式分析

春秋旅游网的盈利模式是由网站、春秋国旅总社及各网点、上游的旅游企业（各地分社及合作旅行社、航空票务代理商、目的地酒店）和网民市场构成的。其目标市场主要为观光和度假游客，由于春秋国旅强大的资源支撑，线路预订成为了网站的主营业务。春秋旅游网推出的所有线路价格均与春秋国旅总社和各分社一样，因此众多的线路选择和实惠的价格无疑成为了春秋旅游网最大的卖点。在线路预订上，春秋还采用了旅游线路竞拍的方式，尝试由市场来决定价格的办法。同时，春秋旅游网也经营酒店和机票预订的业务，但大多也是通过传统旅行社来完成的。网站的信息提供和社区的营造基本上是围绕自己的预订业务设置的，并没有建立一个庞大的目的地信息库。

春秋旅游网的收入则主要是由以下几个方面构成的：①线路预订代理费，这是春秋旅游网的主要盈利来源，它是在春秋国旅的组团盈利中形成的，通过春秋国旅以盈利返还的形式获得；②酒店预订代理费，顾客可以有两种支付方式，一种是预付的方式，由春秋国旅来向目的地酒店预订，另一种就是前台支付的方式，相应网站也就有两种盈利渠道，前者是春秋国旅以盈利返还的方式获得，后者则是以目的地酒店盈利返还的形式实现；③机票预订代理费，这也通过春秋国旅的订票差价以盈利返还的形式实现；④春秋国旅提供的发展资金，网站本身也是春秋国旅的一个营销渠道和宣传窗口，有相当数量的网民在浏览了网站的信息后选择了到春秋国旅的各旅行社进行实地交易，因此作为对网站盈利漏损的补偿和未来发展的支持，春秋国旅总社会向网站提供一定数量的发展资金。

五、结论

对于类似于上海春秋国旅的国内大型旅行社而言，通过成功地开展电子商务，可以实现企业的信息化改造，完全打通企业内部部门间及企业与外部的信息壁垒，减少信息传递的环节，加快盈利模型中各个环节之间的沟通速度，整合网上网下的业务，使得传统的旅行社与网站融为一体，打造出完全的信息化旅游企业。

讨论：

(1) 春秋旅游电子票与航空公司的电子客票有什么不同？
(2) 春秋旅游网的盈利模式是什么？
(3) 旅行社怎样结合线上预订与线下服务业务为游客提供满意的服务？

（资料来源：张军．大型旅行社开展旅游电子商务的成功案例分析：以上海春秋国旅为例[J]．技术经济与管理研究，2005，(6)．)

第14章 新旅游

教学目标

通过本章的学习，了解新旅游产生的背景和原因，理解新旅游的相关概念，掌握新旅游的基本特征和主要形式，认识新旅游与大众旅游的区别和联系。了解旅游可持续发展原则、影响新旅游发展的因素及未来旅游的发展趋势。

教学要求

教学内容	重点☆、难点＊	教学提示
新旅游概述	(1) 新旅游的基本概念☆＊ (2) 新旅游与大众旅游的关系 (3) 新旅游的特点和种类	本章主要与第1章、第2章、第3章、第4章、第5章、第8章、第9章、第10章、第13章和第14章等内容相关联，教学时可前后对应，以便掌握各章节教学内容的内在联系
小规模旅游	(1) 小规模旅游的基本概念 (2) 小规模旅游与大众旅游的关系☆＊ (3) 小规模旅游的特点	
低碳旅游	(1) 低碳旅游的基本概念 (2) 低碳旅游出现的背景 (3) 低碳旅游的特点☆	
公益旅游	(1) 公益旅游的基本概念 (2) 公益旅游与生态旅游的关系☆ (3) 公益旅游的特点	
自助旅游	(1) 自助旅游的基本概念☆ (2) 自助旅游的基本形式 (3) 自助旅游的特点	
旅游的可持续发展	(1) 旅游可持续发展的定义 (2) 旅游可持续发展的内涵 (3) 新旅游发展的前景和未来☆	

旅游学概论

> 一个人在旅游时必须带上知识，如果他想带回知识的话。
>
> ——约翰逊

基本概念

新旅游　小规模旅游　替代性旅游　低碳旅游　公益旅游　自助旅游　旅游的可持续发展

导入案例

热血"穷游"，与MONEY无关

"穷游"，一种时尚的旅游方式。在自由旅行的同时，最大限度地省钱，花最少的钱享受最大的快乐。不是因穷而游，而是一种不同以往的行走方式。只是想用最经济的方式去"穷"尽天下美景。

穷游通常是自助游，不像跟团游那样行程紧，所以往往可以游得比较尽兴。穷游也并非要去人多拥挤的名胜古迹，而是可以踏入还未被开发的地方。所以从另个角度看"穷游"，不妨把它解释为"穷"尽想"游"之地。

"穷游"怎么吃？

水是必不可少的，自备一个水壶是最佳的选择，不但可以到外蹭水喝，还非常环保。此外还有巧克力、火腿肠、咖啡、方便面等，但应尽量选择能量高、体积较小的食物。遇到徒步或露营时，还要准备户外专用的炉子和大米等粮食。实在要去饭店，也要选择相对干净的小饭馆，看网友推荐的饭馆。

"穷游"怎么住？

"穷游"者出门，很少住星级酒店。旅馆、青年旅社、农家都不错。有当地的朋友更好。例如去丽江，一定要住纳西民居，去平遥古城一定要住晋商大宅院，去北京最好就住老百姓的四合院，去凤凰一定要住河边的吊脚楼。除价格便宜之外，最主要的是能体验风土人情。有些宾馆的门市价可以再砍，打个七八折没问题。

"穷游"怎么行？

看推荐的路线，结合各种交通，打听打折票。买机票前先上网查询，现在各大航空公司通常会有促销活动，不妨了解大量的机票价格信息后，在其中进行比较选择，以最低的价格购买。

"穷游"怎么游？

到国外旅行，网络上流行的各种宝典都会为你支招，出行前最好能将搜集到的合理信息打印或存进手机，并下载当地的电子地图等。合理安排时间，用最少的时间玩最多的地方，节约时间就是节约金钱。

（资料来源：王慕宇．热血"穷游"，与MONEY无关[J]．魅力西安，2012，(48).）

点评：

旅游行程、旅游内容等从由旅行社主导变为旅行者为主导，旅游由以旅游目的地为中心变为以人为中心。随着旅游者可任意支配收入的增加、旅游经验的丰富、价值观念的变化、科学技术的进步等因素的影响，以大众旅游为主要形式的旅游方式出现了变化。

14.1 新旅游概述

新旅游这一概念最早是 1993 年阿莉娜·普恩（Auliana Poon）博士在其专著《旅游业：技术和竞争战略》提出来的。在雷柏尔旅游系统模型中，旅游者新的旅游理念和新旅游行为方式是新旅游的"推力"，而新的旅游产品供给是新旅游的"拉力"。通过新技术的媒介作用，新旅游者从客源地出发，开始新旅游体验和新旅游活动。

与大众旅游不同，由于旅游者的价值观和生活方式的改变，他们更希望旅游活动成为生活本身的一种延伸，希望增强旅游活动的主动参与性，不再仅仅依靠旅行社提供的旅游计划，不再满足于能预知一切的固定包价旅游，而当今新技术的产生使得满足这种新旅游需求成为可能。这些技术主要指高度联网化的电子信息技术的应用，它可以快捷方便地变更旅游过程中的环节，使之更符合个体需求。在上述两个因素的作用下，旅游过程、管理方式和行业结构都需要进行相应的调整，以适应新的旅游形式。①

14.1.1 新旅游的产生

新旅游是在新理念、新技术和变化了的行业结构的影响下，人们追求个性化、注重旅游目的地环境和文化体验质量的新旅游方式。旅游的发展和进步无时无刻不是与当时的社会文化、经济技术紧密相连，新旅游的产生和发展也不例外。整体和平稳定的世界局势、全球经济的持续增长、可任意支配收入的增加、带薪假期的制度化，文化发展带来的审美意识变化、环保理念、可持续发展理念的深入人心、电子网络信息技术的广泛应用。这些因素都对新旅游的产生和发展产生了推动作用。

1) 新旅游理念是新旅游产生的内在动力

随着社会文化的发展，人们的审美意识、旅游经验得到很大提高。环保理念、可持续发展理念等新观念逐渐深入人心。社会进步张扬了人们个性的发展，增加了人们对个性化产品的需求。经济的持续发展使人们可任意支配的收入及闲暇时间逐渐增多，人们有经济能力也有时间选择适合自己的、个性化的比大众旅游价格更高、更自我的旅游产品。旅游市场中这部分追求个性化、灵活化，注重体验和保护旅游目的地环境和文化的旅游者就是新旅游者，有了新旅游者的市场需求，必然会产生新旅游的市场。

2) 大众旅游的弊端引发人们对旅游方式的再思考

大批量的游客在某一段时间内涌入旅游目的地，对当地的生态环境、经济结构、风俗文化造成了较多负面影响。一些旅游景区和城市出现通货膨胀、收入漏损；环境污染、生态系统遭到破坏；同质化的旅游产品，严重影响了旅游者的满意度；目的地文化严重商品化，旅游者、旅游企业、东道主之间利益冲突严重，这些现象与可持续理念相悖，引发业界和旅游者对旅游发展模式和旅游方式的再思考，新旅游应运而生。

3) 电子网络信息技术的广泛应用为新旅游的产生提供了技术保障

如果说工业革命过程中，蒸汽火车的发明开创了陆地旅游的新局面，促成了近代旅游

---

① 张凌云. 大众的"新旅游"，还是新的"大众旅游"：普恩新旅游论批判[J]. 旅游学，2002，(06).

的产生；第二次世界大战后，经济迅速恢复，商业喷气飞机的出现标志着现代旅游的诞生，那么可以说网络信息时代的到来为新旅游的诞生提供了技术保障。自20世纪90年代以来，互联网广泛应用于商业。人们获取信息的渠道开始变化，继而影响到人与人的沟通，甚至生活方式和旅游出行方式。进入21世纪，Web2.0、物联网、智慧旅游的兴起使新旅游进入快速发展时期。利用移动云计算、互联网等新技术，借助便携的终端上网设备，主动感知旅游相关信息，并及时安排和调整旅游计划。旅游者可以与网络实时互动，让游程安排进入触摸时代。

14.1.2 新旅游的特点

新旅游的最大特点是具有利他性，旅游者的活动不仅有利于自身身心健康，还有利于当地环境保护、社会、经济、文化的可持续发展。新旅游往往规模小，对旅游目的地的生态环境、风俗文化影响较小，有利于旅游目的地生态环境和文化的保护。新旅游在旅游目的地停留时间较长，与当地社区居民接触机会多，吃、住、游、购、娱各个环节往往与本地相关企业和经济相关联，收入漏损小，有利于当地社会、经济的发展。此外，新旅游还有以下特点。

1) 灵活性

新旅游的特点之一是灵活性，这也是与一般大众旅游产品在组织形式、旅游线路和活动项目相对固定不同的关键因素。新旅游不仅出游时间更灵活，季节性不再那么突出，出游方式更灵活，产品内容也是根据旅游者的需求灵活制定的。新旅游产品的价格也非常灵活。旅游相关产品的生产不再仅取决于规模经济，而是更多地在生产过程中兼顾规模经济和满足不同客户的个性需求。

2) 技术性

不断更新的互联网技术的应用是新旅游的显著特点。无论是新旅游理念的传播、影响，还是新旅游产品的开发、营销都在大量应用不断更新的信息技术。新旅游产品的促销手段和旅游者的出行方式更依赖于网络。新旅游者通过网络媒介自主参与设计、定制并购买单项或多项的组合旅游产品。旅游途中除了欣赏、体验当地自然风光、文化、留下美好的记忆，新旅游者往往还会通过网络随时和他人分享，将他们心中的感受、旅途中的发现、途中的照片发到微博或日志上。而这些信息又将促成新的、个性化的旅游产品的出现。

3) 互动性

互动性是新旅游的另一显著特点。新旅游开发的产品更多地考虑到游客与旅游目的地生态和社区居民的互动。旅游者出行前通过网络与旅行社、旅游目的地宾馆等旅游企业互动交流，定制符合自己需求的产品；在目的地主动与当地社区居民互动交流，体验一些当地民俗活动，或者参加一些保护自然、保护野生动物、促进旅游目的地文化发展等公益活动。旅游后主动将自己的旅游经历与他人分享，或通过社交网站与和自己兴趣相同的、旅游目的地相同的游客进行互动。

特别提示

新旅游是相对于传统大众旅游的概念而言的，由于不同国家或地区旅游所处的发展阶段不同，可能呈现出不同的形式和发展状态。

14.1.3 新旅游概念辨析及分类

在规模经济驱动下,大众旅游以其固定的价格、标准化的服务及大批量的销售形式成为逐渐兴起的旅游热点。大众旅游在兴起的同时,却给接待地带来诸多负面影响,成为破坏生态、污染环境的代名词,受到诸多批判,因此一种基于对大众旅游批判的新旅游在世界各地出现了。

从新旅游概念的起源来看,新旅游是与传统大众旅游相对应的一个概念。它是在人们反思大众旅游发展过程中显露出种种弊端的背景下产生的。新旅游是基于对大众旅游对社会、环境带来负面影响的认识而提出的新的旅游方式,是与传统大众旅游相对立的各种旅游概念的总称。①

 知识链接

大 众 旅 游

大众旅游(mass tourism)是"以固定的价格、标准化的服务,大批量销售给大众顾客的包价旅游"。普恩将"大众旅游"归纳为大众的(mass)、标准化的(standardized)、固定的包价旅游(rigidly packaged),简称 MSRP。大众旅游存在和发展的前提是廉价(cheap)、便利(convenient)、安全(safe)和舒适(comfort),因此也可称之为 CCSC。在目前的社会经济条件下,要满足 CCSC 的最好方法就是标准化生产、大批量采购、集约化经营、网络化销售,从而形成规模经营优势,达到降低成本、薄利多销的目标。大众旅游产品的消费是大批量的,以企业利益和个人利益为最大化为目标,所以对旅游目的地的社会习俗、文化、当地居民和环境会造成一定负面影响。

(资料来源:智库百科[EB/OL]http://wiki.mbalib.com/wiki/)

大众旅游对目的地生态环境的破坏,严重商品化对目的地社会的冲击,旅游质量的下降,引发了人们对大众旅游发展模式和出行方式的忧虑。随着人们环境意识的觉醒,体验消费时代的到来,信息化使旅游客源市场对旅游的感知、期望、态度和价值观念取向也发生了相应变化,人们开始寻找新的充满个性和体验的旅游形式来替代大众旅游,即替代性旅游(alternative tourism)。我国学者吴波认为将 alternative tourism 译为"非大众型旅游"更能表达其内涵,也便于读者理解。② 霍顿(Holden)认为,除大众型旅游外,所有形式的旅游都可以贴上替代性旅游的标签。因此,一些学者认为替代性旅游即新旅游,其主要产品形式有小规模旅游、公益旅游、生态旅游、自助旅游等。

新旅游替代大众旅游的概念性表述很多,主要形式包括小规模旅游、低碳旅游、公益旅游、自助旅游等多种形式,其核心理念是旅游的可持续发展。小规模旅游强调对自然生态及文化多样性的保护和尊重。低碳旅游是基于生态文明理念,对发展低碳经济的一种响

---

① 张凌云.大众的"新旅游",还是新的"大众旅游":普恩新旅游论批判[J].旅游学刊,2002,(06).

② 肖小玉,曾小玲,吴欢强.基于 Alternative Tourism 概念综述的替代性旅游发展探讨[J].理论探讨,2010,(8).

应模式。公益旅游强调享受目的地的带给的旅游体验的同时，参与到目的地居民社区或生态环境保护或改善的公益活动中去。自助旅游强调按照旅游者自己的意愿，全部或者部分地安排自己在旅游过程中各项活动的旅游方式，与大众旅游的固定的价格、标准化服务是截然不同的。通过图14.1，可以更清楚地了解人们旅游方式的变化，理解各种新旅游概念与大众旅游之间的关系。

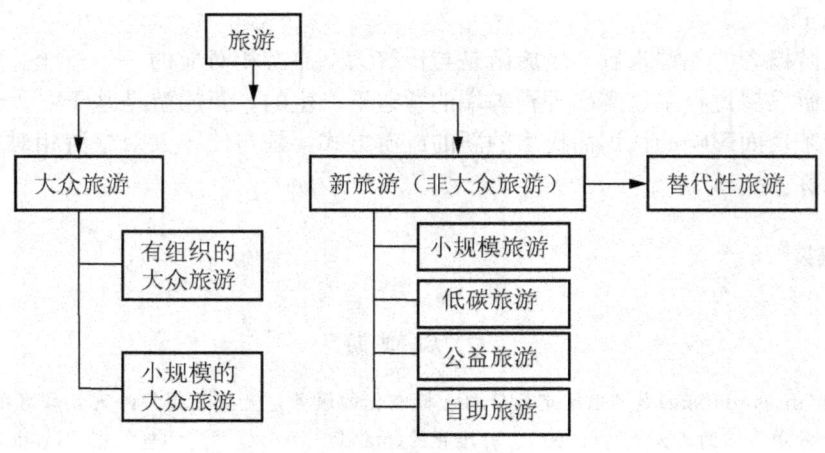

图 14.1　新旅游与大众旅游

特别提示

新旅游与大众旅游在旅游理念和消费行为上都有较大区别，但二者之间也绝非绝对对立。科恩(Cohen)认为大众旅游有"有组织的大众旅游"（the organised mass tourism）和"小规模的大众旅游"（the individual mass tourism）之分，前者是指未知探险成分低，包价服务涵盖旅游全过程，旅游者与当地居民和文化直接接触机会少的一种大众旅游类型，后者则是指相对灵活，旅游者可根据个人需要选择部分旅游项目的有组织包价旅游。可见，即使是大众旅游，也出现了大众旅游中的小规模旅游，体现出新旅游的一些特点和理念。

头脑风暴

新旅游是一种替代大众旅游的新的旅游方式，你认为在不久的将来会代替大众旅游吗？为什么？

14.2　小规模旅游

小规模旅游（small-scale tourism）是与大众旅游相对立的旅游方式，也可称小众旅游。小规模旅游的基础是可持续发展和社区参与，强调对自然生态及文化多样性的保护和尊重，以保持旅游目的地的生态、文化得以可持续发展。小规模旅游者通常是背包旅游者、探险旅游者、漂流者等。小规模旅游的住宿和餐饮往往低密度地分散在某个旅游区，由当地小企业经营。旅游活动与当地相关旅游服务业关系密切，乘数效应高，收入漏损小，有利于当地经济社会的可持续发展。

14.2.1 小规模旅游的产生

小规模旅游是基于西方发达国家对大众旅游对环境社会带来负面影响的认识和日益普及的环保意识而产生的。为了避免环境超载所引发的有效空间和资源要素的过度占用与消耗,小规模旅游组织者通过限定旅游者数量,保护社会生态系统能够享有自我恢复的时空间隔,避免旅游者涉足生态保护核心区,或者防止文化势差通过游客行为产生的示范效应破坏原住居民的生活,以保持人类文化的差异共存。

另外,随着经济的持续发展,新旅游者的可支配收入得到增加使旅游者有能力支付比大众旅游更高的旅游费用;生产自动化、网络化水平的提高使普通劳动者的闲暇时间延长,西方普遍实施的带薪休假为旅游者自主安排旅游时间提供了可能;新技术、新设备的广泛应用为小规模旅游的产生发展提供了技术支撑;新旅游者的教育水平文化水平的不断提高、旅游经验的不断丰富使旅游者有了更多的个性化旅游需求,小规模旅游应运而生。

虽然小规模旅游者的花费可为目的地带来可论证的收入乘数效应,但由于小规模旅游短期内不能带来大规模经济效应,因此常常被一些地方政府忽略。随着旅游业的发展,一些国家,如澳大利亚、新西兰和南非等国的政府已经开始认识到小规模旅游者为当地经济发展所做出的重要贡献,以及对保护环境、民族文化所产生的积极作用,积极加以引导和推动,小规模旅游有了较大的发展,成为一些旅游者出行旅游的方式。

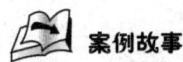 案例故事

不丹的小规模旅游市场

位于喜马拉雅山南麓的不丹王国拥有旅游目的地的所有要素:白雪覆盖的高山、神秘的寺庙、翠绿的梯田,以及牦牛和传说中的雪人。然而,现在这个有"神龙"之称的国家每年接待的外国旅游者只有7 000人左右,是不丹不欢迎他们,还是人们不愿到这里来?

不丹旅游部门的官员拉哈图·瓦楚克(Lhatu Wangchuk)说,不丹旅游的卖点是文化和历史,因此他们的促销目标瞄准的是能够带来高收益的市场。此外,政府也不希望通过发展大众旅游使本国的自然环境和文化受到影响。

不丹从1974年开始向外国旅游者开放,但是出于对生态环境保护的考虑,对背包旅游者每人每天收取一定数额的费用,致使旅游业一直没有大规模发展。不丹森林覆盖率达70%,境内海拔6 000米以上的山峰就有20座,除了山峰外,在喜马拉雅原始状态的山麓徒步旅行也是令人神往的。但是面对如此有吸引力的旅游资源,不丹政府也希望使旅游业进一步发展。据报道,该国政府计划在2003年4年内将旅游者的人数增加到1.5万人,但是仍然以高端游客、小规模旅游为主。

(资料来源:龚立仁.不丹瞄准高端游客市场[N].中国旅游报,2003-09-26(12).)

14.2.2 小规模旅游的特点

旅游是不是做得越大就越好?答案是否定的。首先,小规模旅游无论是在某一时间总的到访游客人数,还是特定团队人数都比包价大众旅游人数少,因此小规模旅游对旅游目

的地的生态环境、民俗文化影响小。其次，小规模旅游对旅游产业而言没有明显的淡旺季，旅游者偏好当地特有的、自然的、真实的吸引物。小规模旅游的花费主要是当地生产的商品和服务，为当地的经济发展贡献突出。对于带动直接就业情况而言，虽然小规模旅游所带动的直接就业人数比大众旅游少，但小规模旅游的住宿设施是当地人所有，能带动当地居民就业。当地人拥有所有权和管理权，不需要引进国外的管理模式，企业所有权和管理权属于东道主。由于发展小规模旅游资本投入少，当地资本更易进入旅游行业中。因此，在发展中国家发展小规模旅游，当地社区能够切实参与到经济发展中来。小规模旅游者购买当地的手工纪念品和当地特色食品等能加强旅游业与当地其他产业部门的联系，产生更高的消费乘数效应，促进当地经济的良性发展。小规模旅游的特点可与大众旅游进行比较，二者不同的特点及利弊可以清楚地展现出来，见表14-1。

表14-1 小规模旅游和大众旅游的区别

	变量	小规模旅游	大众旅游
市场	细分市场	多中心型、中间型旅游者	自我中心型、中间型旅游者
	游客数量与旅游方式	游客数量少；个人安排	游客数量多；包价旅游
	季节性	不明显	明显
	客源	无主要客源市场	有主要的客源市场
吸引物	重点	适度商业化	高度商业化
	特点	特有的，真实的	普通的，人工的
	受众定位	旅游者和当地人	只有或主要是旅游者
住宿	规模	小	大
	空间分布特点	低密度分散在某个旅游区	高密度集中在旅游地某处
	建筑特点	地方风格	国际化的风格
	产权	当地政府或当地小企业拥有	外来大企业拥有
餐饮	特点	小餐馆，当地特色食品	国际标准化餐馆，国际化事物
纪念品	特点	当地手工制品	大批量生产的工艺品
交通	方式	小型公共汽车，人力车	长途空调汽车，租车
经济	旅游业的经济地位	补充性产业部门	控制当地经济
	经济联系	主要与当地联系	主要与外部联系
	漏损	低	高
	乘数效应	高	低
规划	目标	注重整体发展，可持续理念	强调经济发展，高利润回报
	时间效益	长期	短期

（资料来源：朱华.旅游学概论（双语）[M].2版.北京：北京大学出版社，2012.）

第14章 新旅游

头脑风暴

第5章讲到的特种旅游是否属于小规模旅游，旅游流量小的旅游就是小规模旅游吗？

14.3 低碳旅游

旅游并不是人们想象的"无烟工业"。为旅游者提供吃住行游购娱的旅游企业都会产生碳排放，其中有的甚至是高能耗、高污染的企业，只是旅游者在旅游活动中更多看到的是优美的景色和设施。例如，高尔夫不仅耗费大量的土地资源，在草坪维护用水用药上也十分惊人。资料显示，2010年北京高尔夫球场总的耗水将近4 000万立方米，这相当于20个昆明湖的水量。业内人士透露，一座中等规模的三星级饭店，一年大约要消耗1 400吨煤的能量，可向空中至少排放4 200吨二氧化碳、70吨烟尘和28吨二氧化硫。①

根据世界旅游组织2008年出版的《气候变化与旅游业：应对全球挑战》的研究报告显示，如果维持旅游业现有的发展方式和增长速度，到2035年旅游部门中的排放量将增加152%，而整个旅游部门对全球变暖的贡献率将增加188%。显然，旅游部门这种对全球变暖贡献率不断增大的发展趋势，与未来国际社会对气候变化的控制战略是背道而驰的。控制旅游发展中的温室气体排放量，发展低碳旅游，势在必行。

14.3.1 低碳旅游的背景

所谓低碳旅游，是指在旅游发展过程中，通过运用低碳技术，倡导低碳旅游消费方式，以获得更好的旅游体验质量和更大的社会、经济、环境效益的一种可持续旅游发展新方式。低碳旅游发展的核心理念是以更少的旅游碳排放量来获得更大的旅游经济、社会、环境效益。因此，低碳旅游是基于生态文明理念，对发展低碳经济的一种响应模式，即在旅游吸引物的构建、旅游设施的建设、旅游体验环境的培育、旅游消费方式的引导中，充分运用低碳技术，倡导低碳消费，来实现旅游的低碳化发展目标。②

"低碳旅游"的概念首次出现于2009年5月召开的世界经济论坛《走向低碳的旅行及旅游业》的报告中。此后，该概念在全世界迅速传播。2009年11月，斐济旅游局提出以低碳旅游作为今后发展的战略目标；同年，中国国务院常务会议通过《关于加快发展旅游业的意见》，倡导低碳旅游方式；在深圳举办的"2009两岸三地旅游行业发展高峰论坛"上与会者认为，"低碳旅游"将作为中国旅游产业升级的必要手段，逐渐成为旅游业优化产业结构的必然发展趋势。③

为应对全球气候变化，中国的一些旅游景区、一些具有节能减排战略意识的企业家，已经在推进低碳型旅游景区的建设或发展实践。在山东德州，中国太阳能利用技术领域的

---

① 低碳运营模式为酒店业带来新的经济增长[EB/OL]腾讯网（2010-1-4）http://www.itravelqq.com/2009/1223/30694.html.
② 蔡萌，汪宇明．低碳旅游：一种新的旅游发展方式[J]．旅游学刊，2010，(01)．
③ 董怡菲，杨晓霞．国内外低碳旅游研究综述[J]．西南农业大学学报（社会科学版），2011，(12)．

明星企业——皇明集团打造的"太阳谷主题公园",展示的是具有显著低碳、微排特征的未来生活场景。太阳谷正在朝"一个低碳社区、一个低碳装备制造业产业园区、一个高品质低碳旅游景区"的方向发展。在全球气候变化问题及旅游发展价值公益化取向日益明显的新时代背景下,低碳旅游是对发展低碳经济的具体行动,为生态文明导向下的可持续旅游发展方式开辟了一条新的路径。

 **特别提示**

低碳旅游并不是横空出世的新发明。早在20世纪60年代就有学者提出"负责任的旅游"的4个基本原则:环境影响最小化、最大程度尊重东道国文化、东道国经济利益最大化、旅游者满意程度最大化(Hetzer, 1965)。以后相继又有生态旅游(Miller, 1978; Fennell, 1998)和可持续旅游(Butler, 1993)等一系列绿色概念的旅游方式和理论问世。低碳旅游实际上是生态旅游、绿色旅游观念在气候变化形势下的新观念。

14.3.2 低碳旅游的特点

低碳旅游最大的特点就是旅游开发旅游过程中碳的低排放。低碳是一个相对的概念,意指较低或更低的旅游碳排放量,即单位旅游产出所需要的能源消耗不断下降,其核心理念是以更少的碳排放来获得更高的旅游体验质量和更大社会经济环境的综合效益。

1) 旅游消费新理念

低碳旅游有明显的导向性特点。首先,作为一种全新的旅游方式和消费理念,低碳旅游正成为旅游业的一种新趋势,受到人们高度的关注。它推动着旅游企业进一步树立并践行低碳理念,这样才能够赢得广泛的市场。其次,随着低碳理念的实践,低碳交通、低碳住宿、低碳餐饮等低碳内容的开展,低碳旅游又引领着人们进一步传播低碳观念,让人们发现,低碳就在我们身边。我们每一个人都可以为社会、为环境做出贡献,促进经济社会的可持续发展。

2) 旅游环保新技术

低碳旅游的另一个特点就是技术性。要减少旅游过程中碳排放,又不影响(甚至要更高)旅游体验,很大程度上取决于现代低碳技术的应用。例如,餐饮方面涉及清洁生产,绿色服务,厨房垃圾、生活垃圾、油烟、废水处理和利用等低碳技术;住宿方面,提供绿色客房,利用自然能源,部分设备余热、冷凝水等循环利用,客房垃圾、办公垃圾回收利用等,需要低碳技术的支持;旅游景区方面,环境友好型旅游产品设计,生态旅游接待设施建设(如生态厕所),旅游环境监测离不开低碳技术的运用。

3) 旅游低碳可行性

低碳旅游强调减少旅游过程中的碳排放,而旅游的各个环节吃、住、行、游、购、娱的碳排放是可以测量的,可操作性是低碳旅游的一大特点。例如,通过改变交通运输行为可以减少碳排放:增加公共交通的使用、使用铁路和长途汽车来取代小汽车和飞机运输;通过增加可再生能源和碳中性能源的使用,减少碳的排放,如有机物、水力发电、风能和太阳能等;这些路径可以在旅游交通运输、旅游酒店住宿及旅游吸引物的营造等各个环节。因此,低碳旅游是一种具有可操作性的旅游发展模式。

头脑风暴

如果你到张家界去旅游,你怎样践行低碳旅游的新理念?怎样做一个环境友好的生态旅游者?

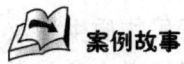

案例故事

欧洲的低碳旅游

也许,在一些人眼里,绿色低碳旅游只是一个口号,或者是增加几个参观污水处理厂之类的节目。实际上,低碳绿色旅游,是将生态和低碳融入交通、住宿、食品以及每一处细节之中,生动而自然。

当国内自驾游趋势正冉冉升起时,欧洲已经开始提倡"不开汽车"的完美假期,通过公共交通去旅游,将碳排放量降到最低。而火车无疑是最受欢迎的绿色公共交通之一,挪威、瑞士、德国等欧洲国家都提供这种悠闲、实惠而又环保的交通方式。

而住宿方面,在标准不变的情况下,顾客们越来越倾向于选择生态宾馆。在瑞士有很多低碳、环保酒店,它们有的是五星级酒店,有的是度假小屋,有的是小型客栈。一些低碳环保住宿还非常有趣,如瑞士阿尔卑斯山的 Whitepod 营地,就是一个超级时尚的生态营,旨在使滑雪者与大自然亲密接触。而瑞典拉普兰地区冰旅馆则可以让游客像因纽特人一样过夜,用冰雪建造,为游客提供了一个独特的睡眠场所。例如,在英格堡的圆顶冰屋村中,床上铺的是舒适的羔羊皮及温暖的探险睡袋。其实这些有趣的方式在自然保护、绿色、低碳节能等方面做出努力的同时,也成为吸引游客的亮点。

徒步可能是旅游方式中和目的地最为亲近的一种沟通途径。有的时候,一段旅行结束了,但是长时间徒步的感受还滞留在身体里回味,比照片带来的感受深刻得多。行走中的观察、询问和节奏,脚底带来大地的磨砺和温度,这种身体力行的方式切合了现在低碳的时尚,但更重要的是它带来了一种更深的旅游体验。

现在很多出行路线都有着低碳体验的部分。例如,将极地探险挪威 8 日之旅排在了低碳之旅的首位,"从奥斯陆出发,你将跟随专业的极地向导一起进入纯净的北极世界,去亲身感受这个世界上的美丽净土",尝试雪上摩托车、冰川徒步等项目。最重要的是,记得留意一下身边的细节,从垃圾分类到酒店的环保举措,这个国家在保护环境上始终走在世界的前列。

但是徒步这一旅行方式在出境游当中只是一种尝鲜式的体验,据瑞士国家旅游局有关负责人介绍,瑞士阿尔卑斯徒步线路是非常成熟的旅游线路,但是现在中国游客还不太感兴趣。

(资料来源:江娟珺. 循着低碳足迹漫游欧洲[N]. 东南快报,2010-04-13(44).)

14.4 公益旅游

通过前面的学习了解到,新旅游的特点之一就是互动性,与当地的生态环境、社区居民进行互动,在旅游的快乐中做一些对当地社区有益的事,而不是将旅游看成一种纯粹的"付钱买乐"的事。如果你想在旅游的过程中为当地的生态环境、社区居民等做一些自己力所能及的事情,这种把旅游和公益活动结合起来的新的旅游方式,就是本节要讲的公益旅游(Voluntourism)。与大众旅游相比,公益旅游活动不仅能满足旅游者或组织者的单纯旅游体验,同时也让他们有机会利用自己的技能或兴趣,为需要外界帮助的旅游目的地的生态或社区居民做一些有益的事情,挥洒他们乐于奉献的利他主义精神。

欧美的公益旅游被普遍认为是生态旅游的一个分支，或者生态旅游的深化。国外的公益旅游更多的是发达国家游客到不发达国家的一种跨国境的集志愿性、趣味性于一体的旅游活动。[①] 人们利用假期前往非洲等相对落后地区，加入生态科研考察队帮助收集有价值的资料或者参加保护濒危物种等行动。在国内，公益旅游则较少与生态旅游挂钩，主要是发达地区游客到落后地区的带有扶贫性质的一种旅游，侧重对当地社区或居民物质生活及教育文化的帮助。国内外公益旅游形式和内容虽有不同，但本质都一样：组织者或参与者在旅游的过程中，不只单纯地为了休闲、游玩，而是希望并以实际行动为目的地生态或社区居民带去自己的贡献。

14.4.1 公益旅游的由来

对于公益旅游的产生，众说纷纭，但大多数学者认为现代意义的公益旅游起源于20世纪70年代的新旅游概念兴起并兴盛于90年代，公益旅游是生态旅游发展过程中出现的一种新形式或生态旅游的深化。生态旅游是"除了照片，什么也别带走；除了脚印，什么也别留下"。公益旅游是生态旅游的提升，除了要做到不破坏环境之外，还要做出对目的地有贡献的事。两种旅游形式的侧重点不同，存在部分重叠，更存在差异。公益旅游的内容形式可以是以上两种类型，也可以是其他非生态旅游形式为内容的，如扶贫旅游等。

由此可以这样认为，公益旅游概念源于生态旅游，但却不仅仅包含在生态旅游范围内，而是一种更加注重目的地居民利益的、具有公益行动的一种新旅游形式。公益旅游的产生受到以下因素的直接影响。

（1）经济社会发展不平衡、脆弱或被破坏的生态是公益旅游的客观需要。从全球来看，长期以来经济处于落后状态，不少国家生态脆弱，或者在发展经济过程中受到现代文明的破坏。一个国家内部往往也存在着许多贫困或欠发达地区或社区。以中国为例，一些中西部地区不仅经济欠发达，当地生态也异常脆弱。这一系列情况是公益旅游产生的客观条件。

（2）公益慈善事业的蓬勃发展影响着旅游者的理念，并引领越来越多的人将公益与旅游有机结合。公益旅游为弱势群体、贫困阶层及灾民提供了有益的救助，对缩小贫富分化差距、保障社会公平正义和促进社会和谐起到了重要的作用。越来越多的旅游者发现，在旅游过程中参与到旅游目的地生态保护或对当地社区居民的帮助活动中来是一件非常有意义的事情。

从公益旅游的由来和发展情况来看，公益活动与旅游相结合，能够产生一定的经济效益和社会效益。公益旅游是旅游者自发或者公益组织、旅游企业在相对贫困、落后的旅游目的地进行旅游活动的同时，为社区居民提供公益服务的一种旅游方式，是对旅游目的地的社会环境和自然环境负责任的旅游活动。

---

① 马晓燈，张亚维，黄春宇. 国内外公益旅游理论与实践发展综述[J]. 旅游论坛，2011，(06).

第14章 新旅游

 延伸阅读

国际公益旅游的发展

1991年，美国田纳西州范德比尔特大学的校友们发起了一个非营利性组织，这个机构专门组织学生利用假期到不同地点参与一些公益性社会服务活动。随后，更多的不同年龄层的美国人加入到公益旅游的行列中。人们利用假期前往需要帮助的地方公益旅游，无论是在遥远的非洲和南亚地区，还是在社区附近的孤儿院和贫民窟，帮助难民营和孤儿院中的人建房、加入考古队帮助收集有价值的资料、参加保护濒危物种的行动等义务活动都能让旅游者体验到满足感和成就感。

英国目前发展最为成熟的公益旅游公司是"英国I-TO-I有限责任公司"，总部设在英国，并在很多地区开设了分公司。从开始成立至今公司已经输送了2万名海外社区工作志愿者，这些志愿者从16岁到90岁都有。目前公司在24个国家开展了500个非常独特的公益旅游项目。

澳大利亚公益旅游目前发展状况也较好，目前典型的公益旅游组织为澳大利亚保护志愿者(CVA)。该组织已经获得了极大的成功，在2000年，自然度假项目吸引了1200名国际游客，其中50%的志愿者是由CVA进行管理。该组织的志愿者共义务工作了4万个小时，等同于190个全职员工。此外，发现旅游和保护项目的结合促进了志愿者类型和数量的增加，并且促进了澳大利亚环境的恢复与保护。

由此可见，国际公益旅游已逐渐摆脱了边缘化的旅游形式。基于其公益性与休闲性的完美融合，越来越多的国家和地区必将予以其更积极的扶持与发展。

(资料来源：公益旅游是一种新兴的旅游形式[EB/OL]. 快乐点网(2010-11-5). http://voluntourism. zhuanti.happyd.com/a37091.aspx)

14.4.2 公益旅游的特点

旅游渐渐地由大众旅游形式向个性化的旅游形式发展，从观光型旅游到体验型旅游，从利己主义旅游思想到自然主义和利他主义旅游思想。公益旅游"边旅游、边行善"，既达到度假放松休闲，又能通过旅游互助互动，促进目的地经济效益、社会效益和生态效益的统一，旅游的可持续发展，有以下特点。

1) 公益性

公益旅游的最显著的特点是公益性，这是与其他旅游最主要的区别。在公益旅游活动中，旅游者不仅仅是为了旅游，个人享受目的地的自然风光和体验民俗文化，而且还要参与志愿服务项目，通过旅游帮助目的地居民改善其环境或生活，提高人民的生活水平。公益性旅游的主体既可能是旅游者，也可能是旅游企业或旅游组织。

2) 对等性

公益旅游的另一特点是交流的对等性。公益旅游是一种良性互动的交流形式。公益旅游者不是居高临下，目的地居民也不是卑躬屈膝，两者处在对等的地位进行交流，让双方获得物质利益的同时，还得到精神上的升华、心理上的满足。旅游者享受了目的地的旅游资源、风土文化，同时也对目的地做出了自己的贡献；目的地居民以真诚的接待为旅游者做出了贡献，也得到了旅游者的回报。

3) 深度参与性

公益旅游是一种深度参与的旅游活动，旅游者不是仅仅停留在表面走马观花地看风

景，买几张门票，捐几个钱，而是通过实施公益活动与当地居民进行深入的沟通交流和接触。旅游者不再是泛泛的"白天看庙，晚上睡觉"，不再只是感受当地风景人文美好的一面，而是要深入参与，与目的地居民进行互动、互助，帮助目的地居民改善或提高他们的生活水平、文化教育，保护生态环境等。

由此可以看出，公益旅游与一般的大众旅游不同，是旅游活动与公益活动有机结合的一种旅游形式，包含以下几个要素。①

（1）利他主义为主要旅游动机。
（2）旅游过程上包含志愿服务的内容或项目。
（3）以帮助目的地更好发展为目的，保证目的地积极参与旅游活动。
（4）维持和促进自然、社会和文化的多样性。
（5）强调旅游的可持续性，包括环境的可持续性、社会的可持续性和经济的可持续性。

 特别提示

需要注意的是公益旅游不同于慈善捐赠，公益旅游更侧重于旅游者利用个人的时间、精力和行动，为目的地提供需要的帮助，如生态保护、劳力支持、文教宣传和心理关爱等。公益旅游也不同于志愿服务，公益旅游与志愿服务存在一定的交叉关系。公益旅游在具备了志愿服务无偿性、自愿性、组织性和公益性的属性之外，还必须具备旅游的异地性、暂时性等性质。但凡没有满足其中任何一个基本属性的志愿服务，都算不得公益旅游。没有满足志愿服务任何一个特征的旅游活动，也算不得公益旅游。

（资料来源：高艳利，雷春. 国内公益旅游发展研究综述[J]. 新乡学院学报（社会科学版），2011，(08).）

 案例故事

美国流行"雷锋"式度假

过一个放松的假期，是去海边沙滩上晒太阳，还是"为人民服务"去当义工？相信选择太阳浴的人会多得多，但是"志愿者假期"在美国渐渐开始流行。

这种义工假期在高校里历史悠久，可以追溯到十几年前，直到现在仍然热度高涨——每年美国有4万名大学生选择"志愿者假期"。但如果说到学生以外的人群，这个数量就少得可怜。直到最近，人们才开始关注这种"另类的度假方式"。也许，这得归功于媒体持续大篇幅的报道非洲孤儿和飓风幸存者故事的努力。

非洲成了大家最想去的地方，I-TO-I有限责任公司组织的"到非洲保护幼狮"行动一推出，就引来大量预订单。度假的人将陪小狮子玩耍，给它们喂食，也有一些工作没有这么有趣，如给小狮子洗澡等。还有一些海滩爱好者选择到南非学习冲浪，学会后再把技艺传授给当地的小孩子。如果没有这种项目，这些小朋友将永远得不到在海滩上奔跑、到海里冲浪的机会。

在这家公司推出的旅行项目中，比较受青睐还有：到印度学习音乐和电影制作；到厄瓜多尔参与自然环境保护工作，这里有号称"生物博物馆"的加拉帕戈斯群岛，当年达尔文就是在这里找到"进化论"

---

① 戴玉秀. 公益旅游的概论探讨[J]. 中国商界，2008，(10).

的有力证据并完成巨著《物种起源》的。还有选择到哥斯达黎加和越南去照顾老人、收集战后遗雷资料等,工种无所不包。

在 I-TO-I 有限责任公司的一项远游中,他们为旅行者设计了去中国的路线,在这里,他们到中国的孤儿院工作并参与大熊猫保护。

(资料来源:美国流行"雷锋"式度假[EB/OL]. 网易(2007-3-31). http://news.163.com/07/0331/11/3ATK8K0E000120GU.html.)

14.5 自助旅游

自助旅游是旅游者按照自己的意愿,全部或者部分地安排自己旅游行程和各项活动的旅游方式。相比团队旅游,自助旅游的鲜明特点就是更具有旅游活动安排的自主性,包括目的地和行程的选择,以何种交通方式,以及餐饮住宿的安排和游览项目的选择等。[1] 近年来,除旅行社组织的团队旅游外,旅游者自行外出旅游这种方式慢慢流行起来。根据中国旅游年鉴的抽样调查统计,2009 年国内城镇居民旅游按旅游方式分组,通过旅行社组织的仅占总样本的 17.5%,而非旅行社组织的占 82.5%;到 2011 年,通过旅行社组织的游客比例进一步下降,只占总样本的 6.6%,而非旅行社组织的游客比例进一步上升,达到了 93.4%。由此可见,不通过旅行社安排旅游活动的旅游者在数量上超过团队旅游者。其中,自驾车和背包旅游成为主要形式。

14.5.1 自助旅游的背景

自驾车旅游源于 20 世纪的欧美发达国家,早在 1980 年美国自驾车旅游就已占到了各城市间旅游的 84% 之多,且逐渐发展出专用的房车形式。从近距离的周末驾车游到中长距离的驾车旅行,自驾车旅游逐渐成为中产阶级的一种主要自助旅游方式。有资料显示,我国从 2004 年春节开始,自驾车游客的比例已占整个散客市场的 3 成以上,而且这一数字正逐年提高。私家车的增长让自驾车旅游成为当今自助游客首选的旅游方式。开着自己的车游历天下,已成为中国人的现实。

背包旅游作为自助旅游的主要形式之一,在国内也逐渐得到人们的喜爱,尤其是一些青年人的喜欢。背包旅游因为价格便宜、自由度大、环保、新颖、刺激,与参加常规团队旅行相比,更能接触到真正的自然与人文景观。[2] 旅游者能够使自己彻底地摆脱那种城市的商业气息和工作带来的压力,彻底放松自己的身心,感受大自然的气息。同时,在一些旅游项目中还能够考验自己的野外生存能力。现在的自助背包旅游大多数是青少年,他们已经成为长途背包旅行的主体,不管是学生还是一些年轻白领,他们更愿意以这种自然环保的方式去亲近大自然,去感受旅游目的地的民俗风情。

按照交通方式,自助旅游可以分为自驾车自助旅游、徒步自助旅游、使用公共交通工具自助旅游、自行车自助旅游。按照参与人数,自助旅游可以分为单人自助旅游、多人自

---

[1] 张丽君. 自助旅游现状及其发展分析[J]. 中国商贸,2011,(02).
[2] 孙丽坤. 我国自助旅游的市场前景及开发对策[J]. 旅游经济,2009,(04).

助旅游。按照旅游目的，自助旅游可以分为休闲度假自助旅游、探险自助旅游、修学自助旅游、特殊兴趣自助旅游。按照旅行距离，自助旅游可以分为短途自助旅游、中途自助旅游、长途自助旅游。按照消费情况，自助旅游可以分为经济型自助旅游、中档次自助旅游、豪华型自助旅游。按照目的地位置，自助旅游可以分为国内自助旅游和国外自助旅游。

特别提示

自助旅游主要强调旅游者自己安排旅游活动，很少（甚至完全不）依靠旅行社的组织。它是小规模旅游，也可能是低碳旅游。

14.5.2 自助旅游的特点

1. 自主性、灵活性

自助旅游最鲜明的特点就是旅游活动安排的自主性、灵活性。在旅游者旅游出发之前，根据自己的爱好，通过比较、筛选，选定旅游目的地。同时，怎样去，都有哪些交通方式，是乘飞机还是火车，还是自己开车，通过搜寻相关信息找到自己最满意的交通方式。对于这个地方有什么样的住宿，有什么特色小吃，在出发前，已经有所了解。游览的项目也有很大的灵活性。在旅游过程中，可以按照个人当时的意愿转换旅游景点。

2. 出行前的充分准备

自助旅游者要具备一定的文化素质和旅行经验。为了使自己的旅程变得更加有条理性和科学性，节省不必要的时间和金钱，自助旅游者们通常在出行前会做充分的准备。无论是寻找资讯、收集旅游目的地信息、了解当地的风土人情和旅游景点，还是设计线路、选定交通工具、查询航班及车次情况、选择住宿设施、进行票务预订，旅游者都应充分准备。

3. 景区、时间错峰出行

自助旅游者对目的地和出游时间的选择是遵照错峰出行的原则，避开观光型的热点旅游目的地，或是避开其高峰旅游期、反季节游览热点景点，领略不同一般的风景，提高旅游质量和旅游满意度。

4. 高度参与性

自助旅游的活动具有高度的参与性。在旅游出发前，旅游者会积极参与到准备活动中来，如旅游目的地的信息搜集、线路整理和决定、旅游产品的预订等。在旅游过程中，自助旅游者们自己安排吃、住、行、游、购、娱等各项活动，而且往往都喜欢贴近并且参与到旅游目的地居民的生活中，感受当地的自然、历史、风土人情及社会习俗，或者根据自己的喜好，就某一方面或某一主题对目的地进行深度了解。[①]

---

① 黄元春. 中国自助旅游的发展现状及前景预测[J]. 商业现代化，2006，(01).

第14章 新旅游

特别提示

自助旅游最鲜明特点在于旅游活动安排的自主性、灵活性，这也导致了一些旅游者旅游的随意性和盲目性。

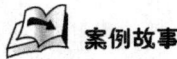
案例故事

伊恩和朱莉的旅游计划

"你想去哪？伊恩？"

"你带回家的摩洛哥手册上的旅游胜地，我想去看看这些地方。我还没有去过北非，那好像有很多新的东西。你想去那儿吗？"

"是的，但在8月去有些热，我挑选的饭店也比我们预算的要贵一些。"

"朱莉，你总是这么明智！好吧，那么布列塔尼（Brittany）怎么样？如果我们乘坐欧洲地铁到那儿就更快一些。我相信我们一定能在那里找到比较便宜的饭店。如果我们开车去，沿途就很自由，可以看到更多的东西。"

"不错的主意。我们在路上还可以拜访菲儿和戴安娜。我很想再见到他们。他们也一直很想带我们看看他们的农舍式小别墅。"

"我得带些9月就要开始的那门课程的材料去读，想找一个比较安静的地方。"

"嗯。没问题。还记得上次我们去过的小海湾吗？那次你吃了一顿很好的法国午餐后不能入睡。"

"那么在我读书的时候你做什么呢？"

"我记得有好几处地方可以沿着海岸线散步。我可以四处走走，如果感到乏味了，可以打一场高尔夫球。我相信一定会很愉快的。我们现在就可以攒一些钱，明年到一个更独特的地方去玩。"

"说定了！我们上上网看看情况，如果有合适的，我们就做个预订。如果没有，到了那里再找旅馆也无所谓。"

（资料来源：[英]约翰·沃德. 旅游案例分析[M]. 曾萍译. 云南：云南大学出版社，2006.）

14.6 旅游的可持续发展

第二次世界大战结束后，世界旅游业得到飞速发展。根据世界旅游与观光理事会1993年年度报告，旅游业就已经成为世界最大的产业。但是人们在旅游业蓬勃发展的过程中，越来越意识到那些掠夺性的开发、粗放式的管理、旅游设施的病态扩张等正在损害人类赖以生存的环境，破坏人类的文化，严重影响了旅游业的持续稳定发展。[①]

14.6.1 可持续发展理论

人类从20世纪80年代开始探讨可持续发展问题，1987年挪威首相Bruntlant出版的著名的《我们的共同未来》掀起了世界各国研究可持续发展的热潮。1992年在联合国环

---

① 朱华. 旅游学概论（双语）[M]. 2版. 北京：北京大学出版社，2012.

境与发展大会上,全球 100 多个国家的首脑共同签署了《21 世纪议程》,标志着全世界人民为遵循可持续发展而采取一致行动。可持续发展是指,"既满足当代人的需要,又不损害后代人满足其需要的能力的发展"。1990 年,在加拿大召开的 Globe 90 国际大会上,旅游行动委员会提出《旅游可持续发展行动战略》草案,提出了可持续发展旅游的目标。

(1) 增强对旅游带来的环境效应和经济效应的理解,强化生态意识。
(2) 提倡公平发展。
(3) 提高当地居民的生活质量。
(4) 向旅游者提供高质量旅游经历。
(5) 保护未来旅游开发赖以生存的环境质量。

14.6.2 旅游的可持续发展

最早研究可持续旅游的学者巴特勒对可持续旅游的定义是:"可持续旅游是指一个地区的旅游开发和延续,以这样的方式和规模发展,即在无限长的时间内旅游开发不改变或降低环境质量(包括人文和自然的),以及处在这个环境中的人类活动和进程都能得以顺利地实现。"这一定义已被旅游界所广泛接受,并被同行们广泛引用,主要包括三个方面的内容。

(1) 公平性。强调本代人之间、代与代之间、地区之间和国家之间的公平,以及公平地分配旅游资源,人人拥有公平满足旅游需求的机会。

(2) 持续性。强调旅游资源的开发与旅游业的发展应在生态系统的承载力之内,保持生态支持系统和生物的多样性,保证可更新资源的持续利用,同时使不可更新资源的消耗最小化。

(3) 共同性。强调既尊重所有各方的特色与利益,又要在保持全球环境与发展体系方面采取国际统一行动,进一步发展共同的认识和共同的责任感,反对狭隘的政治观、区域发展观和缺乏共同性的民族观。[①]

头脑风暴

我国的"黄金周"旅游是不是可持续旅游?请从旅游可持续发展原则的公平性、持续性和共同性三个方面加以分析。

14.6.3 旅游可持续发展的意义

旅游的可持续发展理念有助于改变人们长期以来对旅游资源可再生性的片面理解,有利于重构旅游开发的理论和政策导向,对新旅游形式的出现重视并加以引导。旅游的可持续发展理念对于发展中国家加强旅游开发的宏观管理从而保护全球旅游生态系统的完整性和永续性尤其有深远的意义。此外,旅游的可持续发展有利于促进经济与社会、环境协调发展。

旅游的可持续发展强调以旅游资源自然环境为基础,与生态环境承载能力相协调,应用必要的经济、技术、法律手段,努力减缓自然资源的衰耗速度,维护良好的生态环境及

---

① 吴卫东. 可持续旅游与大众旅游生态化[J]. 科技进步与对策, 2004, (09).

和谐的人与人、人与自然的关系，使每个人都能享有清洁、安全、舒适的生活环境，使旅游活动与自然、文化和人类生存环境融合为一个整体，在全球范围内实现旅游经济与社会、生态环境的协调发展。①

14.6.4　新旅游发展的前景和未来

新旅游从消费行为、生产方式、管理技术和组织结构等方面全面整合了各种非大众化旅游的观点，这些理论的核心是对传统的大众旅游形式提出质疑，对大众旅游造成的社会环境影响的忧虑，认为大众旅游是不可持续发展的旅游模式。新旅游强调旅游的可持续发展，通过践行各种新旅游形式，旅游各方参与、各利益主体协作，以保持旅游健康发展，实现旅游可持续发展的战略目标。

要实现旅游的可持续发展目标，需要政府、组织、企业和旅游者的共同努力，任重而道远。2002年对英国的各大旅行社门市部陈列的小册子所做的调查统计表明，目前欧洲90%以上仍然是大众的包价旅游线路。世界旅游组织认为新旅游或替代性旅游是非主流旅游，而非主流旅游只占国际旅游市场份额的5%。虽然新旅游的发展速度高于大众旅游，但也不会超过国际旅游市场份额的10%。

当前，在拥有众多人口的发展中国家大众性的观光旅游仍是他们"处女游"的首选，蕴藏着巨大的大众旅游潜在需求，他们之中有相当多数人是从未出境度过假的初游者。大众旅游根据市场变化也处在不断地自我调整、自我完善的渐变过程之中。大众旅游作为一种被广大消费者普遍接受的一种廉价、便利的旅游形式，仍在旅游业中占据主流地位。②而新旅游作为一种新旅游理念，越来越被更多的旅游者所接受，并影响大众旅游发展模式和旅游者消费行为，成为旅游市场的新宠。

头脑风暴

你认为新旅游是"贵族旅游"吗？如果你到某一景区去旅游，你倾向于大众旅游还是新旅游？为什么？

本 章 小 结

> 本章介绍了新旅游产生的背景、基本特征及新旅游的主要形式：小规模旅游、低碳旅游、替代性旅游、公益旅游及自助旅游。新旅游是一个相对于大众旅游的概念，随着社会时代的发展而不断被赋予新的内涵。通过对小规模旅游、低碳旅游、替代性旅游、公益旅游及自助旅游产生的背景、内涵及其基本特征的学习，分析新旅游和大众旅游的区别和联系，从而能够正确理解新旅游的意义及对旅游业发挥的促进作用。新旅游是旅游可持续发展原则的体现，是旅游发展的新理念、新动向，对旅游增长的新方式有一定启发和借鉴意义。

---

① 高嘉．旅游可持续发展浅析［J］．现代商业，2007，（11）．
② 张凌云．大众的"新旅游"，还是新的"大众旅游"：普恩新旅游论批判［J］．旅游学刊，2002，（06）．

关键术语

替代性旅游(alternative tourism)：替代性旅游是基于对大众旅游对社会、环境带来负面影响的认识而提出的新的旅游方式，是与传统大众旅游相对立的各种旅游概念的总称，主要产品形式有小规模旅游、公益旅游、生态旅游、自助旅游等。

低碳旅游(low-carbon tourism)：低碳旅游是生态旅游、绿色旅游在气候变化形势下的新理念，是倡导低碳旅游消费，以获得更好旅游体验质量和更大社会、经济、环境效益的新旅游方式。

自助旅游(self-help tourism)：自助旅游是旅游者按照自己的意愿，全部或者部分地安排自己的旅游行程和各项活动的旅游方式。

公益旅游(voluntourism)：公益旅游是旅游者自发或者公益组织、旅游企业在相对贫困、落后的旅游目的地进行旅游活动的同时，为社区居民提供公益服务的一种旅游方式，是对旅游目的地的社会环境和自然环境负责任的旅游活动。

课后练习

一、选择题

1．新旅游概念性表述很多，其核心理念与旅游的（　　）原则发展是一脉相承的。
　A. 公平性　　　　B. 共同性　　　　C. 参与性　　　　D. 可持续发展

2．以固定的价格、标准化的服务，大批量销售给大众顾客的旅游形式是（　　）。
　A. 小规模旅游　　B. 大众旅游　　　C. 替代旅游　　　D. 公益旅游

3．小规模旅游活动与当地相关旅游服务业关系（　　），乘数效应高，有利于当地经济社会的可持续发展。
　A. 紧密　　　　　B. 不相关　　　　C. 脱离　　　　　D. 不确定

4．替代旅游的产生是基于对大规模的旅游活动对社会、环境带来负面影响的认识，是与（　　）相对立的各种旅游类型的总称。
　A. 生态旅游　　　B. 自助旅游　　　C. 小众旅游　　　D. 大众旅游

5．公益旅游除了要有服务无偿性、自愿性、组织性和公益性的属性之外，还必须具备旅游的（　　）性质。
　A. 综合性　　　　B. 异地性　　　　C. 流动性　　　　D. 体验性

6．根据小规模旅游的定义，下列不是小规模旅游者的选项是（　　）。
　A. 背包旅游者　　　　　　　　　　B. 探险旅游者
　C. 漂流者　　　　　　　　　　　　D. 商务旅游者

7．国外公益旅游偏向生态保护，国内公益旅游的性质则主要是（　　）。
　A. 文化体验　　　B. 科学考察　　　C. 旅游扶贫　　　D. 志愿服务

8．低碳旅游发展的核心理念是以更少的旅游（　　）来获得更大的旅游经济、社会、环境效益。
　A. 资源　　　　　B. 活动　　　　　C. 能耗　　　　　D. 碳排放量

9．自助旅游最鲜明特点在于旅游活动安排的自主性、灵活性，这也导致了一些旅游者旅游的随意性和（　　）。

A. 盲目性　　　　B. 自律性　　　　C. 强迫性　　　　D. 依赖性

10. 可持续发展的公平性强调（　　）之间的公平以及公平地分配旅游资源，人人拥有公平满足旅游需求的机会。

A. 代际　　　　B. 地区之间　　　　C. 国家　　　　D. 以上全部选项

二、填空题

1. 从新旅游概念的起源来看，新旅游是与传统的_____相对应的一个概念。

2. 大众旅游是大众化、标准化，以固定的_____为主要特点的旅游方式。

3. 与一般大众旅游产品固定性的组织形式、旅游线路不同，新旅游的特点之一是_____。

4. 新旅游替代大众旅游，其产品形式很多，主要有_____、低碳旅游、公益旅游、自助旅游等。

5. 小规模旅游是与大众旅游相对立的旅游方式，也可称之为_____。

6. 公益旅游活动不仅能满足旅游者或组织者的单纯旅游体验，同时也体现了他们乐于奉献的_____精神。

7. "除了照片，什么也别带走；除了脚印，什么也别留下"。这是_____提倡的旅游理念。

8. 低碳旅游基于生态文明理念，是对发展_____经济的一种响应模式。

9. 公益旅游包含了生态旅游的内容，也可以有其他非生态旅游形式，如_____等。

10. 1992年，全球100多个国家的首脑共同签署了《21世纪议程》，标志着全世界人民将为遵循_____发展而采取一致行动。

三、判断题

1. 新旅游是一个相对概念，是相对已经过时的可替代性旅游而言提出来的。（　　）

2. 小规模旅游收入乘数效应高，但短期内不能带来大规模经济效应，因此没有受到重视。（　　）

3. 目的地应当大规模引进外资，充分发挥规模经济效应，将旅游业做大，做得越大越好。（　　）

4. 背包旅游是一种自助旅游方式，实事上也是一种低碳旅游方式。（　　）

5. 目前大众旅游中出现了小众旅游，体现了新旅游的一些特点和理念。（　　）

6. "白天看庙，晚上睡觉"是生态旅游的典型例子，值得推广。（　　）

7. 自驾车旅游逐渐成为中产阶级的一种旅游方式，这种旅游出行方式是自助旅游。（　　）

8. 低碳旅游的理念来自于生态旅游，是全球气候变化条件下新的旅游理念和出行方式。（　　）

9. 新旅游已经成为普遍受人欢迎的主流旅游形式，传统的大众旅游将被新旅游代替。（　　）

10. 保持生态支持系统和生物的多样性，适度超越旅游目的地承载力发展旅游业是可持续旅游应当遵循的原则。（　　）

四、问答题

1. 新旅游是在什么背景下产生的？
2. 替代传统大众旅游的产品形式有哪些？举例说明其特点。
3. 旅游规模是不是做得越大越好？小规模旅游对地方经济有何贡献？
4. 公益旅游有哪些特点？我国公益旅游与西方公益旅游有何不同？
5. 什么是可持续旅游？可持续发展旅游的主要内容是什么？

五、论述题

1. 论述新旅游的基本概念以及与其他旅游形式的关系。
2. 新旅游会代替大众旅游吗？试分析未来旅游的发展趋势。

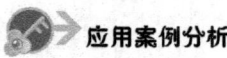

应用案例分析

基于替代性旅游理念的卧龙大熊猫生态旅游区规划与设计

由于替代性旅游（非大众旅游）产品规划追求自身的特色，强调个性，故在规划中对设计要求较高，一个好的设计理念可以说为项目本身增加更多的亮点。卧龙大熊猫生态旅游区就是一个成功的案例。该项目拟在保护地的实验区部分（占保护地总面积的1%）进行规划设计，项目组通过对卧龙大熊猫生态旅游区的资源进行全面详尽的现场调查，严格依照卧龙自然保护区总体规划，将该景区定位为大熊猫的原生栖息地，可开展科普教育、生态旅游和休闲观光等活动，同时提出新颖的观测和游览方式，在设计上强调大熊猫及其伴生动物占据主体地位，人类活动与观赏居于次要位置，人的任何活动不得对动物造成干扰。

具体表现在设计上，即：通过高架的木栈道和掩体，让游客处于一个隐蔽的通道来看熊猫，如同置身原始的野外环境，从而打破动物园利用道路来划分园区的传统方式，同时也不会像野生动物园中游览车的通道对动物生态廊道所造成的破坏，让熊猫及伴生动物可以自由穿行，不受到游客活动的侵扰。

为了保证在自然环境下能搜寻到熊猫，设计师提出了结合GPS定位系统或无线电装置对熊猫进行跟踪。该项目的一些创意也是结合熊猫专家对熊猫放归的最新研究成果及技术支持，以确保其实施。例如，对于熊猫活动范围的圈定，为了不让熊猫在还未达到独立生存能力之前遛到野外，我们采用最新研制的对熊猫没有任何伤害的脉冲电网，熊猫在接触后就留下一定的记忆，以后就不会再去突破此界线。

创新的设计理念不是空穴来风，更不是哗众取宠，它应该是实实在在解决每一问题，在对现状进行长期深入研究的基础上，对以往设计方式和手段的突破和革新。目前卧龙生态旅游区正依照这一富有创意的、可持续发展的设计理念进行深化设计和实施，它的建设将成为替代性旅游（非大众旅游）产品的典范案例：利于大熊猫野外放归的科学研究；利于大熊猫原生环境的恢复；提供了游客对大熊猫趣味观赏和科普学习的基地；利于地方产业结构调整和解决当地居民的就业问题。

讨论：

(1) 卧龙大熊猫生态旅游区的设计在哪些方面体现了替代性旅游的理念？与成都大熊猫繁育基地有何不同？

(2) 卧龙大熊猫生态旅游区的属于替代性旅游中的哪一种旅游方式？你认为能否达野生动物保护与旅游扶贫双重目标？

（资料来源：顾志凌．替代性旅游（非大众旅游）产品规划设计[J]．中国园林，2006，(7)．）

参 考 文 献

[1] [英]克里斯·库珀,等.旅游学[M].3版.张俐俐,等译.北京:高等教育出版社,2006.
[2] 谢彦君.基础旅游学[M].3版.北京:中国旅游出版社,2011.
[3] 吴必虎,宋子千.旅游学概论[M].北京:中国人民大学出版社,2009.
[4] 李天元,王连义.旅游学概论[M].天津:南开大学出版社,1991.
[5] 朱华.旅游学概论(双语)[M].2版.北京:北京大学出版社,2012.
[6] 马勇,毕斗斗.旅游市场营销[M].汕头:汕头大学出版社,2003.
[7] [澳]A.J.维尔.休闲与旅游研究方法[M].3版.聂小荣,丁丽军译.北京:中国人民大学出版社,2008.
[8] 王子华,李大金.旅游学概论[M].北京:中国旅游出版社,2004.
[9] 国家旅游局人事劳动教育司.旅游学概论[M].北京:中国旅游出版社,2004.
[10] 王洪宾.旅游学概论[M].北京:中国旅游出版社,2004.
[11] 董观志.旅游学概论[M].大连:东北财经大学出版社,2007.
[12] 赵全科,陆相林.旅游学概论[M].青岛:中国海洋大学出版社,2010.
[13] 吴必虎.区域旅游规划原理[M].北京:中国旅游出版社,2001.
[14] 张辉,等.中国旅游产业转型年度报告[M].北京:旅游教育出版社,2005.
[15] 马勇,周霄.旅游学概论[M].北京:旅游教育出版社,2004.
[16] 丁溪.旅游学原理[M].北京:中国商务出版社,2011.
[17] 程道品,等.旅游学概论[M].大连:东北财经大学出版社,2008.
[18] [澳]盖尔·詹宁斯.旅游研究方法[M].谢彦君,陈丽译.北京:旅游教育出版社,2007.
[19] [英]约翰·斯沃布鲁克,[英]苏珊·霍纳.旅游消费者行为学[M].俞慧君,张鸥,漆小燕译.北京:电子工业出版社.2004.
[20] 刁宗广.旅游学概论[M].合肥:安徽大学出版社,2009.
[21] 赵长华.旅游概论[M].北京:旅游教育出版社,2003.
[22] 洪帅.旅游学概论[M].上海:上海交通大学出版社,2010.
[23] 李天元.旅游学概论[M].天津:南开大学出版社,2003.
[24] 刘纯.旅游心理学[M].天津:南开大学出版社,2000.
[25] 朱华,黄文.会展节事策划与管理[M].北京:北京大学出版社,2014.
[26] 郭胜.旅游学概论[M].北京:高等教育出版社,2009.
[27] 谢彦君.基础旅游学[M].北京:中国旅游出版社,2004.
[28] 舒伯阳,廖兆光.旅游心理学[M].大连:东北财经大学出版社.2007.
[29] [英]亚德里恩·布尔.旅游经济学[M].2版.龙江智,译.大连:东北财经大学出版社,2004.
[30] Butler R W. Seasonality in tourism: issues and implications. Oxford: Pergamon Press, 2001.
[31] Van Doorn J W M, Van Vught F A. Planning. Assen: Van Gorcum, 1978.
[32] Smith V L, Eadington W R. Tourism alternatives: potentials and problems in the development of tourism. Philadelphia: University of Pennsylvania Press. 1992.
[33] 马耀峰,李天顺,刘新平.旅游者行为[M].北京:科学出版社,2008.
[34] 保继刚,楚义芳.旅游地理学(修订版)[M].2版.北京:高等教育出版社,1999.
[35] 林莉.实用旅游心理学[M].合肥:安徽大学出版社,2008.
[36] Middleton V T C. Marketing in Travel and Tourism. Oxford: Heinemann, 1988.

[37] [英]约翰·沃德. 旅游案例分析[M]. 曾萍,译. 昆明:云南大学出版社,2006.
[38] Weaver D, Oppermann M. Tourism management. Sydney: John Wiley & Sons Australia, Ltd, 2000.
[39] [澳]Reisinger Y,[澳]Turner L W. 旅游跨文化行为研究[M]. 朱路平,译. 天津:南开大学出版社,2004.
[40] Samovar L A, Porter R E. Communication between cultures. Belmont, CA: Wadsworth Publishing Company, 1991.
[41] [美]Kotler P,[美]Bowen J,[美]Makens J. 旅游市场营销[M]. 谢彦君,译. 北京:旅游教育出版社,2002.
[42] 杜学,蒋桂良. 旅游交通教程[M]. 北京:旅游教育出版社,1993.
[43] 崔莉. 旅游交通管理[M]. 北京:清华大学出版社,2007.
[44] 傅云新. 旅游学概论[M]. 广州:暨南大学出版社,2004.
[45] 田里. 现代旅游学导论[M]. 昆明:云南大学出版社,1994.
[46] 周玲强. 旅游产业整合提高竞争力研究[M]. 北京:航空工业出版社,2005.
[47] 石美玉. 旅游购物研究[M]. 北京:中国旅游出版社,2006.
[48] 张卫红. 旅游管理[M]. 北京:中国金融出版社,2006.
[49] 甘枝茂,马耀峰. 旅游资源与开发[M]. 天津:南开大学出版社,2000.
[50] 徐学书. 旅游资源保护与开发[M]. 北京:北京大学出版社,2007.
[51] [英]艾伦·法伊奥,[英]布莱恩·加洛德,[英]安娜·利斯克. 旅游吸引物管理新的方向[M]. 大连:东北财经大学出版社,2005.
[52] 罗明义. 旅游经济学原理[M]. 上海:复旦大学出版社,2004.
[53] 石长波. 旅游学概论[M]. 哈尔滨:哈尔滨工业大学出版社,2004.
[54] 朱玉槐. 旅游学概论[M]. 西安:西北大学出版社.1993.
[55] 谢彦君. 基础旅游学[M]. 2版. 北京:中国旅游出版社,2004.
[56] 章海荣. 旅游美学导论[M]. 北京:清华大学出版社,2006.
[57] 赖良杰. 旅游资源开发与规划[M]. 北京:高等教育出版社,2009.
[58] 冯卫红. 旅游产品设计与开发[M]. 北京:中国科学技术出版社,2006.
[59] 李肇荣,曹华盛. 旅游学概论[M]. 北京:清华大学出版社,2006.
[60] 谢彦君. 旅游体验研究:一种现象学的视角[M]. 天津:南开大学出版社,2006.
[61] 彭顺生. 世界旅游发展史[M]. 北京:中国旅游出版社,2006.
[62] 傅云新,蔡晓梅. 旅游学[M]. 广州:中山大学出版社.2007.
[63] 刘伟. 旅游概论[M]. 2版. 北京:高等教育出版社,2008.
[64] 孙洪波,李广成. 旅游概论新编[M]. 武汉:华中科技大学出版社,2008.
[65] 张广瑞,魏小安,刘德谦. 中国旅游绿皮书 2002—2004 年[M]. 北京:社会科学文献出版社,2003.
[66] 张文. 旅游影响:理论与实践[M]. 北京:社会科学文献出版社,2007.
[67] 张琥. 旅游政策与法规[M]. 北京:高等教育出版社,2009.
[68] 匡林. 旅游业政府主导型发展战略研究[M]. 北京:中国旅游出版社,2001.
[69] 何光暐,等. 以色列、土耳其的政府主导型旅游业[M]. 北京:中国旅游出版社,1999.
[70] 韩勇,丛庆. 旅游市场营销学[M]. 北京:北京大学出版社,2006.
[71] [美]Pizam A,[美]Mansfeld Y. 旅游消费者行为研究[M]. 舒伯阳,冯玮译. 大连:东北财经大学出版社,2005.
[72] [美]Kasavana M L,[美]CahiII J J. 饭店业计算机系统[M]. 3版. 王宏星,译. 北京:中国旅游出版社,2002.

[73] [加]Fennell D A. 生态旅游[M]. 张凌云, 译. 北京：旅游教育出版社, 2004.
[74] 中华人民共和国国家旅游局. 中国旅游统计年鉴[M]. 北京：中国旅游出版社, 2012.
[75] 李文汇, 朱华. 旅游政策与法律法规[M]. 北京：北京大学出版社, 2014.
[76] 潘海颖. 旅游体验审美精神论[J]. 旅游学刊, 2012, (05).
[77] 王昆欣. 旅游学科"元研究"之思考[J]. 旅游学刊, 2003, (2).
[78] 龙江智. 从体验视角看旅游的本质及旅游学科体系的构建[J]. 旅游学刊, 2005, (1).
[79] 谢彦君. 旅游的本质及其认识方法：从学科自觉的角度看[J]. 旅游学刊, 2010, (1).
[80] 张宏梅, 陆林. 国内旅游研究方法的初步分析[J]. 旅游学刊, 2004, (3).
[81] 刘善仕. 德尔菲法在企业人力资源预测中的运用[J]. 企业经济, 2003, (02).
[82] 刘韫. 乡村旅游对民族社区的社会影响：四川甲居藏寨景区的个案调查[J]. 宁夏社会科学, 2007, (6).
[83] 顾志凌. 替代性旅游(非大众旅游)产品规划设计[J]. 中国园林, 2006, (7).
[84] 申健健, 喻学才. 国外黑色旅游研究综述[J]. 旅游学刊, 2009, (4).
[85] 刘纯. 关于旅游行为及其动机的研究[J]. 心理科学, 1999(1).
[86] Baum T, Lundtorp S. Seasonality in tourism. Elsevier, 2001.
[87] World Tourism Organization. Concepts, definitions classifications for tourism statistics. Technical Manual, No.1, WTO. 1995.
[88] 高嘉. 旅游可持续发展浅析[J]. 现代商业. 2007, (11).
[89] 汪侠, 刘泽华, 张洪. 游客满意度研究综述与展望[J]. 北京第二外国语学院学报, 2010, (01)
[90] 王印. 旅游消费行为学视角下背包客行为特征研究：以澳大利亚背包客为例[J]. 乐山师范学院学报, 2013, (3).
[91] 腾霞, 何忠诚. 浅谈"推-拉"理论在旅游动机研究中的运用[J]. 科技经济市场, 2007, (12).
[92] 蒙睿, 等. 短程文化旅游客源市场行为模式研究[J]. 旅行社这友, 2002, (8).
[93] Oliver R L, Linda G. Effect of satisfaction and its antecedents on customer preference and intention. Advances in Consumer Research, 1981, (8).
[94] Dann G M S. Anomie, ego-enhancement and tourism. Annals of Tourism Research, 1977, 4, (4).
[95] 周新年, 林炎. 我国旅游交通发展现状与发展对策[J]. 综合运输, 2004, (11).
[96] 刘保锋. 海南旅游交通：应向瑞士学什么[J]. 今日海南. 2011, (10).
[97] 解成威, 等. 秦皇岛旅游交通配套设施研究[J]. 商品与质量, 2011, (09).
[98] 吴晓隽. 欧洲旅游中介服务业纵向一体化剖析[J]. 外国经济与管理, 2005, (3).
[99] 张燕. 中国和欧美旅行社产品类型及开发比较研究[J]. 北京第二外国语学院学报, 2003, (1).
[100] 巴佳慧, 周春林, 王少峰. 携程旅行网赢利模式研究[J]. 江苏商论, 2009, (02).
[101] 孙扬. 中美两大鳌头旅行社成功之处比较：美国运通公司与中国春秋旅行社[J]. 商业经济, 2008, (1).
[102] 吴卫东. 可持续旅游与大众旅游生态化[J]. 科技进步与对策, 2004, (09).
[103] 张佰瑞. 北京旅游就业效应和就业乘数分析[J]. 北京社会科学, 2010, (01).
[104] 王雪莲, 吴忠军, 钟扬. 美食旅游市场需求分析——以桂林世界美食博览园为例[J]. 乐山师范学院学报, 2007, 22(5).
[105] 王志东. 2008年奥运会对山东旅游业的影响及对策[J]. 财贸经济, 2002, (11).
[106] 杨玲, 田晓霞, 李德山. 旅游购物研究述评[J]. 乐山师范学院学报, 2010, (06).
[107] 朱华. 成都会展旅游：发展状况与竞争力要素[J]. 国际经济合作, 2008, (09).
[108] 李娌. 面向旅游业谈"优质服务"[J]. 中国职业技术教育, 2005, (3).

[109] Lew A. A framework of tourist attractions research. Annals of Tourism Research, 1987, (14).
[110] Lawton L J. Resident perceptions of tourist attractions on the Gold coast of Australia. Journal of Travel Research, 2005, 44(2).
[111] 胥兴安,田里. 对旅游吸引物、旅游产品、旅游资源和旅游业关系的思考[J]. 中国集体经济, 2008, (Z2).
[112] 林红,王湘. 旅游吸引物的系统论再分析:与杨振之先生榷[J]旅游学刊,1998,(2).
[113] 陈才,王海利,贾鸿. 对旅游吸引物、旅游资源和旅游产品关系的思考[J]. 桂林旅游高等专科学校学报,2007,(2).
[114] 陈晓颖,鲁小波. 旅游资源的概念辨析[J]. 市场论坛,2012,(06).
[115] 殷群. 大理白族歌谣文化旅游产品开发初探[J]. 大理学院学报,2007,(01).
[116] 赵书虹. 试论旅游产业的形态、结构、集群特征和比较优势[J]. 思想战线,2010,(02).
[117] 苏朝晖. 服务的不可储存性对服务业营销的影响及对策研究[J]. 经济问题探索,2012,(02).
[118] 黄元春. 中国自助旅游的发展现状及前景预测[J]. 商业现代化,2006,(01).
[119] 文钊. 非典将使中国损失2100亿GDP下降1~2个百分点[J]. 中国经济周刊,2003,(17).
[120] 陈娟杜,彦荣南. 澳海岛县居民旅游影响感知研究[J]. 产业观察,2011,(02).
[121] 胡志毅,曹华盛. 西方旅游真实性研究综述[J]. 桂林旅游专科学校学报,2007,(03).
[122] 戴玉秀. 公益旅游的概论探讨[J]. 中国商界,2008,(10).
[123] 王美萍. 高职旅游教育人才培养模式现状的主因素分析[J]. 旅游学刊,2009,(11).
[124] 张立彬. 我国高职教育存在的三个问题[J]. 中国教师,2007,(08).
[125] 吴必虎,黎筱筱. 中国旅游专业教育发展报告[J]. 旅游学刊,2005,(人力资源与教育教学特刊).
[126] 徐红罡,张朝枝. 中外旅游教育比较分析与启示[J]. 旅游学刊,2004,(S1).
[127] 吴必虎,蔡利平. 美国大学的旅游研究[J]. 旅游学刊,2001,16,(4).
[128] 宗圆圆. 欧美的公益旅游研究[J]. 四川师范大学学报(社会科学版),2010,(01).
[129] 中华人民共和国国家质量监督检验检疫总局. 中华人民共和国国家标准GB/T 17775—2003 旅游景区质量等级的划分与评定(修订)[S]. 北京:中国标准出版社,2004.
[130] 冯郑凭. 互联网对我国旅游分销渠道的影响研究:从旅游业者视野的角度分析[J]. 北京第二外国语学院学报,2010,(3).
[131] 黎洁. 论旅游目的地形象及其市场营销意义[J]. 旅游论坛,1998,(1).
[132] 李想,黄震方. 旅游地形象资源的理论认知与开发对策[J]. 人文地理,2002,(4).
[133] 高静,章勇刚. 旅游目的地营销主体研究:多元化视角[J]. 北京第二外国语学院学报,2007,(3).
[134] 刘华,张晓莉. 服务营销刍议[J]. 鄂州大学学报,2011,(5).
[135] 张朝枝,游旺. 互联网对旅游目的地分销渠道影响[J]. 旅游学刊,2012,(3).
[136] 许刚. 旅游市场营销组合理论综述. 北方经贸[J].2010,(5).
[137] 孙丽坤. 我国自助旅游的市场前景及开发对策[J]. 旅游经济,2009,(04).
[138] 饶菲. 服务营销在现代酒店经营中的应用[J]. 商业经济文荟,2001,(4).
[139] 古诗韵,保继刚. 城市旅游研究进展[J]. 旅游学刊,1999,(2).
[140] 刘志红. 旅游目的地营销主体研究[J]. 现代经济信息,2010,(5).
[141] 林艳,等. 国内外旅游目的地营销研究比较及展望[J]. 旅游论坛,2010,(1).
[142] 李西香. 旅游目的地品牌建设研究:以"好客山东"旅游品牌为例[J]. 经济研究导刊.2009,(17).
[143] 李悦,赵艳林,毛道维. 旅游目的地营销要素研究:以黔南州旅游目的地营销为例[J]. 海南大学学报.2010,(4).
[144] 周蕊. 严谨国度,激情整合:从世界杯看旅游目的地"事件营销"[J]. 成功营销,2006,(8).

[145] 魏成元. 海岛型旅游目的地营销模式探讨//区域旅游：创新与转型——第十四届全国区域旅游开发学术研讨会暨第二届海南国际旅游岛大论坛论文集[C], 2009.
[146] 刁志波. 饭店业信息化的演进与发展模式[J]. 北京第二外国语学院学报，2010，(1).
[147] 张亚明. 信息技术与战略关系的演变[J]. 经济管理·新管理，2002，(10).
[148] 杨路明，巫宁. 电子商务与旅游业的全球分销系统的发展[J]. 合肥工业大学学报，2003，26(S1).
[149] 张军. 大型旅行社开展旅游电子商务的成功案例分析：以上海春秋国旅为例[J]. 技术经济与管理研究研究，2005，(6).
[150] 覃建雄. 关于发展四川旅游电子商务的思考[J]. 四川商业高等专科学校学报，2002，(6).
[151] 查良松. 信息技术及其在旅游业中的应用[J]. 黄山学院学报 2005，(10).
[152] 马晓煊，张亚维，黄春宇. 国内外公益旅游理论与实践发展综述[J]. 旅游论坛，2011，(06).
[153] 高艳利，雷春. 国内公益旅游发展研究综述[J]. 新乡学院学报(社会科学版)，2011，(08).
[154] 张树民. 国际电脑网络发展对我国旅行社业的影响[J]. 旅游学刊，1998，(5).
[155] 张凌云. 大众的"新旅游"，还是新的"大众旅游"：普恩新旅游论批判[J]. 旅游学刊，2002，(06).
[156] 戴兵，夏少颜. 论我国大众旅游发展阶段的运行特征与政策取向[J]. 旅游学刊，2009，(12).
[157] 蔡萌，汪宇明. 低碳旅游：一种新的旅游发展方式[J]. 旅游学刊，2010，(01).
[158] 董怡菲，杨晓霞. 国内外低碳旅游研究综述[J]. 西南农业大学学报(社会科学版)，2011，(12).
[159] 肖小玉. 基于Alternative Tourism概念综述的替代性旅游发展探讨[J]. 理论探讨，2010，(08).
[160] 吴波，桑慧. 非大众型旅游(Alternative tourism)：起源、概念及特征[J]. 旅游学刊，2000，(03).
[161] 张丽君. 自助旅游现状及其发展分析[J]. 中国商贸，2011，(02).
[162] 文瑾，宫辉力. 自助旅游概念的探讨[J]. 首都师范大学学报(自然科学版)，2008，(06).
[163] 李峰. 成都市老年旅游消费者行为特征研究[D]. 成都：四川师范大学，2008.
[164] 杨怡. 来蓉欧美旅游者旅游行为特征研究[D]. 成都：四川师范大学，2012.
[165] 龙鸥. 来黔国内游客旅游消费行为研究[D]. 贵阳：贵州大学，2009.
[166] 郑清. 地方政府促进旅游产业发展的职能研究：以保山市政府为例[D]. 昆明：云南大学，2011.
[167] 王如东. 政府在旅游管理中的作用及制度创新[D]. 上海：同济大学，2005.
[168] 张晓红. 中小旅行社电子商务模式研究[D]. 哈尔滨：哈尔滨商业大学. 2012.
[169] 王毅. 提高我国旅游目的地电子商务管理水平的思考[D]. 成都：西南财经大学，2006.
[170] 马晓煊. 我国公益旅游的发展模式研究[D]. 扬州：扬州大学，2011.
[171] 麦当劳VS肯德基[EB/OL]. 牛津管理评论(2004-4-5)http://oxford.icxo.com/htmlnews/2004/04/05/164922.htm.
[172] 一边旅行一边行善 美国掀起公益旅游热[EB/OL]. 新华网（2007-3-18）http://news.xinhuanet.com/world/2007-03/18/content_5862428.htm.
[173] 大学百科网[EB/OL]. (2012-12-27). http://www.upicture.com.cn.
[174] 瑞士"土鸡变凤凰"案例——瑞士启示录[EB/OL]. http://wenku.baidu.com/view/8fcd64ccda38376baf1faeab.html.
[175] 我国休闲旅游者呈年轻化高学历特征[EB/OL]. 中国国家旅游局网站（2012-3-15）. http://www.cnta.gov.cn.
[176] 广西旅游收入破千亿元，接待入境游客逾300万人次[EB/OL]. 中国国家旅游局网站(2012-2-16). http://www.cnta.gov.cn/html/2012-2/2012-2-16-16-28-44037.html.
[177] 四川省2012年"五一"小长假情况综述[EB/OL]. 中国国家旅游局网站(2012-5-2). http://www.cnta.gov.cn/html/2012-5/2012-5-2-17-18-50578.html.
[178] 别低估旅游者"用脚投票"的决心[EB/OL]. 中国国家旅游局网站（2013-4-21）. http://

www. cnta. gov. cn/html/2013-4/2013-4-21-20-14-82630. html.

[179] 邱逊. 欧洲旅游——到巴黎去做乞丐[EB/OL]. 和讯网(2005-01-05). http://www. china. com. cn/chinese/TR-C/239102. htm.

[180] 2012春节黄金周国内游稳中有增 出境游持续火爆[EB/OL]. 蓝途旅游网(2012-1-29). http://www. landtu. com/news-5874. html.

[181] 华山游客被滞留山顶续. 华山管委会主任通过官方微博向游客致歉[EB/OL]. 人民网(2012-10-3). http://sn. people. com. cn/n/2012/1003/c226647-17547427. html.

[182] 从"中转站"到"目的地":成都旅游华丽转身[EB/OL]. 四川省人民政府网站(2007-6-28). http://www. sc. gov. cn/lysc/lyyw/200706/t20070628_189111. shtml.

[183] "个人游"实施9年带给香港3400亿港元直接收入[EB/OL]. 中国国家旅游局网站(2012-6-16). http://www. cnta. gov. cn/html/2012-6/2012-6-16-7-56-95295. html.

[184] 欧洲部分国家的带薪假期和公共节假日[EB/OL]. 智库百科. http://doc. mbalib. com/view/b759da63d7e17f967692f8ed6fab1905. html.

[185] 中菲经贸关系不断降温,菲香蕉出口和旅游业受冲击[EB/OL]. 新华网(2012-5-17). http://news. xinhuanet. com/politics/2012-05/17/c_123145673. htm.

[186] 2012年十一黄金周全国5A景区口碑影响力榜单发布[EB/OL]. 旅游中国(2012-10-11). http://www. china. com. cn/travel/txt/2012-10/11/content_26758669. htm.

[187] 预测:春节黄金周游客量和旅游收入将同比增长逾20%[EB/OL]. 中国国家旅游局网站(2011-12-28). http://www. cnta. gov. cn/html/2011-12/2011-12-28-9-42-22620. html.

[188] 我国休闲旅游需求强烈,休闲乡村大有可为[EB/OL]. 中国国家旅游局网站(2013-1-25). http://www. cnta. gov. cn/html/2013-1/2013-1-25-17-6-47171. html.

[189] 中国人出境购物全球之最 平均消费近万元[EB/OL]. 中华网(2005-12-26). http://news. china. com/zh_cn/finance/11009723/20051226/12980203. html.

[190] 探险游几成夺命游,国内探险旅游亟待规范[EB/OL]. 中国日报网(2011-10-13). http://www. chinadaily. com. cn/hqcj/xfly/2011-10-13/content_4049863. html.

[191] 吴必虎. 老虎说旅游[EB/OL]. 新浪网(2005-1-13). http://weibo. com/wubihu.

[192] 中国旅游研究院发布2013年第一季度全国游客满意度调查报告[EB/OL]. 中国国家旅游局网站(2013-4-10). http://www. cnta. gov. cn/html/2013-4/2013-4-10-16-29-28529. html.

[193] 中国公民出境旅游消费行为调查问卷[EB/OL]. 百度文库. http://wenku. baidu. com/view/60149cd149649b6648d74797. html.

[194] 去黄山旅游怎样安排交通路线[EB/OL]. 欣欣旅游网(2012-4-05). http://www. cncn. com/wan/guide_133. htm.

[195] 奇妙之旅香港澳门五日游[EB/OL]. 四川省中国国际旅行社(2013-3-05). http://www. 179sc. com/lines/show_163225. html.

[196] 市场观察:中国旅游市场首次出现"旅游批发商"[EB/OL]. 中国新闻网(2002-5-28). http://www. chinanews. com. cn/2002-05-28/26/189433. html.

[197] 旅行社设立的条件[EB/OL]. 平舆县人民政府网(2010-11-18). http://www. pingyu. gov. cn/zfb/NewsShow. aspx? nid=1322.

[198] 旅行社对外业务信息流程图[EB/OL]旅行社管理系统. (2010-9-16)http://www. lecansoft. com/onlineoad. aspx.

[199] "民间厨神争霸赛"火热启动 千万资金扶助民间美食[EB/OL]. 成都商报(2013-4-17). http://bbs. chengdu. cn/viewthread. php? tid=17308763.

[200] 韩梁．从美食寻获灵感 体验式美食之旅[EB/OL]．经济参考报（2011-12-23）．http://jjckb.xinhuanet.com/invest/2011-12/23/content_350565.htm．

[201] "养生旅游"悄然兴起[EB/OL]．网易（2012-5-4）．http://news.163.com/12/0504/07/80L5LECN00014AED.html．

[202] 新加坡展览环境优势胜算几何[EB/OL]．南博网（2006-12-23）．http://www.caexpo.com/special/economy/Exhibition_Singapore/1.html．

[203] 旅游购物[EB/OL]．京华网（2013-3-20）．http://epaper.jinghua.cn/html/2013-03/20/content_1975981.htm．

[204] 成都美食节[EB/OL]．欣欣旅游网（2010-10-13）．http://lxs.cncn.com/73108-news-show-37061.html．

[205] 目的地指南—意大利罗马[EB/OL]．百度旅游（2011-11-13）．http://lvyou.baidu.com/luoma/．

[206] 四川三星堆形象宣传片亮相纽约时代广场[EB/OL]．新华网（2012-3-5）．http://news.xinhuanet.com/world/2012-03/05/c_111606501.htm．

[207] 敦煌旅游[EB/OL]．敦煌莫高窟（2013-3-5）．http://www.mogaoku.net/dhtour/xuzhi.html．

[208] 武当山推出新精品旅游线路吸引游客深度体验[EB/OL]．湖北日报（2013-4-8）．http://www.hubei.gov.cn/zwgk/rdgz/rdgzqb/201304/t20130408_442026.shtml．

[209] 石窟概述·旅游信息[EB/OL]．麦积山石窟（2013-3-8）．http://www.maijishan.com.cn/Templets/NewsClass/lyxx.htm．

[210] 九寨沟点评[EB/OL]．同程网（2013-4-11）．http://www.17u.cn/trip/scenery-jiuzhaigou-3850/ianping.html．

[211] 北大营草原旅游开发项目环评报告[EB/OL]．昆明市环境保护局（2013-2-17）．http://www.kmepb.gov.cn/．

[212] 旅游人力资源[EB/OL]．智库百科（2013-2-17）．http://wiki.mbalib.com/wiki/．

[213] 中国经济的三驾马车一个也不能少[EB/OL]．第一财经日报（2012-8-14）．http://finance.jrj.com.cn/opinion/2012/08/14042314124140.shtml．

[214] 政协委员关注三亚高物价 建议加大物价补贴[EB/OL]．海南日报（2013-2-27）．http://www.hq.xinhuanet.com/news/2013-02/27/c_114820559.htm．

[215] 成都大熊猫繁育研究基地游览须知[EB/OL]．成都大熊猫繁育研究基地（2013-1-7）．http://www.panda.org.cn/china/visit/2013-01-07/16.html．

[216] 千年埃及卢克索神庙被中国游客刻上"到此一游"[EB/OL]．东方财经（2013-5-26）．http://finance.eastday.com/m/20130526/u1a7415644.html．

[217] 长假八日尴尬知多少[EB/OL]．云信网（2012-10-8）．http://news.ynxxb.com/content/2012-10/8/N99410526939.aspx．

[218] 钟果．鼓浪屿居民每逢佳节"大逃离"[EB/OL]．凤凰网（2012-10-9）．http://news.ifeng.com/gundong/detail_2012_10/09/18097644_0.shtml．

[219] 何艳琳，耿红莉．政府在乡村旅游产业组织模式中的作用[EB/OL]．休闲中国网（2012-2-16）．http://www.u7cn.net/News/Inv_view.asp?id=2210．

[220]《海南国际旅游岛建设发展规划纲要》获批[EB/OL]．东方财富网（2010-6-19）．http://finance.eastmoney.com/news/1366,2010061979305811.html．

[221] 解读中国首部旅游法[EB/OL]．人民网（2013-5-16）．http://travel.people.com.cn/GB/139035/362973/index.html．

[222] 国家旅游局就旅游业"十二五"发展规划纲要答记者问[EB/OL]. 中央政府门户网(2011-12-15). http://www.gov.cn/gzdt/2011/12/15/content_2020802.htm.

[223] 目的地公共营销组织多元化发展趋势[EB/OL]. 中国行业研究网(2005-9-12). http://www.chinairn.com/doc/70300/41371.html.

[224] 德国双元制教学模式及启示[EB/OL]. http://www.docin.com/p-628816402.html.

[225] 餐厅新服务员培训内容[EB/OL]. 职业餐饮网(2013-3-13). http://www.canyin168.com/glyy/yg/ygpxjh/201303/51787.html.

[226] 张家界版江南style 张家界又一旅游营销经典案例[EB/OL]. 张家界新闻网(2012-12-3). http://www.china-zhangjiajie.com/news/sd/2012/1203/13573.html.

[227] C2B电商三种主要模式的分析[EB/OL]. 虎嗅网(2013-1-17). http://www.huxiu.com/article/9140/1.html.

[228] Jennifer Houiellebecq, 郑泽国. 超出期望——温哥华旅游目的地营销的核心理念[EB/OL]. 新浪网(2007-7-9). http://city.sina.com.cn/city/2007-07-09/88125.html.

[229] 美国第50个州——夏威夷州[EB/OL]. 新华网(2002-4-28) http://news.xinhuanet.com/newscenter/2002-04/28/content_367895.htm.

[230] 好客山东. 百度百科[EB/OL]. (2013-4-28). http://baike.baidu.com/view/4979705.htm.

[231] 叶正纲. 7P营销组合的时代[EB/OL]. 中国管理传播网(2001-12-19). http://manage.org.cn/Article/200407/7393.html.

[232] 谭小芳. 旅游绿色营销如何满足商业目标[EB/OL]. 中国广告人网(2008-11-10). http://www.chinaadren.com/html/file/2008-11-10/20081110112359.html.

[233] 天南地北聚荆楚 现代夸父追日忙[EB/OL]. 楚天都市场报(2009-7-23). http://ctdsb.cnhubei.com/html/ctdsb/20090723/ctdsb788419.html.

[234] 温州入选"国家智慧旅游城市"[EB/OL]. 魅力浙江网(2012-5-22). http://mlzj.zjol.com.cn/mlzj/system/2012/05/22/015054474.shtml.

[235] 宋江云. 王峰. 超载: 华山旅游容量调查[EB/OL]. 21世纪经济报道(2012-10-11). http://www.21cbh.com/HTML/2012-10-11/4MNjUxXzUzNjE4Mg.html.

[236] 智能酒店: 感受小房间里的大智慧[EB/OL]. 第一旅游网(2012-11-2). http://www.toptour.cn/special/znjd/.

[237] IBM语音电子商务平台[EB/OL]. 赛迪网(1999-10-21). http://media.ccidnet.com/media/ciw/868/c0502.htm.

[238] 携程: 中国旅游电子商务企业发展与创新[EB/OL]. 智旅动力网(2010-9-8). http://www.uuidea.com/2010/0908/7353.html.

[239] 王慕宇. 暑期出游, 旅客选择"小包团"[EB/OL]. 广东新闻网(2010-8-2). http://www.gd.chinanews.com/2010/2010-08-02/2/52631.shtml.

[240] 低碳运营模式为酒店业带来新的经济增长[EB/OL]. 腾讯网(2010-1-4). http://www.itravelqq.com/2009/1223/30694.html.

[241] 公益旅游是一种新兴的旅游形式[EB/OL]. 快乐点网(2010-11-5). http://voluntourism.zhuanti.happyd.com/a37091.aspx.

[242] 美国流行"雷锋"式度假[EB/OL]. 网易(2007-3-31). http://news.163.com/07/0331/11/3ATK8K0E000120GU.html.

[243] 九寨沟旅游攻略[EB/OL]. 欣欣旅游(2013-8-17). http://www.cncn.com/xianlu/686971545089.

[244] 蜀中"天府之国之旅"[EB/OL]. 品味旅游网(2011-9-5). http://www.21pw.com.

[245] 服务营销的致胜之道[EB/OL].中金在线(2009-9-4).http://news.cnfol.com/090904/101,1598,6469453,00.shtml.

[246] 浅谈全球GDS分销系统[EB/OL]乐途网(2012-5-30).http://www.letoing.net/shownews.aspx?newsid=25.

[247] 嵇哲.天津一旅行社买断黄山两景点经营权[EB/OL].新华网(2002-1-13)http://news.xinhuanet.com/fortune/2002-01/13/content_236144.htm.

[248] 2011年四川省旅游业统计公报[EB/OL].四川旅游政务网(2012-5-25).http://www.scta.gov.cn/sclyj.html.

[249] 美国对古巴经济封锁导致美国旅游业每年损失11亿美元[EB/OL].中华人民共和国商务部(2009-12-6).http://www.mofcom.gov.cn/aarticle/i/jyjl/l/200912/20091206683147.html.

[250] "美丽中国之旅"正式确定为中国旅游整体形象[EB/OL].人民网(2013-2-7).http://travel.people.com.cn/n/2013/0207/c41570-20461894.html.

[251] 搜搜百科[EB/OL].http://baike.soso.com/.

[252] 迈点百科[EB/OL].http://baike.meadin.com/.

[253] 互动百科[EB/OL].http://www.baike.com/wiki/.

[254] 智库百科[EB/OL].http://wiki.mbalib.com/wiki/.

[255] 百度百科[EB/OL].http://baike.baidu.com/.

[256] 刘传本.欧洲游=公路游[N].成都晚报,2004-11-8;王晓.欧洲深度游成沈城游客新宠[N].沈阳今报,2005-08-16..

[257] 任春.旅游目的地营销中存在的问题和对策[J].中国市场,2007,(26).

[258] 龚立仁.不丹瞄准高端游客市场[N].中国旅游报,2003-09-26(12).

[259] 江娟珺.循着低碳足迹漫游欧洲[N].东南快报,2010-04-13(44).

[260] 全国首个音乐主题商业街区 成都东区音乐公园9月29日开园[N].成都商报,2011-9-15(2).

[261] 孙清彬.浅谈新旅游时代[N].中国旅游报,2011-07-27(11).